城市研究系列

Urban Studies

城市研究系列

主　　编　周　宪　［加］罗伯·希尔兹
项目总监　王瑞书
项目执行　任　晖

ONLINE GAMING IN CONTEXT

在线游戏的社会与文化意义

THE SOCIAL AND CULTURAL SIGNIFICANCE OF ONLINE GAMES

【英】加里·克劳福德　维多利亚·K.戈斯林　本·莱特　主编
余曼筠　译

江苏凤凰教育出版社
Phoenix Education Publishing, Ltd
ROUTLEDGE

图书在版编目(CIP)数据

在线游戏的社会与文化意义 / (英)加里·克劳福德等主编;余曼筠译.—南京:江苏凤凰教育出版社,2020.3

(凤凰文库.城市研究系列)

ISBN 978-7-5499-8655-2

Ⅰ.①在… Ⅱ.①加…②余… Ⅲ.①网络游戏—研究 Ⅳ.①G898.3

中国版本图书馆CIP数据核字(2020)第035624号

书　　名 在线游戏的社会与文化意义
主　　编 [英]加里·克劳福德　维多利亚·K.戈斯林　本·莱特
译　　者 余曼筠
责任编辑 张　玲　戴松伟
出版发行 凤凰出版传媒股份有限公司
江苏凤凰教育出版社(南京市湖南路1号A楼　邮编210009)
苏教网址 http://www.1088.com.cn
照　　排 南京紫藤制版印务中心
印　　刷 江苏凤凰通达印刷有限公司(电话025-57572508)
厂　　址 南京市六合区冶山镇(邮编211523)
开　　本 787毫米×1092毫米　1/16
印　　张 25.5
版　　次 2020年4月第1版
2020年4月第1次印刷
书　　号 ISBN 978-7-5499-8655-2
定　　价 48.00元
网店地址 http://jsfhjycbs.tmall.com
公 众 号 苏教服务(微信号:jsfhjyfw)
邮购电话 025-85406265,025-85400774,短信02585420909
盗版举报 025-83658579

苏教版图书若有印装错误可向承印厂调换
提供盗版线索者给予重奖

出版说明

城市研究领域很深广，涉及多学科内容。经济、政治、文化、环境、资源、规划、可持续发展等主题，都与城市有关。这些主题大致涵盖了实体的物质空间和抽象的文化空间，也许在一定程度上与当代生活有关的问题大多是城市问题。

“城市研究系列”即是对中国城市化进程中可能遭遇的各种问题在理论上的一种回应。“系列”以经典性与前沿性为导向，理论研究与实证研究并重。在内容方面重点关注与城市主题有关的经典性著作、各学术流派的代表作、当代前沿问题研究、城市研究新理论、城市文化现象与发展方向的探讨等。这些内容不仅追溯了城市发展的历史进程中诸多富有影响力的节点，也契合了当前社会的热点和趋势。

“城市研究系列”既重视国外先进的城市研究著作的引入，也重视国内城市研究领域中优秀的原创著作的出版。我国的城市研究起步较晚，引入国外先进的学术理论，其目的是丰富我们认识城市的路径，建立更加科学的观照体系，从而形成并完善我们本土的城市理论系统建构。

作为中国城市化进程的目击者、参与者、解释者、引领者，我们有责任告诉世界这个历史悠久的农业大国在这一巨大的城市化转型中所发生的一切。而城市本身所具有的多样性与复杂性，也值得我们去探究，去呈现，去引领。

我们期待"城市研究系列"这一高水准的中外城市理论研究出版平台所带来的新角度和新方法，所开启的新视野，所探讨的新问题，能为我国新型的城市化进程提供充分的学术支持。

江苏凤凰教育出版社

目 录

第三部分　社群与沟通

撰稿人

道格拉斯·布朗是英国法尔茅斯大学游戏学院负责人，研究和教学覆盖数字游戏设计与理论、搁置怀疑的作用、游戏叙事和故事讲述、游戏与改编、媒介融合与跨媒介叙事。曾效力史克威尔艾尼克斯公司，推出《最终幻想 12》等热门产品。其个人网址位于 www.geekademic.co.uk。

何塞·卡洛斯·里贝罗在巴西巴伊亚联邦大学传播与当代文化研究生项目获得博士学位，目前为该项目副研究员，同时担任该校心理学院副教授，其著述聚焦传播与心理学的交叉领域。

加里·克劳福德是英国索尔福德大学社会学教授、数字集群中心主任，社会学学会网站"了解社会学"编辑、《文化社会学》评审编辑。教学和研究主要集中在受众、粉丝文化、视频游戏玩家和媒体技术的日常运用。著有《消费运动》(2004)、《视频游戏玩家》(2012)；合著《文化研究入门》(第三版 2017)、《塞奇休闲研究辞典》(2009)、《作为文化的视频游戏》(2018)、《动漫真人秀与娱乐的艺术》(2019)。

弗恩·M.德拉米尔是加拿大康考迪亚大学教授，为其技术文化、艺术和游戏研究中心成员，从事质性和跨学科研究，聚焦休闲、媒体文化和虚拟世界，探索在线休闲环境以及残障和性别边缘化社会群体的数字社交网络，成果以休闲研究为主，也覆盖媒体传播和游戏研究。

安德斯·德拉辰是游戏分析技术的用户体验专家和行业顾问，运营游戏分析知识库网站，为英国约克大学数字创新实验室教授。其研究聚焦可用性、用户体验、用户测试和用户驱动的创新，覆盖实证、统计和计算数据分析的社会、民族志和质性方法。他与若干游戏开发公司合作，改进游戏开发中面向用户的测试。

阿斯特丽德·恩斯林是加拿大阿尔伯塔大学艺术学院数字人文与游戏教授，主要研究数字媒体（尤其是数字文学、视频游戏和虚拟世界）、符号学和话语分析以及（新）媒体中的语言。她是《游戏与虚拟世界杂志》的创始编辑、《利华休姆数字小说国际网络》的子项目负责人。单独或合著《视频游戏话语探讨》（2019）、《小屏幕小说》（2018）、《文学游戏》（2014）、《分析数字小说》（2013）、《游戏语言：话语和意识形态》（2011）、《创造第二人生》（2011）、《超文本经典化：探索与建构》（2007）、《媒体中的语言：表征、身份、意识形态》（2007）。

提亚戈·法尔考是当代传播与文化博士、巴西马兰豪联邦大学新闻课程助理教授，其研究涵盖传播、用户体验、新媒体技术、数字文化等领域，尤为关注在线游戏叙事和认知过程、电子竞技、虚拟商品等。他还担任同行评审期刊《合成现实》[①][②]编辑，这是首个基于葡萄牙语研究视频游戏文化的专门资源。

雷内·格拉斯是荷兰乌特勒支大学媒体与文化研究系新媒体和数字文化助理教授，该校数字游戏和娱乐研究中心创始成员之一。著有《谈判的战场：〈魔兽世界〉的控制、代理和所有权》（2012），合编

---

① 除特别说明外，本书脚注皆为原作者注。——译者注

② 《合成现实》：*Realidade SintÈtica*。——译者注

《游戏的公民：中介化文化中的公民参与》(2019)。

维多利亚·K.戈斯林是英国索尔福德大学社会学讲师、《城市研究》《社会学研究在线》等期刊审稿人、《社会学》期刊编委、社会学学会通讯《网络》前编辑。科研兴趣涵盖性别、城市复兴、社会排斥、休闲、流行文化和数字游戏等领域。

克里斯廷·约根森是挪威卑尔根大学媒体研究教授、挪威游戏研究与开发网络 Joingame 董事会成员。著有《游戏世界界面》(2013)及《电脑游戏声音综合研究：伴音如何影响玩家行动》(2009)。

阿芙拉·克尔是爱尔兰国立梅努斯大学副教授，讲授媒介和技术的社会学与文化课程，研究数字媒体的生产、消费和法规。她著有《全球游戏：网络时代的生产、流通与政策》(2017)、《数字游戏的商业与文化》(2006)，参编《国际数字传播与社会百科全书》(2015)，在《媒体、文化与社会》《新媒体与社会》《国际文化研究期刊》《融合：新媒体技术研究国际期刊》《光纤文化》[①]和《信息传播与社会》等期刊发表若干论文。她还是"游戏中的女性"(欧洲)委员会成员，《大众传播》和《Eludamos：电脑游戏文化期刊》的编委会成员，国际数字游戏研究学会 DiGRA 创始人之一，管理游戏开发者社群网站 www.gamedevelopers.ie。

本·莱特是英国索尔福德大学健康与社会学院数字社会教授，长期关注人与社会-技术安排设置的日常互动，从一般工作场所扩展至更广阔的社会。目前研究围绕互联网和数字游戏，包括了与 *Gaydar*、*SingStar*、*Facebook* 和 *YouTube*[②] 互动的民族志特点研究。著有《断开社交媒体网站》(2014) 和《不宜上班浏览：社交媒体中的

---

① *Fibreculture*——译者注

② *Gaydar*："同性恋雷达"，一个同性恋和双性恋男性的交友网站；*SingStar*：《歌星》，为索尼 *PlayStation* 游戏机开发的一系列唱歌游戏；*Facebook*："脸书"，也译为"脸谱"，全球最大的社交网站；*YouTube*："油管"，世界最大的视频分享网站。——译者注

性、幽默与风险》(合著 2019)。

林鹤玲是台湾大学社会学系教授,主要研究兴趣包括计算机介导的传播、信息技术与社会以及性别研究。其文章涉及游戏内社群的社会动力、游戏技巧分享行为、游戏内资产的现金交易、大型多人在线角色扮演游戏中规范的形成与越轨行为协商以及不同物理空间中性别化的游戏体验。目前,她担任《游戏与文化》期刊编委。

基思·马西是美国宾夕法尼亚库兹敦大学传播学助理教授,著有《扩展齐泽克的分析:女人、啤酒、男人和青蛙》(2014)、《反馈:文本的渠道差异对学生学习的影响》(2013)等文章,发表的期刊包括《融合》《落基山传播评论》以及《无线电研究杂志》,研究集中于新媒体、解构、媒体生态、技术与文化的交集、媒体中的种族/性别表征。

埃丝特·麦卡鲁姆-斯图尔特是英国斯塔福德郡大学副教授、数字游戏研究学会副主席。她探究玩家如何解释、理解游戏内部的叙事以及玩家如何基于这些结构形成社会团体,发表专著《在线游戏,社交叙事》(2014),并负责《国际数字传播与社会百科全书》(2015)中"在线游戏,玩家行为"部分的撰写。

弗兰斯·玛依拉自20世纪90年代早期开始研究文化与技术之间的关系,是芬兰坦佩雷大学游戏研究实验室的教授、主任,领导游戏研究与开发、互动媒体和数字文化方面的众多研究项目。他还担任数字游戏研究学会的首任主席,出版了《游戏研究入门》(2008)及其他若干关于游戏、技术、科幻和奇幻的书籍和文章。

托里尔·埃尔薇拉·莫滕森是丹麦哥本哈根信息技术大学副教授,期刊《游戏研究》的创办成员,2006到2010年为数字游戏研究学会的理事会成员。著有《感知游戏:计算机游戏的艺术与研究》(2009),合编《游戏的黑暗面:游戏环境中的争议性问题》(2015)。目前正与克里斯廷·约根森撰写与"游戏和越界美学"项目有关的专著。

克里斯多夫·A.保罗是美国西雅图大学副教授、传媒系主任，其研究集中于修辞和视频游戏的交集。尤为关注大型多人在线游戏的话语以及话语实践如何体现游戏互动的环境。著有《文字游戏与视频游戏语篇：分析文字、设计与游戏》（2012）、《视频游戏的有毒精英系统：为何游戏世界最糟》（2018），并在《游戏与文化》《虚拟世界研究杂志》《角色扮演国际期刊》和《第一个星期一》等期刊发表研究成果。

西莉亚·皮尔斯是美国东北大学游戏设计助理教授、游戏设计员、作家、研究者、馆长、艺术家，专门研究独立、艺术和其他游戏类型的多人游戏和虚拟世界，以及游戏与性别。她设计了获奖的热门虚拟现实游戏《虚拟冒险》和《紫月亮女孩友谊冒险卡》，发表了《互动书籍》（1997）、《游戏社群：多人游戏和虚拟世界中的自生性文化》（2009）以及众多论文和专著章节，合编《民族志与虚拟世界：方法手册》（2012）。她还组织了新媒体、虚拟现实和游戏展览，是国际性独立游戏节和系列展览 IndieCade 的共同创始人及游戏节主席，妇女游戏团体 Ludica 的共同创始人。可在 http://cpandfriends.com 了解她的工作。

杰弗里·菲尔波特是美国西雅图大学传播系终身助理教授，1992 年以来在此任教。他有着修辞理论与批评的学术背景，其科研大多集中在公众话语的认识论，尤其是围绕重大公共事件的话语或社会抗议运动中的身份建构。本书收录的论文代表他将研究领域拓展至在线游戏社群的公众话语分析。

尼尔·兰德尔是加拿大滑铁卢大学英语系副教授、游戏学院执行董事，研究修辞理论、符号学和技术的交集，尤其是桌面游戏与视频游戏的关系、视频游戏中叙事与对话的建构、托尔金作品从图书和电影到游戏的改编。他开发制作了多款模拟桌面游戏，长期担任《PC 杂志》（纽约）的撰稿编辑，是《计算》系列期刊及其后续期刊的主要供稿人，为若干技术公司提供咨询。2012 年，其项目“沉浸”获加拿大社会科学及人文研究委员会资助，建立了一个由 7 所大学和 6 家行业合作伙伴组成的网络以研究玩家体验和行为。

卢卡·罗西是丹麦哥本哈根信息技术大学数字设计系副教授，研究兴趣在于大型多人在线游戏与游戏相关文化中社会结构的出现。他是《视频世界》(2008)中“身份、互动性和互动”章节的作者，合著论文《计算社会科学中的伦理学和跨学科性》(2012)、《虚假信息、新闻与选举：混合媒体系统中误导性信息研究的新分类》(2016)。

凯特·E.泰勒(现名凯特·泰勒一琼斯)是英国谢菲尔德大学东亚研究教授。她的研究兴趣主要在于日本殖民帝国的视觉文化和 1900 年以来亚洲的性交易和性工作的视觉表征。其成果包含多个主题，如南京大屠杀的描写、非西方化电影研究、20 世纪 50 年代日本电影中的妓女形象。她与多个全球性妇女组织有密切联系，已出版关于东亚导演、日韩导演和日本殖民时期电影及其影响的多部专著。

孙春在是台湾交通大学计算机科学系教授，研究领域有数字游戏、数字学习、社交网络分析和基于代理的社交模拟，已发表的数字游戏相关的文章涉及玩家的利他精神、游戏世界社交规范的形成、玩家公会的动态分析、游戏厅中旁观者的行为、免费在线游戏模式等等。

致　谢

本书源于2008年在哥本哈根召开的互联网研究者协会（AoIR）会议上的游戏潮流，其中的高质量论文触动了编者要从中编写一本专辑。摆在你眼前的这本书包括由该次会议文章发展而来的最终成果，加上若干特邀作者的论文，虽然这些作者未参加哥本哈根会议，但是我们觉得他们的论文会提升本文集的质量。因此，编者们希望确认并感谢互联网研究者协会，尤其是主要负责组织那一年会议的约克大学的布莱恩·洛德。

第一部分　引言

第一章　在线游戏的社会与文化意义

加里·克劳福德　维多利亚·K.戈斯林　本·莱特

本书各章的学术成就覆盖范围广泛，涉及主题包括诸如社群、赋权、消费、游戏美学和形式、身份、语言、生产力以及排斥模式。本书作者来自若干领域，包括传播学、英语、媒体研究、游戏研究、新闻学、信息学、宗教研究、社会学和视觉文化。当然，将所有这些统一起来的主题是在线游戏及其玩法。

在线游戏即在互联网上或通过互联网连接进行的游戏(最典型的是我们所称的"视频游戏"①)，它们在较短时间内已经成为重要的文化现象。最明显且最常讨论的例子就是大量的大型多人在线角色扮演游戏(常缩写为 MMORPG 或 MMO)，其吸引的玩家群体人数超过好些中、小国家人口总数。当前最流行的游戏是《魔兽世界》②，

---

① 即 video games。虽然大量中文文献将其译为"电子游戏"，但本书按照原意译为"视频游戏"，以区别于其他类别的电子游戏。参见第十七章对 videogame，video game 等术语的讨论。——译者注

② *World of Warcraft* ——译者注

在写作本书时，其注册玩家已经超过 1 100 万。然而，在线游戏不只是 MMORPG。除了当前这些例子外，视频游戏和互联网之间存在长期的（有时甚至是共生的）相互联系，视频游戏为计算机网络提供主要的早期用途，而网络在视频游戏的发展和文化中扮演重要角色，因为它允许人通过网络连接来接触、分发、修改和讨论视频游戏。但是，互联网的历史及与视频游戏的联系相当复杂。

因此，本章简要介绍在线游戏研究，先是互联网和在线游戏的简史，然后（根据 Burn & Carr 2006）仔细研讨游戏研究的三个关键争议领域：在线游戏的游戏性（ludic）、表征（representational）和社群（communal）方面。本章的最后一节简要概述全书结构和内容。

在线游戏简史

但凡有才能的历史学家都会告诉你，所有历史皆有争议。历史由人创造，然后又由人讲述，而人不可避免地带有主观性。因此，并不存在唯一的互联网历史或者视频游戏历史，只存在一系列的信息片段，争议性大小不一，并且这些信息常常被拉到一起讲述“故事”。不过，故事不可避免地会存在差别，这取决于谁在讲故事。就互联网和视频游戏而言，因为发展路径的原因，历史更为复杂。

与流行神话相反，大多数技术并非某一天由一个或几个聪明的科学家“发明”出来。更常见的情形是，技术一点点进步、发展，看起来互联网就是这样一例。一般认为，互联网起源于一些松散的计算机网络聚合，是 20 世纪 60 年代后期围绕由美国国防部国防高级研究计划署研发的高级研究计划署网络阿帕网发展起来（Gere 2008）。进一步推动互联网产生的是 20 世纪 70 年代用于数据传输的一些互联网协议，其中最著名的要数 1974 年哈佛大学开发的“以太网”。

与其起源相反，互联网的进步最重要的驱动属于非军事需求，个人、特别是新闻团体的公告板，还有多用户地牢或空间游戏（即“泥巴”,MUD),它们帮助建立了崭新且更为常见的网络技术应用领域。阿帕网越来越多的非军事用途导致其正式分为军事与非军事网络,并于 1989 年解体(Gere 1989)。调制解调器(20 世纪 60 年代发明)使得围绕教育、工业以及军事用途发展起日益增大的网络。调制解调器的使用和方便性极大得益于万维网以及后来首个网页浏览器“Mosaic”的出现,前者是 20 世纪 80 年代后期由瑞士物理学家蒂姆·伯纳斯-李设计的学术研究工具,后者于 1993 年由伊利诺伊大学国家超级计算应用中心开发(Gere 2008)。到 20 世纪 90 年代中期,互联网迅速跨出大学和工业界,进入人们家庭。

看起来只要人力可为,人们在任何时候任何地方总会努力找到玩转新技术的方法并从中获得乐趣。甚至是诸如武器等最为“严肃”的技术都被用来作为运动、休闲和玩乐的基础——比如射击,这似乎就是互联网早期的情形。互联网起初为了军事目的开发,却在工作场所找到其巨大价值,开始被用作社交网络、视频游戏,后来用于音乐、视频和色情片,这些用途对巩固互联网在我们文化中的重要位置起到了决定性作用。

这里,特别有意思的是“泥巴”。泥巴的起源可以在纸笔(PnP)角色扮演游戏(RPG)中找到。以最著名的《龙与地下城》[①]为例,它虽然不是第一个,却曾经是(还继续是)这类游戏中最受欢迎的系统。这个游戏的规则 1974 年发布,由加里·吉盖克斯和戴夫·阿尼森设计,但这只不过是对 20 世纪 60 年代美国大学校园尤为风靡的游戏趋势和体系的发展,只不过更加正式(和商业化)。但是纸笔角色扮演游戏,尤其是《龙与地下城》,起源于古老得多的战争游戏,当然,为了娱乐而扮演角色的做法是超越时间的(Fine 1983)。

《龙与地下城》以及类似的角色扮演游戏,如《旅行者》《邪神的呼

---

① *Dragons and Dungeons* ——译者注

唤》《隧道与巨人》[1]曾经(现在仍然)一般在同一个房间与他人一起玩,因此常常被称为面对面(FTF)或桌面角色扮演游戏。但是,甚至在《龙与地下城》推出以前,角色扮演游戏以及它们之前的战争游戏以及类似国际象棋的其他桌面游戏都可以由参加者远距离玩,最常见的通过邮寄,常称为邮递型游戏(play by mail 或 PBM),或者就下棋而言,称作"国际象棋通讯赛",这种玩法已经有若干世纪了。因此,互联网的兴起就算没有晚于纸笔角色扮演游戏的日渐流行,也顶多与其同时,因为这种休闲活动具有远程游戏的悠久历史。重要的是,计算机和互联网的先驱与纸笔游戏、通讯游戏、战争游戏玩家来自于同样的人群和同样的地方(最主要是大学)。所以,不断发展的互联网技术最早的非军事、(当时)非商业的用途之一就是角色扮演游戏,这不足为奇。

《MUD》是该类型游戏名称的来源,一般被视为首个在线角色扮演游戏,它是 1978 到 1980 年之间由罗伊·杜博萧和理查德·巴图在艾塞克斯大学接力开发而成(Fox 2006)。这是一款基于文本的冒险游戏,为玩家提供了书面环境描述,他们通过输入预设的文字选择——如"往西"或"看"进行回应。首个基于文本的视频游戏(单玩家、单机)叫《探险》[2],由威尔·克劳瑟于 1975 年开发,很快有其他游戏跟风,如《魔域帝国》。互联网在这些游戏的开发和传播中也起到关键作用;像《探险》《魔域帝国》等游戏以及更早的游戏如《太空大战》通过萌芽中的计算机网络传给其他人,后者或玩游戏、增加、拓展游戏内容等,或从中获得灵感,开发新视频游戏。

泰勒(2006: 23)在讨论《MUD》时将此游戏描述成标志着"一个新的转向,多用户空间将成为互联网技术最创新的发展之一,而且肯

---

① 即 *Traveller*, *Call of Cthulhu* 和 *Tunnels and Trolls*。——译者注

② 《探险》《魔域帝国》《太空大战》:*Adventure*, *Zork*, *Spacewar*!。——译者注

定是一种已让大量电脑用户兴奋的类型”。《MUD》也为一个与之密切相关的现象铺了路，就是多人“永恒”(persistent)(或者有时称作“虚拟”)世界(Taylor 2006)，比如《第二人生》①。

也许首个多人永恒世界是《TinyMUD》，1989年由卡耐基·梅隆大学学生詹姆斯·艾斯朴讷开发。《TinyMUD》不同于之前的多用户空间游戏，因为它抛弃了这个类别中多数的“游戏”因素，明显专注于社交(Keegan 1997; Taylor 2006)。它通过斯蒂夫·怀特设计并于1990年发布的多用户空间游戏(MUD object oriented，即MOO)为建构世界(world-building)活动铺平了道路。虽然MOO仍然基于文本，但是它允许用户创造新的“环境”，比如用文本描述附件和物体，用户和其他人可以与之互动。不过，早在这之前几年，1985年，卢卡斯电影(后来在1990年改名为卢卡斯艺术)已经开发出第一个线上“图形”(graphical)永恒世界，叫《栖息地》②。

20世纪90年代见证了图形线上永恒世界和游戏二者的数量和技术的迅速发展。这些包括基于图形的在线聊天室OnLive Traveller，而且如《暗黑破坏神》③(1996年暴雪公司发布)这样的视频游戏越来越多地允许玩家与其他人在线玩游戏。但是1997年的《网络创世纪》④真正确立了MMO的流行度，将多玩家、建构世界的因素加入一款已非常成熟、成功的基于计算机的奇幻角色扮演游戏系列，即由理查德·加略特为Origin System公司开发的《创世纪》⑤系列。

过去十年左右越来越稳定地确立了互联网和视频游戏在我们社会文化生活中的重要性和位置，同样也加强了这些技术之间的关系。视频游戏现在是几十亿美元的产业，近期由娱乐软件协会(2007)进

① *Second Life*——译者注
② *Habitat*——译者注
③ *Diablo*——译者注
④ *Ultima Online*——译者注
⑤ *Ultima*——译者注

行的调查说明，美国67%的户主“玩电脑或视频游戏”。现在，全球视频游戏销售额已经与电影票房旗鼓相当，美国和英国视频游戏销售已经超过了书籍(Bryce & Rutter 2006)。同样，到2009年为止，全美人口几乎四分之三是“互联网用户”(Nielson 2010)。当然，我们西方世界的人难以想象工作或休闲的地方没有网络，因为对我们大多数人来说，网络已经成为人们日常生活的有机部分。

MMORPG最生动地展现了视频游戏和互联网的关系，本书就是这一点的证明，包括道格拉斯·布朗、埃丝特·麦卡鲁姆-斯图尔特、基思·马西、克里斯多夫·保罗、杰弗里·菲尔波特和西莉亚·皮尔斯撰写的关于MMORPG的章节。但是，除了一长串当前与过去的大型多人游戏，互联网提供了丰富的游戏机会，比如，允许桌面游戏转换成在线数字形式(如本书中尼尔·兰德尔探讨的那些)，对虚拟世界的探索(像本书中弗恩·M.德拉米尔研究的《第二人生》)，生产、销售、运用“严肃”游戏(如凯特·泰勒在本书概述的《投词机》[①])，以及游戏增强程序(如阿芙拉·克尔对玩家制作和创新的讨论)，以及林鹤玲和孙春在对游戏私人服务器的建造和使用的思考。

还值得注意的是，在线游戏不限于个人电脑，即使当前这一代视频游戏机(如任天堂Wii游戏主机，索尼Playstation 3，微软Xbox 360)从前被看作与连接互联网的家用电脑截然不同的硬件形式，现在却把互联网、线上内容和游戏变成其游戏体验的根本部分。而且，在本书里，弗兰斯·玛依拉警告我们这样一个事实：在线游戏不再与特定的地方相连，因为在线玩游戏已经是移动性的，比如在蜂窝(移动)电话上玩。

很明显，在线游戏构成了(至少某些)人们日常生活和身份的重要部分，它极为重要，值得进行学术研究。正如卡斯特罗诺瓦(2005)

---

① *Wordslinger*——译者注

提出，在线游戏（或如他所称的“合成世界”）十分重要，因为它们可能具有超出游戏的经济影响。如他所写：

> 合成世界……现在值得研究……。一个人一旦认识到萨伯特［他的游戏角色］世界中的一块银币像一美元一样具有价值，他肯定会意识到一块银币不只是像钱，它就是钱。
>
> （Castronova 2005：47，着重号为原文所加）

但是，除了经济意义，在线游戏还具有更加广阔且常见的社会文化影响和意义，比如为遭受家庭暴力的女性提供帮助（Taylor，本书第十六章）、提供社群意识和身份（Pearce，第十章）或者为残障人士提供社交网络和资本（Delamere，第十四章），以及大量其他功能。

在讨论在线游戏的社会文化意义时，伯恩和卡尔（2006）突出了他们眼中玩在线游戏的三大类关键动机，分别为“游戏性”“表征”和“社群”。我们希望表明，这三个类别不只是对玩家动机进行分类的有用方法，而且突出了在线游戏论述和文献中即便不算首要也是频繁争论的关键领域。

有关在线游戏的关键争论

先看看“游戏性”的游戏动机和争论。“游戏性”这个术语直接指向游戏玩法的外观和定义。很多游戏学争论的出发点（或者至少是基本假设）在于主张将视频游戏首先看作“游戏”（games），它的使用就是“玩游戏”（play）。

不论“游戏”是基于电脑还是其他手段，关于其构成因素已有广泛的极为确定的文献。该项工作主要依靠更早的文献，最主要的是约翰·胡伊青加（1949）、罗杰·凯洛伊斯（1962）、布莱恩·萨顿史密斯（既有他单独的，也有与 E. M. Avedon 合作的，即 Avedon

& Sutton-Smith 1971）的著述，试图正式阐述游戏和/或玩的特点和边界。关于视频游戏方面，杰斯珀·尤尔集合这些理论（2005），对他所称作的“经典游戏模式”进行规范化，将经典游戏定义为：

> 一个基于规则的体系，带有一个可变、可计量结果，不同的结果被赋予不同的值，玩家通过努力影响结果，对于结果有情感依赖，并且，活动的结果可以协商。
>
> （Juul 2005：36）

伯恩和卡尔（2006）提出，采用以游戏性为重点的方法，如尤尔的经典游戏模式，可以让我们理解玩在线游戏的许多快感和动力。例如，许多在线游戏如像《魔兽世界》这样的 MMORPG 经常需要玩家努力，采用的形式是参与、完成任务，以便获得回报（结果），玩家会对此结果怀有情感依赖，所有这些活动都在游戏的规则和边界内。

虽然游戏性方法和定义对于玩视频游戏很有用，但它们并非没有弱点和局限。尤其是它们强调将视频游戏归类为“游戏”，引起了对于游戏定义和边界的令人担忧且复杂的争论，仔细审视的话，这些定义和边界可能常常受到严厉批评。

例如，尤尔断言“玩家付出努力”并且“对于……怀有情感依赖”，但是正如尼尔森等人（2008：35）敏锐强调的那样，并非所有玩家都“花费很多精力……也并非特别在乎结果”。就更加“平淡”的游戏而言，如在网页浏览器上或像 *Facebook* 这样的社交网络站点上玩迷你游戏或拼图游戏时，这一点尤其明显。

尤尔自己在处理他称作游戏“临界个案”时，开始遭遇并立刻意识到他的定义带来的麻烦。这包括像《模拟城市》[1]这样的开放式模

---

① *SimCity* ——译者注

拟，尤尔提出这些模拟没有明确的目标，因此不完全符合他提出的这个模式。而且，纸上角色扮演游戏也不属于尤尔的“经典模式”，因为其“由真人担任游戏管理员”的事实就暗示着“其规则并非绝对固定，并非没有商量的余地”(2005：4)。因此，最终，尤尔本人承认相对于什么“是”、什么“不是”游戏的严格划分，他的定义更多地是一种“理想的类型”(尽管他没有用这个短语)。

然而，就在线游戏而言，主战场似乎在于视频游戏包括还是排斥虚拟或永恒世界的问题，比如《栖息地》《第二人生》或《安特罗皮亚世界》[①]。看起来，视频游戏和永恒世界确实都有至少相似的源头、重叠(有时共同)的发展道路，当然，人们频繁使用这两种基于电脑类型的方法常常让人难以看到清楚而明晰的差异。

然而，视频游戏定义(如上文尤尔提供的)仍然频繁被用来将永恒世界排除在有关游戏和游戏操作的讨论之外，因为常常有人辩称说永恒世界不像游戏那样有清晰和固定的目标，也不符合其他类似的游戏标准。有关《第二人生》或类似的文章被排斥在视频游戏研究会议之外，或者得不到代表们理会，因为它们“不是游戏”，这样的情况也听说不少。不过，要为此立场辩护却充满问题和矛盾。

第一，正如我们已经看到的，构成游戏的元素极其复杂，各个作者定义皆不相同。由于这个原因，常常难以在游戏和非游戏之间划出清晰统一的分界线。

第二，很明显，许多永恒世界内部确实包含游戏。例如，《第二人生》包含许多游戏和博彩厅，以及虚拟化身(在《第二人生》中称为“居民”)能够进行角色扮演或战斗的区域，非常类似那些 MMORPG 或在线第一人称射击游戏(FPS) 中见到的情况。

第三，除开这两点，很多永恒世界如《第二人生》可以很“像游

① *Entropia Universe*——译者注

戏”。例如，根据尤尔对“经典游戏”的定义，《第二人生》确实涉及规则。许多“居民”会潜心设定并力图达成某些目标，他们和其他人会重视、努力达到这些目标，可能会对此产生情感依赖，而且这些目标会具有可以协商的后果。对加里·艾伦·法恩(1983)来说，定义游戏的因素不是达到某个特定目的，而是专注。因此，对法恩而言，正是因为纸笔角色扮演游戏不必有结局，而是基于持续的专注，它们构成“纯粹”的游戏形式，而非(如尤尔所言)属于临界案例。当然，这个定义极为切合永恒世界，而非将其排斥在游戏形式之外。并且，麦克马汉(2007)强调很多视频游戏都基于模拟，其设计和操作都利用了隐喻。例如，《虚拟城市》常常被比作模型铁路玩具或玩偶之家。麦克马汉提出，正如许多视频游戏一样，《第二人生》同样以隐喻为中心，此处最明显的是(正如其名称所显示)“活出第二人生”。

第四，许多游戏，或者无疑是玩这些游戏的方式，可能不一定在严格意义上“像游戏”。例如，大量玩家可能抵制或颠覆一款游戏设计的预期目的和目标。比如，《逃脱》[①]与续集有清晰的游戏目标，但是对很多玩家来说，这个游戏的快感来自于在认得出来的伦敦大街上悠闲地开车，这常常被证明比玩游戏的其他方面都过瘾。而且，对于很多 MMORPG 的玩家来说，他们玩这些游戏的首要原因(而且长时间持续这样)未必是实现特定目标，而是与其他玩家交际和保持联系(Taylor 2006)——这常常是人们“居住”在《第二人生》这样的永恒世界的首要原因——我们很快会回过头来谈这一点。

科格本和西尔科克斯(2009)在讨论视频游戏和哲学时强调，玩家描述他们控制的游戏角色/虚拟化身时，最常见的是使用第一人称“我”。他们力图用克拉克和查尔默斯(1998)提出的“延伸大脑”来解释这种现象。这意味着，作为人，我们擅长利用环境中的道具来辅

① *The Getaway*——译者注

助和延伸身体和大脑活动，如用纸笔辅助计算。外部的物体整合进入我们的思维过程，因此成为自我的延伸。他们提出，这可以用来解释为什么人们在提到游戏角色时频繁使用“我”，因为视频游戏很容易毫无困难地纳入我们利用道具和延伸自我的模式中。因此，虽然《第二人生》这样的永恒世界可能不符合“视频游戏”的某些定义，科格本和西尔科克斯(2009)指出，我们以类似的方式使用永恒世界和视频游戏，作为自我的延伸，并且，对于*Facebook*和*MySpace*[①]这样的社交网站，我们也是这样做的。

科格本和西尔科克斯(2009)的这些有益贡献围绕着人感知到的日常生活与身份及游戏和/或线上世界之间分离的争论，并且，这明显关联到伯恩和卡尔(2006)提出的第二个在线游戏关键争论/动机：“游戏表征”(game representation)。

我们在视频游戏和线上世界中的“在场”往往被理解和理论化为对自我的“表征”。在考虑表征时，至关重要的是将其理解为对于“现实”的映射。表征本身与被表征的东西之间可能存在相似点和连续性，但是至关重要的是，它们不是一回事(Longhurst *et al*. 2008)。例如，一幅油画或一张照片可能描绘了一碗水果，但重要的是，它们不是那碗水果，只是水果的图片，或者说，是对水果的表征。

对视频游戏、游戏玩法和线上在场的理解中频繁使用的正是这种方法(这种“表征”的方法)。就是说，当一个人玩视频游戏、在网络聊天室发言或进行类似的活动时，利用的是对自己的表征或者呈现(presentation)。与此理论密切关联并贯穿其中的是，将游戏和线上世界划分为“空间”，将其(至少在某种程度上)区别于“正常”的日常生活。

例如，对某些作者来说，互联网曾经且会继续被感知为一个远离我们日常社会的空间，一个我们旅行、探索的空间。如纽曼(2004)

---

① “聚友网”，全球第二大社交网站。——译者注

指出，对其理解常常借助“网络空间”的隐喻(借鉴通俗小说，比如最引人注目的威廉·吉布森[1]的作品)。或者，如特尔克(1995) 所说，那是“屏幕上的生活”。同样，在视频游戏争论中，空间的概念也很重要，阿尔赛斯(1997) 提出，这是这类文献中普遍统一的主题。最近，这个争论尤其显示在围绕“游戏魔法圈”的思想中。

“魔法圈”的源头可以在荷兰历史学家约翰·胡伊青加的著作中找到，尤其是他 1944 年(1949 年英语首发)的书《游戏者》[2]，大体可以译为英语的“人类玩家”。对于胡伊青加来说，魔法圈是一系列例子之一，指可以玩游戏的场所，由特定、临时的规则和规范约束与定义构成，这些规定不一定适用于魔法圈之外。对于某些作者，比如萨伦和齐默尔曼(2004) 以及尤尔(2005)，这证明是有用的工具，用来构架和理解游戏与玩家的互动模式。然而，其他人辩称这个概念在视频游戏研究领域已成为“无价值的正统观念”(Neilborg & Hermes 2008：135)。最为常见的是，反对使用魔法圈或类似概念的论点涉及这些概念用于区分游戏和日常生活的方式。例如，克劳福德(2009) 辩称，游戏玩法牵涉规则、规范和模式(或者用欧文·戈夫曼 1974 年提出的术语“框架”)，尽管懂得这点是有益的，但有问题的是频繁以此为借口，而忽视在此感知到的“魔法圈”之外发生的一切。因而，本书中提亚戈·法尔考和何塞·卡洛斯·里贝罗提供了对魔法圈的重新认识和阐释，而雷内·格拉斯、克里斯廷·约根森、托里尔·莫滕森和卢卡·罗西考虑用戈夫曼的“框架分析”替代“魔法圈”概念。

同样，与日常生活“分离”的理念也是其他一些(尤其是早期)互联网和网络空间文献存在的问题，这些文献或力图将互联网使用作

---

① William Ford Gibson(1948～)，科幻小说宗师，“网络空间”(cyberspace) 这个词的发明者，其处女作《神经漫游者》开创了“赛博朋克”这个文学流派。——译者注

② *Homo Ludens* ——译者注

为一个不同的、分离的空间或世界加以理解，或未能在更广阔的社会和文化背景下定位互联网的使用。简单地说，视频游戏和互联网使用不是分离的领域或世界，而是人们日常生活、社交模式和互动中（通常较小）的一部分。我们这样理解很重要。

例如，伯恩和卡尔（2006）主张，尽管在线视频游戏如MMORPG或永恒世界经常被看成获得新的、另外身份的玩家的一个自我的“表征”，但是，这一点可以更好地理解为对我们自己身份的延伸，而且，这与之前强调的科格本和西尔科克斯（2009）关于“延伸的自我”的研究存在相似之处。这是因为游戏和线上世界里所做的选择是我们的选择，正如犯下的错误也是我们的错误。此外，他们还指出，甚至最基本的游戏选择如为角色/虚拟化身命名都是由我们玩家自己做出，因此反映了我们的选择、意见和我们（至少某个侧面）的个性。是我们在与电脑互动，是我们在与其他人互动。这种互动也许是“介导的”，但无论我们是否在线，所有的互动都是介导的，最明显是通过语言，我们日常生活中采用的复杂自我呈现模式也是如此（见Goffman 1969）。

这就恰如其分地联系上了伯恩和卡尔（2006）强调的当代在线游戏研究中的动机和争论的第三大关键领域，即“社群动机”。这第三个激励因素相对前面指出的两个因素引发的质疑要少，因为大多数研究视频游戏的学者会乐于接受以下观点：对许多人来说，与其他玩家互动以及这能带来的社群感是玩在线视频游戏的一个关键快感和动机。

在此，伯恩和卡尔强调了大多数在线游戏允许玩家直接互动的方式——最常见的是通过文本，有时是基于语音的沟通工具，这取决于具体的游戏和类型。比如，大多数MMORPG主要依赖基于文本的沟通。这种沟通形式或许最适合这类游戏，有如下几个原因。

首先，许多MMORPG（在不同程度上）涉及扮演幻想人物角色，这种幻觉可能极易被玩家的地方口音之类的东西打破。正如阿斯特丽德·恩斯林在本书中阐明，在游戏中，口音对于定义角色、他们的个性以及思想意识非常重要。例如，《魔兽世界》中一个血精灵圣骑士如果说话带英国黑人口音，这种错误的口音就会轻易破坏游戏的沉浸感。

其次，许多 MMORPG 既涉及正式、长期的团体（常称为“公会”）会员资格，以及更多的短暂联盟，如“打猎队”；因此，与这些（有时极大的）团体进行文本形式的沟通比口头沟通容易得多，因为文本容易发至所有成员。

第三，MMORPG 可能常常涉及复杂的规划、组织和策略制定，所有这些也以书面形式完成最好。与此相对，许多在线第一人称射击游戏（如《使命召唤》[①]游戏系列），由于三个原因大多依赖口头沟通。其一，FPS 主要倾向于用手柄操作而非键盘，虽然也能打字，但相当困难。其二，考虑到这些游戏的快节奏，口头沟通的速度（相比打字而言）更为理想。最后，这些类型游戏中合作玩家匆忙烦恼的嗓音无疑会提高玩家的沉浸感以及游戏乐趣。

永恒世界如《第二人生》倾向于采用更大范围的混合文本与口头沟通，虽然这些游戏（如果我们鉴于上文论证得出的结论可以这样称呼它们）跟 MMORPG 的共性趋于超过 FPS，因而更频繁地使用基于文本的沟通。然而，正如上文所示，在“FPS 风格”的环境（尽管大多数永恒世界的视角为第三人称，这点也在角色扮演游戏中更常见）或其他类型情景中，语音聊天可能会更恰当、更可取，比如波尔斯托夫所讨论的高度发达的“虚拟的性产业”（Boellstorff 2008）。然而，正如上文所述，“错误类别”的语音或口音极可能毁掉游戏的沉浸感，这大约是《第二人生》2.1 版浏览器中引入语音变形选项的原因之一。

---

① *Call of Duty*——译者注

看起来，与其他玩家沟通的能力，以及如克劳福德和拉特（2007）指出的与其他玩家一起行动的能力，是许多在线游戏玩家的关键动机。赖特等人（2002）甚至主张，在线游戏的价值和意义不仅仅在于游戏文本本身、游戏玩法甚或玩家的操控，而是在于这些因素所推进的社交互动。正如他们所写：

> 玩《反恐精英》[*Counter-Strike*，一款在线 FPS] 的意义不止包含在图形甚或是暴力游戏玩法中，而在于玩家通过互相交谈以及在游戏中的表现而进行的玩家间的社交协调。因而，参与者大量借用流行和青年文化表征，通过虚拟谈话和行为，积极制造游戏意义。玩家学习那些再现了行为规范和公认行为准则的社交举止规则，同时又安全地尝试违反这些规则。
>
> （Wright *et al*. 2002：转引自 Crawford & Rutter 2007：277 – 8）

但是与游戏相关的沟通和互动不限于发布仅仅与眼下正发生的事件甚至游戏本身相关的简短指令和交谈。在本书中，针对跨越不同游戏格式的玩家之间沟通模式的多种复杂状况，安德斯·德拉辰强调了其中某些方面。

许多在线和离线视频游戏（即便不是大多数）本身或者周边可能会发展出复杂的语言、互动、惯例和社群模式。这点得到泰勒（2006）以及本书多位作者的清晰阐述。特别是，泰勒强调了许多在线游戏（即便并非大多数）——尤其是（虽然不限于）MMORPG——如何包含、发展出精细的共同和社会秩序形式。她指出，这些构成了"更为宽泛意义上的游戏装置，一套社会技术装置，远远超出游戏买家最初见到的成品盒子中装的物品"（Taylor 2006：32）。而且，泰勒详细描述了玩家怎样被社会化（沿着可看成"道德的职业路径"的东西——见 Goffman 1968），新玩家需要有人教授游戏中明显的互动、结构和等级的复杂模式。这些互动、结构和等级模式的创造不仅通过游戏或其机制,还(更多)通过玩家群体本身,通过他们一再互动、开发游戏“框架”(game frame)(Goffman 的术语,1974)或者叫“常态”(habitus)(Bourdieu 的术语,1984)完成,而这些“框架”或者“常态”支配着可接受的、恰当的行为以及相关的社会结构和等级。例如,泰勒在 2006 年以《无尽的任务》为研究重点,强调“声誉”(reputation)在线上游戏中的重要性。声誉通过与其他玩家互动而建立。它并非外部的、客观的“社会事实”(Durkheim 1982),主要借由我们与他人互动而产生,并存在于这些互动以及他人对我们的看法中,因为它是社会资本的构成元素(参见 Delamere 在本书中的表述),而且在某种程度上也是文化资本(Bourdieu 1984)。

所有形式的资本都存在一个关键特点,那就是它们能够被利用并转化为其他形式的资本和地位。这一点在 MMORPG 中公会会员资格和地位问题上表现得最清楚。如泰勒所述,要加入公会,玩家声誉必须达到一定水准。这涉及学习、展示知识和预期行为模式(文化资本),以及建立并且使用“正确的”(有益的)社交网络(社会资本)。而加入公会后,社会和文化资本继续扮演关键角色,不但保证玩家继续留在公会的资格,还帮助其提升在团体中的级别,确保并提升各公会在游戏中的地位。团体的地位以及团体内的级别和地位不止基于角色级别的基本功(即游戏中的技术和经验),或类似的游戏机制,而且基于对其他形式的游戏资本如社会、文化和经济资本的占有和使用。

有个关键因素常不幸淹没在当代众多的资本形式讨论中(尤其是政治或城市规划层面——见 Gosling 2008),那就是所有资本形式相互关联。而且,(经由资本)获得的一个特定领域的社会地位能够也确实常常影响并关联到其他众多社会领域(即我们社会生活的其他方面)(Bourdieu 1984)。

因而，这再次涉及一个问题：如果将视频游戏和互联网使用的讨论仅仅孤立于游戏和/或线上世界，或者甚至是屏幕跟前发生的一切，就会面临各种困难、局限。所有的游戏和互联网使用都具有社会性，也产生并定位于文化环境中，因而有着远远超出线上世界以及游戏内的意义和后果。比如，许多游戏内的、线上关系延伸至游戏外、线下世界。这包括游戏外但仍在线的沟通和互动，如使用博客、公告栏和其他诸如在线网站和地图的游戏相关网站，也包括线下互动，如与玩家同伴电话沟通，或者见面，可以一对一、小规模，或者参加大型（有时由游戏出品人“官方”组织）的活动。但同样，先前存在的社交网络（和随之而来的社会资本）也常常被复制到线上，之前已经认识的人成为玩家伙伴，一起玩游戏（Taylor 2006）。游戏玩法与其他社会和文化领域之间的联系不仅仅在于线上社交网络，正如伯恩和卡尔（2006）强调的，游戏的“社群”（communal）属性也涉及我们随身带入游戏的社会标记、特征、身份和意见。

一旦开始更细致地思考游戏中人际互动的重要意义以及玩游戏和使用互联网在更广的社会文化背景中的定位，争议、争论就开始浮现。当然，对于作为社会学家和“注重社交”的媒介学者的我们（本书编者）来说，游戏的“社会”属性极其重要，是我们共同感兴趣的关键领域。但是，研究似乎越来越多地显示，在线玩游戏的主要快感、动机与吸引力就在于其社群属性，并且，有必要将玩游戏置于更广大的社会背景下。如果是这样，我们就可以开始质疑仅仅关注视频游戏行为本身的做法是否合理。这就使得视频游戏研究脱离游戏操作、甚至心理学，而转向了社会因素。因此，我们认为，几乎毫无疑问（正如本书所清晰展现），有必要更广泛地分析在线游戏的社会与文化意义，以补充（而不一定替代）对于游戏、游戏玩法和线上世界的关注。

本书的组织结构

本论文集分为四个主要部分。第一部分就是本章，简介本书以及研究领域，突出与接下来的讨论有关联的当代主要争论。之后的两部分构成本书主体。其中，第二部分包含八章，共同的主题为游戏制作与玩法；第三部分包含七章，涉及社群与沟通。本书的最后一部分结论具体研讨佩龙和沃尔夫（2009）对于游戏研究提出的七项挑战，并且从本书所提论点以及关于在线游戏的更广泛论争的角度来思考这些挑战。在进入第一篇论文之前，此处先简要介绍构成本书主体的两大部分共十五章的内容。

第二部分的第一章由阿芙拉·克尔供稿。克尔在该章论证我们需要重新考虑游戏业内围绕作为“制作人”的玩家的话语及其与“正式的”产品开发的关系。克尔借鉴了科学技术研究的成果，其出发点在于数字游戏业呈现出许多基于创新的环境特征，并且关于创新的“民主化”言论势头不减。她指出，刺激这种言论的是游戏公司和玩家选择用来调停他们之间关系的各种方法。克尔剖析了这类互动的含义，提出这样一个问题：我们正在见证的到底是创新的民主化，还是事实上将风险与价值创造同时外包给了游戏玩家？因此，我们需要思索这种关系中的权力机制并巧妙应对。她认为，可能并不存在这种民主化论点所暗示的对等关系。

接下来，埃丝特·麦卡鲁姆-斯图尔特详细考察了玩家行为如何能够明确表达一个 MMORPG 文本的多重解读，讨论重点放在玩家如何协商解决关联的冲突。基于对玩家能动性的重要意义的坚定信心，麦卡鲁姆-斯图尔特讨论了两个相互关联的方面。首先，她指出了不同的社会规则结构如何影响对于游戏文本的理解，研究了可能互相冲突的各种方式，这些方式可能用于阐释游戏世界，或者导致玩家采取“粉丝”的做法来强化其观点。第二，她审视了通过哪些机制，将这些复杂的社会期待用于操纵玩家及其世界以促进社交互动，将粉丝的挪用作为游戏设计的正当部分。总之，她提出玩家的自主性可能产生复杂的结果，而官方的游戏设计人员在什么程度上考虑玩家的贡献还有待进一步观察。

在第四章，林鹤玲和孙春在提供了关于 MMORPG 玩家使用“私人服务器”的开创性思路。私人服务器指未经授权、通常不合法的游戏服务器，运行商业 MMORPG 的替代版。迄今为止，对设立私服、玩私服的人以及其动机和游戏玩法的性质都所知甚少。对这些玩家和服务器的通行看法常常类似于对待音乐和软件盗版者，所以归根到底像对待罪犯。玩私服游戏的人常被看作极少数，他们生存于主流游戏的边缘地带。然而，林与孙凭借一手资料，勾勒出远为复杂的游戏玩法以及私服-官服关系的图画。他们突出了使用私服的大量动机与原因，包括“怀旧”的玩家想要继续玩原有游戏，而官方不再提供支持（正如皮尔斯在本书强调的《乌鲁》[①]玩家的案例），或者玩家不满官方游戏服务器的管理或组织方式。私人服务器提供更大程度的游戏体验定制和个性化，不像许多官方服务器，不时明显表现出的态度就是“一刀切”的游戏玩法。因而，此研究显示官服与私服之间存在复杂得多的关系，这不一定是单向的、寄生性的，只是从官服吸走玩家。私服允许玩家有另外的选择，可以绕开官方游戏中他们不喜欢的部分，或者实验新的想法和游戏风格，而这些有助于他们继续留在官服而非完全脱离该游戏。

第五章中，道格拉斯·布朗对《魔兽世界》的成功进行了一番解构，尤其聚焦游戏终极挑战的中心地位、复杂性和不完整性以及暴雪娱乐对待游戏发展轨迹的方法。布朗指出了暴雪公司在满不在乎地挪用玩家开发的东西中扮演的角色，尤其是《无尽的任务》[②]这方面的

---

① *Uru* ——译者注

② *EverQuest* ——译者注

特点。他进一步指出围绕玩家体验和路径依赖方面的先发优势，与此相关的战略使得《魔兽世界》至少到目前为止一直在竞争中领先。布朗主张，由于暴雪娱乐采用的方式，竞争对手的产品与《魔兽世界》的体验相比显得设计不足。总之，在这个领域，激进的新方法不会成功，这里是越老派越好，重复并非坏事。

之后一章中，尼尔·兰德尔探讨了在线桌面游戏中游戏操作空间和模拟技术的重要性。尽管已经出现了其他游戏形式，特别是视频游戏，线上线下的桌面游戏还是极其流行的休闲活动。在此，兰德尔更仔细地考察了在线桌面游戏程序如何复制了传统桌面游戏元素并试图模拟面对面游戏体验。兰德尔利用社会符号学的情态理论，研究在线桌面游戏试图采取哪些具体方式复制线下桌面游戏。他提出，桌面游戏如果想要获得玩家的认可，需要从物理空间、关键构成元素和玩家沟通方面来模拟传统桌面游戏的进行方式。这就突出了游戏场所、地点和空间的重要性，并且明确说明了其复杂性质，因为它在线上线下都是介导性的。而且，兰德尔的看法与当前游戏研究的主导观点相反，他认为桌面游戏与视频游戏有着至关重要的差异，因为重大差异存在于多个方面：沉浸的性质、叙事的产生、模拟、游戏的风格、互动、规范，以及极为重要的对游戏规则的创造和维护。而本章不仅帮助我们理解在线桌面游戏这个研究不足的领域，而且对游戏研究作为学科的一个关键基础提出了重大挑战。

弗兰斯·玛依拉所著的一章引入了语境游戏的概念，那些根植或兴起于社交关系的娱乐性的行为以及用来维持和扩展这种关系网络的信息交换。最重要的是，玛依拉提供了各种社交媒体如 *Flickr*[①] 和 *Facebook* 的各种游戏个案，证明了在其他活动内部及之间，游戏性活动的融合趋同，比如在线照片分享和社交网站。因此，他展示了

---

① 雅虎旗下的图片分享网站，有人称为“网络相册”。——译者注

相关网站提供的其他活动如何提升了游戏性。比如,在玩《七牌拼字游戏》[①]之类游戏的同时,更新 *Facebook* 的状态。通过这个现象,玛依拉讨论了玩游戏以及更广泛意义上的游戏性的活动作为社交网络促进手段的可能性。他还指出,这种状况进一步模糊了我们生活中的各种边界,并且,就在线沟通而言,移动性具有混杂性质。

在第八章中,提亚戈·法尔考和何塞·卡洛斯·里贝罗对魔法圈的讨论做出了重要贡献。魔法圈的概念源于荷兰历史学家约翰·胡伊青加的著作,但它与游戏视频的关联最突出地反映在萨伦和齐默尔曼(2004)的应用中,他们采用这个概念来凸显支配游戏事件的具体规则和社交模式。然而,这个术语对于视频游戏的适用性受到了帕格曼和雅各布森(2008)以及克劳福德(2009)等诸多作者的质疑。法尔考和里贝罗提出,叙事主导的视频游戏能够使玩家(有时)沉浸于详细、发展的故事情节,虽然已证明要理解这类游戏,魔法圈是个有用的概念,但是他们质疑将此概念原封不动地用于MMORPG这样的其他类别游戏是否有效。对法尔考和里贝罗来说,这个魔法圈需要用刘易斯·卡洛尔的爱丽丝在《爱丽丝梦游仙境》(1871)的隐喻来重新构思。他们的意思是说,这个魔法圈子不是世界的分界线,而是一个相交点。决定游戏世界与外部世界相对分离的是游戏者在游戏环境中的沉浸程度,这种沉浸可以通过游戏叙述、游戏内的空间导航以及与其他玩家的互动来加强。因此,虚拟世界是游戏对象(如技术、结构和叙述)的产物,而且也是由玩家自己塑造的,而游戏世界则在塑造玩家身份和互动方面发挥作用。

与法尔考和里贝罗类似,格拉斯等人在第九章中提出了视频游戏分析中的一个关键理论。与法尔考和里贝罗不同的是,该章的格拉斯以及约根森、莫滕森和罗西拒绝了这个魔法圈,认为它过于死板

---

① *Scrabulous* ——译者注

地划分游戏世界和外部世界，而转向欧文·戈夫曼的框架分析作为理解视频游戏的恰当方式。格拉斯、约根森、莫滕森和罗西认为，框架分析对于理解游戏极为有用，因为与主要是线性划分的魔法圈不同，框架可以被理解为多层次、叠加，有时甚至相互冲突。在该章中，他们研讨 MMORPG 游戏《魔兽世界》中的四个游戏框架。具体而言，他们首先研讨玩家“角色扮演”是如何将几个相互交织、有时相互冲突的框架引入《魔兽世界》的。其次，他们讨论游戏风格，以及游戏指南和攻略的使用。第三，格拉斯等研讨了当游戏核心内容和玩法与工作交织或者甚至变成了工作时，其分类和理解的复杂性。最后他们研讨游戏框架何时会渗透到游戏之外的框架中，从而将结果带入其他框架，例如在游戏物品开始带有游戏外的货币价值的时候。所有这些情况都清楚地强调了要将游戏玩法进行概念化面临的复杂性，并且说明了游戏和其他框架之间的关系总在不断变化，框架之间相互交织，相互构建。

本书第三部分的第一章是由游戏设计师、作家、研究员、教师、策展人和艺术家西莉亚·皮尔斯所作。在这里，皮尔斯讨论 MMORPG 游戏《神秘岛之乌鲁时代》[①]的玩家，并思考这个案例以怎样的方式不仅为游戏实践，而且为当代社会社群的意义、创造与维护提供重要洞见。《乌鲁》是最受欢迎的《神秘岛》系列游戏之一。它在 2003 年作为测试版发布，玩家很快多达 10 000 名。然而(至少在那个时候)，《乌鲁》没有能够撑到正式发行，不到 6 个月的时间就关闭了。在那之前，这主要是单人游戏系列，而且如皮尔斯所指出的，许多玩家会将自己描述成“不合群的人”；在那以后，这款游戏就成了一种在线社群体验。游戏关闭消息一发布，玩家们几乎马上就开始讨论，计划迁移至另一个线上世界/游戏。虽然玩家最终迁至若干个

---

① *Uru: Ages Beyond the Myst* ——译者注

不同的在线“世界”，最重要的迁入地是“那里网”[①]。尤为重要的是，此次迁移不只是一群玩家放弃一个死亡的游戏继续前行，而是有意努力维护和延续在《乌鲁》中建立的身份和社群。《乌鲁》的案例对于玩家社群、创造性、忠诚度和身份形成的模式提供了深入认识。此外，它也为我们深刻揭示了许多游戏玩法之外的当代社群的性质。在一个越来越以消费者为基础的、个性化的社会，生活的许多确定性和社群的主要构成元素如固定不变的阶级、场所和家庭开始萎缩（比如参见 Bauman 1998，2001），在这种背景下消费者选择和休闲选择（包括玩视频游戏）为个人提供了（至少可以感知到）形成身份和社群的建筑模块。

在第十一章中，来自西雅图大学的克里斯多夫·保罗与杰弗里·菲尔波特对《魔兽世界》中一个特定公会的兴起和衰落进行了解构。保罗与菲尔波特主张，伯克的理论可能有助于解释此现象，尤其是认同、分隔和同体[②]的概念。实质上，他们提出这个公会的成长首先由一个认同过程推动：一开始就存在一种与公会认同的方式，就是认同创造了这个公会。然后，他们进一步讨论公会如何随游戏相关的变化而发展，而这又以何种方式塑造对公会的认同以及公会内部的认同。这种发展的结果是分隔，同体被摧毁，最终导致公会崩溃。作者得出结论：这个伯克式框架可以用于游戏研究的其他领域，并且也可由需要培养合作式游戏的玩家自己使用。他们还提出，游戏设计人员在创造和支持游戏空间的方式方面可能会希望顾及这些过程，尤其是那些鼓励玩家共同行动的游戏。

第十二章中，安德斯·德拉辰使用第一手研究资料为当代跨游戏格式的人际沟通模式提供新的重要见解。很明显，人际沟通是大

---

① There.com ——译者注

② 即 identification，division，consubstantiality。——译者注

多数当代多人游戏的重要元素，但令人意外的是几乎没有玩家沟通的实证研究。在更早研究的基础上，德拉辰广泛观察了三个不同类型游戏——桌面、视频游戏机、在线个人电脑的角色扮演游戏——的玩家，展示了他的发现。他对收集的资料进行了令人深思的分析，突出了有关玩家互动的强度、频率和模式的若干重要发现，这包括不同游戏场次或游戏类型的互动模式与水平并不统一，而是随若干因素发生改变。具体而言，他突出强调，在塑造沟通模式中，最具重要意义的并非游戏是否数字化，而在于是面对面游戏还是联网游戏。离线游戏机视频游戏的玩家间沟通模式和水平更接近于桌面角色扮演见到的互动，而非在线电脑角色扮演中观察到的互动；在线玩家比其他两种游戏格式中沟通少得多。

阿斯特丽德·恩斯林在第十三章中从认知、政治和军事能力以及种族、社会和道德的二分法角度，研究离线和在线视频游戏如何使用英语语言的口音、将其功能化以便描绘各种角色类型和相互关系。恩斯林审视了具有重要战略意义的非玩家角色（NPC）的口头和多模态话语以揭示潜在的、表面未反映和记载的语言思想。通过考察四个明显不同的视频游戏（《回到狼堡》《神鬼寓言：失落之章》《黑与白2》以及《巫师 101》[①]）的显著片段，恩斯林展示了英国标准语音、北美标准语音、非标准地区性和外国口音如何与其他符号模式和副语言特征（如音高和语调）共同使用，以便在玩家心中激起特定的情感和认知效果以及进行道德区分。恩斯林意味深长地用实例阐明，口音、嗓音、音高和语调如何用于视频游戏中，通过跨媒体、互文而指向经典的视听叙事如流行电影和文学，以制造识别效果。她主张，游戏设计人员这种有意虚构带有情感和政治意味的口音的行为证实了近年来的口音-态度研究（如 Coupland & Bishop 2007），尤其涉及创造英

① 即 *Return to Castle Wolfenstein*；*Fable*：*The Lost Chapters*；*Black and White* 2；*Wizard* 101。——译者注

雄与无赖、强者与弱者、深谋远虑与轻率无礼的角色。正如恩斯林对《巫师 101》的分析所显示，跨文本、跨媒体强化实现的“可以认出的”口音和噪音能够极大促进玩家对游戏的认同。

康考迪亚大学教授弗恩·德拉米尔在第十四章审视作为“第三空间”的虚拟社群与虚拟世界社群内部的社会资本之间的关系。作者通过一个案例，研究残障人士利用视频游戏《第二人生》的方式，试图理解对游戏玩家而言社会资本所起的作用。作者把社会资本看作《第二人生》参与者的社交网络和联系的至关重要的渠道。目前，认为数字技术已经引起社会资本减少、导致社交孤立的论点并不少见；然而越来越多的学术研究展示出数字技术和社交之间的清晰连接。《第二人生》这样的视频游戏使得人们与日常生活可能不会接触到的他人互动。这导致德拉米尔得出结论，《第二人生》是电脑生产出的一个第三空间，在此，人们可以超出工作和家庭生活而聚在一起。在某种程度上，第三空间是中性的地点，因此也可以是一个超出具体地点的社群所在。虽然德拉米尔指出数字技术可能有些限制，对残障人士构成挑战，但是这种技术也能提供机会，成为残障游戏玩家及其家庭、朋友可资利用的信息和沟通渠道。具体而言，《第二人生》在某些案例中是社会资本的重要来源，让人建立自信，学习新的沟通和技术技巧，提供与他人社交的机会。德拉米尔提出，为此，《第二人生》可能引起“虚拟”世界和“真实”世界之间社会资本区分的模糊化。

在下一章，基思·马西剖析了在线视频游戏《无尽的任务》中化身的种族和性别表征。虽然过去有的研究突出了女性角色的性别化特质，对于视频游戏中包含的刻板种族印象却少有研究。《无尽的任务》中，游戏从头至尾都是按照头脑中固有的刻板印象来建构角色。从角色建构阶段，到游戏辅导，再到实际游戏操作，给玩家提供的是对女性和黑人角色有限制、边缘化、刻板的表征。马西突出了游戏全程女性化身的高度性别化和贬损性的女性形象。此外,马西发现了下列现象之间的关联:缺少可以选择的黑人角色,黑人化身被归为非人类的物种,以及在游戏中黑色“种族”在地理上被限制在贫民区。这样的刻板角色导致他所称的黑人和白人化身之间的网络隔离(cyber segregation)。这样的形象反映和强化了将黑人作为“他者”,将女性作为柔弱、性别化的物体的社会表征。由于游戏已成为可以说当今最流行的休闲活动,受到全世界男人、女人、儿童的喜爱,马西提出游戏设计人员早该为玩家提供少些性别和极端色彩的角色表征。

最后,在第三部分,凯特·E.泰勒提供了重要篇章,她研究了视频游戏《投词机》在帮助经受了家暴的女性、为其赋权中所起的作用。该游戏是作为遭受家暴妇女的自助网站“你没疯”的一部分而开发的,意在帮助女性辨别、克服家庭暴力。泰勒详细探讨了该游戏与玩家亲身经历互动以帮助她们实现自我的多种方式。虽然该游戏在设计和可用性方面有点过于简单,但对玩家有深刻影响。该视频游戏包含一个“具身叙事”作为工具,帮助玩家在“真实”世界中的个人发展。泰勒认为,此游戏的成功很大程度上是因为其跟家暴一样以家庭为基础。由于家暴在家庭中发生的可能性更大,互联网这个空间可以为遭受家暴的妇女提供支持和沟通的可能性。该游戏的独特之处在于其将更传统的视频游戏格式与为女性赋权的目标相结合。由于身体是我们体验周围世界的关键,该章审视了虚拟世界能够构成和影响人具身体验的方式。由于此游戏让女性玩家参与虐待叙事,鼓励玩家挑战家暴中常常体验的逆来顺受,成为积极参与者。《投词机》因而成功地生产出针对女性将自己看作牺牲品的反面叙事,而把受压迫的身份转化为积极发展的身份。因而,此游戏的身体和情感互动允许女性联系自身对于暴力的身体和具身叙事,同时鼓励她们建构新的叙事。

参考文献

Aarseth, E. (1997) *Cybertext: Perspectives on Ergodic Literature*, London, John Hopkins University Press.

Avedon, E. M. and B. Sutton-Smith (1971) *The Study of Games*, New York, Wiley and Sons.

Bauman, Z. (1998) *Work, Consumerism and the New Poor*, Buckingham, Open University Press.

Bauman, Z. (2001) *Community: Seeking Safety in an Insecure World*, Cambridge, Polity Press.

Boellstorff, T. (2008) *Coming of Age in Second Life*, New Jersey, Princeton University Press.

Bourdieu, P. (1984) *Distinction: A Critique of the Judgement of Taste*, London, Routledge.

Bryce, J. and J. Rutter (2006) Digital games and the violence debate. In J. Bryce and J. Rutter (eds) *Understanding Digital Games*. London, Sage: 297–322.

Burn, A. and D. Carr (2006) Motivation and online gaming. In A. Burn and D. Carr (eds) *Computer Games: Text, Narrative and Play*. Cambridge, Polity Press: 103–18.

Caillois, R. (1962) *Man, Play and Games* (Trans. M. Barash), London, Thames and Hudson.

Castronova, E. (2005) *Synthetic Worlds: The Business and Culture of Online Games*, Chicago, University of Chicago Press.

Clark, A. and D. Chalmers (1998) The extended mind. *Analysis*, 58(1): 7–19.

Cogburn, J. and M. Silcox (2009) *Philosophy through Video Games*, London, Routledge.

Coupland, N. and H. Bishop (2007) Ideologized values for British accents. *Journal of Sociolinguistics*, 11(1): 74–93.

Crawford, G. (2009) Forget the magic circle (or Towards a sociology of video games) – Keynote. *Proceedings of the Conference: Under The Mask 2*, Luton.

Crawford, G. and J. Rutter (2007) Playing the game: Performance and digital game audiences. In J. Gray, C. Sandvoss and C. L. Harrington (eds) *Fandom: Identities and Communities in a Mediated World*. London, New York University Press: 271–81.

Durkheim, E. (1982 [1895]) *The Rules of Sociological Method*, New York, Free Press.

Fine, G. A. (1983) *Share Fantasy: Role-Playing Games as Social Worlds*, Chicago, University of Chicago Press.

Fox, M. (2006) *The Video Games Guide*, London, Boxtree.

Gere, C. (2008) *Digital Culture*, 2nd edn, London, Reaktion.

Goffman, E. (1968) *Asylums*, Harmondsworth, Penguin.

Goffman, E. (1969) *The Presentation of Self in Everyday Life*, Harmondsworth, Penguin.

Goffman, E. (1974) *Frame Analysis: An Essay on the Organization of Experience*, New York, Harper and Row.

Gosling, V. K. (2008) "I've Always Managed, That's What We Do": Social capital and women's experiences of social exclusion. *Sociological Research Online*, 13(1). Retrieved from http://www.socresonline.org.uk/13/1/1.html.

Huizinga, J. (1949 [1938]) *Homo Ludens: A Study of the Play-Element in Culture*, London, Routledge.

Juul, J. (2001) Games telling stories? *Game Studies*, 1(1). Retrieved from http://www.gamestudies.org/0101/juul-gts/.

Juul, J. (2005) *Half-Real: Video Games between Real Rules and Fictional Worlds*, Cambridge, MIT Press.

Juul, J. (2008) The magic circle and the puzzle piece. *Proceedings of the Philosophy of Computer Games: DIGAREC Series 1*, Postdam.

Keegan, M. (1997) A classification of muds. *Journal of MUD Research*, 2(2). Retrieved from http://brandeis.edu/pubs/jove/HTML/v2/keegan.html.

Longhurst, B., G. Smith, G. Bagnall, G. Crawford and S. Osborne (2008) *Introducing Cultural Studies*, 2nd edn, London, Prentice-Hall.

McMahan, A. (2007) Second Life: The game of virtual life. In B. Atkins and T. Krywinska (eds) *Videogame, Player, Text.* Manchester, Manchester University Press: 131–46.

Neiborg, D. B. and J. Hermes (2008) What is game studies anyway? *European Journal of Cultural Studies*, 11(2): 131–46.

Newman, J. (2004) *Videogames*, London, Routledge.

Nielsen, S. E. (2010) Three Screen Report, 7 (4th Quarter). Retrieved from http://in.nielsen.com/site/documents/3Screens_4Q09_US_rpt.pdf.

Nielsen, S. E., J. H. Smith and S. P. Tosca (2008) *Understanding Video Games: The Essential Introduction*, London, Routledge.

Pargman, D. and P. Jakobsson (2008) Do you believe in magic? Computer games in everyday life. *European Journal of Cultural Studies*, 11(2): 225–43.

Perron, B. and Wolf, M.J.P. (2009) 'Introduction', in B. Perron and M.J.P. Wolf (eds) *The Video Game Theory Reader 2*, London: Routledge, 1–22.

Salen, K. and E. Zimmerman (2004) *Rules of Play: Game Design Fundamentals*, London, MIT Press.

Taylor, T. L. (2006) *Play between Worlds: Exploring Online Game Culture*, Cambridge, MIT Press.

Turkle, S. (1995) *Life on the Screen: Identity in the Age of the Internet*, New York, Simon and Schuster.

Wright, T., E. Boria and P. Breidenbach (2002) Creative player actions in FPS on-line video games: Playing counter-strike. *Game Studies*, 2(2). Retrieved from http://www.gamestudies.org/0202/wright/

第二部分　游戏制作与玩法

第二章　在线游戏中玩家制作与创新：是时候出台新规则了？

阿芙拉·克尔[①]

资本主义持续追求创新和创造力（就是以前所称的新奇事物），推动着不断寻求新思想、思想新源头（不仅仅是内部研究和开发部门，还包括供应商、客户、用户等等）以及挪用这些思想的新方式。学者们试图通过一系列注重不断变化的用户与制造商关系和创新过程的理论来理解这些趋势。在所谓创新研究中，目前已经大量探讨过开放式创新过程（Chesbrough 2003）、分布式知识网络（Anaheim & Gertler 2005）以及挪用主要用户知识并民主化创新的策略（von Hippel 2005）。在设计研究中，我们已经看到了尝试培养以用户为中心、参与性和点对点的设计实践（Benkler 2006；Kerr *et al*. 2009）以及在媒体研究中参与性和共同创意受众研究成果的增加（Jenkins 2003）。这些涉及生产者与用户的新话语、设计实践和关系往往被视

① 作者感谢爱尔兰高等教育局高等教育机构研究项目第四轮项目的资金支持。《未来通讯网络和服务》项目详情请见 http://futurecomm.tssg.org。

为民主化创新和为用户赋权。或暗或明的理由是，它们为用户提高了人工制品的可用性和实用性，从而改进了销售和盈利。对这些趋势的批判性视角则表明，所有的事情并不像主流的话语中看上去那样，我们需要提出严肃的问题：在这些创新网络中，谁在生产和创造价值，谁有权力挪用这种价值（Kücklich 2005；Terranova 2000）。

在大多数媒体和游戏教科书中，传统的对待制作的方式倾向于关注上市公司和私人公司中向用户交付成品的专业媒体工作者。爱好者的制作则趋于归入传统教科书的受众部分。我自己的书也不例外（Kerr 2006）。然而，随着互联网的普及，Web 2.0 的发展和网络游戏的多样化，从大型多人在线游戏（MMO）到联网的个人电脑和主机游戏，专业制作人的角色发生变动，融入更多的服务类型活动（基础设施和社群支持、副文本、内容更新等等），玩家的角色也在变动，包含更广泛的制作性角色（内容生成、测试、营销和招募）。本章的出发点在于，制作并没有止步于在市场上推出产品，尤其是在网络游戏中，专业制作者和游戏玩家之间关系的形式和性质对于游戏的持续成功至关重要。因此，我们需要把制作视为一个持续的过程，涉及一系列行动者，其中许多人试图从过程中创造各种形式的资本（社会、文化和经济）和价值（交换价值、使用价值和符号价值）。这些行动者和价值观往往会产生冲突，而这些制作网络有时被概念化为参与性或共同创造性的制作网络，本章将探讨这些概念是否足以描述这里发生的事情。

本章警告不要对这种事态发展采取过分乐观或过于消极的态度。它要求我们考虑，在鼓励用户制作的增长趋势背后是什么，对这些制作的实证考察揭示了什么？我们实际观察到的是共同创造，还是专业媒体行业正在寻找新的方法来鼓励玩家制作，并从这种劳动中挪用、榨取价值？最后，专业游戏制作人员和游戏玩家之间的关系是否以最有效、最公平的方式进行管理和规范，以认可和奖励每个成员？网络游戏提供了一个肥沃而多样化的场地，以实验和概念的方式探索玩家和社群制作与创新的概念。

本章利用业余和职业玩家制作与用户知识积累的第一手研究和次级研究，希望能够对玩家在游戏制作和创新方面角色的变化有着更深入的经验和概念理解。[①] 接下来，将首先探讨创新和媒体理论中"用户"的兴起[②]，接着研究一些有争议的玩家制作形式及其对价值生成的潜在贡献，包括数据生成、游戏治理、用户生成内容和作弊。之后，会探讨这些微观的玩家实践如何反映和联系到专业游戏行业更广泛的政治经济趋势，即外包生产和培训的某些方面。本章结尾考察专业制作人员促进和积累业余制作所采取的或明或暗方式的可能影响，呼吁制订新规则来管理这些新的制作形式。

游戏中的用户转向、半成品设计和用户制作

我在其他地方描写过一家小型游戏公司的游戏设计过程，指出游戏设计团队如何倾向于设计自己喜欢的游戏，以及这如何进一步受到别的因素影响，比如出版商、市场营销部门和其他外部参与者的需求和愿望（Kerr 2002）。生产现货盒装产品的许多游戏公司主要通过出版公司与用户打交道，这些出版公司倾向于希望将以前的成功和市场复制到现有市场。这种方法在文化产业中仍然普遍存在；而且，尽管游戏由真正玩家进行测试，但是盒装现货媒体产品的设计师和用户之间往往联系很少（Oudshoorn *et al*. 2004）。十多年前，西

---

① 本章利用了本人关于全球游戏业的博士后于 2000 至 2005 年对爱尔兰、英国和美国的游戏公司工作人员的面对面访谈的研究，以及在研的扶持游戏业的国家政策。本章部分内容利用了 2009 年与安东尼·考利共同进行的对爱尔兰游戏公司的在线调查。此外，本章还利用了斯特凡诺·德·帕里和马克斯·基亚腾仪的在研合作项目，前者的博士后研究涉及参与者对在线游戏《提比亚》（*Tibia*）的参与式观察和档案分析，后者的硕士项目涉及对《魔兽世界》和《星战前夜》（*Eve Online*）的参与式观察。

② Web 2.0 应用相对较新，而与如用户、控制面板和参与式设计有关的理论和实证研究则有着悠久得多的历史。

尔维斯通和哈顿(1996) 注意到设计师对用户的认识常常含糊、矛盾、未经验证,并且,在这个不确定的环境中,强大的各个子群体相互竞争,争夺设计权。仅仅关注上游生产流程实际上就等于依赖旧的线性创新模式,将用户参与置于流程末端,并主要就消费者、影响和效果讨论用户问题。事实上,斯图尔特和威廉姆斯(2005) 认为,许多理论仍将设计和生产定位为一个上游过程,将完成的产品提供给市场,该市场包含特定的"用户"和"用户活动"概念,用户碰上就得去适应。

相比之下,Web 2.0 和在线游戏在过去十年的发展开启了新的机会,让专业制作人与游戏玩家建立密切联系:明显的途径是在线论坛和社群支持,隐含的途径则是玩家行为跟踪和监控。尽管专业开发公司设计环境并尝试设定玩家如何参与游戏,但他们也面临着新的社群和网络挑战以及持续的生产问题。如果我们把生产视为一个涉及多个设计和使用周期的社会过程,那么我们必须认识到,市场上发行的产品具有未完成性,事实上,技术产品随着时间的推移而变化,诱导或制造这种变化的部分是用户和/或其知识,或关于用户的知识,以及用户的劳动。这一思路认真考虑了科学技术社会学的观点,认为我们应该认识到技术的可塑性,并将其看作意义、使用和解释随时间变化的东西,只有当人类和非人类的行为者网络结合时才会稳定下来(Bijker 1995; Callon 1987; Mackenzie & Wajcman 1999)。这种思路也承认,技术产品的设计涉及政治决定,产品的设计可能会排除特定用户和行为(Wajcman 1991; Oudshoorn & Pinch 2005)。一般而言,数字网络,尤其是在线游戏,使我们能够研究探索一款产品全生命周期中生产和创新的范围,科学技术研究(STS) 的观点提醒我们在哪种程度上用户受限、商定甚至真正转化了市场上的技术产品。这个视角突出游戏玩家的角色如何能够超越外部产品测试、焦点小组、采购和游戏核心玩法,以及矛盾的问题如何预示着需要替代规则和做法。

这一思路的一个重要结果是游戏玩家不仅仅是消费者，制作人和用户之间的关系需要得到尊重，并具备对等性，管理方式应该能够反映这一重要的角色。换句话说，专业制作人（即开发者/出版商）需要在与玩家的关系上保持透明，并设想新的奖励方式，让游戏玩家的参与超越游戏核心玩法，要反映业余和专业制作人之间、线上和线下的世界之间界限的不稳定性。当然，并不是所有的用户和玩家都以同样的方式做出贡献，但是，有时称为异常用户（如作弊者和金农）或从事变革性游戏的人，虽然从设计者的角度来看是有问题的，但是也可以看作为创造价值和创新路径做出了贡献，这一点我们稍后讨论。最后，我们也需要超越单个玩家和用户创新的概念，使用范·乌斯特等（2009）称为“社群创新”的概念来认识经常以小组、公会、团队和网络形式共同作用的玩家合作。大多数关于用户和共同创作理论的著作倾向于将这样的活动个体化，而且趋于关注个体化的行为人，似乎要复制浪漫的主创导演的方法，而不是跟踪相互联系和整体组合。就像专业游戏公司制作一样，非市场性玩家的制作也可以是合作式的。

重要的是将这些微观活动和概念置于更广泛的宏观趋势之中，以便考察更广泛的游戏和文化生产环境。很明显，提供给终端用户和游戏玩家的制作工具越来越多，不过同样明显的是，国家和国际层面都在强化法律制度、开发新技术来执行知识产权制度并占用这些工具生产的产品。赫斯蒙德霍（2008）考察了全球文化生产市场化和版权法加强的情况。他的总体观点涉及如何将“以前没看作可归谁所有的创造力和知识的形式带入知识产权制度，使其可用于资本投资和获利”（Hesmondhlagh 2008：97）。他引用批判地理学家哈维（2008）的著作（后者以卡尔·马克思的著作为基础）指出，我们所看到的是“通过剥夺积累”的新形式，这在试图将普通集体产权转为独占性私有财产权中尤为明显。赫斯蒙德霍认为，通过剥夺积累的关键趋势之一，是以前公共和公有产品的私有化和商品化。克莱因等人(2003) 也提出类似的观点，他们认为游戏中的生产社会化“具有偷偷摸摸的含义：侵蚀所有权”。因此，当我们谈到生产时，还需要考察谁拥有生产权，谁主张这些权利，以什么方式。

因此，由专业生产者在跨国生产网络中推动和管理，用户生产实践范围得到扩大，这种现象必须置于更广泛的全球资本主义和新自由主义的背景下来看待。资本主义目前的阶段已经见证了媒体行业和游戏领域新“专业”的发展，大型全球网络组织担任管理财务和产品配送的控制中心，同时监督大量的小生产单位。拉什和厄里(1994) 认为，生产分散化可以伴随配送集中化。企业一度趋于高度集中的等级制，现在则有了多种企业形式，包括多部门结构，其中某些生产活动和其他职责是分散的，但总体控制仍然是集中化的高层管理。虽然这些部门在盈利方面相互竞争，并且可能在地理上分散以接近市场和用户，但仍然是垂直整合的。韦恩(2003：86) 在电影业的考察中指出：“生产被拆分，‘外包’给其他公司，不管是分包商还是子公司。”这种趋势似乎也发生在游戏产业中，生产正继续分裂为较小单位，分散到各种市场和非市场单位。随着信息通信网络的发展，这些单位的控制权即使面临争议和协商，还是可以保持高度集中和规范。分散生产的驱动因素在于有必要通过与多种用户和知识接触来保持创新的步伐，同时降低总体成本和产品失败的风险。我们正是要在这样的大环境下来看待玩家在网络游戏中明确和隐含地参与生产实践和价值生成的趋势。

积累和价值获取的隐含形式

艾克里奇(1995) 指出，设计师使用像市场调查和消费者测试这样的显式技术及隐式技术，诸如“我-方法”(或叫为自己设计)、专家和竞争产品的信息等来影响其设计过程。她基于研究得出结论：隐式方法通常比显式方法更强大、更重要。在线游戏、社交网站和其他在线社群的新奇之处在于隐式收集的用户或玩家行为数据可以在很大程度上被轻易地汇集、分析和使用。这种信息既可用积极的方式来模拟玩家行为，并改写和塑造游戏环境（Charles *et al*. 2007），或者以不那么积极的方式来补充收入，用于定向广告和植入式广告，或者监控和规训游戏玩家。虽然实际开发和部署这些数据对于制作者来说可能远非直截了当，但是，与迄今采纳的方法相比，在用户参与创新和设计方面，这种形式具有质的不同，因此很大程度上未受玩家注意和监控。正如范迪克所指出的那样，关于新的 Web 2.0 应用的记载常常漏掉“网站界面在操纵个人用户和社群方面发挥的实质性作用”，用户“心甘情愿并且不知不觉地”为网站所有者和元数据集合商提供重要信息（2009）。

篇幅所限，不允许在此全面讨论玩家数据所有可能的用途，实际上还需要进行许多研究来探索制造商在隐式信息收集和使用方面的做法。下面我将简要介绍游戏管理和玩家规训。玩家注册 MMO 并接受服务条款，就要服从对自己及其计算机的监控，并同意向发布/开发游戏的公司以及在某些情况下向第三方提供信息。玩家安装并接受游戏许可协议，就同时服从游戏外部和内部规则，并且必须同意对其游戏行为和机器进行持续监控。游戏中大多数硬件和软件干预以提高安全性、改善游戏体验的名义实施，但结果是所有玩家都受到监视，随时受到自动规训，并且在某些情况下还是错误的规训（Taylor 2006；2009）。不幸的是，大多数玩家对这些数据收集知之甚少，直至他们违反了某些规则和条例，发现自己被标记为“作弊”或玩法不正常，并以某种方式受到惩罚。事实上，很显然，MMO 生产者和玩家之间的关系尤其不对等，而且，虽然监控很多，但是大多数游戏都缺乏渠道和程序让玩家为自己的行为辩护。这并不是说游戏玩家没有能动性，而是他们已意识到自己的一些活动可能会违反明确的游戏规则或者不那么正式的社群规则，既然缺乏防御手段，他们为保护自己的化身和账户，就发展出一系列策略，从自我监督到购买第三方软件(De Paoli & Kerr 2010)。

波斯特(1990)、泰勒(2006)和阿尔伯莱希兹伦(2008)称之为“参与式监督”的举措，必然会为制造商—用户之间的关系带来新的因素，这对用户而言可能有利也可能无利。这也表明在多大程度上监管不完全自上而下，也表明游戏公司要依靠玩家来共同约束和报告异常行为。当前西方经济体的新自由主义监管体系中，监管从国家控制形式转变为行业共同监管和自我监管，与此一致，只要观察游戏中管理员与玩家的比例、游戏制造商管理游戏时对自动工具和玩家合作与举报的依赖程度，就可以获得大量信息(de Zwart 2009; Humphreys 2008, 2009)。直接参与游戏治理和设计的一个实例是民主选举的9名玩家组成的MMORGP《星战前夜》的“恒星委员会”。然而，这些玩家到底算是没有正式权力却受雇“治理”《星战前夜》其他玩家，还是得到“授权”与专业开发团队洽谈未来设计方向，这取决于你的视角。不过，担任这个角色的条件相当艰巨，包括他们应该在论坛上披露真实身份，并且随时准备监控并反馈玩家的关切。这在实践中运作情况如何还有待观察。

有一个领域最近受到游戏研究学者关注，同样提供了有益的实证材料，让我们思考信息收集和监控、制造商—玩家关系以及玩家操作怎样能够富有成效，这就是作弊领域。在游戏中，作弊是一种协商实践，有些活动虽然可能被定义为作弊，但得到玩家社群认可，而其他活动则可能不会被认可。同样，不同的出版商采取不同的方法对待作弊，但是现在很多依靠自动工具来实施《最终用户许可协议》(EULA)并补充玩家举报。康萨尔沃(2007)报道了迄今为止对此最全面的调查，并提供重要细节，指出整个行业在多大范围在经济上

（通过提供作弊码、攻略等等）利用这种做法，同时又有必要显得在整治它。然而，我们也可以把作弊视为这样一种惯例，它提供可能引起进一步创新的知识形式，因为制造商利用和规范这种行为，第三方为玩家提供作弊服务，玩家则试图应付这种做法（De Paoli & Kerr 2010）。

我们在与德·帕里一起对MMORGP《提比亚》①进行的研究中，发现玩家和制作商业作弊软件的第三方公司之间进行的广泛在线协商以及来自《提比亚》出版商的大量反馈，包括大规模禁令、更新许可和开发自动作弊检测工具（De Paoli & Kerr，即将出版）。自动作弊检测工具的每一次新的迭代都引起软件作弊公司与其领先用户即游戏作弊玩家进行磋商，并产生一轮新的研发过程。事实上，作弊玩家必须提供游戏体验的初始数据，即他们认为作弊检测工具的工作方式，并需要在游戏中测试所有作弊新技术。所以，作弊玩家进行大量初步研究，并测试作弊工具，然后通过在线论坛提供反馈。这又是证据，证明创新的循环性质、玩家可以为专业制造商提供的价值和游戏知识，以及不同的公司可以基于这种免费劳动获取的经济利益。目前，对于作为研究者的我们、对于作弊者和作弊软件公司，还不清楚作弊检测工具的精确运作情况，但来自其他游戏，特别是《魔兽世界》的证据表明，这些工具非常有攻击性，行为像间谍软件，定期将计算机的屏幕截图发送给监控中心，并扫描玩家的硬盘以查找侵权软件和盗版。对于玩家来说，这种活动大部分不透明，虽然他们自愿同意游戏《最终用户许可协议》的"同意监控"条款，其执行方式似乎远远超出了娱乐产品所必需。

《最终用户许可协议》主张的关键权利之一涉及知识产权的所有

---

① http://www.tibia.com

权。我们可以很清楚地看到与用户生成的内容和更具体的游戏增强程序[①]有关的所有权争夺。在游戏研究中，学者们一直在试图批判性地评估志愿游戏玩家创造的经济价值和社会资本。他们还强调了创作内容的所有权争议领域，并记录了出版商如何既惩罚用户生成内容中的版权侵权，同时自身又从这些创造中获取经济利益（Kücklich 2005；Nieborg & van der Graaf 2008；Postigo 2003，2007，2008；Postigo 2007；Taylor 2006）。这项工作的重点是游戏玩家的非物质劳动（de Peuter & Dyer-Witheford 2005）或叫游戏劳动（playbour）（Kücklich 2005）。正如波斯蒂戈（2003：597）所指出的，"爱好者的休闲工作从礼物转化为商品，结果是商业开发者规避了初始投资风险，因为开发工作被转移到成本可以忽略不计的粉丝群"。

玩家修改游戏程序的动机可以多种多样，包括积累社会资本和向游戏行业的潜在雇主展示技能，以便在业内从业余角色转向职业角色。然而，尽管玩家受到用来修改游戏的工具和引擎的限制，这种类型的用户活动仍然有增值创新的空间，并且确实存在游戏增强程序的商业化。事实上，并非所有的游戏增强程序都免费流通，尽管通过付费来销售作品通常会侵犯游戏最初许可的条款和条件。最起码，游戏增强程序的流通延长了商用游戏产品的寿命，并且可以在游戏发行或更新间隙提供有价值的品牌资本。大多数修改者通过互联网免费分发其作品，这种行为受商业公司提供的在线空间的鼓励和促进。许多涉及修改的现有学术研究指出，玩家自愿参与这些关系，并且其参与同时既"被享受，也被利用"（Terranova 2000）。

麦克塔维什（2008）指出，玩家行为既是顺从，同时也是抵制，他对于修改的研究发现，公司正在寻找方法既支持玩家修改，又保护公

---

① mod"修改"，指修改游戏程序以增强其功能，即游戏增强程序，也有人称"游戏模组"。modder：进行这种修改的人。——译者注

司的知识产权并实现利润最大化。麦克塔维什谈到“授权生产”，表明在修改关系中，控制中心在于生产厂商。虽然这些关系因公司而异，但趋势是公司将其社群看作是可销售内容的潜在来源。索尼公司的《小小大星球》[1]许可协议最近的变化及其对用户生成内容的调节只是又一例企业试图对用户制作的内容进行控制而采取的手段(Ralph 2008)。让用户生气的是，事先未征询意见就采取了这一行动，从主机站点整个移除了玩家制作的层面，而不仅仅是违规的材料。索尼在其“三个讲话”网站上发表的声明概述了玩家创造发生的程度以及其他玩家如何大面积使用这些用户生成材料。它还指出，侵权行为非常少，许多投诉来自其他用户，公司正在积极改善与用户的沟通程序。[2] 我们又一次在这里看到通过人类和非人类行动者网络来控制用户行为，也涉及《最终用户许可协议》/许可证、代码、自动检测工具和玩家投诉。收集的数据和使用的技术有助于出版商的经济目标，这就像汉弗莱斯在她关于《无尽的任务》和《魔兽世界》的研究中详述的那样，但是她总结说：“他们施加的支配力量似乎超过了让这种环境有效运行的必要，损害了参与者的权利。缺乏对出版商的问责制是需要认真对待的问题。”(2008：166)目前，西方商业游戏中，理所当然的立场似乎是公司对所有可能的东西主张所有权，即使他们没有立即维护这些权利，他们愿意的时候就有能力这样做。

尼博格和范·德·格拉夫(2008：187) 谈到了把修改作为“从游戏开发者所在地，将某些设计和创新任务系统地外包给用户的做法”。由班克斯对澳大利亚澳蓝公司(Auran) 制作的游戏进行的案例研究指出，在游戏开发的早期阶段，存在开发新形式协作生产的明确尝试(Banks & Humphreys 2008)。在这些情况下，关于用户生成

---

① *Little Big Planet* ——译者注

② 见 2009 年 11 月 16 日检索 http://threespeeches.com/blog/2008/11/littlebigplanet-community-content-update/。

的产品到底应该是免费软件还是付费软件，是否该对交付业余工作引入固定时间表，产生了具体矛盾。这两点表明，专业人士和业余爱好者之间的生产关系可能会由于期望和目标完全不同而发生冲突。班克斯接着反对自动假设在用户和业余爱好者的制作中我们看到的是劳工替代和剥削，力主看到的是开发新的“混合生产网络”（2008：405）或“社交网络市场”。这里似乎缺少的是分析参与者之间的权力差异，以及分析市场和企业侵犯并试图占有非市场作品的倾向。虽然他说得对，这种关系不一定是剥削性的，但在这个故事中似乎有些地方确实是剥削性的。班克斯承认，鼓励用户投入的一个动机是澳蓝公司需要降低生产成本，一些在线消息来源指出，该公司需要用户帮助翻译游戏，并为游戏开发区域性/本地化内容，这非常昂贵且具有挑战性。与麦克塔维什（2008）一致，他指出所需要的是重新理解这些新兴在线关系中用户和生产商的相互义务。

游戏中更显性的积累和价值生成形式

克莱恩等（2003：66）指出，数字游戏产业是“永久性创新经济”的一部分，而且玩家自愿（但大部分隐含且未必透明地）参与信息和知识提供、内容生成和游戏治理，这表明在一系列领域，玩家实践正在提升专业公司产生的经济价值。这当然是通过玩游戏、玩家订阅和小额支付之外对游戏的贡献。值得将这些新兴的玩家实践置于数码游戏产业更宏观的政治经济趋势中，包括因生产厂商的区域竞争刺激而转向离岸和外包生产，以及通过公司并购和软件设计竞赛积累知识和知识产权。

当然，在全球范围内我们看到，将部分生产过程外移和外包给加拿大、韩国、中国和东欧，这种趋势正在增长。首先，推动这一趋势的是努力减少劳动力和资本成本以及受当地工业和财政政策的吸引。最近对爱尔兰游戏行业的调查发现，在线社群支持、移植和营销功能是跨国游戏公司安置在本土市场之外并接近其目标市场的新"自由"领域(Kerr & Cawley 2008)。爱尔兰游戏产业超过一半的职位是客户支持,重点在欧亚市场。例如暴雪公司在爱尔兰共和国有个庞大的"欧洲客户支持"分部,聘用了欧洲多国人,主要为《魔兽世界》提供支持。公司的首席运营总监在采访时谈起他们在爱尔兰近期的扩张时指出,爱尔兰的成本非常具有竞争力,就业法律在员工和雇主权利之间提供了很好的平衡(Collins 2009)。大多数公司回复我们的调查时提出,劳动力可获得性是他们布局爱尔兰的一个关键原因,受雇并迁移至爱尔兰的人员国籍的多样化显示出他们工作的国际纬度,或者也许显示了欧洲其他地方就业法律的利益平衡不够有利。还值得注意的是,该行业工会参与度似乎很低。不那么明显但仍旧重要的是,当地产业开发当局在金融或其他方面的大力支持①。当前的支持系统并非具体针对游戏,但是爱尔兰的公司税率为12.5%,对盈利的公司极具吸引力。

我们研究爱尔兰的小游戏公司——包括爱尔兰和外国产权——从事的工作类别时,重点在于雇工、跨平台移植游戏,以及获得、积聚知识产权。成功的公司趋于被跨国公司收购。比如,过去三年中,Demonware公司(一家网络中间软件公司)被美国动视公司(Activision)收购,而Havoc(一家物理中间软件公司)被英特尔公司收购。两家公司都将最初以大学为基础的研究项目成功商业化。至少在Demonware案例中,很显然,其技术现在只有美国动视的项目可以用,这让老客户惊慌不已(Fahey 2007)。收购公司当然是关键战略,可以获取成功的知识产权,限制别人的使用权,但无需为其初期的理念进行风险投资。从总体上看,爱尔兰游戏业的过去10年见证了跨国公司和中间软件大量增加在支持功能方面就业,以及价值

① 见 http://idaireland.com/why-Ireland/。

链中内容创造部分的不断巨变。

在其他国家，专门针对游戏的支持鼓励了游戏生产过程的离岸和外包因素，因此看起来包含更专业的生产任务。以加拿大为例，在国家和地区层面上都采用了税收激励和就业支持，成功吸引了全球游戏业的各种要素(Dyer-Witheford & Sharman 2005)。2008 年，法国引入了税额减免系统，允许游戏生产商(不管雇员的国籍，包括外包业务)针对特定类别的游戏，申请高达生产成本(不含测试和支持)20%的税额减免①。在英国，院外活动集团一直在游说政府为游戏开发商提供税额减免和其他金融支持，(尤其)为了帮助他们与加拿大、韩国和其他迅速涌现的游戏生产中心进行竞争(Oxford Economics 2008)。看起来，各国都热衷于鼓励生产活动在本国进行、搬迁至本国，或者留在本国。因此，生产活动和劳动力正流向成本更低的地区——这个事实已经得到证实，我们只要看看爱尔兰游戏界雇用的德国籍从业人员多于爱尔兰人，就会明白这点(Kerr & Cawley 2009)。

编程/修改竞争是这种外包倾向的另一个例证，但是这些更多涉及的是培训以及不断提供受过适当培训的员工。在这个激情和作品与大学文凭同样重要的行业，对于日益兴起的由行业发起的业余游戏制作竞赛，需要批评性的研究。从表面看，游戏制作竞赛似乎是极好的方式，让学生和"独立"(indie) 开发者能够在与专业公司相类似的条件下获得采用特定技术的经验，并且在某些竞赛中能获得行业专家的建议和指导。然而很明显，不是赞助商就是隶属公司将竞赛作为向学生介绍和推销工具的一种方式，这是一种外包培训，用于补充大多数学生在游戏与相关课程中接受的更常规教育。至于用户产出的内容方面，他们制作的游戏常常成为竞赛组织者和赞助商的财

---

① 见关于法国为视频游戏生产引入税额减免的 State Aid C47/06(ex N 648/05)的欧盟委员会 2007 年 12 月 11 日决议。

产，参赛者必须同意将自己的形象和信息用于赛中和赛后媒体宣传。事实上，参与竞赛要受到大量条款条件的严格约束。对于学生和公司而言，一个额外的红利是，“温室”竞赛引向最终的“选美游行”，获胜的团队和选手面见招聘公司，收到免费赞助的硬件软件。如果比较这些活动与行业现状，游戏公司在职员工培训投入水平相对较低（Grantham & Kaplinsky 2005），使用招聘中介成本高昂，技术变化节奏快要求员工主要通过边干边学来跟上新软件硬件，以及游戏行业流失才华横溢、经验丰富的成员，我们有理由认为需要对这些竞赛进行更严谨审慎的研究（IGDA 2004；Kerr 即将出版）①。正如索塔玛（2007：13）指出的，“修改竞赛集中了各式各样的行业做法……以培养免费修改劳动力”，业余游戏设计竞赛似乎也类似。

从这些实例可以看到，专业游戏制作和相关功能正迁移向成本更低的地区，它们在游戏竞赛的发展和相关活动中日趋活跃，这是其鼓励业余制作、获取知识产权和招聘业余开发人员的另一项策略。这些竞赛看起来是公私合作的运作，因为国家免去税收、行业开发主体提供空间和金钱来进行竞赛、讲师/教师放弃时间和课程空间来方便这些竞赛。此外，业余人员和学生放弃他们的闲暇或学习时间来进行这些项目。当我们把这些例子与对玩家生成内容日益增长的兴趣放在一起时，我们不应该吃惊于游戏行业从业者的年轻以及其持续产出和获得新游戏概念、新技术的能力。但是我们应该问问这种趋势对行业的工作条件、工作场所的多样化和报酬结构产生的影响（Kerr 即将出版）。

① 虽然我没有系统分析这些竞赛，但是注意到了它们在爱尔兰和英国的兴起。这些比赛吸引了当地大量的公共资金和时间。英国和爱尔兰的许多大学课程也得到了游戏公司赞助的实验室、设备和/或软件，而且目前也在讨论高等院校是否有必要“培训”学生工作场所的“专门技能”。

总结评论

本章着重强调了玩家明确或隐蔽参与游戏生产与创新以及价值创造的几种形式:从游戏管理到修改和作弊。这些玩家生产的微观形式已经与游戏行业为降低成本、维持制作水准而采用离岸和外包元素的大趋势联系在一起。这些例子的共同之处在于将专业生产的规则扩展至业余制作中,并且业余作品的合法权利更加商品化,更加集中。

我相信,本章所剖析的玩家制作案例不能被看作一般意义上的“共同创造”,即对等、透明过程中的创造。这是个不公平的赛场,规则对不同的行为人并不相同,而且还随游戏和地区而变化。从修改玩家到作弊玩家,从爱尔兰员工到欧洲其他地方或美国员工,各种玩家和员工的权利各不相同。专业生产厂商行使权利的方式不同,但他们越来越多地以类似方式将权利编入法律文件,审视它们,并惩罚侵权行为。覆盖这些玩家活动的话语充满赋权、共同创造和参与,而事实上这些话语在商业空间中根本无法赋予用户权利。如果我们将这些爱好者的实践重新归类为创新性的活动,并且认识到玩家并非外行,其知识属于专家级,那么,我们也许就能采用赋权式的话语,为玩家争取更大的权力和权利。如果我们承认游戏制作的合作性质,我们就必须超越个人英雄式的发明家/设计师模式,把游戏制作看成更为分散、集体和透明的一个过程。

玩家不能随心所欲,他们的自由是有条件的(Jarret 2008),正如所有的自由一样,是开放的,可以协商、重塑。当前很多鼓励玩家制作的策略看来对于玩家都有相当大的弊端,包括:费时费力却少有明显的报酬,丧失所有权,可能无意中侵犯知识产权但还得接受处罚,认可了内行用户的需求和价值却有损于不在场或未知的用户,侵害或利用玩家个人信息。有一些实例令人关注,它们尝试在生产商和玩家之间引进更明确、透明的关系，但是几乎无人尝试开发收益共享的全新商业模式、创意公共资源特许权协议或透明的玩家监测实施办法。这些真正会是游戏生产领域受人欢迎的创新。

参考文献

Akrich, M. (1995) User representations: Practices, methods and sociology. In A. Rip, T. Misa and S. Johan. (eds) *Managing Technology in Society*. London, Rinter: 167–84.

Albrechtslund, A. (2008) Online social networking as participatory surveillance. *First Monday,* 13(3). Retrieved from http://www.uic.edu/htbin/cgiwrap/bin/ojs/index.php/fm/article/view/2142.

Asheim, B. and M. Gertler (2005) The geography of innovation: Regional innovation systems. In J. Fagerberg, D. Mowery and R. Nelson. (eds) *The Oxford Handbook of Innovation.* Oxford University Press, Oxford: 291–317.

Banks, J. and S. Humphreys (2008) The labour of user co-creators: Emergent social network markets? *Convergence,* 14(4): 401–18.

Benkler, Y. (2006) *The Wealth of Networks. How Social Production Transforms Markets and Freedom,* New Haven, Yale University Press.

Bijker, W. E. (1995) *Of Bicycles, Bakelites, and Bulbs: Towards a Theory of Sociotechnical Change,* Cambridge, MIT Press.

Callon, M. (1987) Society in the making: The study of technology as a tool for sociological analysis. In W. Bijker, T. Hughes and T. Pinch. (eds) *The Social Construction of Technological Systems. New Directions in the Sociology and History of Technology.* Cambridge, MIT Press: 83–103.

Charles, D., J. Kücklich and A. Kerr (2007) Player-centered game design: Player modelling and adaptive digital fames. In S. de Castell and J. Jenson. (eds) *Worlds in Play. International Perspectives on Digital Games Research.* New York Peter Lang: 249–65.

Chesbrough, H. W. (2003) *Open Innovation: The New Imperative for Creating and Profiting from Technology,* Watertown, MA, Harvard Business Press.

Collins, J. (2009) Blizzard Confirms 500 Extra Jobs in Cork. *Irish Times* (May 29). Retrieved from http://www.irishtimes.com/newspaper/finance/2009/0529/1224247670056.html.

Consalvo, M. (2007) *Cheating: Gaining Advantage in Videogames,* Cambridge, MIT Press.

De Paoli, S. and A. Kerr (forthcoming) "We will always be one step ahead of them" A case study on the economy of cheating in MMORPGs. *Journal of Virtual Worlds Research.*

de Zwart, M. (2009) Piracy vs. control: Models of virtual world governance and their impact on player and user experience. *Journal of Virtual Worlds Research: Technology, Economy, and Standards,* 2(3). Retrieved from http://jvwresearch.org/index.php?_cms=default,0,0.

Dyer-Witheford, N. and Z. Sharman (2005) The political economy of Canada's video and computer game industry. *Canadian Journal of Communication,* 30: 187–210.

Fahey, R. (2007) Activision Confirms Demonware Acquisition. Multiplayer Technology Specialist Snapped up for an Undisclosed Sum. *gamesindustry.biz,* (6 March). Retrieved from http://www.gamesindustry.biz/articles/activision-confirms-demonware-acquisition.

Grantham, A. and R. Kaplinsky (2005) Getting the measure of the electronic games industry: Developers and the management of innovation. *International Journal of Innovation Management,* 9(2): 183–213.
Hesmondhalgh, D. (2008) Neoliberalism, imperialism and the media. In D. Hesmondhalgh and J. Toynbee. (eds) *The Media and Social Theory*. New York, Routledge: 95–111.
Humphreys, S. (2008) Ruling the virtual world. Governance in massively multiplayer online games. *European Journal of Cultural Studies,* 11(2): 149–71.
Humphreys, S. (2009) Discursive constructions of MMOGs and some implications for policy and regulation. *Media International Australia,* (130): 53–65.
IGDA (2004) Quality of Life in the Game Industry: Challenges and Best Practices.
Jarrett, K. (2008) Interactivity Is Evil! A Critical Investigation of Web 2.0. 13(3). Retrieved from http://www.uic.edu/htbin/cgiwrap/bin/ojs/index.php/fm/article/view/2140/1947.
Jenkins, H. (2006) *Convergence Culture. When Old and New Media Collide,* New York, New York University Press.
Kerr, A. (2002) Representing Users in the Design of Digital Games. *Proceedings of Computer Games and Digital Cultures Conference.* Tampere, Finland.
Kerr, A. (2006) *The Business and Culture of Digital Games: Gamework/Gamplay,* London, Sage.
Kerr, A. (forthcoming) The culture of gamework. In M. Deuze. (ed.) *Managing Media Work.* Thousand Oaks, Sage Publications.
Kerr, A. and A. Cawley (2009) The Games Industry in Ireland 2009. Maynooth and Limerick.
Kerr, A., S. De Paoli and C. Storni (2009) Rethinking the Role of Users in Ict: Examples and Reflections from the Internet *The Good, the Bad and the Challenging. The User and the Future of ICTs,* Copenhagen, Denmark.
Kline, S., N. Dyer-Witheford and G. De Peuter (2003) *Digital Play. The Interaction of Technology, Culture and Marketing,* Montreal, McGill-Queens' University Press.
Kücklich, J. (2005) Precarious playbour: Modders and the digital games industry. *Fibreculture,* (5). Retrieved from http://journal.fibreculture.org/issue5/kucklich.html.
Lash, S. and J. Urry (1994) *Economies of Signs and Space,* London, Sage.
Mackenzie, D. and J. Wajcman. (eds) (1999) *The Social Shaping of Technology.* Buckingham, Open University Press.
Mactavish, A. (2008) Licensed to play: Digital games, player modifications, and authorized production. In S. Schreibman and R. Siemens. (eds) *A Companion to Digital Literary Studies* Oxford, Blackwell: 349–68.
Nieborg, D. and S. van der Graaf (2008) The mod industries? The industrial logic of non-market game production. *European Journal of Cultural Studies,* 11(2): 177–95.
Oudshoorn, N. and T. Pinch. (eds) (2005) *How Users Matter. The Co-Construction of Users and Technology.* Cambridge, MIT Press.
Oudshoorn, N., E. Rommes and M. Stienstra (2004) Configuring the user as everybody. Gender and design cultures in information and communication technologies. *Science, Technology and Human Values,* 29(1): 30–63.
Oxford Economics (2008) *The Economic Contribution of the UK Games Development Industry.* Oxford.
Poster, M. (1990) *The Mode of Information. Poststructuralism and Social Context,* Cambridge, UK, Polity Press.
Postigo, H. (2003) From pong to planet quake: Post-industrial transitions from leisure to work. *Information, Communication and Society,* 6(4): 593–607.
Postigo, H. (2007) Of mods and modders: Chasing down the value of fan based digital game modifications. *Games and Culture,* 2(4): 300–13.

Postigo, H. (2008) Video game appropriation through modification: Attitudes concerning intellectual property amongst modders and fans. *Convergence,* 14(1): 59–74.
Ralph, N. (2008) Sony Killing Questionable Littlebigplanet Levels, without Warning. *Wired,* (November 10). Retrieved from http://www.wired.com/gamelife/2008/11/littlebigplan-1/.
Søtamaa, O. (2007) On modder labour, commodification of play and mod competitions. *First Monday,* 12(9). Retrieved from http://www.firstmonday.org/issues/issue12_9/sotamaa/.
Stewart, J. and R. Williams (2005) The wrong trousers? beyond the design fallacy: Social learning and the user. In H. Rohracher. (ed.) *User Involvement in Innovation Processes: Strategies and Limitations from a Socio-Technical Perspective.* Wien, Profil: 39–71.
Taylor, T. L. (2006) *Play Between Worlds: Exploring Online Game Culture.*, Cambridge, MIT Press.
Taylor, T. L. (2006) Does wow change everything? How a Pvp server, multinational player base, and surveillance mod scene caused me pause. *Games and Culture,* 1(4): 318–37.
Taylor, T. L. (2009) The assemblage of play. *Games and Culture,* 4(4): 331–9.
Terranova, T. (2000) Free labour: Producing culture for the digital economy. *Social Text,* 18(2): 33–58.
van Dijck, J. (2009) Users like you? Theorizing agency in user-generated content. *Media, Culture and Society,* 31(41): 41–58.
van Oost, E., S. Verhaegh and S. Oudshoorn (2009) User-initiated innovation in wireless leiden. From innovation community to community innovation: *Science, Technology and Human Values,* 34(182): 182–205.
von Hippel, E. (2005) *Democratising Innovation,* Cambridge, MIT Press.
Wajcman, J. (1991) *Feminism Confronts Technology,* London, Polity Press.
Wayne, M. (2003) Post-fordism, monopoly capitalism, and hollywood's media industrial complex. *International Journal of Cultural Studies,* 6(1): 82–103.

第三章　大型多人在线角色扮演游戏中的冲突、思想团体和文本挪用

埃丝特·麦卡鲁姆-斯图尔特

> 重要的是，玩家与系统/游戏世界的关系不是清清楚楚的主体客体关系。更确切地说，这个界面呈现为连续的交互反馈循环，其中，玩家必须被看作包含并牵涉在建造和构成该体验中。
>
> (Newman 2002：410)

本章基于该领域的丰富材料，研究玩家如何协调游戏的社交体验与其引起的一些紧张关系。研究途径为审视对游戏文本的多种解读如何由玩家行为明确表达。通过创造新的社交指令、对现存规则结构的重新阐释、群体活动和粉丝制造的文本，玩家试图通过自己的活动对难以驾驭的线上世界进行规范。

线上世界叙事广泛，又属于游戏范畴，因此在游戏风格方面，用户能够采用多种方法。这意味着他们与游戏世界的关系常常与其他同时在线的用户不协调。在大型多人在线角色扮演游戏(MMORPG)

中，大量规则、人际准则、相互冲突的期待以及错综复杂的社交互动态度就像探险。而且，玩家挪用游戏文本、愉悦自己的需求为在线社会的构成提供最终的、关键的因素。如希尔斯（2002）指出，玩家的挪用行为创造了“一种价值对立”，但是这不能把公共需求和私人需求截然分开。因为在线游戏属于玩家不断互动的动态环境，这种不和谐在个人目标与游戏目标及其他玩家目标冲突时很明显。

本章审视玩家对游戏文本意义的挪用以何种方式影响游戏进行。首先，我勾勒了不同社会规则结构如何影响对游戏文本的理解，并开始将其重新定义为一种复杂的社会结构。之后，我研究能够以哪些不同方式阐释游戏世界，并且还讨论了这些理解会以何种方式发生冲突，或者导致玩家采取“粉丝式”的做法以便巩固他们对于游戏世界的个人看法。本章最后一部分审视 MMORPG 的设计者和生产者以哪些方式开始利用这些复杂的社会期待产生积极效果，操纵玩家及其世界以便将社交互动和粉丝式的挪用用作游戏设计的有效部分。

阐释游戏活动

胡伊青加的魔法圈（1938 著，1955 译）将 MMORPG 设定为一个完全封闭的环境。互动始终在这个世界内部并被看作“与普通生活全然分开”（Huizinga 1955：9）。这个区别使得将 MMORPG 视为有效的“真实”空间的做法出现了问题；然而在最近的一次报告中，简·麦克高尼格估计，玩家玩在线游戏花的时间相当于兼职工作，而且也采用相似的工作伦理（2010）。

本章将在线游戏看作更通透的场所，玩家在此从事与非虚拟空间中相似或相同的社交活动，但是又随时明白他们身处的国度含有游戏行为规则。这更接近尤尔对游戏空间既虚拟又真实（因此“半真实”）的认识（Juul 2005），但又避免使用“真实”这个词会带来的麻烦，只是将在线游戏命名为具有额外游戏性规则体系的一个空间。这种区分允许参与者行为方式不符合不以游戏为首要活动的社会团体的预期，或甚至无法被其接受。这也意味着玩家能从自己更熟悉的团体如家庭成员、居家环境和工作中将其社交模式带入游戏中。弗兰斯·玛依拉整个摒弃游戏学，坚持游戏并非与玩家分离存在（Mäyrä 2008；Mäyrä *et al*. 2009），也许还暗示游戏就是玩家，玩家就是游戏。玩家社交活动被看作是游戏体验的核心部分——玩家因为朋友加入而加入，在不同游戏间一同迁移，一起玩游戏，因为这“使得他们能够参与社交”（Ducheneau *et al*. 2007a，2007b；Taylor 2006）。通常，玩家既是在打游戏，也是在从事社交活动，这种状况对于这些空间发展的影响令人关注。玩家要调和每一类行为的不同规定规则，这也是在线空间中社交摩擦的主要原因之一。对此，理查德·巴特尔在“红心、梅花、方块、黑桃：适合多用户空间的玩家”中对玩家类别进行了极为清楚的描述（1996）（这在2004年的《虚拟世界设计》中得到扩展），依在别处也接受了这一点（Yee 2006）。

线上世界的社交活动要求玩家在游戏世界内外的多个社交层面之间移动（Klastrup & Tusca 2010；Mortensen 2007；Taylor 2006；Watkins 2009）。MMORPG用户常常需要共同活动，如组织团队、分配任务和角色或仅仅是边干苦差边聊天，这意味着玩家不断在游戏和社交活动之间摇摆。如果一名玩家想象出一套真实的规则并用于一个虚构世界中，他也是在参与这个世界。康斯坦斯·斯泰因库尔勒把这描述为社交“碾压”（social “mangle”）：

> ……参与者实际玩的并非最初设计师头脑中的那个游戏，而是对设计师、玩家、游戏淘金农夫与更广泛的社交规范的“实践”进行交互式稳定“碾压”（“mangle of practice”）（Pickering 1995）的结果。
>
> （Steinkuehler 2006：199）

龙不会爬起来杀了自己——这都是玩家独自干的。如果这条龙极其巨大凶猛，也许玩家会叫朋友帮忙。如果真的难以对付，他可能还得请那些自己不认识却拥有对路的屠龙技巧的玩家。有了一大群人，现在若干横跨真实以及“半真实”范围的社交问题需要他关注：龙死了财宝归谁？大家该什么时候碰面？进行战斗时谁来协调？玩家甲不喜欢玩家乙，但如果甲现身要求加入，该怎么办？诸如此类。很快，社会标准就开始影响某个似乎很简单的行为，使这个过程复杂化并发生改变。

虽然玩家社会关系建造大都在游戏世界中发生，但其成功有赖于已经先行存在的“真实世界”策略和行为。玩家促成作为独特环境的游戏世界中的游戏体验，但又很清楚，这个世界中的社会情境根植于生活中其他部分的同类行为。暴雪娱乐在玩家登录《魔兽世界》(2004 年到现在)时给他们的“提示”就是证明。有些只是社交指南，如“先跟人交谈再邀其加入团队或开交易窗口，这被看作礼貌的行为”；再如，“跟某人玩得痛快，就加他做朋友！”这两个提示都与游戏的功能性活动无关，但有助于与他人建立良好关系，并且显示游戏世界期待什么类型的行为。这些早期信号提示玩家将会在游戏中发现的思想意识类型(MacCallum-Stewart 2010)。在此例中，强调“礼貌”“交谈”和“朋友”都假定了社交活动，没有使用会鼓励另外互动模式的指示物如语言、角色扮演指示。

最后，玩家必须采用随机应变的策略来理解游戏世界。他们在线上世界的实验是自生性游戏(emergent play)的一部分(Smith 2001)。这些活动可以是物理的——比如测试某化身和其周围世界的限度；也可以是社会的——有没有可能改变准则以更快得到MMORPG 中的黄金。这些行为长久以来吸引游戏学者关注(Consalvo 2007；Mortensen 2006；Taylor 2006)。现在，即时游戏常常是游戏设计的中心层面，比如 DS 平台产品《涂鸦冒险家》[①]（2009）。

最重要的是，玩家将破坏规则和越轨（或感知为越轨）行为视为MMORPG 体验理所当然的部分，尽管他们不一定愿意这种行为发生在自己身边。作弊也是个灵活的术语，源于对游戏里（正式和非正式）的规则结构类型的混淆（Consalvo 2007）。比如，在《魔兽世界》中，偷袭（ganking）（趁另一玩家化身无助之时，一再将其杀死）并非作弊，却确实被视为讨人厌的社交行为，也是一种惹人生气的有趣方法。并且，这种行为过于常见，已经算不上真的越轨（Koster 2007）。魔兽世界资讯网站 Wowhead 讨论帖子[②]“偷袭还是不偷袭”充斥着玩家（这里用名字的首字母代表）为自己辩解的内容：

> ……有时真的无聊我才故意偷袭。我喜欢把血精灵圣骑士打扮成“太阳井高地”卫兵，假装在北郡发布任务。如果你笨到以为佩戴部落标志、等级不明的家伙是联盟任务发布人，那活该遭杀。（O）
>
> ……我超喜欢有人叫来公会什么的来抓我，好像我真的制造这么大骚动，得有 5～20 个人跑来跑去全力对付我。（S）
>
> ……我几乎从来不偷袭，唯一一次蹲点屠尸是为完成冰冠每日 PvP[③] 任务，因为说实话，我不想一个个分别猎杀十个联盟战士。其他时候，除非别人先偷袭我，否则我会挑战，等他们吃喝完毕，然后公平战斗，打败他们。（F）

尝试将类似越轨行为合理化揭示了玩家与游戏风格之间的根本冲突

---

① *Scribblenauts* ——译者注

② http://wowhead.com/forumsandtopic=105453.4

③ 即 player versus player，“玩家对玩家”，简称 PvP。——译者注

(Castronova 2007)。他们为了发展应对机制，成为文本偷猎者，挪用、有时颠覆游戏里的叙事、游戏和社交模式。本章其他部分审视了为何这个冲突无法仅仅通过游戏的“规则”解决，之后进一步展示这种冲突如何在社交团体中发生。

玩得厚道——MMORPG 中的不同行为类型

要审视玩家如何行动来改变或挪用游戏文本，控制其内容，使其个人化，重要的是先思考玩家可以用什么方法对待 MMORPG。玩家对待游戏的方式不同于大多数其他社会结构，关键在于“玩”主导或驱动所有其他活动。

尤尔将此处所称的游戏规则定义为构成“游戏空间”(game space) 的东西，并且提出这些规则定义了游戏内部的虚构世界(在《FIFA 足球游戏》[1]中，你不能把足球踢到屏幕“之外”)(2005)。虽然这在某种程度上是事实，但是 MMORPG 玩家也清楚下面要谈的其他结构。MMORPG 中叙事非常详细，与游戏空间本身成为一体，无法忽视。在思想层面，它鼓励玩家将情感投入周围世界，此层面鼓励他们在多个层面上看待这个文本(Eladhari & Lindley 2003)。对于玩家来说，也许和网络电话 Skype 上另一玩家通话聊战斗策略，或者写公共章程、写角色扮演故事时，虚拟的球能够踢到空间以外。所有这些行为努力让游戏空间更好理解，以便在思想以及空间方面让玩家适应这个领域。以下清单涉及玩家如何构想游戏中各种结构。

叙事性行为准则

这些是跨媒体世界制定的叙事观念，作为正在进行的故事的一部分(Klastrup 2003)。最重要的是那些从根本上改变现实世界立法

---

① *FIFA* ——译者注

和社会道德的准则。它们可能包括“允许杀死怪物和敌对的人”“偷窃行为可以接受”和“偷窃死者财物会有报酬”。通常，这些针对特定群体并且有经济回报。随着玩家与该世界的联系日益密切，叙事性行为规范复杂度上升，演变为可调节式的观念，如，“你所属派别憎恨民族甲或派别乙”（《战锤在线》①《柯南时代》②《魔兽世界》），“不许可巫术，但它是可扮演角色类型”（《无尽的任务》），以及“这条任务线完成后会对你或周围的世界带来影响”（《魔兽世界》《龙腾世纪》③）。这些准则招致矛盾（有时候直接引发矛盾），而且通常鼓励封建制度，这里派系斗争受到鼓励或已经是世界思想结构的部分。当然，叙事还涉及特定游戏情节和轨迹，它们显示以上因素发生了作用。

游戏规则

这里指允许玩家以某种方式行动的“物理”游戏机制，主要与游戏设计决策相关。虽然基本规则可能包括概念如“要是你有翅膀或相关超能力就可以飞翔”（《城市英雄》④《冠军在线》⑤），或者“传送可以通过施放咒语来完成”（《魔兽世界》《巫师 101》），但是这些规则也可以在此世界中激励差异，或促进角色的个性化，采取的方法如在某些区域干预玩家攻击他人的能力，限制其装备或者迫使角色专攻某些方面，如选择一类或一系列能力。后面这些鼓励差异与个性的规则常见于大多数 MMORPG，并且基于共有的源头《龙与地下城》的角色扮演游戏（Arneson & Gygax 1974）。

---

① *Warhammer Online* ——译者注

② *Age of Conan* ——译者注

③ *Dragon Age* ——译者注

④ *City of Heroes* ——译者注

⑤ *Champions Online* ——译者注

法律规则

这些包括《最终用户许可协议》《服务条款》和其他正式文件，玩家首次进入线上世界时就必须签署同意，而且，如果在游戏过程中规定发生改变（如通过资料片或补丁），玩家还必须重新签署这些文件。此后，它们通常对玩家隐形，不会在专心打游戏时看到，可以通过网络或游戏手册访问。法律规则跨越现实世界立法与游戏内潜在有害活动之间的鸿沟，处理黑客、偷窃和恶意破坏（griefing）之类的行动。本章的课题不是审视虚拟法律与现实法律（这些术语本身就有问题）这个雷区，但值得注意的是，这些规则相对隐形；玩家对其理解不透，常常试图为自己的利益重构这些规则，尤其是利用自己的理解来吓唬其他玩家，维护自己的“正当性”，而其“正当性”常常与其意图没什么关系（见下文）。

社交行为准则

这些准则由游戏中无设计权或未获得自动授权的个人提出。这些规则是最成问题的，因为它们由玩家非正式创造，前前后后出现，并且常常互相冲突或不一致。它们也大多难以察觉，主要原因是它们由各个世界中的秘密小团体（esoteric group）创造。然而，玩家指责别人犯规时常常首先求助于这些规则。它们可能包括灵活的、情感上的标准，参考了叙事性行为准则（但不是法律规则），如“要遵循本游戏的精神”，或行为要“符合道义”。下面是《魔兽世界》中两个不同公会（此处称为 TF 和 FC）的两个例子：

FC 公会规则

1. 行为要讲礼貌。

2. G-chat＝OOC，/s＝IC［简要翻译：公会交谈应该是角色外，而使用“/说”命令的玩家公开谈话应该进行角色内互相交谈]。

3. 不向公会其他成员推销。我们试图在不涉及经济利益的情况下互相帮助、互相支持。

4. 不要在公开频道冒犯他人。

5. 玩家对决要讲道义，尊重对手。

6. 为了让所有人理解，请用英语。

7. 玩得开心，不然就别玩《魔兽世界》。

(FC 2009)

TF 章程

针对 25 人副本(raid) 我们有三个固定副本任务日：星期三、星期日和星期一。……强烈建议尽可能参与，至少每周两次(或四周八次)。

所有违规行为都将……依据问题的类型、严重性按个案处理。不允许骚扰和偷抢装备①。无礼行为会受到警告，如果再犯则可能被踢出公会。

本章程相当于我们作为社群与你作为该社群成员之间的合约。你可以期待我们组织 25 人的副本团队并提供所有相应的后勤保障，同时，我们会让整个过程尽可能充满乐趣。

(TF 2009)

玩家经常将这些社交行为准则正式写入文件，放在论坛上或其他地方，试图令其获得合法性。但必须认识到，这些原则不能扩展至整个服务器、世界或领域，而且一般不在公会外通用。这些准则也引起更局部性的重新解读。以上两个章程显示，它们是以玩家为基础，加诸

① ninja looting：指违背规则，拾取自己无权获得的战利品。该玩家被称为 loot ninja, ninja looter，或者 ninja。——译者注

文本的建构，以便在游戏中仅仅部分存在的社会环境下管理此文本。

重要的是玩家经常混合上面列出的各套法规或做法，混淆或径直挪用当下最有用的体系为自己行为辩护。因此，康萨尔沃(2007)访问的玩家坚决认为，在游戏中创造攻略、为自己的角色挖金、经济上帮助其他玩家不算“作弊”，明确违反《最终用户许可协议》才是作弊。修改人和黑客时常表达重新配置游戏的愿望，往往是想要改进(Brown 2010; Moshirnia 2007)；攻略和维基撰稿人被看作是参与式文化至关重要的元素(Burn 2006; Jenkins 2010)；而且，恶意破坏者常常用玩家或世界范围的现状为自己行为辩解，说是在进行挑战(Myers 2007)或者是在对游戏中不公平或破碎部分进行正当抗议。类似偷窃别的玩家东西和一再杀害其他玩家(即“偷袭”)的活动也被有些人看作开心的事，尽管后者被看作更为反社会的行为。[1] 然而所有这些活动都被视为“玩”，是“游戏作为探索之地”这个背景中的正当活动，随后会投射到世界上。

下列微博帖子讨论的就是此障碍重重的领域。很明显，玩家画的示意图的确很有用，但满篇行话事实上使得“众所周知的灰色地带”毫无意义。玩家自称此机制一般是内化的，这也突出玩家在描述利用游戏现有内容谋私利、作弊以及游戏玩法之间的差异时感到的困难。

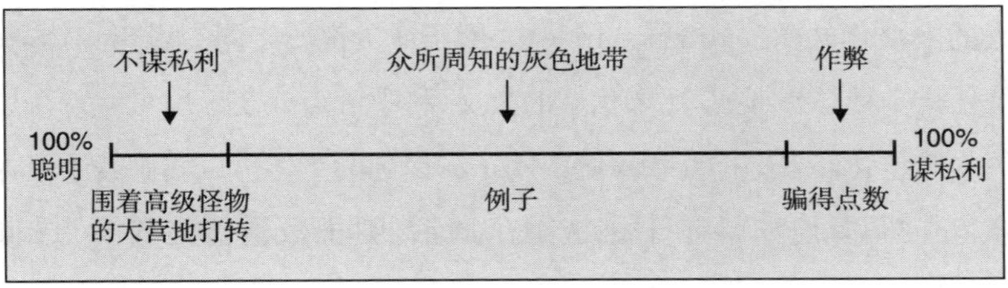

---

① 例如，可参见《魔兽世界》“偷袭伦理”(ganking ethics)的讨论。http://wow.incgamers.com/forums/showthread.php? t=354956.

> 无论如何，我有自己的内在机制来确定我是在滥谋私利还是玩法聪明绝顶。我弄了张直观图以助讨论。
>
> （The AFK Gamer 2005）

因此，总体上，线上世界行为多样化与叠加其上的“规则”结构明显冲突。本章研究其中某些行为如何改变玩家对 MMORPG 的感知。

团体形成：思想社群

MMORPG 游戏的游戏性[①]结构中植入了选择性的角色。玩家为化身选择特点、职业、任务和技能，这意味着化身在游戏内自动专门化。在大量 MMORPG 中，这种结构进一步增强，特定的游戏内容仅提供给特定团体，如特定的阶级或种族，这也意味着这种内容分类极为重要。然而，也有可能，玩家进入这些团体时也带着对此游戏本身的不同信息。一般团体不仅可能包含身怀不同能力的化身，其中还可能包含各种社会角色，如最了解该地牢/游戏/区域的人、一名任务首领、负责分配抢来物品的军需官以及懂得在最佳时机使用自己技能和装备的角色。这些非正式的组合构成路德维格·弗莱克描写的思想集体。思想集体的一般结构包括密切成员构成的秘密小圈子（esoteric circle），以及熟人或与中央集团不直接相关人员构成的更大的大众化外圈（exoteric circle）。圈子成员都属于同一思想集体，围绕任意一种思想形成，比如信仰的教义、科学观点或艺术思考。一个思想集体包含许多这样互相重叠的圈子。单独的个体可以属于若干个大众化外圈，但他如果属于秘密圈子的话，圈子数量可能极少（Fleck 1979）。

---

① 本章的“游戏性的”（ludic）采用的是凯洛伊斯的竞赛性概念：指游戏结构性、规则性方面的具体实践，而非与形式更自由的活动相关联的嬉戏游玩式的游戏（Caillois 1961）。

如果我们把游戏看作是围绕其产生思想集体的一种构造，那么秘密小圈子的结构可以映射到公会和小团体上。像公会这样更为持久的团体可以看作实践社群（Wenger 1999），玩家在此形成更为稳定的团体，角色分配是一贯的，他们也清楚，还要从集体角度来看待知识。

玩游戏的专门化在游戏和社会领域都产生了反响。用户受到鼓励（或者被迫）扮演多样化的角色，因为团体游戏常常要求多样化的能力才能成功（例如，许多 MMORPG 小组包含一个治疗师，一个承担伤害的“肉盾”以及靠混战或远程战斗制造伤害的阶层）[①]，玩家倾向于将这种思维带入其管理游戏相关信息与关系的方式中。游戏越是复杂，玩家越可能会具备某些特定领域的专门知识和能力。此过程起初具有极强的游戏性质，仅仅跟游戏本身相关，但逐渐扩展至玩家关联社群的社会、组织和管理方面。吉（Gee 2004）将这些构成称作“密切空间”[②]，强调玩家可能担任的角色之间存在巨大差异。他讨论了密切空间的十一个核心要点，包括使用六类不同知识——“深度与广度”（对于游戏空间及其如何运作的知识），“个体式与分布式”（允许玩家专注于一个领域，然后需要时与集体分享有关信息），“心照不宣”（玩家可以按个人知识行动但不一定解释其行为背后的推理），以及“散布”（玩家从游戏文本之外获取信息）。如果愿意，这些合起来就可以带来重要地位（Gee 2004）。同样，这些类别的知识交叉覆盖游戏、社交和替代位置。

这些专门化过程在游戏领域内外移动，有些与游戏运作方式有内在联系，有些则明显属于社交，然而，社交领域会话和共同话题依靠游戏知识作为终极焦点。乐观的研究将密切空间/实践社群视为

---

① 在将此模式确立为公认的默认状态方面，《魔兽世界》贡献最大。之后的 MMORPG 如《魔戒在线》（Turbine 2005 至今）、《战锤在线》试图撼动这种团体的构成，取得了不同程度的成功。

② 即 affinity space，六种不同类别知识为：intensive、extensive；individual、distributed；tacit；dispersed。——译者注

逐渐形成的积极关系。邦克和德能(2005：21)则由于其传承社交行为模式而将其视为最终自我实现：

> 实际上，实践和认知见习社群形成后，新成员有机会观察和内化现有成员的一些目标、做法和习惯。预期是学习者通过自身参与，既为社群出力，自己也受益。随着时间推移，新人代替了前辈(Brown 2001)，在社群中创造生命的循环。

然而，如此多的用户发言，共享信息，冲突不可避免。个人构成团体，也就同群体的其他成员分隔开来。例如，一个服务器上的大众化外圈常包含成千上万玩家，但这其中又有许多秘密小组，如公会和亲属、一起随意打游戏的朋友小组、角色扮演社团、副本社群，以及个别需要时才专门碰面的个人。较为持续的秘密小组开始形成自己的规则体系和沟通方式，并定义什么算合理的游戏玩法。由于各秘密小组之间缺乏各种社交控制和平衡，这种分隔就引发争执。上文的公会"规则"片段就是例证。第一例已全文印出，重点在于社交礼仪，礼貌和道义规范结构暗示着玩家应互相善待。第二份更有条理，来自一份包罗万象的文件，面向更大的群体，重点在于打副本与获取装备。

因而，秘密的实践社群在 MMORPG 中很有用处，可以为世界内部提供小范围的社会凝聚力，但是也具毁灭性，因为对该世界叙事很大程度上的封建认识与 MMORPG 世界的竞争性环境助长团体之间有冲突。

杀死比格斯沃斯先生：好玩家就是好人玩家

因此，玩家行事要遵守一系列原则，支配它们的是玩家互动时必须采用的社交规则，但又不限于这些规则。通常，这些依据的根本标准就是善于社交，一般来说，大家对友善的玩家会更好，而回避并最终习惯性地躲开粗鲁好斗的玩家。在线上世界，要无视或远离讨厌的玩家容易得多，玩家可以用“/忽略”（《江湖》《魔兽世界》《柯南时代》）或“屏蔽用户”（《巫师 101》）之类的命令真正关闭、屏蔽或者在极端个案中封禁讨厌的人。这就意味着如果团体中有了麻烦，可以将惹事的人永久逐出，而且一般很快遗忘。然而，没有主导标准以供参考，出现问题时就无法请教核心权威人士或者查阅一贯的规则。玩家必须决定他们使用的大量社交和游戏规则哪些最适用。

要说明玩家如何利用这些游移的标准来定义自己，“好玩家”争论就是很好的例子。许多玩家通过其他玩家是好还是差劲等认识来证明他们互相之间行为的合理性。“好”玩家真正的含义并非是说这个玩家游戏技能了得，而是指他符合其他玩家在游戏中的个人愿望。克里斯·卡维尔的博文《高度潜在因素》描述了 MMORPG 中好玩家的十大特点，“了解你的角色”排在第九，勉强击败“你必须喜欢馅饼”，但也许更能说明问题的是，它排名竟然低于“幽默感”“耐心”“顽强”和“适应性”等，而这些特质描写的都是社交互动。有意思的是，差劲的玩家常常被称作“菜鸟”（noob）（指“游戏新手”，但可用于任何犯了愚蠢错误的玩家），而对于有经验的玩家，却没有真正类似的分类。菜鸟的称谓连侮辱都说不上——这只不过是个游戏的标记，包括《自由国度》①《江湖》②和《巫师 101》在内的针对儿童的 MMORPG 全都允许该词通过其大量的脏话过滤器，而且《江湖》甚至在其论坛上专辟了一部分，解释该词为何不算辱骂：

> “菜鸟”这个术语是在线游戏玩家常用语，不算太无礼。有玩家用该词谈你或者其他玩家时，你用不着举报。
>
> （*Runescape* 2010）

---

① *Free Realms* ——译者注

② *Runescape* ——译者注

因此，好玩家常常是那些融入团体的人，对于那些玩游戏并不出色却适宜作伴的玩家，游戏公会为他们留有很大余地，更看重他们的社交贡献。然而，那些社交上格格不入者的游戏技能受到激烈批评，却是为了掩盖与该玩家之间更加个人化的不和谐。相反，如果公会强调打副本或者要求高强度游戏的终极挑战内容，他们对待社交技能低的玩家往往更宽容，会更努力为其游戏能力辩解并清晰描述社交规则来调停这种冲突。因此，总体来看，尽管这两种社群按非常不同的交际标准运行，其内部却是和谐的。上文提到的公会章程虽然长度不同，都具体提及社交行为。就《TF 章程》而言，实用与社交功能的正当性常常重叠。例如，副本团队领头人发言时其他人不能说话，因为听清指令很重要，也因为这时说话“不礼貌”（TF 2009）。下面一例来自 FC 公会，某玩家真实的宠物刚死了，另一玩家当他的面杀死了一只名为“比格斯沃斯先生”的猫咪 NPC。这时，游戏世界与现实世界的重叠就再次清楚展现。在论坛上的评论中（玩家仍然以他们名字的首字母命名）：

> 我也认为这种行为[杀死比格斯沃斯先生]显得很麻木不仁。我非常恼火，因为副本团队首领特地指示团队不要这样。这既让 N 伤心还可能涉及情节或副本内容问题。如果副本团队首领要求你干或别干某事，就请照做，否则不会允许你与 FC 一起组团打副本。
>
> 游戏中有很多讨厌的事，某些会在我们的现实生活中产生反响，我们必须意识到这一点并在与游戏环境的互动之间达成平衡。
>
> 因此，请体贴他人。
>
> （D，FC 2009）

最后一点是，破坏公会或章程规则会受到惩罚，不过这一般通过游戏过程本身来达成。笔者见过这样的情形：玩家们用烟雾弹把一个玩家“阻挡”在视野外，将一顶质量低劣的“笨蛋”高帽授予副本团队中最低效/讨人厌/病态的玩家，或者，戏弄常常迟到的玩家，直至他们改正懒散作风。更严重的惩罚则涉及在一定时间内禁止玩家参加组团打副本活动，要求其在论坛上“正式”道歉，以及“三振出局”的警告。不过总体来看，一个能够与团队动态（无论以什么形式）一致的“好”玩家与一个被视作规则破坏者的“糟糕”玩家的识别标记之间，存在直接的相关关系。

至此，本章证明了玩家们生存于阈限空间（liminal space）中，他们商定一系列不同的游戏、法律、社交和叙事结构。不清楚哪种话语占主导地位而引起的混乱意味着玩家们必须因此调节其社交互动，以可交换的方式从所有这些结构中提取社交符号来构建复合框架。玩家借用最适合的体系来认可其活动，并努力把握似乎趋于失控的形势。这集中体现在他们面对更高权威的挫败感，常常通过这个世界中的公共渠道（如论坛或聊天频道）表达出来。在谷歌上，关键词“暴雪应禁止”命中48 000条，玩家从中发泄各种不满，从某些游戏区域的不公平优势到具体的玩家。重要的是，他们的评论是针对机构（“暴雪”或者说是暴雪娱乐公司），在他们眼里，这个机构基本上无名无姓，无法触及，他们还常常混淆涉及作者控制权的不同人员：

> 你们说花了大把时间打补丁，还有四周多花在程序故障记录中，见鬼，你们为什么还是搞不定！我这儿就给你们提个问题，如果这个补丁主要就是新团队副本/好不得了的变化，他妈的为什么副本打怪这么卡?！打副本卡成这个样子，还以为你们做了什么不得了的修改，不过掉落一个徽章而已！各位玩家，各位恼火的老哥，都来晒晒你们遇到的问题。
>
> （*WoW* Forums 2009）

这通咒骂假定游戏开发人员也是游戏管理员/版主(领薪水的雇员，负责调解游戏中的玩家投诉)，而且还假定别的玩家会“发怒”，建立了一个清晰的“他们与我们”的对立情形(事实上后面的帖子反驳了这一点)，并且将个人的挫折转移至更为短暂的对象。这个帖子典型地表现了玩家在 MMORPG 世界中缺乏能动性的感觉。本章最后一节研究玩家如何采取主动，在个案中，他们欣慰地改变了现有叙事，这展示了增加玩家赋权的新趋势。

玩家挪用，或《战争的艺术》①：奥妮克希亚如何跌下权力宝座

> 读者[玩家]是旅行者；他们穿越属于别人的土地，就像游牧民，在并非他们写出的地方偷猎，掠夺埃及的财富用来自己享受。
>
> (De Certeau 1984：174)

德赛尔托对文本盗猎的早期定义假定，读者[玩家]偷取文献自用并为自己的目的改变其意义时，他们比盗贼(偷猎者)好不到哪儿去。然而如果把这些偷猎者看作我描述过的玩家，他们的行为要合乎情理得多。玩家已经在文本中商定复杂的含义，必要时他们需要周围世界遵守这些意义。如果像本章开头纽曼(2002)提出的那样，玩家是一个“连续反馈循环”的一部分，同时是“主体和客体”，那么他们为了自己的目的而改变叙事，这也合情合理。本个案研究展示玩家如何帮助改进了《魔兽世界》中一条不如人意的情节主线以适应各种不同目的。

在别处，我已经证明，玩家根据需要对一个世界的叙事进行不同

---

① *The Craft of War*：《魔兽世界》CG 动画片。——译者注

的解释。这包含，比如他们对目标的领会、对叙事的理解和他们通过角色扮演之类的行为与其他玩家联系（MacCallum-Stewart 2010；MacCallum-Stewart & Parsler 2008）。虽然玩家经历同样的探险，征服同样的城堡，一道完成集体任务，但对于每个情形背后的故事却常常极少理解。许多玩家对可以游戏的内容的关注胜过潜在的叙事，所以并不真正注意故事情节，而是乐于被动消费文本。许多 MMORPG 中的选项（经常本身就更注重游戏竞技性而非娱乐性［Caillois 1996］），让这种玩家能够快速滚屏跳过探险对话，或者按“制表键”切换剧情剪辑，立刻接着玩游戏。这些行为缩减了叙事与玩家之间的互动。在《魔兽世界》中，某些玩家对于背后故事注意甚少，以致未意识到部落与联盟正处于不稳定的休战期。

然而，同时似乎存在某种不言自明的共识，即玩家叙事与玩家个人已完成的任务或其想要达到的目标有关，是他们自己与周围世界之间的私人对话。玩家可以构建故事来描述他们与此世界的关系，但为了留住玩家，大多数 MMORPG 设有许多玩家能独自操作的任务，因此，玩家对这些叙事有多在意完全出于个人选择。这可以反映在《魔兽世界》某些玩家对副本战斗中插入的剧情剪辑的困惑中：有些人忽略，有些人谈论，有些人则记住以备将来使用。然而，极少会在玩家之间讨论到底发生了什么，也极少会随事件展开而将其作为互动产品，与之进行角色互动。

玩家采取这种被动态度，因为在 MMORPG 世界的总体情节中玩家的能动性极小。像更为传统的粉丝社群一样，他们通常必须在文本以外通过创造性手段对叙事做出反应。无论他们干什么，都不会太直接干预周围的历史进程。历史会继续，他们不过是“无能为力的精英”（Tulloch 1995）。《魔兽世界》中，夜色镇的巫师亚伯克隆比永远不会被抓，《魔戒在线》中，魔戒英雄们总会毁掉魔戒，诸如此类。

然而，这种情形已开始变化。玩家通过游戏增强程序、游戏电

图 3.1　玩家观看《魔兽世界》剧情动画中的夜祸降临。尽管在此事件中他们之间可以互动，所描述的玩家只是观看动画，指出其他玩家应该注意的东西或自行做好战斗准备。

影、维基建构、论坛、外部测试、角色扮演故事、活动等等，大量挪用游戏文本，已经带来了游戏世界中玩家作为主动代理人的权力机制的真正变化。当然，变化不是立刻发生，但游戏设计人员依赖玩家帮助维持其产品。方式之一就是允许玩家在其世界中具有更大的自主性。这包括越来越多地用玩家进行公开测试领域的开放测试，并且关注程序修改团体这样的秘密小圈子制作的向游戏致敬的产品。例如《魔兽世界》就继承了这些修改，它将威胁条加入游戏代码（补丁3.02），而且，“魔兽维基”（WoWwiki）最近被评为第二大维基在线网站（仅次于“维基百科”）（Dybwad 2008）。结果，游戏叙事这个在从前设计变更中常被忽略的元素也开始由于玩家的压力而逐渐发生变化。下面的个案研究显示《魔兽世界》的一处重要修改如何改变了玩家们从一开始就觉得有问题的一条故事线。

奥妮克希亚，又称卡特拉娜·普瑞斯托女伯爵，是《魔兽世界》中一个漫长任务的主角，因此部落和联盟双方都与此有广泛接触。在

“普通版”《魔兽世界》（即资料片扩展版之前的版本）中，“奥妮克希亚的巢穴”对于40名玩家是很艰苦的遭遇战。想参加此战役的玩家必须获得一把钥匙才能“调节自己”以适应副本，而“调节”过程包含十几项不同任务构成的连环任务。在暴风城（联盟的主要城市），作为任务的一部分，玩家通常要集合起来，集体行军，穿城而过，与化身成人的奥妮克希亚对垒。壮观的队伍赋予这个事件电影般的气势，颇受欢迎。“脱下面具”的卡特拉娜·普瑞斯托女伯爵变成小版的龙并攻击玩家时，在游戏的最初版本中，这是需要一个团队的艰苦遭遇战。奥妮克希亚之后逃到她的巢穴，连环任务转换成组团战斗。最终，成功杀死奥妮克希亚的玩家得到高额回报。团队中一人会得到砍下的头颅作为奖品，当头颅呈现给每个宗派的头领时，“奥妮克希亚战斗呐喊”会极大提升周围玩家的数据，每个城市的战壕都能看得到这个悬挂的头颅。

然而，这也意味着奥妮克希亚同时在许多地方存在：组团攻击副本中以龙形飞翔在暴风城天空；隐藏在童子国王安杜因·乌瑞因身边，伪装成他的顾问；作为玩家库存中的一件物品，并且同时出现在奥格里马尔和暴风城。玩家会改动游戏，弄一个从前得来的头颅，在城里集合，用此头颅来激励大家行动，出发去屠龙，而那条龙血淋淋的头已经装点着他们的城门。由于此任务也致使奥妮克希亚脱去面具、变形，玩家常常倍感挫败，因为奥妮克希亚可以一再“出局”，却又永远留在王座室中。很明显，那些完成了这部分任务的人也很明白她奸诈的伪装：

> 游戏是实时传输，却既不意味着它是线性的，也并不具备完全的时间连续性：玩家可以重复杀死恶龙奥妮克希亚——一群玩家杀死她一次对游戏的影响只是暂时的，并不改变游戏世界本身。
>
> （Krzywinska 2008：19）

> 奥妮克希亚死了，所有怪物都会被杀。第二天，一切又会回归正常。什么都不会变。见到其他玩家的结局为我们显示我们自己的潜在结局，并向我们保证故事结束并不意味着失去：所有一切都会在那儿。确实，如果你杀了奥妮克希亚，她对你来说会死亡五天。但她还会回来的。
>
> （Walker-Rettbur 2006：在线）

当克里兹温斯卡（2008）和沃克-雷特伯尔（2006）评论说奥妮克希亚总会回来，这个事实可能会毁灭《魔兽世界》中自我就是命运的主宰这个神话，他们没有预见到粉丝不满会带来的影响。本章我以奥妮克希亚作为焦点，因为她存在明显问题；阿尔塞斯（1997）和莫滕森（2016）也讨论了她矛盾的故事线和游戏功能；《魔兽世界》的达拉然喷泉里一枚属于安杜因·乌瑞因（站在普瑞斯托身边）的硬币写着"但愿我会长大，感觉我一直10岁都好多年了"；而且，看起来即使对《魔兽世界》的传说几乎没有投入的玩家，都极其喜欢奥妮克希亚的故事线（Holisky 2008；Wilhelm 2007），所以她表现出的不协调足以造成困扰。

2008年，《巫妖王之怒》[1]资料片推进了奥妮克希亚故事。她作为普瑞斯托女伯爵的身影从王座室移除，而且，虽然保留了小王子安杜因·乌瑞因，他的父亲瓦里安替代了从前的那些导师。据推测是老乌瑞因回来，赶走了伪装起来的龙。除了这个未言明的认识，进攻奥妮克希亚巢穴也不再有"自我调节"的要求。玩家现在不必执行那些漫长的前置任务，可以直接参加大多数早期组团副本战斗。

这类叙事发展很不寻常，但显示出围绕奥妮克希亚这个角色产生的巨量粉丝文本就意味着应该进行改动。游戏电影《战争的艺术：

---

① *Wrath of the Lich King*，常缩写为*WotLK*。——译者注

盲目》[①](Percula 2008) 就是这样一个典型,是对一个血精灵杀手试图要杀死奥妮克希亚的重新刻画。联盟武士(可能是马蒂亚斯·肖,一个出现在若干联盟任务中的 NPC)试图要保卫奥妮克希亚,在紧要关头被魔咒致盲,没能看到她生出一双巨大的翅膀,因而仍旧不了解其真实身份。

图 3.2　剧情视频《战争的艺术:盲目》中,卡特拉娜·普瑞斯托女伯爵与卫兵准备防卫。

《盲目》是常规推荐的"必看"剧情视频,所以当 2009 年 5 月被高清视频网站 Vimeo 主机意外删除时,一时哗然。2009 年,暴雪公司欧盟分部也举行了《魔兽世界》知识竞赛,问题之一就是"谁杀了奥妮克希亚",该故事的一种版本还出现在《魔兽世界》漫画丛书中(DC Universe 2009: #9)。作为游戏本身的周边,这些文本都可算是詹金斯描写的粉丝文本,都对看作不正常的材料进行了重写。这种按更满意版本进行重写的行为也是典型的粉丝剽窃(Jenkins 1988)。

然而,与奥妮克希亚相关的粉丝文本的成功被王座室定期发生

① *The Craft of War*: *BLIND*,即本节标题中的《战争的艺术》。——译者注

的另一件事情抵消。奥妮克希亚对决是游戏中最显眼的叙事事件之一——主要因为这次最终对决发生的场所位于玩家常常踊跃排队参加游戏另一面的地方，即 PvP 战场。值得注意的是，《巫妖王之怒》中移除了奥妮克希亚任务对玩家的自我调节要求后，极少有玩家仍然意识到连锁任务及其后果的存在，所以突然间冒出来成群的龙令他们吃惊。虽然在更早期游戏中，奥妮克希亚的精英警卫队是一股需要认真对待的力量，三年之后的 2008 年，这个意外的麻烦相当容易对付。少有玩家了解是什么叙事的原因造成这种对他们游戏的突然介入，表明玩家对故事线缺乏关注，这种状况因一群更关心叙事的玩家共同推动而改变。这就无比清晰地显示叙事的信息并不总是在不同团体之间自然传递，甚至事实上可能完全被忽略，直到出现戏剧性事件并不得不做出反应为止。就算粉丝挪用文本，他们也还是在构建知识团体，只是信息不再往外传递，或者就是其他秘密小圈子对此不感兴趣。

至于奥妮克希亚个案，集体认为已完成的事件呈现有误，或者至少应该改动，就改变了之后的叙事发展。尽管这条任务线极其受欢迎，但也可能是粉丝的怀疑改变了情节，想想看，联盟怎么可能完全无视事实，任凭一名高级议会成员不断化身为龙袭击他人？然而最终，游戏的另一部分侵占了这个事件，没有在任务中投资的那类玩家行为开始优先于恶龙产卵和攻击带来的麻烦。

结论

作为 MMORPG 内部活跃的行为主体的粉丝/玩家正日趋重要。同等重要的是每个世界里玩家社交团体的互动。玩家的挪用、讨论、社交行为有时与游戏核心玩法没有直接关系，但会反作用于理解 MMORPG 世界这个社交空间。社交游戏正在成为 MMORPG 中日益重要的元素，游戏开发人员已开始以值得注意的方式利用这点。

《沙漠传说》[①]属于建造世界游戏，在其中社交矛盾和/或合作对于游戏世界每一次"讲述"（迭代）具有决定意义。《星战前夜》和《天堂》[②]鼓励玩家在社交上对立、争夺财富和名利，且许多世界中的封建主义态度支持玩家拉小团体或相互暗算。所有这些都预设一定会有社交互动，且引领其形成某种形式的社群，这对于留住玩家来说至关重要。

游戏内部出现社交冲突是因为玩家对于虚拟空间的理解多种多样。这不可避免，因为 MMORPG 单方面提供了（或者说玩家们创造了）并非共享的相互冲突的行为规则。这也意味着当他们试图调节自己或别人行为的时候，就会出问题。然而，集权化机制同样会有问题，强行规定玩家的行为也会因同样的原因令他们不和。MMORPG 玩家范围极广，需求不同，在这个方面与其他任何社会并无不同——其成员总是对其体验采用不同的标准。然而，MMORPG 内对于玩游戏的强调意味着玩家更有可能做出尝试性、意外或娱乐性的举动，而这些举动也许会被其他玩家视为越轨行为。

总的说来，虽然玩家可能会因所玩游戏而倍感挫败，有一点也正变得明显：他们对于已长期运行的游戏有一定自主权。特别是 MMORPG 正变得更具活力，玩家以有效方式积极参与对文本的再挪用。还需拭目以待的是，设计人员对此潜力的利用还能走得多远；过多的社交对立可能赶走玩家。另一方面，鼓励将社交活动作为游戏的行为是对 MMORPG 世界的有价值发展，当然值得更多关注。

参考文献

Aarseth, E. (1997) *Cybertext: Perspectives on Ergodic Literature*, London: John Hopkins University Press.

Aarseth, E. (2007) Doors and perception: Fiction vs. simulation in games. *Intermédialités*, (9): 35–44.

---

① *A Tale in the Desert* ——译者注

② *Lineage* ——译者注

AFK Gamer (2005) Let's Talk About Exploits, Shall We? Retrieved 24 May, 2010, from http://afkgamer.com/archives/2005/01/31/lets-talk-about-exploits-shall-we/.
Ameson, D. and G. Gygax (1974) *Dungeons and Dragons*, New York, TSR Inc.
Bartle, R. (1996) Hearts, Clubs, Diamonds, Spades: Players Who Suit Muds. Retrieved 25 May, 2010, from http://www.mud.co.uk/richard/hcds.htm.
Bartle, R. (2004) *Designing Virtual Worlds*, New York, Pearson Educational.
Blizzard Entertainment (2009) Scam Policy. Retrieved 24 May, 2010, from http://us.blizzard.com/support/article.xml?locale=en_USandarticleId=20459.
Bonk, C. and V. Dennen (2005) Massive Multiplayer Online Gaming: A Research Framework for Military Training and Education, Department of Defence, United States. Retrieved from http://www.adlnet.gov/SiteCollectionDocuments/archive/GameReport_Bonk_final.pdf.
Brown, M. (2010) Hacked Off: How Pc Game Modders Are Evolving. *Wired*, Retrieved 23 May, 2010, from http://www.wired.co.uk/news/archive/2010-05/17/hacked-off-how-pc-game-modders-are-evolving?page=all.
Burn, A. (2006) Reworking the Text: Online Fandom. In D. Carr, D. Buckingham, A. Burn and G. Schott. (eds) *Computer Games, Text, Narrative and Play*. Cambridge, Polity Press: 88–102.
Caillois, R. (1962) *Man, Play and Games* (Trans. M. Barash), London, Thames and Hudson.
Castranova, E. (2007) Perfidious Occonomy – Keynote. *Proceedings of DiGRA*, Tokyo, Japan.
Cavelle, C. (2009) Traits of a Good MMO Player. Retrieved 6 July, 2009, from http://highlatencylife.wordpress.com/2009/07/06/traits-of-a-good-mmo-player/.
Chen, V., H. Duh, P. Phuah and D. Lam (2006) Enjoyment or engagement? Role of social interaction in playing massively mulitplayer online role-playing games (MMORPGs). In R. Harper, M. Rauterberg and M. Combetto. (eds) *Entertainment Computing – ICEC 2006*, Berlin, Heidelberg, Springer, 4161: 262–7.
Consalvo, M. (2007) *Cheating: Gaining Advantage in Videogames*, Cambridge, MIT Press.
DC Universe (2009) World of Warcraft #9. *DC Universe Inc.*
de Certeau, M. (1984) *The Practice of Everyday Life*, Berkeley, CA, University of California Press.
Ducheneaut, N., N. Yee, E. Nickell and R. J. Moore (2006) "Alone Together?": Exploring the Social Dynamics of Massively Multiplayer Online Games. *Proceedings of the SIGCHI Conference on Human Factors in Computing Systems*. Montreal, Qubec, Canada: 407–16.
Ducheneaut, N., N. Yee, E. Nickell and R. J. Moore (2007) The Life and Death of Online Gaming Communities: A Look at Guilds in World of Warcraft. *Proceedings of the SIGCHI Conference on Human Factors in Computing Systems*. San Jose, CA, USA: 839–48.
Dybwad, B. (2008) How Gamers Are Adopting the Wiki Way, Massively. Retrieved 8 March, 2008, from http://www.massively.com/2008/03/08/sxsw08-how-gamers-are-adopting-the-wiki-way/.
Eladhari, M. and C. Lindley (2003) Player Character Design Facilitating Emotional Depth in MMORPGs. *Proceedings of DiGRA and Level Up 2003*, Utrecht, The Netherlands.
FC Forums. (2009) Retrieved 14 April, 2010, from http://finalchapterguild.com/index.php.
Fleck, L. (1979) *Genesis and Development of Scientific Fact* (Trans. F. Bradley and T.J. Trenn), Chicago, University of Chicago Press.
Gee, J. P. (2004) *Situated Language and Learning: A Critique of Traditional Schooling*, New York, Routledge.

Griffiths, M. and B. Light (2008) Social networking and digital gaming media convergence: Classification and its consequences for appropriation. *Information Systems Frontiers*, 10(4): 447–59.

Grundy, D. (2008) The presence of stigma among users of the MMORPG RMT: A hypothetical case approach. *Games and Culture*, 3(2): 225–47.

Hills, M. (2002) *Fan Cultures*, London, Routledge.

Holisky, A. (2008) Onyxia Attunement to Be Lifted. Retrieved 24 May, 10, from http://www.wow.com/2008/09/16/onyxia-attunement-to-be-lifted/.

Huizinga, J. (1949 [1938]) *Homo Ludens: A Study of the Play-Element in Culture*, London, Routledge.

Jenkins, H. (1988) Star trek reread, rewritten: Fan writing as textual poaching. *Critical Studies in Mass Communications*, 5(2): 85–107.

Jenkins, H. (1992) *Textual Poachers: Television Fans and Participatory Culture*, New York, Routledge.

Jenkins, H. (2010) Learning in a Participatory Culture: A Conversation About New Media and Education. Retrieved 13 May, 2010, from http://www.henryjenkins.org/.

Juul, J. (2005) *Half-Real: Video Games Between Real Rules and Fictional Worlds*, Cambridge, MIT Press.

Klastrup, L. (2003) A Poetics of Virtual Worlds. *Proceedings of the Fifth International Digital Arts and Culture Conference*, Melbourne, Australia.

Klastrup, L. and S. Tosca (2011) When Fans Become Players: Lotro in a Transmedial World Perspective. In T. Krzywinska, E. MacCallum-Stewart and J. Parsler. (eds) *Ringbearers, Lord of the Rings: Online as Intertextual Narrative*. Manchester, Manchester University Press: In Press.

Koster, R. (2007) Ganking Meaning and Playing as You Are. Retrieved 24 May, 2010, from http://www.raphkoster.com/2007/02/06/ganking-meaning-and-playing-as-you-are/.

Krzywinska, T. (2006) Blood scythes, festivals, quests and backstories: World creation and rhetorics of myth in *World of Warcraft*. *Games and Culture*, 1(4): 383–96.

MacCallum-Stewart, E. (2011) The place of role-playing in MMORPGs. In T. Krzywinska, E. MacCallum-Stewart and J. Parsler. (eds) *Ringbearers, Lord of the Rings: Online as Intertextual Narrative*. Manchester, Manchester University Press: In Press.

MacCallum-Stewart, E. and J. Parsler (2008) Role-play Vs gameplay. The difficulties of playing a role in World of Warcraft. In H. Corneliussen and J. Walker-Rettberg. (eds) *Digital Narrative, Identity and Play: A World of Warcraft Reader*. Cambridge, MIT Press: 225–46.

Mäyrä, F. (2008) *Introduction to Game Studies: Games in Culture*, New York, Sage Publications.

Mäyrä, F., J. Paavilainen and J. Stenros (2009) The Many Faces of Sociability and Social Play in Games. *Proceedings of MindTrek*, Tampere, Finland.

McGonigal, J. (2010) Gaming Can Make a Better World. *TED Talk*. Retrieved 30 April, 2010, from http://www.ted.com/talks/lang/eng/jane_mcgonigal_gaming_can_make_a_better_world.html.

Mortensen, T. (2006) Blizzard and the Gold Sellers. Retrieved 22 November, 2006, from http://torillsin.blogspot.com/2006/11/blizzard-and-gold-sellers.html.

Mortensen, T. (2007) Me the other. In P. Harrigan and N. Wardrip-Fruin. (eds) *Second Person, Roleplaying and Story in Games and Playable Media*. Cambridge, MIT Press: 297–307.

Moshimia, A. (2007) Emergent Features and Reciprocal Innovation in Modding Communities. *Proceedings of the World Conference on Educational Multimedia, Hypermedia and Telecommunications*. Vancouver, Canada.

Myers, D. (2008) Play and Punishment: The Sad and Curious Case of Twixt. *Proceedings of The [Player] Conference*, Copenhagen, Denmark.
Newman, J. (2002) In search of the video game player: The lives of Mario. *New Media and Society*, 4(3): 407–25.
Percula. (2008) The Craft of War: Blind. Retrieved 2 February, 2010, from http://www.vimeo.com/5241163.
Runescape. (2010) How Do I Report Abuse? Retrieved 25 May, 2010, from http://www.runescape.com/kbase/guid/how_do_i_report_abuse.
Smith, H. (2001) The Future of Game Design: Moving Beyond Deus Ex and Other Dated Paradigms. *Proceedings of IGDA*, Copenhagen, Denmark.
Steinkuehler, C. (2006) The mangle of play. *Games and Culture*, 1(3): 199–213.
Taylor, T. L. (2006) *Play Between Worlds: Exploring Online Game Culture*, Cambridge, MIT Press.
TF. (2009) Forums. Retrieved 30 April, 2010, from http://www.temptingfate.eu/forums/index.php.
Tulloch, J. (1995) We're Only a Speck in the Ocean: The Fans as Powerless Elite. In J. Tulloch and H. Jenkins. (eds) *Science Fiction Audiences: Watching Dr Who and Star Trek*. London, Routledge: 143–72.
Walker-Rettberg, J. (2006) The End of Endings. Retrieved 13 November, 2006, from http://jilltxt.net/?p=1815.
Watkins, C. (2009) *The Young and the Digital: What the Migration to Social Network Sites, Games and Anytime, Anywhere Means for Our Future*, Boston, Beacon Press.
Wenger, E. (1999) *Communities of Practice: Learning, Meaning and Identity*, Cambridge, Cambridge University Press.
Wikipedia. (2010) Thief (Character Class). Retrieved 25 May, 2010, from http://en.wikipedia.org/wiki/Thief_%28character_class%29.
Wilhelm2451. (2007) Marshal Windsor and Lady Prestor. Retrieved 25 May, 2010, from http://tagn.wordpress.com/2007/12/28/marshal-windsor-and-lady-prestor.
World of Warcraft Europe. (2009) Comic Quiz Contest. Retrieved 14 May, 2010, from http://www.wow-europe.com/en/contests/comicquiz-09/index.html.
WoW Forums. (2009) Question to Any/All Blizz GMs'. Retrieved 25 May, 2010, from http://forums.worldofwarcraft.com/thread.html?topicId=19109952718andsid=1.
Yee, N. (2006) Motivations for playing in online games. *CyberPsychology and Behavior*, 9(6): 772–5.

第四章　扭曲的游戏世界中节俭的玩家？私人在线游戏服务器研究

林鹤玲　孙春在

本章研讨大型在线多人角色扮演游戏（MMORPG）的玩家使用“私人游戏”服务器的动机及其游戏体验。此处，“私人服务器”指与官方服务器平行运作、未经授权的 MMORPG 视频游戏服务器。私人服务器由个人建立并经营，他们不支付授权费，使用泄露、偷来或破解的源代码运行游戏。一个私人服务器用户数量少则十人以下，多则几千。许多私服经营者或提供免费访问，或收费大大低于官服，而有些则依赖捐款机制来收费。[①] 关于此“非正式游戏部门”的统计数据都靠不住，但有些公司与特许区域经销商相信，他们由于私服活动损失了可观的收益。他们与执法机构紧密合作，严厉打击非法服务器以及提供私服访问的网吧。

游戏公司，甚至还有些无使用私服经历的玩家，一般认为私服玩

① 该系统非常类似流行的“打游戏免费，道具收费”的大型多人网游采用的系统，只是所有付费都用于服务器运行维护。

家或是想省钱，或属于超级成就型，想绕过特定游戏对玩家的级别要求。游戏公司和执法部门观点明确，把私服看作官服的非法代替者，类似于出售盗版音乐或软件。然而，私服和卖盗版之间有着重要差别：首先，私服所有者不只简单拷贝服务器软件，他们常常变通或改动官方游戏环境。其次，对很大部分私服运营者而言，逐利并非其首要目标。

本章利用基于网络来源收集的证据，主要为博客和论坛，研究目的在于：(1) 理解私服玩家的动机和体验；(2) 弄清私服赋予玩家的意义；(3) 确定私服对于整个游戏文化的特别意义。我们所要讲的是，不应将私服及其玩家看作一种边缘现象的一部分，而应是支持我们理解游戏体验的要素。

背景

至少有两个原因造成难以精确估计任意时间运行的私服数量。第一，由于其非法地位，许多运营者有意避免受到关注，将其通告限于用户需注册的论坛或通过人际沟通吸引用户。除了几个大规模的私服之外，大多数私服只有规模小、寿命相对短暂的玩家社群才用。第二，服务器所有者频繁修改服务器名称以免被执法机构盯上。不过，我们通过监测私服相关网站、访问玩家，得以找到成百上千的私服在运行流行的 MMORPG，如《魔兽世界》《天堂》《天堂Ⅱ》《仙境传说》①和《枫之岛》②。重要的是无论收费或免费，几乎所有流行游戏都有私服。这个现象可能意味着省钱不是玩私服的首要原因。

由于地理位置和熟悉程度，我们将搜索限定于中国台湾、中国香港、中国大陆和东南亚国家的中文版服务器。毫不奇怪，我们找到私

---

① *Ragnarok Online*(RO) ——译者注

② *MapleStory*——译者注

服最多的是中国大陆。建立私服（又称“模拟器”）的技术要求并不复杂。一位有此经历的玩家告诉我们，“像《天堂》这样的2D游戏只要一个小时就可以建好。像《天堂Ⅱ》这样更复杂的游戏需要一些时间来研究，但两天也能完成”。

大多数私服运营者取消游戏全部原有任务以给自己腾出容量，为玩家简化操作。同时，他们几乎都会提高玩家晋级速度和虚拟赚钱回报率，超出官服提供级别几十倍甚至成百上千倍，因而支持玩家打怪，收集资源。有的私服甚至向新成员立即开放顶尖角色和最高级别游戏特色。

小型私人服务器一般不收任何类型的费用，捐款通常很受欢迎。有时，私服运营者用高级装备送礼来鼓励捐赠。许多玩家将这种自愿捐赠看作对私服维护运行成本的合法收费。只有少量最大私服有“虚拟商城”可以让玩家买设备，利用以上提到的捐款机制带来收入。

视角

我们的分析基于两个关键视角：（1）私服应该集体解读为主流游戏文化的平行文化；（2）“乐趣”（fun）是玩家使用私服的首要动机。讨论这些问题时，重要的是要记住MMORPG是不断发展的世界，玩家在其中的角色具有主动性和生产性。因此，他们的游戏活动对于创造游戏价值具有核心作用。如詹金斯（2006）指出，媒体用户消费媒体商品并参与其生产，他将此过程称作“参与性文化”。他也注意到美国的某些日本动漫迷自行对进口产品加上原创的英文字幕（称做“粉丝字幕”），将此活动看作是非官方制作促进日本动漫在美国发展的实例之一。无论合法与否，这种媒介用户参与的例子由社会与文化共识塑造，一般受消费者控制多于生产者。

同样，泰勒（2006）和克尔（本书）指出，MMORPG玩家的游戏活动为游戏制作商省了钱，还极大提升了游戏的价值。在没有经济激励的情况下，玩家在游戏官方发行前参与公测和调试，后来又参加游戏物品的制作和虚拟货物与服务的交换。为获得更有效率和回报的游戏体验，玩家社群频繁发起和支持边界暧昧的非法产品如修改器、外挂程序和用户界面。那些令游戏世界更多彩、更有效率的产品有时会被收入官方游戏版本的升级版，因此为公司节约了市场调查和产品研发的费用。泰勒在研究那些使用这种形式创造价值的玩家时，使用“创造价值的玩家”这个术语，他也评论了这种关系的另一面：某些游戏公司试图过度控制游戏的所有权，因而可能冒险对用户个人的创造性进行不必要的约束。玩家对游戏文化贡献的进步意义很复杂，无法基于知识产权或《最终用户许可协议》做出简单的解释。

如上文所述，使用私服存在着乐趣或者愉悦的层面，我们认为这是理解所有游戏体验的核心。MMORPG 继承并混合了诸多游戏体裁，如动作、冒险、角色扮演、策略和社交的多种特点，越来越多地提供追求快乐的多维框架。研究人员找出了与游戏乐趣密切相关的三类 MMORPG 游戏元素，这些人中就有麦克马汉（McMahan 2003）、白金汉（Buckingham 2006）和依（Yee 2006）。

（一）游戏（ludic）因素包括游戏系统确立的规则、目标、任务和约束。玩家与这些因素互动，完成任务，进入一种专注的状态叫“投入”（Buckingham 2006）。那些成功参与一段时间、一定水平的玩家会受到积累、进步的感觉激励（Rieber 1996）。按照奇克森特米海伊（1990，2002）所说，这种快乐感独立于外部回报，因为玩家进入“心流”（flow）状态时，在游戏系统的任务与自身技术之间保持平衡。技术不能满足当前任务要求且没有变通办法时，玩家焦虑感上升；任务低于其技术水平，则玩家厌倦感增加。两种局面皆导致游戏快乐感降低。因此，游戏公司试图提供那种目标难度精细计算过的任务，让玩家能够在最佳游戏体验构成的长时间心流状态下递增式拓展技能。在某一点，游戏任务变得不那么有趣、不那么吸引人，玩家丧失了挑战感，比如面对重复打怪、资源积累任务时，而只有完成这些，才能获得游戏公司承诺的游戏终点奖励。这些奖励看来也许很值得花时间精力，但大多数 MMORPG 玩家觉得这种不断提高游戏个人级别的过程单调乏味，最好的情况下也只是必要之恶。

（二）叙事（narrative）乐趣元素可以根据玩家“被动”或“主动”参与分为两类。被动的玩家喜爱背景景色、角色外表和故事线，毫不费力地感受到类似阅读小说或观看电影的参与、沉浸或愉悦（Buckingham 2006）。在主动类别中，默里（2004）指出虚拟世界故事性有丰富的叙事因素。事件形成时，玩家可以与其他人协力编辑叙事元素，以便完成像围攻城堡这样的故事或即兴创作网络戏剧。叙事和话语可以巩固构成游戏历史感的经验和记忆。这种深度沉浸是强烈认同某一游戏的一个重要原因。在理想状态下，MMORPG 玩家能够被动或主动自由浏览、探索、沉浸在这些世界里，但游戏公司对玩家级别的强调导致游戏世界划分为不同区域。如果玩家进入无资格进入的地图或者地牢，后果会很严重。这种设计特点严重影响到玩家享受叙事或沉浸乐趣的权利。

（三）游戏的互动（interactive）维度由社交特点构成，像聊天、教学、合作和组织。玩家可以集体构建社交网络、游戏文化和社群身份。游戏公司完全明白社会纽带在流行度和利润方面对于游戏成功的重要性，但这种互动受到游戏系统设计和角色级别的限制。角色游戏级别又一次成为此维度的中心：玩家角色/职业的高度相互依赖和许多任务的集体性要求玩家相互合作才能升入更高级别。而且 MMORPG 设计一般会阻止不同级别玩家混合行动，这就意味着级别低的玩家若想加入成就意识强的社群，可能有被排斥的风险。另一方面，玩家被接纳入人人互相认识、以社交为导向的社群（Steinkuhle 2006）后，一旦只想独自玩游戏，可能就会因为其他人构成的背景氛围感到压力（Ducheneau *et al*. 2006）。在某些个案中，即使玩家希望与他人保持距离，不太投入游戏，可能也难以办到，因为他们的角色已经建立了声誉。

研究

我们收集数据有两个目的：绘制一幅 MMORPG 私服活动的总体画卷，以及分析私服玩家行为和游戏文化。正如之前提到，我们的数据大多来自位于中国大陆以及中国的台湾和香港地区的中文网站、博客和游戏论坛。我们也评述了少量英语语言资源。

我们发现许多网站都有几十或几百的私服链接，许多链接很快就会过期，因为私服所有者得努力赶在执法官员前面。每个私服的网络门户都提供各种详细技术信息，包括如何加入、目前活跃的账户数量、特点与设置、各种支付方式。许多门户网站也包括特定玩家团体的讨论论坛。我们靠游戏相关论坛与博客帖子总体了解私服文化、玩家如何发现并开始打私服，以及他们为何将私服看作替代官服的诱人产品。

为扩展对游戏玩家使用私服个人体验的理解，我们对具有大量私服经验的六位女性、七位男性（年龄为 18～34 岁）进行了深度访问。为保护受访者隐私，我们为其起了假名。通过滚雪球抽样确定参与者，访问在 2009 年 2 月至 7 月之间进行；每次访问持续 1～2 小时。其中三人有建立或运营私服经历。要求所有受访者详细描述个人的 MMORPG 游戏历史和游戏体验。

动机、意义与经济因素

本研究的发现可分为四个关键领域。第一，我们明确了游戏使用私服的若干主要动机。第二点与第一点紧密相关，我们确认了私服对玩家的意义，而量身定制游戏体验的重要性尤为关键。第三，本研究强调了官服与私服之间复杂的经济关系。第四，我们将私服看作是玩家抵制官方游戏系统与服务器的一种形式。

使用私人游戏服务器的动机

我们确认了玩家决定使用私服背后的三大主要动机，我们称为"怀旧"(nostalgic)、"不满"(dissatisfied) 和"探索"(explorative)。不过，每一类只能看作是方便分析的理想类别，并不互相排斥。

首先，怀旧的玩家使用私服以便回归他们很早以前玩过的游戏，或者以便继续玩官服不再提供的游戏。第一个亚类的玩家可能已离开了有关游戏，或者已长时间不玩任何游戏。他们回归游戏的行为可以解读为从前积极游戏历史的证据，所以，趋于极其热情地描述私服，因为它们为其提供机会，可以回归最喜爱的老游戏。正如下列两个博客选段显示，怀旧的玩家最关心的是曾经熟悉的地图、背景场景、非玩家操控角色：

> 我上网时，突然发现这个《用你的生命为赌注Ⅱ》的私服，这个在线游戏我好久以前玩过。我无比兴奋，因为最后一次玩这个游戏已经过了好久了……我见到若干年没见的景色时，哭了。[①]
>
> 在游戏[②][官服]关闭后，……我太想玩了，就试了私服和日语[官]服。[③]

一名受访者有意使用私服作为退出策略的一部分，以便离开他长期玩的某个游戏。他将私服描绘成一个仪式性空间，让他与游戏生活的当前阶段告别：

---

① http://lolopo416073.pixnet.net/blog/post/24389410.(2009年8月1日检索)

② 本书所有方括号都为原书作者所加。——译者注

③ http://koukaki.pixnet.net/blog/post/11174203.(2009年8月1日检索)

可以说那个下午，我一集齐了想要的一切，就心满意足了。我觉得我一直渴望那些理想的装备却没有任何结果。因而，在那个下午之后，我觉得我可以毫无遗憾地离开这个游戏了。

（Wei，女性，30岁）

有些私服针对的是有关公司已经放弃的游戏——例如，《欢乐潜水艇在线》[1]、《炸弹人在线》[2]以及《新英雄门在线》[3]。这些游戏的忠实玩家总量少但活跃，他们自愿建立并管理私服。就《新英雄门在线》而言，几个原官方游戏管理人员复制了游戏内容，明确的目的就是向这类玩家持续开放。

其次，对不满的玩家而言，私服的优越性直接对应官服的不足。玩家仍然热爱该游戏，但对于当地的服务器运营商怀有负面情感。我们听到几个玩家表达意见，说如果能够有合理合法的替代品，他们就不会用私服——换言之，他们的问题在于游戏环境而非游戏本身。我们常听到的抱怨涉及游戏管理人员的无能和对投诉的漠不关心。受访者提到的官方游戏环境缺点包括自动程序、账户被盗、现金交易和不公正的"PK"（玩家互斗）。四名受访者明确提到想要寻找更好的游戏体验，但又不想放弃该游戏。他们的评论意味着他们视私服为并不满意的替代品，但也是表达他们对官服不满的唯一发泄方法。

其他受访者提出了具体意见，他们感觉官服上玩家升级过程长得没有必要——"升级地狱"是我们收集数据时频繁听到的说法。有些玩家只想很放松地找点乐子，不想涉足竞技式升级；另一些玩家倒是愿意竞争，但厌倦了重复打怪和其他晋级任务；还有玩家抱怨说因为功课、工作职责，他们没有足够时间走常规升级过程。当玩家听朋

① *Battle Marine Online*——译者注

② *Bomberman Online*——译者注

③ *NHero Online*——译者注

友说通过私服可立即参与高级别游戏活动时，他们在官服上的辛劳就失去了意义。有位受访者告诉我们：

> 有段时间我在练习，想当魔法师[①]。你懂的，得一个人干。每天，练，练，练——天天两小时，独自一人，机械得太气人。干嘛要这么痛苦，这么重复？我干嘛要自我折磨？真的，那种“删掉账户”的暗黑想法时不时就会冒出来……我去私服上打游戏，结果好失望，好烦，因为我的线上好友，她离开官服一会儿就回来给我说私服有多好、多容易、多快乐什么什么的。对我而言，私服就是在那儿嘲笑像我这样升级缓慢、听话练习的人……我觉得有点儿被出卖了。
>
> （Yoshi，女，27 岁）

游戏中另外一个费时费力的任务是为了干大事而组队，此过程要求与陌生玩家合作。为了推进熟人网络和正式的玩家组织，许多游戏公司故意在游戏中加入了很强的相互依靠构件，通常形式为角色职业。大量任务需要特定的职业组合，因此限制了玩家独自玩游戏的机会，或迫使玩家花许多空闲时间等待机会组队。组队游戏也增加了个人失败和队友批评的可能。对这些玩家而言，私服让他们任何时候都能想玩就玩，不必看其他玩家是否有时间。

在某种程度上，私服现象可以解读为拥有不同背景、社交环境、技能水平和文化偏好的玩家对于游戏系统死板的“一刀切”做法的抵制。玩家一般在官服-私服间来回移动。如果我们的受访人确实能够代表更大的玩家群体，那么大多数玩家清楚地了解二者各自的特点。这让我们提出：大多数玩家使用私服来满足官方系统没有满足

---

① 《天堂Ⅱ》中巫师的正式名称为“暴风尖叫者”。

的需求——换言之，玩家利用私服来表达对游戏经营者和管理者的不满。因而，在绝对忠诚于游戏或由于挫折感而放弃游戏之外，私服代表第三种选择。

第三，探索式玩家把自己描绘成寻求官服上找不到的游戏乐趣之人；在他们的眼里，级别、竞争、设备本身不是目标，而是他们获得其他类型乐趣的条件。我们的受访者频繁将私服上享受的乐趣描述为访问那些他们这种低级的玩家在官服上去不了的地方。他们热切地描述去过的地方、合过影的大妖怪、骑过的魔兽、见到的萌翻了的非玩家角色和“飞跃”的令人目瞪口呆的风景。在官服上，要想体验这些，玩家得是顶级，穿戴最好装备，还得有经验丰富的队友，而且，就算有了这些，也不见得能保证成功。好多时候，玩家最大的指望就是匆忙扫一眼他们获胜的环境就“飞奔逃命”；根本不可能摆姿势拍照。相反，私服玩家可以很容易获得上乘的盔甲或武器，而且，悠闲地测试这些设备被看作一种娱乐形式[①]。一位受访者将这种活动描绘成类似“玩纸人”。

与“真实世界”旅游一样，拍照在 MMORPG 探索体验中占有重要地位。除了当作“我到过那儿”的记录外，私服上在人迹罕至之处拍摄的照片增加了游戏中不间断的沉浸感。有一位受访者说：

> 这补偿我在官服上做不了的事。比如，在官服上我可以做任务，读故事，但有些场景我不能好好地看，只有在私服上才行。在私服上，我也试穿那些我一般不穿的衣服。我从最低级别的着装开始，一次一件。我创造了它们，一件一件试穿，还留了影。
>
> （Shita，女，25 岁）

① 有些私服提供无法从官服得到的物品（如，让玩家隐身的衣服）。

除了探索游戏世界，私服还帮助玩家探索游戏系统。在官服上设计角色很昂贵，玩家难以实验多种角色职业、技能和职能。因此，私服就担任了测试这些新角色的价廉物美的实验室。有两位受访者特地谈到私服这个设计的益处。首先，希塔提到：

在官服上，我只能当预言家。如果我要想玩其他的角色，就需要投入大量时间设计这些角色。在私服上，我可以学习每种职业的特点。带着这些知识回到官服，我就知道其他角色的职业需要什么……我在私服专门创造了多种角色，还研究了他们所有的技能。

耀西（Yoshi，女，25 岁）也表达了类似的感觉：

[官服上]我没有充裕时间开发这么多角色，但我羡慕别人的角色漂亮的连拍，有力的背刺攻击。在私服上，我可以迅速获得这些角色，拍几张快照，痛快地让妖怪或其他角色瞬间毙命。因而，私服抚平我的挫败感……。只有在私服上快速升级之后，我才弄明白我真正感兴趣的是什么职业，我回到官服后可能会开发这些职业。《天堂Ⅱ》有很多职业，你最先挑的不一定是你最喜欢的。我认识好多剑刃舞者，到 79 级后才发现第二份职业才是最爱。要是你没试过，你不会明白你真正喜欢哪种，你又没那么多时间把一种职业试到底。私服给你试验空间，就像块练习场地，告诉你“你可以变得那么强！”。这个空间是为了想象，为了梦想。有时候，它成为回归官服的动机。

对我而言，私服像短暂的梦，因为一天结束时，你必须回到官服。否则——像我的私服上一样——每个人都在单独行动。怪物散发出恶臭，你可以让自己再生，你不需要团队。所以，如果你想与其他人互动，你需要回归官服。我觉得私服的存在只是告诉我成长后能获得哪些技能，或者外面有哪些地方可以去探索，以便我以后可以在官服上与团队一起去探索。

私人服务器的意义

私服代表玩家想控制自己游戏体验、满足个性需求的努力。MMORPG 玩家长期关注更强有力更积极掌控自己的游戏体验问题，这表现在为应对打怪和其他升级任务这样重复的“磨炼”，出现了大量自动程序、作弊和用现金购买虚拟物品以及更高排名。私服支持对游戏设定和游戏基本结构进行大规模修改，对于那些跟私服管理人员建立了密切关系的玩家尤其如此。这就解释了为什么许多玩家要比较多个不同设置的私服，选定一个自己常用。之后他们与游戏管理员定期互动，变通规则、调节参数、创造更方便的输送方式等等，以满足他们个人的游戏需求。比较而言，官服的游戏管理员就缺乏人情味、冷漠、极为死板、拘泥于固有游戏规则。相反，毫不罕见的是，私服游戏管理员在公共频道与玩家频繁聊天，交换即时信息，不时即兴举办活动①。下面两个选段证实了私服上更为私人化的玩家-管理员关系性质。第一个来自恶魔之影（男，30 岁），表达了私服上感受到的与游戏控制人更高程度的联系：

在官服上，你觉得跟 GM［游戏管理员］是隔离的，你跟他没多少互动。他更像个机器人，发起活动是工作的一部分，而不是他本人想参与。在我的私服上，无论什么时候，GM 想创造一样东西时都会号召每个人一起干。

① 一位受访者告诉我们：“游戏管理员突然宣布我们十分钟后要打某个大怪物，他在城堡里设置了一个传输水晶，这样人人都可参与这项活动。然后，管理员就放出怪物让玩家攻击，他本人则只在一旁观战。他不参加攻击，但他替我们复活死去的角色。”

同样，基蒂(Kitty，女，22 岁)强调了对私服个人化和与其产生个人接触的可能性，这极大增加了她游戏中的愉悦：

> 私服最吸引我的是……所有的祈祷都得到回应……我生日那天，服务器的老板在海上建了所公会房子送给我当礼物。

灵活性也有不好的一面：不稳定。私服运营者不断感到来自游戏公司和执法当局的压力。因此，玩家必须随时准备毫无前兆就失去其服务器和角色。还有个上文提到过的趋势也会增加不稳定：许多玩家会在不同私服间跳来跳去，因为他们相信，下一个私服也许能满足他们所有需求。一名受访者指出，私服的最佳性能之一也代表了离开它们的原因：

> 官服上的游戏体验是慢慢培养的，但私服上则极快。起初这会让你吃惊，而达到目标后，你继续留下的愿望就没剩多少了。还有，私服是一锤子买卖，你永远不知道明天早晨他们是否还在运行。他们说我们要关门啦，就关了。但是官服不同，我们付了那么些钱，他们能这样对我们吗？
>
> (Shita，女，25 岁)

因此，很明显对玩家来说，私服提供多种可能，我们可以确认的起码有五条：(1) 私服起“相册”作用，纪念过去的游戏生活和历史；(2) 提供灵活的游戏时间安排，因而帮助玩家避免来自官服的压力，那种必须花大把时间训练技能以及那种“钱要花得值”的感觉；(3) 私服通过给予玩家离开原来游戏继续前行的机制，为他们提供离开特定游戏的缓冲；(4) 对于那些认真的玩家，想试验游戏新特色以便用在官服上的话，私服可以充当物美价廉的实验室；(5) 对于休闲的玩家，要想不忍受重复升级任务的痛苦就能享受探索的快乐，私服就是他们的游乐场。

官服-私服经济关系

显然，官服-私服之间存在复杂的经济关系，无法简化为“一方成功建立在另一方苦难上”这种公式。要确定一方或另一方受惠，必须考虑这种关系的四个方面。第一，某些私服上的游戏设计与玩家参与程度偶尔会有利于游戏公司满足玩家对新鲜、创新游戏特色的需求。[①] 第二，大量玩家既用官服也用私服，有些人无论如何都拒绝加入私服，有些私服上建立的玩家社群整个搬迁到官服，有时，私服还帮助留住厌倦的玩家直至新版发布。第三，虽然金钱是个因素，但这看起来不是玩家加入私服的主要动机。玩家的成本效益计算受支付机制影响——如上所述，月费带来了压力，玩得越多，花得越值，但那也可能让玩家觉得自己被游戏绑架了。私服采用的“捐赠”付款体系在这方面具备优势。这种双重的机制也促进了玩家在官服、私服平行玩游戏，前者步伐严格，后者从容不迫。最后一点，就游戏体验而言，私服担任官服的补充，而非替代品。

总而言之，私人服务器玩家通常是玩游戏的铁杆粉丝，尤其是某些特定游戏。他们过去几乎都在官方服务器上玩过游戏，而且很少有玩家只在私人服务器上玩。在选择免费游戏或私人服务器时，他们不是在做随心所欲的决定，而是根据他们过去在官方服务器的经验，积极选择具有某种情感或社交特质的游戏来源。另外，稳定性因

---

① 2006 年 11 月，网龙网络有限公司发行了其《天元Ⅱ》在线游戏，其中就提供了私服上常见的游戏特点——例如，经验值回报加速，高级设备掉落概率超高。他们将其产品称作“高级”服务器。几天之内，许多玩家就获得顶级分值，这在常规服务器上得花好几个星期。另一个例子是 2008 年 11 月暴雪发布的《魔兽世界》新版《巫妖王之怒》。如果玩家账户上有个角色至少 55 级，就可以创造一个新的 55 级死亡骑士，从那儿开始升级。此设计极大减少了玩家开发第二个角色时的重复性工作。

素很可能是更多玩家不跳入私人服务器的主要原因。MMORPG 被看成是不间断的世界，参与者的身份和过去的游戏事件的记忆代表了他们投入的大量时间。

结论

作为商业产品，MMORPG 的设计就是要尽可能长时间将主流玩家留在游戏世界里，以延长游戏产品的寿命。这些营销目标的结果之一就是规则和实验性方面灵活性低。狭义而言，如果玩家感兴趣的是更加私人订制的游戏体验，私服是多功能的官服变体。广义而言，私服似乎可以被看作科尔曼和戴尔-维斯福特（2007）数字公地（digital commons）的化身，其中的每个人都心甘情愿为生产和交换做贡献，且无人声索所有权，这种现象由于数字游戏商业化正在消失。然而，游戏公司潜在的收入损失意味着私服运营者几乎无一例外会被看作非法的外来者。在本研究中，我们提供的证据显示，（1）虽然身份非法，但私服为游戏公司提供了好处；（2）大多数玩家在私服、官服这两个世界间移动不单是为了省钱，还有与商业游戏当前特点紧密相关的原因。我们强调，玩家使用私服的动机林林总总，但这些主要是补充并提升官服上的游戏核心玩法。尽管对于玩家来说，私服无一例外花钱更少，这并不像是主要动机。并且，由于私服可以抗衡官服游戏版本和服务器中遭遇到的问题，这常常保证玩家仍留在官服内。我们希望此信息可用于支持对相关问题进行更深入讨论。

致谢

作者感谢台湾“行政院”科学委员会对本项目的经济资助。本研究的资助项目编号为 NSC97 - 2410 - H - 002 - 061 - MY3。我们也要感谢研究助理李育豪在项目进行期间所做的重要贡献。

参考文献

Buckingham, D. (2006) Analyzing digital games. In D. Carr, D. Buckingham, A. Burn and G. Schott (eds) *Computer Games, Text, Narrative and Play*. Cambridge, Polity Press: 88–102.

Coleman, S. and N. Dyer-Witheford (2007) Playing on the digital commons: Collectivities, capital and contestation in videogame culture. *Media, Culture and Society*, 29(6): 934–53.

Csikszentmihalyi, M. (1990) *Flow: The Psychology of Optimal Experience*, New York, Harper and Row.

Ducheneaut, N., N. Yee, E. Nickell and R. J. Moore (2006) "Alone Together?": Exploring the Social Dynamics of Massively Multiplayer Online Games. *Proceedings of the SIGCHI Conference on Human Factors in Computing Systems*. Montreal, Qubec, Canada: 407–16.

Jenkins, H. (2006) *Convergence Culture. When Old and New Media Collide*, New York, New York University Press.

McMahan, A. (2003) Immersion, engagement and presence: A method for analyzing 3-D video games. In M. P. Wolf and B. Perron. (eds) *The Video Game Theory Reader*. New York, Routledge: 67–86.

Murray, J. (2004) From game-story to cyberdrama. In N. Wardrip-Fruin and P. Harrigan. (eds) *First Person: New Media as Story, Performance and Game*. Cambridge, MIT Press: 2.

Rieber, L. P. (1996) Seriously considering play: Designing interactive learning environments based on the blending of microworlds, simulations and games. *Educational Technology Research and Development*, 44(2): 103–7.

Steinkuehler, C. and D. Williams (2006) Where everybody knows your name: Online games as "Third Places". *Journal of Computer Mediated Communication*, 11(4): 885–909.

Taylor, T. L. (2006) *Play between Worlds: Exploring the Online Game Culture*, Cambridge, MIT Press.

Yee, N. (2006) Motivations for playing in online games. *CyberPsychology and Behavior*, 9(6): 772–5.

第五章　城里唯一的(终极挑战)游戏：《魔兽世界》留住玩家的设计策略

道格拉斯·布朗

大型多人在线角色扮演游戏(MMORPG)中可以看到许多赋予在线游戏独特性的元素，包括但不限于社交、团队游戏和入住线上世界。这一分支的在线游戏植根于20世纪80年代兴起的多用户地牢。这些游戏大多数设计相似，灵感都来自多用户地牢及其在《网络创世纪》和《无尽的任务》中的早期商业应用。它们是在线社交世界，角色成长和声望通过重复获得，进程条涉及大量行动，玩家可以选择操纵自己的进程，同时还具有社交界面功能的优势，如聊天室和即时信息。玩家可以组队与游戏对抗，称作“玩家对环境”(PvE)，或在游戏中互相挑战，即“玩家对玩家”(PvP)。这些特点有利于长期的沉浸式体验。金与克里兹温斯卡(2006：28)指出：“有规律地访问MMORPG世界使玩家能与游戏中所交的朋友保持联系，而且也产生要继续打游戏的压力，否则随着他人能力的提升，自己会有被抛在后面的风险。”尽管相对于其他视频游戏形式，这还是个新类型，但它迅速产生巨大影响，已成为一种随处可见的在线游戏方式。

MMORPG 从最初的非商业模式进化为视频游戏产业中最具盈利能力的类别之一①。随着个人电脑游戏的 MMORPG 用户基础增长，开发出了多种多样的商业模式以利用这些新玩家。虽然有《星战前夜在线》的创新模式将真金白银的交易纳入虚拟经济中以方便留住客户，也有像《封印》②或《江湖》这种由微交易支撑的旧格式游戏的新收入，但流行的做法仍旧是收取月费作为部分或全部服务费用。MMORPG 的这个小集团由一个游戏主宰，就用户数量、盈利能力和全球分布而言，相形见绌的不仅是同类的其他游戏，而且是任何视频游戏。暴雪娱乐的《魔兽世界》是现象级的，用户超 11 500 000③，自 2004 年发行以来，该数字一直在上升。自那以来，它战胜了所有对其领域统治地位的挑战。这远非仅有一匹马参加的赛马，暴雪霸主地位面临多种挑战：Square-Enix 的《最后幻想Ⅺ》由血统同样高贵的工作室出品，索尼的《无尽的任务Ⅱ》具有更多的类型体验，Turbine 的《魔戒在线》则具有重量级的知识产权。这些以及许多其他产品投入了极高的初始成本④以挑战《魔兽世界》，然而，它们现在共同占据的市场份额仅仅是对手的一小部分⑤。

本章从设计角度审视《魔兽世界》的成功，评判其游戏体验的一个特定部分，将其定义为“终极挑战游戏”（endgame）。本章以这种方式对《魔兽世界》的成功进行解构，尤其聚焦于其终极挑战的中心地位、复杂性和不完整性，以及暴雪娱乐游戏开发路径采取的方法。

---

① 据估计，MMORPG 上西方消费者的花费超过了 15 亿美元。（Harding-Rolls 2009）

② *Rappelz* ——译者注

③ 动视暴雪的 2010 年 2 月第四季度收益报告：http://investor.activision.com/results.cfm。

④ 正如卡斯特罗诺瓦和福克（2009）详述，开发和发行《魔兽世界》花费逾 5000 万美元，入门门槛一直很高，甚至对于规模更适度的产品也是如此。

⑤ 据克罗斯利（2009）援引哈丁-罗尔斯（2009）报告，《魔兽世界》在西方市场的份额超过 58%。

本章在此方面尤其考虑了在满不在乎地挪用《无尽的任务》的玩家研制成果和特色中暴雪担任的角色，进一步指向“先发优势”这种围绕玩家体验和与此策略相关的路径依赖，暴雪正是因此才能一直在竞争中领先。本章提出，由于暴雪娱乐采取的方法，竞争对手的产品与《魔兽世界》体验相比显得设计不足。总之，本章提出，极端创新的游戏设计在该领域不会奏效，反而是设计越老越好，重复并不是坏事。

《魔兽世界》的成功是不容置疑的，但其用户群的实际范围难以证实。在发布初期，有大量记者招待会宣传付费用户数量，但现在记者会越来越少，因为里程碑式的数量不再那么频繁出现，竞争也不那么有危险性。这种敏感商业信息难以核实，公开研究更新不够频繁，且往往有赖于匿名信息源。付费用户数甚至也不是显示实际游戏人数最有效率的方法，因为单玩家多账户相当常见。不过很清楚，《魔兽世界》的市场份额已经超过了 2008 年 MMOGchart 项目显示的 63％[①]。

为保住这个霸主地位，《魔兽世界》没有闲着。该游戏发展史始于超过《无尽的任务》的突破性产品。写作本章时，已经发布了两次零售资料片，第三次发布在即，游戏频繁更新或“打补丁”，增加可以探索的新区域、“内容”和角色能力，也进行重新平衡、调试、更新。例如，图形质量选项逐渐增加，尽管和竞争对手相比看起来仍显过时，如阿尔塞斯(2008：113) 评论道：

> 重要的是，它并不往更多或更好方面增加筹码。与几个月前出品的《无尽的任务Ⅱ》这种竞争者相比，它的技术图形和物理细节远不够宏大。

---

① http://www.mmogchart.com/Chart7.html.

这种补丁、资料片的发展策略对于此类新游戏很常见，因而，不寻常的是，《魔兽世界》在历史上零售资料片如此之少。跟它相比，在同样时间内，原版《无尽的任务》就发布了10次资料片。《魔兽世界》的两次资料片将核心游戏更新至新编号版本，因而，1.0版原游戏、2007年出的2.0版《燃烧的远征》①和2008年后期3.0版《巫妖王之怒》构成《魔兽世界》的三个清晰的“时代”。虽然本章的焦点在于目前的3. x状态②的游戏，但需要一个整体的路径以理解终极挑战游戏如何变化、成长、进化。

暴雪出品的主导地位不只在大规模多人在线游戏领域，而且在整个游戏领域，让任何其他游戏单品和海量的特许版或者系列游戏都相形见绌。在美国，单价30美元，销量860万套③，相当于单零售毛利就达2.58亿美元。《魔兽世界》的250万美国付费用户④每人每月付15美元，每年又另外收入4.5亿美元。这些数字与欧洲接近，暴雪夸耀自己在那里有200万付费用户⑤。《魔兽世界》这一个游戏就在全球游戏业约400亿美元产值中占了至少100亿美元⑥。《魔兽世界》的经营模式使得盗版难以长时间成功，其低廉的收费使得其账户不像其他MMORPG游戏那样奢侈。《魔兽世界》甚至称雄游戏理论、游戏研究领域，所以库克里奇(2006)在某个数字游戏研究协会专栏嘲弄道:“我得深深感谢阿斯彭·阿尔塞斯创造的术语‘魔兽世界研究’，因为这就是对游戏研究2.0版的准确描述。”本书中，《魔兽

---

① *The Burning Crusade*——译者注

② 本文成文时补丁为3.2.2。待本分析出版时，《魔兽世界》必然会很不一样。启发本文的正是保罗(2010)发表的《魔兽世界》分析与其当前状态之间的许多差异。

③ 2009年7月29日提供给游戏开发商会议网站Gamasutra的新产品开发数据。http://www.gamasutra.com/php-bin/news_index.php? story=24518.

④ 2008年1月22日暴雪娱乐新闻通稿：https://eu. blizzard. com/en-gb/company/press/pressreleases.html? 080122。

⑤ 同上。

⑥ http://www.mmogchart.com/Chart7.html.

世界》是两章的中心，大多数其他部分中也至少提及过。学术研究很大程度上围绕着它进行，以至于将它作为 MMORPG 或在线游戏的简写几乎是还原论式的。就《魔兽世界》而言，一根筋尤为危险，因为游戏的流行度多半来自其功利主义的设计理念。这种理念产生了水平的游戏景观，而竞争对手通过强调《魔兽世界》极力拉平的那些方面也获得了立足之地。《星战前夜在线》创造了单个统一的世界而非打碎分开成若干服务器化身。这种统一性反映在其损人利己的设计理念中，只要玩家互动处于游戏规则和规划内，任何行为都可以允许。这种理念种下了一个全然不同、更为冷酷无情的世界。与之对照的是，《魔兽世界》竭尽全力保证玩家互动，尽可能达成共识。危险在于，《魔兽世界》的考虑在这里和许多其他地方可能被评论家视作在线游戏运作的唯一方式。如果评论家以及游戏业将《魔兽世界》看作在线角色扮演游戏的权威与蓝本，会令人失望又充满危险。泰勒（2008：187）的担心不无道理："我们有相当数量的研究聚焦于很少量的大规模多人在线游戏，我们却开始从中得出关于在线游戏不言而喻的普遍理论。"

这个问题可以部分看作是学术客观性的结果，由传统文本分析的某些常见动机所导致。如果将《魔兽世界》视为一块"完整的布料"、一份适合进行公正分析的公正文本，实际上可能会加剧这个问题，因为这种假设与设计人员出于商业动机的努力相冲突，他们只愿意改善或维护用户体验中能够带来利润的那些元素。注意到了游戏商业元素的文本分析（Rettberg 2008）是开始减轻这种担忧的一种途径。《魔兽世界》确实是一款激动人心的成功游戏，但正是由于其巨大成功，这个原本变革性的发展性的项目现在转而主要关注如何维持现状，稳坐第一。经济动机对暴雪设计策略的影响程度还需要论证，但玩家和评论家达成共识的是，《魔兽世界》的设计者完全清楚竞争的存在，并依此调整某些决策。采用"终极挑战游戏"分析方法，本章聚焦的就是如何维持这种状态以及设计者如何让如此多玩家依恋《魔兽世界》而不迁移去其他游戏。

本章讨论的问题是《魔兽世界》为何能保持这样一种主导力量，并通过文本分析来研究上文提及的某些担忧。在考察了《魔兽世界》的成功到底由什么构成、如何达到如此显著地位后，我们观察了“终局挑战游戏”如何起作用、如何界定。通过比较其他 MMORPG 游戏与《魔兽世界》的升级游戏、终局游戏和补丁优先级的设计，突出《魔兽世界》终局游戏模式的关键创新点，并且最终通过回归到设计策略的商业角度，本章强调《魔兽世界》的长寿与竞争优势正好就依赖于这个设计元素。本研究利用并扩展了保罗(2010)的成果，他强调了《魔兽世界》终极挑战设计中设计策略明显转变的一些类似迹象。

我主要采用文本分析方法，这涉及利用我的个人经验。我既是老资格的 MMORPG 玩家，又是《魔兽世界》居民，培育了若干最高级别的角色，亲自见证了所有这些变化[①]。克里兹温斯卡(2005)对于文本分析价值的肯定也激励了我使用此方法。

想要理解设计，理解它力争通过何种方法塑造玩家的体验，并评价游戏的价值，重要的是进行详尽的文本分析。近距离亲身体验某一游戏迫使你彻底思考其特殊性，因而有助于抵制过度概括的诱惑，并检测将“游戏”作为一般范畴对其进行由上至下分析的有效性。

终局游戏里有些什么?

在我们考察现代的 MMORPG 时，情有可原的想法是游戏时间设计得再长也终究有限，有结尾。可能会出现最高级别、终极武器、登峰造极的故事线或类似的事件，有效地落下帷幕。游戏内容有限，

---

① 这都可以在欧盟魔兽世界军械库页面我的主要角色所在的 URL 中核实，当然只能是我的账户激活的时候。http://eu.wowarmory.com/character-sheet.xml? =Emerald+Dreamandcn=Henchbeard.

玩家前进的速度不可避免地高于开发人员生产(更多类似质量材料)的速度。就算专门扩展游戏以及其中可以进行的活动,在玩家到达游戏原来提供的梯子最高一级时,他们肯定已经享受了大多数能提供的东西了吧?越来越少有玩家在《魔兽世界》论坛问角色达到了最高级别该怎么办,因为终局的内容改进后更受欢迎,而且此问题之前已经回答了许多遍:"生命始于80[级]",因为这是(目前)终局开始的地方。

很明显,"终局"指玩家完成了通关,其角色不再能通过经验值成长时可获得的选择和活动。在原先《无尽的任务》这样的游戏中,达到最后几级花的时间很长,可以说终局开始得更早。其他游戏如《星战前夜在线》完全没有采用级别,但还是有终局,尽管这更难定义。在《星战前夜在线》中,终局源于对特定角色的掌控,可能位于玩家运作的团体为所欲为的"0.0"无规则区域。《魔兽世界》设计的吸引力多半在于角色能力持续逐步成长,玩家能动性随之增强,随着玩家级别提升,新步骤按一定间隔时间打开,专门化的机会增加。市面上不同游戏中,终局的具体特征、玩家可以做的事情千差万别。

升级游戏和终局游戏在价值观、游戏风格方面差异巨大,足以将其作为全然不同的两个实体进行分析,本章就这样看待《魔兽世界》。到达终局为玩家开启了一种新体验,它可能很短,也可能像《魔兽世界》那样,成为一个"鱼钩"(Klastrup 2003),引向长期关系,远远超出在线 15.5 天这个产生最高级别角色所需的时间(Ducheneaut *et al*. 2006)[①]。由于到达《魔兽世界》终局唯一需要的就是时间,所以任何玩家最后都能到达终局。终局设计是 MMORPG 总蓝图中一个重要因素,有时会造成与升级游戏设计的摩擦。理想的升级游戏是循序

① 尽管这项研究是使用最初的《魔兽世界》1.0 版的数据编写,但从那以后,经验系统已打过补丁,以便将 3.0 版本中达到最高水平所需的游戏时间恢复到 1.0 版所需的相同时间。尽管升级游戏已经包含更多内容,但所需时间仍然大致相同。

渐进地展示，逐步推出一些终局的元素，它们在当时当地有用，而且升级游戏一旦结束还能大放异彩。然而，存在两种相反的危险：终局特征太过情景化或复杂，在升级游戏中作用极小甚至没用，另一危险在于终局特征太过简单化，呈现太粗放，令终局游戏缺乏深度。这个设计挑战包括许多特征，已有不少研究（如 Bartle 2003；Mulligan & Patrovsky 2003；Koster 2005），大多数超出了本章范围。角色所属阶级、在团体中的职能、团体粘性、专门化和其他能够注入角色能力的体系如职业或工艺系统，都必须在此缓慢展示中得到平衡、之后增强或最终以某种方式复杂化。

升级游戏完成后，终局游戏开始。出现了取代升级的挑战，其特征就是要长期努力。在《魔兽世界》，之前无法进入的游戏模式被解锁：硬核模式的小组游戏或称“英雄模式”，大型团体游戏或称“团队副本”以及在“竞技场比赛”中竞争排名的 PvP 战斗。其他游戏模式变得更易于访问。升级游戏中，能够进行的少量 PvP 的子游戏或者“战场”一直都是基本上没有什么技巧的遭遇战，但是在达到终局之后，允许出现双方更加势均力敌的情景。级别越高，角色进步以及世界新区域的开放就越缓慢，甚至完全停止，剩下唯一未探索过的领域就是专门为终局设计的大规模团体游戏“地下城副本”以及单人或小规模团体内容。游戏中各种派系为最高级别角色提供中意的装备，但要求玩家挣到一定的“荣誉值”，一般要每天重复特定的行动或任务。游戏甚至提供选择，可以把升级时的经验条换成特定派系的荣誉条，让转换更方便。保罗（2010）更深入详尽地探讨了这些奖赏和终局游戏的装备系统，不过，此处相关的只是它们在升级和终局游戏活动之间起的转换作用。

《魔兽世界》的终局游戏和升级之间的一个关键差异在于角色穿戴的装备获得了重要意义。虽然角色级别已经停止上升，但是继续增长的是装备赋予角色更好的数据因而更大能动性的能力。暴雪采用一种当量定级系统来分配装备数据，所以，如果一件装备的水平值为 60，它能得到的数据预算大致为一个 60 级角色的预算。在终局游戏中，玩家级别与装备级别并不一致。《魔兽世界》原先的角色级别最高为 60，而团队副本可以获得的装备级别为 65 至 92。当顶级角色升至 70 级后，装备级别增加至 115～164。目前处于第三次增长，最高级别扩大为 80 级，已完成三分之二，团队副本装备范围为 200～272[①]。因此，重点已经逐步从角色在升级游戏中的级别晋级转移至其装备，实际上就是在终局游戏中的进步。

比较起来，《激战》[②]从一开始就允许玩家有限进入终局游戏，利用预制的最高级别角色，其设计目的就是允许立刻参加 PvP 的行动。与其他玩家对战必须在终局，这里，已经满级的角色能够探索副本以获取更好设备，还可参加能影响 PvE 内容可用性的玩家对战。虽然可以完全靠预制角色来进行终局游戏，但是积累分值培育这些预制角色要花的时间大大超过让自己的角色满级。

第三个例子是《无尽的任务》。这里也存在着与《魔兽世界》的 PvE 相同的团队副本遭遇战梯级，不过组织管理更为严密，因为 PvP 竞争极为罕见。到达最高的级别后，取代经验的是“替代晋升经验”，可以用来买数据、技能和角色能力，其中有些更为基础，但进行团队副本内容时并非不可或缺。它们构成单人或小规模团体狩猎必须越过的关口，以便进入新的区域(称作“标记”[flagging])[③]。

---

① 暴雪最近增加了《魔兽世界》的功能性，允许查看道具的级别，此消息得到游戏内人士的证实。最高 272 级装备指“大十字军试炼”供品战利品。

② *Guild Wars*，也有译者按字面意思译为《公会战争》。——译者注

③ 这些终局游戏内容和标志像迷宫一样复杂，展现在“神域的力量”(planes of power) 资料片中，图谱详见 http://www.rising-dawn.com/EQProgression/PoP/Images/pip3.png。《魔兽世界 2.0》终局的最初设计看起来很相似，但更宽容，不过暴雪后来脱离此路径，转向了终局设计。他们制作了自己的图谱，现在仍然存档于 http://www.wow-europe.com/en/info/basics/bcattunement/。不过，既然相关限制已经取消，图谱也就多余无用了。

上面的实例以及一般的 MMORPG 都没有像本研究提出的这样清楚区分升级与终局游戏。在某种程度上，这是由于极少有游戏像《魔兽世界》这样进行严格、绝对的区分。将二者完全分割是愚蠢的，因为终局游戏的存在极大加强了升级游戏。玩家到达终局时，极有诱惑力的选择之一就是在一个新角色身上报复升级游戏。《魔兽世界》让这个选择更加吸引人，因为它把世界分成两个宗派，其进入终局的路径不同，尤其是在升级的前半部分。最近发布的《洪水》[①]对《魔兽世界》1.0 版进行了重要修改，试图进一步鼓励这种报复，但大部分内容仍集中于扩展终局游戏。

一位高级角色的资源可以为第二个角色升级铺平道路，这在微观上显示了升级与终极游戏的一种协同作用。已到达终局的角色可以自愿帮助升级的其他角色，加速其升级。他们也通过刺激经济而不自觉地令每个角色升级都更加容易(Castronova 2001)。终局玩家比升级玩家生产更多的游戏货币，他们会花掉这些游戏币，为同一账户的其他角色购买更低级别的商品，或改变其专属能力，这样由上往下的涓涓细流创造出游戏中升级角色经济贡献价值的净增长。这就减少了障碍，让升级者可以获得大笔财富，支付可以加快旅行的坐骑之类静态成本，加速到达终局。卡斯特罗诺瓦(2006：197) 在讨论更广泛的“多用户游戏通胀”派生影响时谈到此效果：

> 随着现金向上流动而设备向下流动，净结果是最领先的玩家常常坐拥巨量现金，而最落后的玩家常常拥有很好的设备。

尽管卡斯特罗诺瓦谈的是特定种类游戏的设计，这些看法也适用于《魔兽世界》。而强有力的终局游戏带给升级游戏的其他好处就不那

① *Catalysm*——译者注

么容易量化。处于顶层而不离开游戏的大规模玩家社群为刚刚进入的新玩家创造了更为积极的环境，让他们随时可以得到有关游戏世界运作的专门知识。在《星战前夜在线》中，为了部分对抗有些专门针对新玩家的残忍活动，成立了“星战前夜大学”训练公会。一个巨大的终局玩家基础保证新玩家学习该游戏更容易、更愉快，使游戏内经济运行顺畅，以提高新玩家在升级中的能动性。

虽然大规模终局群体的存在可以让学习游戏更舒适，但是玩游戏的经历有可能远不像这样愉快。终局设备能大大提升角色能力，以致于仍然处于升级阶段的角色获得公平战斗的机会几乎为零，而有些游戏中最高级别角色可以随心所欲杀人。其中有些行为，口语中称作“偷袭”，按理说有助于形成健康、竞争的环境，而其他行为则沦为恶意破坏游戏的范畴（Myers 2009）。《战锤在线》采取有些极端的方式来解决这个问题，如果玩家比目标高出级别过多，那他试图发动攻击时，自己就会变成一只巨大的鸡，这就强化了游戏对“技术”的承诺。相较而言，《魔兽世界》对这些行为的态度算是放任自流，让玩家在创造一个角色前决定某个特定服务器的规则、PvE/PvP 的偏好并允许角色在这些服务器之间转移，仅象征性收取费用。

终局游戏不可避免地将开发人员的注意力分为游戏最初设计与发行增加内容两部分。我们将明显看到，这个资源管理障碍正是暴雪维持市场主导地位的主要方法之一。暴雪时常为重视终局游戏辩护，理由是想要不断往前看而非回头看“旧”内容。《洪水》就是这样做的。在公告之前，暴雪代表的下列台词已经成为老生常谈：“我们怀念老副本，但有时候最好是继续发展并生产新内容好让玩家快活。”①

这一点主要表现在内容补丁上，为终局游戏玩家增加可干的事

① 2008 年 9 月 7 日暴雪社群管理员扎尔哈姆的论坛回复，存档于 http://blue.cardplace.com/newcache/us/7903651737.htm。

情而不是进行升级经验多样化或改进。尽管如此，有时，为重新平衡终局游戏而采用的变化也可以影响到升级游戏。尤为明显的是，每个补丁对角色的多种动作和能力进行修订，这在《魔兽世界》中并不少见。终局的改动是为了平衡各个阶级在终局游戏遭遇战中遇到特定的发布内容或互相斗争时如何使用这些动作，这些改动有可能下传，影响到升级阶段如何引入技能，或者破坏更低级别阶级之间的平衡。最近一块补丁降低了德鲁伊在变形为熊的时候获得的生命值，因为这个阶级在终局的 PvE 遭遇战中表现得太好。虽然开发人员的目标是对终局进行再平衡，他们却不知不觉中加大了升级难度。最近修改术士虚空行者宠物的"牺牲"能力时，也发生了同样的情况。以前，可以牺牲宠物来保护角色。现在，激活保护功能仅仅会降低宠物的健康值。此次修改意在使术士在终局更具竞争力，结果这种能力出现在升级中间，意义就打了折扣。因此，终局是设计上的挑战，开发人员既要明智地提供玩家吵着要的内容，还得注意自己对升级游戏的职责，正是升级将这些玩家带到终局的。换言之，终局还具有次要功能，要担任留住玩家的工具，下文就要讨论这一点。

作为留住玩家工具的终局游戏

MMORPG 的玩家基础是行业中最多样化的之一（Taylor 2006）。《魔兽世界》试图保卫自己地位时面临的部分挑战就是吸引这个玩家基础。作为主导游戏，它已经从努力增加用户转变为通过打补丁和资料片留住已有用户。此目标从根本上不同于其竞争对手，也就意味着更为强调终局的作用。玩家对《魔兽世界》的批评大多会针对终局，因为它总体保持静态不变，而与升级有关的问题趋于迅速消失，因为可以躲开或靠升级通过。《魔兽世界》的对手多数模仿其结构，也面临相同问题。事实上，对终局的最佳定义也许是：社群大多数人在游戏中所处的位置，既包含游戏内部，也包括游戏外部对游戏的讨论。终局为“元游戏”所居之地。就《魔兽世界》而言，元游戏体量巨大。某些《魔兽世界》博客注重捕鱼或新奇宠物收藏，其他一些则深入而复杂地覆盖特定阶级。竞技场比赛像电子运动会，既有上气不接下气的评论，也有明星玩家和奖品，而专家站点充满程序员、游戏从业人员和数据员，他们深入分析游戏机制以形成终极策略。这种元游戏基础设施扩展玩家能到手的资源，允许他们加强自己偏好的终局游戏风格。这有利于留住玩家(Taylor 2006)。暴雪在一开始就瞄准元游戏，允许修订其界面代码，令玩家能够创造各种应用，提升特定的游戏风格，既有工具可以让角色扮演者显示游戏中的过往故事，也有仪器让团队副本参与人员可以计算小队正在造成的破坏值大小。暴雪后来更新了此重点，在魔兽世界军械库网站提供数据覆盖所有角色的状态和设备[①]。暴雪不仅培养了元游戏，为其提供足够的成长和发展工具，而且还设法用终局内容满足社群的要求。与对手推出全新升级游戏的频率相比，暴雪推出新的终局内容的速度简直只能叫冰川速度。

终局游戏作为留住用户工具的角色的另一因素是其在资料片日程安排中的位置。玩家进入终局游戏后，其核心就得保持静态不变，这是培育社群的最佳状态，不过，终局游戏也需成长以使玩家的兴趣能够持续。1.12 版(2006 年 9 月)之前的《魔兽世界》系列补丁[②]代表了新用户的成长和自然增长。补丁为小组增设新的副本，先是“玛拉顿”[③]，后是“厄运之锤”[④]，又插入了新的升级任务位置，而且，为吸引更多玩家，新增了许多重要系统，完全改变了游戏的面貌；还用一个战场系统精简了 PvP 活动，而“荣誉”系统让这种活动中取得的成就

---

① http://www.wowarmory.com

② 此分析材料来源于完整详细的主要《魔兽世界》补丁在线档案，见 http://www.wow-europe.com/en/info/underdev/implemented/。

③ Maraudon——译者注

④ Dire Maul——译者注

更吸引眼球，角色可以将其作为头衔放在名字前面(Paul 2010)。此外，也增加了终局游戏内容，但这主要以大型团队副本的形式发布，中间间隔时间很长。这种模式逐步由增加用户变为留住用户，补丁1.12到2.4的开发焦点在于终局游戏。目前情景见证着变迁，原先《魔兽世界》试图用独门、高难内容来影响、吸引并挑战新用户，现在其主要功能是用足够的内容款待每个玩家，维持其兴趣以便让《魔兽世界》终局游戏与其他升级游戏竞争。暴雪从向潜在客户推送升级游戏转移到用终局游戏款待现有客户。首个补丁之后，每个补丁都为团体副本参与者提供更多终局内容，对游戏的PvP方面提供重大改变或增补内容。《燃烧的远征》发布时，用控制好的日程取代了从前零星发布的各种内容。商店销售的资料片都配有新的升级游戏(将等级上限提升了10级，提供的内容相当于原有升级游戏的一半)，新的终局游戏会进行三四次主要内容更新，之后就是下一轮商店销售资料片，再次扩充升级游戏。这就是暴雪2007年第一次发布零售资料片以来所走的路线。《魔兽世界》2.x时代显示了角度的转变，最初为增加用户策略，目前则是留住用户，最初补丁2.1(2007年5月)重点在于为团体副本参与者准备终局游戏内容，之后逐渐在2.3(2007年11月)中淡化，注重提供更广泛的内容。第一次资料片在补丁2.4(2008年7月)中达到了顶点，它试图为所有玩家提供终局内容，发布了极其艰巨的“太阳井”副本，伴之以大量单玩家和小组内容。在已经发布的三个补丁中，补丁3.0持续将重点放在内容的可及性和广度上，而牺牲专属性，每一个补丁后面都很快接着更小的补丁，降低内容的难度。更早时候，暴雪很可能想要从扩容转向留住用户，这正如下文要细谈的，补丁3.0在发布第三个资料片前急剧改变了终局游戏，这种行为暗示了留住用户的意图。不过，他们的手脚受到资料片日程安排约束。对终局的改动只能置于商店销售的资料片所含的大量内容中，不如此，重大修改则会损害玩家社群。

终局的玩家基础

但是，谁构成这个玩家基础，需要吸引谁，这是游戏学者大量研究的论题。巴特尔在 1996 年提出的“探险者”“成就者”“杀手”和“社交者”玩家类型的原型构成了大多数人评论 MMORPG 的基础。可以确信，在多人在线游戏中能找到巴特尔提出的这些类型。但我想证明，对于设计人员来说，设计终局内容时，这些类型不一定是要瞄准的最佳目标。看看《魔兽世界》的补丁进化和历史，粗略估计一下，那些最快对《魔兽世界》终局产生不满的应该是社交型和探险型玩家。与更新的游戏比起来，《魔兽世界》聊天系统不方便，语音聊天慢吞吞，缺乏社交特色，这会让社交型玩家产生挫败感。探险家会厌倦于新地域增加的缓慢速度，而且开团打副本之外几乎没有新地方可以探险。探险家过去喜爱的特色被移除了，比如原先有能力借助技术手段或装备到达那些本来接近不了的地方，尽管这个不足或许与《魔兽世界》2.0 在终局增加的飞行相抵，因为飞行允许对某些部分进行重新探险。作为一种设计，《魔兽世界》是妥协的结果，它适合巴特尔所有四类玩家味口，但对任何一类都不是灵丹妙药。因此，对这些任一元素的喜欢不足以解释《魔兽世界》长期维持如此声望的原因。

大多数补丁似乎都通过有规律地增加团队副本来瞄准成就型玩家，通过不断扩大 PvP 搏斗选项瞄准杀手型玩家。社交型和探险型会欣喜一段时间，因为有两年一次的资料片，还有不定期的重大升级如成就系统以及最终到来的图形升级或语音聊天，但是，这不足以让他们不抛弃这个游戏。可以预期，创造一款极为社交化的元游戏的霸权副作用会进一步减慢这一过程，其作用类似初始设计的某些元素如部落/联盟的分离和大多数 PvP 搏击区域的副本化，实质是将杀手型和成就型圈在一起，给他们更多理由一起打游戏而非独自漫游世界，以此最大限度降低他们对探险型和社交型玩家的游戏体验的影响。尽管如此，将注意力集中在成就型和杀手型玩家应该还是引起了玩家陆续离开《魔兽世界》，转投其他游戏。暴雪的设计目的由增加用户转向留住用户，这可以看作是试图将为杀手型和成就型玩家准备的内容变得更可达，以便迎合社交型与探险型玩家。《魔兽世界》2.0 的最后一个重大内容补丁即补丁 3.0 就标识出这个节点：开发人员意识到了他们正试图同时服务两个截然相反的目标，既要增加用户又要留住用户，他们欣然接受挽留模式，大幅降低了内容维度。详细描述这些变化的具体文字在补丁 2.4 后很快发布，以便让游戏准备好迎接即将到来的第二次资料片：

> 已经调整了所有从“卡拉赞”到“太阳井高地”的团队副本以及与末日领主卡扎克和末日行者的所有室外遭遇战，因此，目前所有生物和 boss 的生命值都降低了，伤害也随之降低。

这次 PvE 终局游戏焦点的重大变动伴随更早实施的成就系统出现，基本上把一系列艰巨的遭遇战转换成为一场容易得多的混战，这个成就系统被标榜为第二部资料片的特色。出现此变动的时间大大晚于保罗 2010 年从纯 PvP 的角度讨论“福利史诗”(welfare epic) 时谈到的论战，但它起到加强“奖励修辞”的作用，他将此单独提出来作为游戏未来的精髓，整个设计向着“精细调整的激励与奖励结构”进行战略转移。杜奇诺等(2006：314—315) 将此结构作为该游戏的重要优点提出，认为它可以防范游戏的不可及性，这个主要弱点也是他们强调的。在出现了他们预测的情形时，这样一个思维方式的转变振奋了《魔兽世界》：“万一不再出现新用户，形势会出现戏剧性下滑。当然，也有可能此市场一直快速增长，那么《魔兽世界》就永远不用面对这个问题。”(同上)

保罗描述了一种 PvP 的独特性元素，即调低了偏向成就型和杀手型玩家"需求"的某些奖励，也描述了暴雪的目标，即"潜在提升这些史诗的吸引力和感知的合法性"(2010：172)。但即使考虑到这点，《魔兽世界》在吸引新人和保持老用户的外表下不间断的商业霸主地位显示，在这个具体案例中，有必要对巴特尔的玩家分类进行一些改变才能解释设计师的思维。而且，仅仅参照巴特尔的分类不能解释为何玩家继续偏爱《魔兽世界》而非大量别的全新 MMORPG 体验。这些新游戏包含针对所有玩家类型的内容，一直在挑战《魔兽世界》，常常试图抢走其用户。当然，想必所有四类玩家，但尤其是探索者和社交者，应该更喜欢全新的世界，面对新挑战，探索新大陆，采用新方法互相较量，而不是呆在陈旧的世界中，等着《魔兽世界》"滴灌"新内容。

玩家心理研究已经提供了此问题的部分答案(Yee 2005)。泰勒(2006：28)评论道："你在《无尽的任务》中做的就是把自己沉浸在……人们生活并借此游戏的空间中。"这种看法现在仍然合理，能够解释为什么许多玩家如此依恋暴雪提供居住的那个世界。玩家类型方面已经有了其他独立或基于巴特尔概念的研究(Callios 1961；Edwards 2001；Kiersy 1998)。它们主要是通过统计研究或者哲学视野重新阐释模型，不过一般避开了商业游戏设计这个极为棘手的问题。在学术界之外倒是可以找到一个例外。马克·罗斯韦特是集换式卡牌游戏《万智牌》[1]的首席设计师，他的文章谈到了推出新卡时需要吸引的玩家类型。他将三种"心理形象描写"起了绰号为蒂米、强尼和斯派克[2](Rosewater 2002)。蒂米代表"权力玩家"，喜欢那种强调某一特定游戏技巧、让人惊叹的大牌，寻求系统的极限以及这些眼花缭乱的技巧可以带来的即时满足；强尼更爱社交，属于混合型玩

---

① *Magic*：*The Gathering*，也译为《魔法风云会》。——译者注

② 即 Timmy，Johnny 和 Spike。——译者注

家，他们觉得游戏设计网络很神秘，喜爱将熟悉的技巧进行出乎意料的组合或者奇特的演绎，本质上追求新奇和深度，推迟满足；斯派克属于锦标赛选手，一心一意的玩家，为获胜不顾一切，把游戏看成工具，比赛只要获胜就好，不用在乎风格或"游戏精神"。罗斯韦特后来又加上了那种更关注故事或游戏知识的"Vorthos/Melvin"角色扮演类型，修订了自己的文章，使之与巴特尔类型更相似（2006，2007）。不过在一次更新中，他为贯穿其玩家类型的商业原则辩白，坦诚地谈论了其研究的商业维度：

> 如果设计人员是推销员，那么理解产品和消费者是他的责任。如果我想让玩家买了第一副牌又想买第二副，我必须明白我在第一副中能创造什么东西会激起购买第二副的欲望。这就是蒂米、强尼和斯派克的来源。我想要理解《万智牌》的消费者是谁。一旦我弄明白了，我就给他们命名以便研发部门讨论。
>
> （Rosewater 2007，在线）

罗斯韦特首先是游戏设计者，也以此身份写作，而巴特尔写作的角度更具学术性。更重要的是，罗斯韦特写这些文章时的角色与地位因素使得他的工作与我们研究《魔兽世界》的焦点材料直接相关。罗斯韦特是《万智牌》占据了主导地位后才接手的。除了在 20 世纪 90 年代《精灵宝可梦》[①]狂热期间有过短暂的停滞，其他时候《万智牌》几乎一直是主导游戏：它定期生产的扩展版（expansion）平衡、扩充、增加了新技巧，而极其重要的是，它们能够维持玩家兴趣，促使他们一直购买卡牌。《万智牌》从发布差异巨大、各自为政的扩展版逐步变为"环境"（cycle），即一年中成批发布叙事焦点相似的三个扩展版，之后

---

① *Pokémon*，也译为《口袋妖怪》。——译者注

才会转到全新的系列(set)。每两年,原先的核心系列也会进行更新。这已经进入了锦标赛规则,声誉最高的锦标赛只允许使用核心系列和最新两个环境。这样随着结局临近,设计者就能调高卡牌的影响力和极限,突出整个环境所聚焦的技能。大受欢迎的 2002 年“大战役”[①]环境展示了这一焦点,吸引回来大量玩家。罗斯韦特关于玩家类型的文章出现于此复兴现象之后,绝非偶然。在《万智牌》这个发展节点上的终局或扩展设计与《魔兽世界》目前这代客户保持模式之间存在相似点。罗斯韦特谈如何为玩家设计卡牌的时候,实际上是在谈如何维持玩家兴趣,采用的模式与《魔兽世界》目前面临的挑战极为相似。恰恰因为着眼点不同,它的三大原型有别于巴特尔的类型。罗斯韦特并不打算分析这些玩家如何玩游戏,为什么玩游戏。这些对他而言仅仅是副产品,他想弄明白,要按哪些按钮,玩家才会继续买更多的卡牌。虽然他卖的是一副副的牌,《魔兽世界》卖的是每月的游戏会员费,但除此之外两个游戏面临的情形惊人相似。升级游戏初步设计应该针对巴特尔类型,而成功终局游戏的扩展要更注重满足罗斯韦特描述的类型。具有讽刺意味的是,《万智牌》目前已不再占据市场顶端,让《魔兽世界集换式卡片游戏》[②]这样一个副产品给压了一头。

罗斯韦特的三个原型强调了巴特尔类型的元素,明确指出需要精心培植哪些方面才能让玩家痴迷。这样选择的目标市场,再加上《魔兽世界》终局游戏非同寻常地将焦点维持在其升级游戏的主要核心玩法机制,这二者可以在某种程度上说明为什么玩家继续留在《魔兽世界》中,而且解释为什么有些案例中这个游戏让人上瘾。从这个角度看,就更容易说明至少从内容方面,这个游戏对于更注重社交的玩家缺乏吸引力。对 3.1 版《魔兽世界》玩家目前的终局游戏选项进

① invasion——译者注

② *World of Warcraft Trading Card Game*——译者注

行分析可能有助于将这些理论与如何有效分析终局游戏更好地结合起来。

深度分析《魔兽世界》终局游戏

目前，达到 80 级的《魔兽世界》玩家可以使用三大方面终局游戏内容。这从最初的终局游戏逐步发展而来，如保罗（2010：159）所言，原来的终局游戏中，“对于最高级别的角色而言，开团打副本是仅有的极少选择之一。……玩家到了 60 级以后，推向市场的游戏提供的几乎全是基于团队的内容”。

第一选择是单人或小组内容。在升级游戏临近结束时，达拉然王国中心城市以及各区就开启了任务，往往可每日重复，要一至三个玩家才能完成，近来的补丁中又增加了许多任务。此外，将地下城玩家在之前升级游戏过程中可能已经遇到的所有内容，都重新调整成了专为最高级角色设计的“英雄”版本。或者，玩家可以继续体验升级游戏的内容，收获金子和成就值而非经验值，反正 2.0 和 3.0 版设计的升级游戏量大大超出设计要求；玩家还可以努力完成别的成就，一般会牵涉收集装备或重复活动以填满进度条。

第二种途径是 10 个玩家（这是地下城玩家数量的两倍）或 25 个玩家一起组团打副本。参加团队副本任务的主要原因是获得能提升角色副本效率的装备。地下城也是故事中大坏蛋的住所，是升级游戏期间遇到的故事线结束的地方。团队副本的地下城每周重置，一个角色要想获得所有用得上的装备需要几十个拖网。团队副本内容难度逐渐加大，大约每季度开放一个新的地下城，要最有效地对付它，需要之前团队副本中的装备。《魔兽世界 3.0》的团队副本比早前版本更宽容，开发人员秉持“带来玩家，不带阶级”的宗旨，使得所有范畴的玩家都可以参与：从可以每周五个晚上打游戏的全身心投入型玩家，到偶尔参与团队副本任务、主要面向社交的玩家。

第三条路径是在战场以及冬拥湖的公共 PvP 竞技场参加竞技场比赛和 PvP 格斗。竞技场赛季一般结束于下一场重大团队副本地下城发布之际。季末分配奖品，季中玩家每周得分用来购买提高自己 PvP 搏斗效果的装备。其他 PvP 格式也这样，尽管作为奖励的装备不那么强大。新一季游戏开始发行，又出现升了级的设备，所以 PvP 玩家需要再次开始收集装备以便维持最佳效能。无论选择哪条路径，《魔兽世界》终局游戏的特征就是逐渐改进，所有不同路径都允许角色完成不同目标而提升能力，当然提升速度各不相同。

玩家常常三条路都涉足，一般专攻一两条。就算中等效率或仅仅是花时间接受内容就能得到一些徽章，将其上交就可以换取相应奖励。系统内置的重叠部分含蓄地鼓励玩家采用多条路径，比如，用团队副本得来的道具尤其是武器来补充 PvP 会更容易一些，而在 PvP 这条线，这些道具要极高排名才能购买。并且，某些 PvP 道具能降低团队副本遭遇战的难度，因为设计它们的目的就是提升对战能力，尤其当有些影响会导致丧失对角色控制力的时候，某些 PvP 道具能够去除这些影响。这两条线都需要消耗品以获取最大效率，而用于购买消耗品的金币最容易获取的途径是单人或小组内容。声望道具可以用作更快进入其他线的小奖励(不必等每周团队副本重置或者配给竞技场点数)，或提升那些会长期有用的其他道具。叙事展开分为单人内容与团队内容，二者常常互相渗透。3.1 版的单人内容中枢为一个古罗马圆形剧场，在 3.2 版中发展为已经完全建成的团队竞技场。叙事滴灌给玩家，作为对玩家完成一系列任务或打赢了里程碑式团队遭遇战的奖励。玩家要想看到开始于《巫妖王之怒》安装系列的故事最后结局，就需要先完成单人内容和团队内容。

虽然《魔兽世界》确实为所有巴特尔类型玩家提供了选择，但仅仅观察其提供选择的方式难以告诉我们《魔兽世界》为何比其他游戏更有吸引力。同时，罗斯韦特分类是为集换式卡牌游戏设计的，不能自然套入 MMORPG 模式，因为无法准确分离出“组合”，无法像卡牌那样简单，判断卡牌的进攻/防守数据作为游戏偏爱特定玩家类型的指标。保罗（2010：173）对于“福利史诗”和游戏的生命的总结也许为《魔兽世界》的独特吸引力提供一半解释：

> 玩家一旦在游戏中找不到好玩的事干，就有可能离开。但是（游戏设计师）提古乐的“福利史诗”通过整合单人和小组玩家的奖励有望将更多玩家吸收进永无尽头的单调活动中，让订户付费滚动增长。

然而，如果将设计师看作市场营销人员，将巴特尔的玩家类型与罗斯韦特的消费者类别进行杂交，就会出现另一幅画面。对于那些寻求立刻行动的玩家，终局游戏的单人内容和 PvP 战场满足其需要。如果玩家寻求更大多样性、复杂性和延迟满足的话，终局游戏则提供长期的团队副本地下城、检验技能的竞技场比赛以及大量的日常“磨炼”。无论是在较为容易的 10 人团队副本还是需要全力以赴的冬拥湖 PvP 战斗中，终局游戏支持玩家在各种内容中闲逛，只为见识极端情况。而且，时间长了玩家也很容易剖析内容，找到直截了当的方法来最大程度提高角色的效率。

《魔兽世界》的改进分若干次滴灌给各类玩家，通过每周重置来控制能动性，而非玩家在系统中花了多少时间和精力。除了不断微调 PvP 平衡和团队副本内容难度外，暴雪还保留着对终局游戏的控制权，允许玩家与内容发布的速率同步成长，或者，至少通过计算一名或者一群玩家获得大多数奖励平均需要的停摆迭代来预测他们在游戏某一条线中什么时候会找不到事情干。通过每周定量供应一切来控制单调枯燥活动的速度，玩家吃掉游戏内容的速度就不会快于设计人员能维持的速度，这样在一定程度上，暴雪防止了玩家从设计人员手中实质上夺走终局游戏的控制权。同时,暴雪迎合的不是作为玩家的游戏风格,而是作为消费者的玩家购买决策,提供对手无法比拟的产品,因为暴雪与对手相当于在不同的市场上竞争。能挑战《魔兽世界》终局游戏的只能是另一个终局游戏,而非升级游戏,因为这二者是根本不同的实体。以这样的定位,《魔兽世界》该惧怕的应该是另一个根深蒂固的终局游戏,市场会确保能走那么远的其他游戏必定是市场定位清晰的小众产品,其终局游戏的焦点与《魔兽世界》的利己主义哲学截然不同。

正是终局游戏的相对静止状态允许这个结构持续起作用。我们已经证明了终局游戏起留住用户的工具作用,让玩家继续玩这个游戏,而具体办法有若干种。某些游戏为部分系统提供无限的范围。《无尽的任务》的"替代晋升经验"允许角色只要多干同样的事就获得些许成长。其他游戏允许大得多的个人参与度,或者甚至完全卸下了保险装置,如《星战前夜在线》的 0.0 空间或《激战》的洲际 PvP 战斗。终局游戏常被用来描绘整个虚拟世界的气氛,因为此焦点会反馈进入升级游戏,正如上文例子中,《无尽的任务》看起来限定了活动范围,但却无边无际,让人抓狂。《星战前夜》看来冷酷而辽阔,《激战》则是为重大对抗进行的训练。《魔兽世界》避开了用终局来定义整个游戏,允许许多终局内容从不同方向入手,几乎每个提供的行动或机会都会影响到这个那个进度条的成长,这就使玩家游戏时间最大化。

《魔兽世界》虽然可能不是建立在升级内容基础上,却时常通过修订终局游戏来重新为终局玩家注入新的活力,激励他们重回升级阶段,最根本的修订是引入成就系统,这一点经常在对应着现实节日的"假日活动"中引人注意。《魔兽世界》提供了一张内容清单,让终局游戏社群可以一一标记,还伴有一张小额奖励序列。仅仅用这样一种方法,《魔兽世界》就为好些从前似乎老掉牙的内容注入了新的能量。这象征了《魔兽世界》如何避免用终局游戏界定其世界，欣然接纳主流，采用的手段是提供多侧面终局游戏内容，这些内容再现了升级游戏设计的核心：重复活动。评论家常常批评MMORPG中的“磨炼”的内容，但是既然同一行为（无论是猎杀怪物、贸易或是与其他玩家决斗）的即兴重复不仅构成核心“动词”（Crawford 2003），从单纯游戏规则角度还构成几乎整个游戏，那么，我们有理由说，《魔兽世界》的终局游戏与其他游戏的不同恰恰就是不彻底转换重点。较之升级游戏，终局游戏处理核心动词的方式多得多，而那些活动本质上无疑完全相同，奖励频率则更低。这个解决方案针对的就是MMORPG的深层问题：一旦玩家一年就吞下设计人员花了三年时间建立的内容，并且还想要更多，设计人员该怎么办？解决办法就是取代不那么多样化的升级游戏，将同样的游戏以更小更密集的小包装滴灌式供应，再配一堆观察游戏的镜片。

城里唯一的终局游戏

竞争对手也发布带有终局的升级游戏，但他们毫无希望跟上《魔兽世界》，因此，其终局游戏比起来就显得设计不足。甚至像《文明》[①]这样的非在线游戏系列，几十次修订量也没有接近《魔兽世界》用户模式和社群反馈带来的完善度。《魔兽世界》并不害怕将玩家社群设计的改进结合进游戏。而且，那种留住老客户重于增加新客户的设计对于竞争对手简直就是奢侈品。开头是大卫与哥利亚的战斗，后来变得越发不平衡，因为哥利亚一直在长个儿。虽然新内容大约每季度都会发布，但它无法与两次发布间隙会出现的其他完整升级游戏规模匹敌，因而暴雪根本就不打算竞争。相反，玩家有足够多样的方式体验《魔兽世界》的终局游戏内容。至关重要的是，他们绝不会

① *Civilization* ——译者注

在下一模块发布之前真正觉得似乎已经完成了游戏，或者再也找不到事干。营销者买断玩家时间的需求影响了设计者创造精品内容的欲望。其他升级游戏往往通过大规模抄袭《魔兽世界》的用户界面和总体感觉，在游戏中暗示其与《魔兽世界》类似。但如果用户寻找的是对等的体验，那么，他们玩《魔兽世界》终局游戏之后又切换到另一个升级游戏，不可避免地会感到郁闷。诚然，《魔兽世界》使用的那套体系当然不是暴雪发明的，但《魔兽世界》把该体系实施得精湛巧妙，这意味着模仿者只会让用户折回到永远未完成的终局游戏而非他们已完成的升级游戏。这又一次显示“玩一款 MMORPG 游戏”这种客观考虑受到商业因素的影响，设计人员作为推销人员要想办法把玩家留在《魔兽世界》中。竞争对手合并游戏服务器就是很能说明问题的结果。《魔兽世界》玩家访问这些服务器之后又被引诱回了《魔兽世界》。这样，这些新游戏上线时为应对大量涌入的客户而建立的众多服务器就只能留下稀稀拉拉的玩家。《魔兽世界》近期的对手中，《战锤在线》用了六个月、《柯南时代》和《先锋：英雄传说》[①]仅过了四个月就开始了服务器合并[②]。虽然这可以归因于其他游戏的缺点，但这也是证据，显示暴雪的设计理念自从 2008 年下半年发布补丁 2.4 以来就未曾动摇过。

竞争者还发现自己处于游戏业的非常地带。通常会构成游戏宣传的许多成功因素对于 MMORPG 市场却是诅咒。通常似乎是“独特卖点”的东西事实上在这个领域可能反而对游戏不利。其中一例就是更好的画质和更高规格。通常，旧游戏过时，新游戏外观更好，玩家会离开老游戏，但 MMORPG 社群并未把画质看得那么重要。他们更在意终局游戏特色的显示度，否则他们早就蜂拥去了那些远

① *Vanguard*：*Saga of Heroes* ——译者注

② 信息来源于 Gamasutra 和“维基百科”网站存档的新闻帖子。毕竟，除了告知受影响的玩家之外，游戏公司都会尽力避免让人注意到合并服务器这类行为。

比《魔兽世界》漂亮的产品了。上文阿尔塞斯关于美学的引文基本也适用于硬件要求。《魔兽世界》现在已经够老,可以在个人电脑上轻松运行,而同样的设备要运行竞争者的产品却极其费劲,连接反应时间或图像和处理造成的"滞后"可能会令 MMORPG 玩家极端沮丧。玩家在《魔兽世界》终局已投资了时间,竞争对手得说服玩家放弃这笔投资,因为一般没人会选择同时玩多个耗时的 MMORPG,而按月付费模式毫无疑问鼓励了玩家忠诚度,加大了竞争者的任务难度。

所有这些对于竞技场以及竞争本身的分析当然会引起疑问:《魔兽世界》最开始是如何到达这个位置的?虽然《无尽的任务》在 2000 年前后的统治带来的客户数量与《魔兽世界》目前的支配地位不可同日而语,但它仍是市场领袖,具有许多《魔兽世界》现有的优势。不过,后者战胜了《无尽的任务》,重新设想了用户界面、游戏设计与升级系统——有关细节由阿尔塞斯在 2008 年恰当涵盖——并且打磨了原来粗糙的边缘,将成熟的特许权和粉丝基础用于该模式。《魔兽争霸》[1]系列的战略游戏从 1994 年就一直在运行,《魔兽世界》的世界、游戏知识和悠久历史就是建立在风靡的故事驱动的《魔兽争霸Ⅲ》之上。所有这些都帮助试用用户能在《魔兽世界》中找到世界感(Krzywinska 2006),并影响起初的购买决定。许多《魔兽世界》的创建者今天仍然是其资深设计人员。他们起初是《无尽的任务》终局游戏玩家,聪明而直言不讳,暴雪主管找到他们,为他们提供制造更好更完善产品的机会。《魔兽世界》不加掩饰地使用了许多《无尽的任务》的特点,并解决了其玩家遇到的问题,使得自己脱颖而出。文本挪用(Jenkins 1992) 在此例中是实实在在的,且挪用者成为了新的特许经营权的看守人。暴雪应用了其早期策略游戏的现成全球基础结构来减轻其成长的烦恼。幸运的时机、强有力的基础结构以及长

① *Warcraft* ——译者注

期的开发让《魔兽世界》占尽上风，但是在当前市场上，再次发生这种情况的几率极低。虽然《魔兽世界》并未创造这个游戏类型，但成功地重新定义了此游戏，因为在其发布第二部资料片前一个月的补丁3.0.2中，游戏从竞争转向留住玩家。通过此方法，《魔兽世界》从根本上防止了自己遭遇类似其成功施加于《无尽的任务》的那种攻击。《魔兽世界》现在无处不在：它像个社交网络系统，定义了游戏文化的一个方面。我们已证实，在此领域，历史越久就越好，重复设计没什么坏处，激进的新路径行不通。时间会削弱《魔兽世界》对市场的控制，并最终将其霸主地位交给继位者。暴雪的"退出战略"可能最后会成为这个特定在线游戏路线的定义、划界因素。但在那之前，《魔兽世界》仍然是城里唯一的(终极挑战)游戏。

参考文献

Aarseth, E. (2008) A hollow world: World of warcraft as spatial practice. In H. G. Corneliussen and J. Walker-Rettberg (eds), *Digital Play and Identity: A World of Warcraft Reader.* Cambridge, MIT Press: 111–22.

Bartle, R. (1996) Hearts, Clubs, Diamonds, Spades: Players Who Suit Muds. Retrieved 25 May 2010, from http://www.mud.co.uk/richard/hcds.htm.

Bartle, R. (2003) *Designing Virtual Worlds*, New York, Pearson Educational.

Castronova, E. (2001) Virtual Worlds: A First-Hand Account of Market and Society on the Cyberian Frontier. *CESifo Working Paper Series No. 618.*

Castronova, E. (2006) *Synthetic Worlds: The Business and Culture of Online Games*, Chicago, University of Chicago Press.

Crawford, C. (2003) *Chris Crawford on Game Design*, Indianopolies, New Riders.

Crossley, R. (2009) World of Warcraf Dominates MMO Market. Retrieved 24 March 2009, from http://www.edge-online.com/news/world-warcraft-dominates-mmo-market.

Ducheneaut, N., N. Yee, E. Nickell and R. J. Moore (2006) Building an MMO with mass appeal. *Games and Culture,* 1(4): 281–317.

Harding-Rolls, P. (2009) Subscription Mmogs Life Beyond World of Warcarft. Retrieved 24 March 2009, from http://www.screendigest.com/reports/09subscriptionmmogs/SD-09-03-SubscriptionMMOGs/view.html.

Klastrup, L. (2003) A Poetics of Virtual Worlds. *Proceedings of the Fifth International Digital Arts and Culture Conference*, Melbourne, Australia.

Koster, R. (2005) *A Theory of Fun for Game Design*, Scottsdale, Paraglyph Press.

Krzywinska, T. (2006) The Pleasures and Dangers of the Game: Up Close and Personal *Proceedings of DiGRA*, Vancouver, Canada.

Krzywinska, T. (2008) World creation and lore: World of warcraft as rich text. In H. G. Corneliussen and J. Walker-Rettberg (eds)., *Digital Play and Identity: A World of Warcraft Reader*. Cambridge, MIT Press: 123–42.

Krzywinska, T. and G. King (2006) *Toob Raiders and Space Invaders – Videogame Forms and Contexts*, London, IB Taurus.

Kulklich, J. (2005) Game Studies 2.0. *Proceedings of DiGRA*, Vancouver, Canada.

Mulligan, J. and B. Patrovsky (2003) *Developing Online Games: An Insiders Guide*, Indianapolis, New Riders.

Myers, D. (2008) Play and Punishment: The Sad and Curious Case of Twixt. *Proceedings of The [Player] Conference*, Copenhagen, Denmark.

Paul, C. A. (2010) Welfare epics? The rhetoric of rewards in World of Warcraft. *Games and Culture*, 5(2): 158–76.

Retteberg (2008) Corporate ideology in World of Warcraft. In H. G. Corneliussen and J. Walker-Rettberg (eds), *Digital Play and Identity: A World of Warcraft Reader*. Cambridge, MIT Press: 19–38.

Rosewater, M. (2002) Timmy, Johnny and Spike. Retrieved 25 May 2010, from http://www.wizards.com/Magic/Magazine/Article.aspx?x=mtgcom/daily/mr11.

Rosewater, M. (2006) Timmy, Johnny and Spike Revisited. Retrieved 25 May 2010, from http://www.wizards.com/Magic/Magazine/Article.aspx?x=mtgcom/daily/mr258.

Rosewater, M. (2007) Melvin and Vorthos. Retrieved 25 May 2010, from http://www.wizards.com/Magic/Magazine/Article.aspx?x=mtgcom/daily/mr278.

Taylor, T. L. (2006) *Play Between Worlds: Exploring Online Game Culture*. Cambridge, MIT Press.

Taylor, T. L. (2008) How a Pvp Server, Multinational Player Base, and Surveillance Mod Scene Caused Me Pause. In H. G. Corneliussen and J. Walker-Rettberg (eds), *Digital Play and Identity: A World of Warcraft Reader*. Cambridge, MIT Press: 187–202.

第六章　在线桌面游戏：模拟实体游戏体验

尼尔·兰德尔

视频游戏销量远超桌面游戏。美国 2009 年数码游戏销售额为 114.3 亿美元，而 2008 年桌面游戏销售额仅为 7.91 亿美元[①]。尽管这样，桌面游戏并未显示出行将消逝的迹象。且不说国际象棋与跳棋，经典游戏如《拼字游戏》《大战役》《速画猜词》《分类猜词游戏》《游戏人生》《超级侦探》《大富翁》[②]继续在玩具店货架上散发活力。而且，每当某电影和电视如《暮光之城》《哈里·波特》《犯罪现场调查》[③]创造了足够的人气，就会出现跨媒体特许经营的搭售桌面游戏。在

---

① 视频游戏数据来源于奥图太（Ortutay 2009）"10 月视频游戏销量骤减 19%"，美联社，11 月 13 日。桌面游戏数据来源于尼尔森集团的一份报告，引用自 *Purple Pawn: Game News Across the Board*，http://www.purplepawn.com/2009/02/board-games-sales-up-poor-analysis-runs-rampant/。

② 这些游戏原名分别为：*Scrabble*、*Risk*、*Pictionary*、*Scattergories*、*The Game of Life*、*Clue*(*do*)和 *Monopoly*。——译者注

③ 这些作品原名分别为：*Twilight*、*Harry Potter* 和 *CSI*。——译者注

过去20年，德式桌面游戏（口语中也叫欧洲游戏）也占据了重要的市场份额，获得大批追随者的产品如克劳斯·托伊伯的《卡坦岛》到克劳斯·尤根·弗雷德的《卡卡颂》、安德里亚斯·赛法思的《波多黎各》、艾伦·R.穆恩的《车票之旅》[①]以及基于《魔戒》的众多产品。在数码时代，桌面游戏极少受到学术关注，绝大多数期刊文章、专著和学术文集专门论述视频游戏。当然，游戏研究作为一个领域仅仅在过去10年才持续发展，许多（如果算不上大多数）游戏研究学者有着视频游戏背景，因而，学术考量中视频游戏占据了支配地位，这可以理解。桌面游戏提供的游戏体验远远不同于视频游戏，有必要根据这些体验重新审视游戏研究中许多熟悉的话题如沉浸感、叙事创造、玩家身份、游戏空间以及模拟技术。

本章聚焦以上话题中的两个：游戏空间和模拟技术，将其置于桌面游戏的进行环境中。具体而言，我调查了在线桌面游戏设计通过何种手段力图不仅复制桌面游戏成分，而且模拟面对面游戏体验。为了这个目的，本章论述的不是更为典型游戏意义上的模拟技术，即游戏本身模拟真实世界（或其代表的虚拟世界）的具体元素。我通过研究专门的计算机程序，调查对于物理成分和实体游戏社会环境的模拟。本章结尾对其中一些模拟元素进行了符号学分析，特别借鉴了社会符号学的"情态"（modality）理论，并运用了查尔斯·皮尔斯的"标志符号性"（indexicality）概念。这些概念后面我会详细解释，目的在于将桌面游戏置于日益增长的数字游戏研究中间，并展示持续探索二者差别的必要性。玩在线游戏当然是数字活动，但在线玩桌面游戏则以富于挑战的混合方式综合了虚拟与实体，即便桌面游戏以纯数字方式呈现时也是如此。

---

① 这些游戏原名分别为：*The Settlers of Catan*，*Carcassonne*，*Puerto Rico* 和 *Ticket to Ride*。——译者注

桌面游戏与游戏研究

在数字游戏推广以前，游戏研究人员的分析或多或少都包括了桌面游戏。凯洛伊斯(1961)在其广泛论述中提及了国际象棋、跳棋和卡牌游戏，但除了其著名的游戏分类以外，并未太多分析桌面游戏本身。同样，休茨(1978)将游戏或多或少当作一个整体，并未尝试将桌面游戏与其他类型游戏进行区别分析。不过，休茨的成果为探索规则的作用方式即规则的目的、波动性及其公认的权威性铺平了道路，我在此简要讨论这些概念。邓尼根等(1997)从实用角度讨论了桌面战争游戏的设计、制作，并在此过程中论述了游戏中的模拟与图像学，那主要是非理论化的指南，除了其历史价值以及作为特殊类型设计建议指南之外，对于游戏研究本身并不能提供多少帮助。穆雷(1969)展示了多年来桌面游戏包含的海量主题、风格、游戏类型，但其研究本质上是数据库，在这方面类似于弗里曼(1980)的战争游戏概略，就是那种设计成战斗或战役重演的特种桌面游戏。帕尔默(1977)与佩尔拉(1990)考察了战争游戏的历史及其详细玩法。更接近游戏研究需求的是帕勒特(2003)对桌面游戏类型的详细考察，对于游戏桌面及其表现功能的研究简要但有用。

近来的桌面游戏研究并非完全缺失，但极其稀少。对于桌面游戏的玩法尤其有意义的是戈贝等(2004)的细致心理分析。最近科申鲍姆(2009)研究了游戏模拟军事战役所产生的叙事创造。虽然之前考斯蒂基恩(2007)反对这种叙事建构观点，否认在国际象棋、《大富翁》或者桌面战争游戏《非洲雄师》[①]这类游戏中存在故事。而科申鲍姆不这样看，他指出，称作战果报告的书面体裁是战争游戏玩家常用的工具，向感兴趣的观众概述他们的游戏是如何进行的，他认为这

---

① *Afrika Korps* ——译者注

种报告创造的某种“战争故事”足以驳斥考斯蒂基恩的假设。科申鲍姆有助于本章认识游戏外活动对桌面游戏体验的重要性，并懂得桌面游戏研究的焦点需要不同于视频游戏研究，这一点我下文再谈。正如科申鲍姆(2009:369) 主张，桌面游戏提供了“与电子游戏有着质的差异的一种游戏制品”。同样是最近，第一期《国际角色扮演杂志》[①]出版，中心选题为从数字类到纸笔类的各种角色扮演游戏(RPG)。在 RPG 行业早期，桌游与纸笔角色扮演游戏相互影响(《龙与地下城》开始是微缩战争游戏，称为《锁子甲》[②]，在代表地形的桌上用棋子进行)，而且在众多桌游系统中出现各类角色扮演，因而一本有关角色扮演的期刊以桌游为重要内容再正当不过。的确，第一期就有詹森·皮特曼和克里斯多夫·保罗的文章《追求成就感：桌面游戏与〈魔兽世界〉角色扮演比较》，虽然题目中的“桌面游戏”是指纸笔角色扮演，围绕角色扮演桌面的学术问题当然也适用于桌游环境。持续努力研究桌游的成果有《桌面游戏：桌面游戏研究国际期刊》[③](www. boardgamestudies. info/studies/)，其文章分析游戏桌面(Yuhara 2004; Bock-Raming 1999) 以及其他游戏设备，但主要聚焦桌面游戏历史(Rothöler 1999; Whitehill 1999)。

2007 年下半年桌游研究中出现了一件极有价值的事件：出版了菲利普·萨宾的《输掉的战役：重构古代世界的伟大冲突》。事实上，说这件事有价值有两个原因。首先，它提供了一个植根于军事史研究的模式，用来模拟可以用视频游戏表达但却特地用了桌面战争游戏系统呈现的古代战役。第二，该系统明确(虽然太过简要)地评论

---

① *International Journal of Role-Playing* ——译者注

② *Chainmail* ——译者注

③ *Board Games: The International Journal for the Study of Board Games* ——译者注

了在战术层面模拟古代战役的现有桌面战争游戏[①]，尤其是马克·赫尔曼和理查德·伯格设计、GMT 游戏公司出品的《历史上的伟大战役》[②]系列。显然，任何从事某一特定类型作品学术研究的人都会欢迎有助于为有关领域注入自身情感的学术成就，尤其是成就巨大时，就像萨宾的例子。萨宾(2007) 将冲突模拟游戏称作“被学术忽略的文学”。虽然萨宾明确肯定了赫尔曼和伯格的模拟是“现有最好的古代战争模拟”，但他却并不满意，因为“不对我胃口，过于琐碎复杂，关于战役的命令与战场地理特征的那种细腻精确对于更晚、历史记载更详尽的时期来说可能很恰当，但在目前案例中，这意味着许多证据缺口和不确定性纯粹靠猜测填补”(Sabin 2007)。在游戏学术研究语境中，萨宾的著作提供的历史分析对分析古代战役的桌面战争游戏模拟极为有用，但这类成果可贵之处在于竟然考察了桌面游戏，而且更可贵的是讨论的还是桌面战争游戏。

在线增强的[③]桌面游戏

萨宾(2007) 从主题模拟角度研究了桌游，在此，我研究桌游玩法的模拟，它在新兴的在线空间中的进行方式，包括其物理性。通过使用联网的游戏呈现程序，玩家在线时可以模拟桌游的互相竞技。这些工具提供有限的编程能力，并增强游戏易玩性；这些增强的能力是那些在桌子上面对面的玩家无法获得的，仅就这方面而言，它们有别于所代表的实体游戏。但在大多数方面，它们不过是盒装的棋盘棋子之类的数码网络版。这些工具的用处在于提供一个环境，玩家

---

① 战争游戏设计人员和玩家通常区分三种规模的战争：战术、作战、战略。战术指单个战场，从坎尼到滑铁卢。作战包含更大战争内部的特定战役：如拿破仑 1812 年入侵俄国。战略包含整个战争或多个战役。

② *Great Battles of History* ——译者注

③ online-enhanced ——译者注

可以在其中以模拟方式围着模拟桌面“面对面”。换言之，他们模拟的不止是游戏，还有进行游戏的空间——游戏空间。

我将这些游戏称作“在线启用的桌面游戏”(online-enabled，缩写为 OEB)，将运行它们的程序称为“在线启用的桌面游戏平台”。虽然爱好者称其为在线游戏助手，但它们不应该仅仅被视为现有桌面游戏的助手。首先，已有设计人员开始将这些平台视为出版游戏的手段，而这些游戏并不存在相应实体产品——例如，Dan Versson Games 游戏平台(www.dvg.com)。此外，即使数字桌游以现有实体桌游为基础，在许多实例中，OEB 版设计人员常常通过显示、文件和自动命令增强 OEB 的性能来努力模拟实体桌游体验，尽管这些手段在实体游戏中并非作为明确的道具存在。更进一步而言，“实体”桌游(PBG) 的设计开发人员在游戏开发全过程中越来越多地使用 OEB 平台来测试游戏设计，有时甚至完全依靠这种平台。埃德·比奇只用了 OEB 平台 Cyberboard(cyberboard.brainiac.com) 来测试其《宗教改革风云：1517～1555》[①]，这是最早的 OEB 平台之一，常常需要玩家建造桌游的“DIY”版本。其他类型的 OEB 平台包括 VASSAL (www.vassalengine.com)，Wargameroom (www.wargameroom.com) 和 SpielByWeb(www.spielbyweb.com)。这些平台都模拟(或者至少试图模拟)面对面的所有体验。OEB 的设计人员使用特定的 OEB 平台工具创造一个模块，这是个数据文件，其中包含图形、文本、宏指令等元素，由玩家上传至平台以进行游戏。

身兼设计师和开发员的亚当·斯塔克韦瑟宣布 VASSAL 平台为唯一手段来测试他为 Multiman Publishing 公司(www.multimanpublishing.com)设计的 IGS(国际游戏系列)产品，不过，他也提供了图形文件方便别人打印出来并建构实体的游戏测试工具包。其他开发人员和我

① *Here I Stand: Wars of the Reformation, 1517－1555.*——译者注

也照此办理。因此，甚至最终设计成印刷品的游戏目前在开发阶段（通常为一年或更长）也是完全或几乎完全当作 OEB 来玩。从 ConsimWorld（www.consimworld.com）和 BoardGameGeek（www.boardgamegeek.com）的讨论区帖子评论来看，利用 OEB 平台的若干类战略桌游玩家日渐增多。他们要么住地附近没有对手，把这种平台作为玩游戏的必要手段，要么更偏好 OEB 平台，因为它们提供方便的时段，每个环节时间较短。

桌游可以包含任意数量的物理组件：桌面本身、规则文件、游戏助手如图和表、用于追踪各种游戏相关功能的玩家面板、卡牌、存储容器，还有骰子和棋子（后者又叫令牌、计数器、筹码等）。一个 OEB 可以复制或模拟榜单上的道具，数量多少视要求而定，包括一个转换的游戏所要求类型的随机发生器（往往是骰子）。OEB 重现桌面以及包括卡牌在内的其他印刷品，包含的图形文件可以全新制作、由 OEB 软件生成，或从游戏原图扫描而来，也可以是出版商提供的电子图的电子稿。游戏助手包括图表、玩家面板、设置显示器，使用单独窗口；但如果愿意接受滚屏显示的话，游戏助手也可包含在桌面的图形中。

桌面的图标化向 OEB 设计师提出了重大挑战，他们必须让游戏主要组件尽可能看起来像其对应实体，但往往比这更大的挑战是用图标表示棋子。组件与棋子为未经修饰的平面图形，如果不进行修饰，他们看起来处于相同的立面上。使用小纸板的传统桌面战争游戏复制起来不是太难，普通扫描件或者出品人提供的图形文件就可让 OEB 外观看起来很接近实体游戏。OEB 设计师往往用图形软件的简单 3D 效果（如，折角或阴影）美化棋子以便表现棋子的厚度。对于直立的棋子、塑料或金属的微缩模型或者其他完全三维的元素，图标表现就难得多，棋子根本不可能扫描；除了优秀艺术家，其他人制作的图形文件时常类似早期国际象棋程序的二维平面。在这种情况下，OEB 往往失去直接的视觉吸引力，即图标的吸引力，沦为桌面游戏助手而非桌面游戏真实或潜在的替代品。这些表现不一定会阻碍玩家使用 OEB，因为对很多玩家而言，无论外观像不像实体游戏，OEB 是唯一可行或者甚至首选的方式，但是如果游戏图标表现力降低，玩家实体游戏经验知识的重要性就上升。

模拟的游戏空间

桌游需要物理空间，设计师设计时考虑了空间，玩家的部分评价依据就是其空间要求。此外，玩家使用这些空间，甚至有时还欣然接受。物理空间、人们在空间共处、实体游戏与玩家的关系以及玩家之间的关系共同构成实体的游戏空间。一方面，游戏空间存在的必要确实是因为游戏本身要求物理空间，但它也是游戏体验所追求的元素：桌游玩家不只是玩游戏；他们相聚在同一个地方玩游戏[①]。长期以来，桌游就以社交活动而闻名，曾俗称客厅游戏，现在社交因素仍然是桌游设计、购买和接受的重点。桌游设计人员和开发人员极为关注共享空间中玩家互动的性质，而对游戏空间本身的要求就是关注的核心元素之一。

实体桌游占据特定的物理空间，其大小没有商量余地。无论玩家谈论桌游、还是发行人推销桌游，至少都是部分依据其物理面积、

① 当然，除非他们只想自己玩游戏。有些桌面游戏就是设计单人玩的：如布赖恩・J.米勒的《无声的战争：美国对日本帝国的潜艇战役，1941～1945》(*Silent Wars: The United States' Submarine Campaign against Imperial Japan, 1941 - 1945*)(Compass Games 2005)，约翰・H.巴特菲尔德的《奥马哈海滩》(*D-Day at Omaha Beach*)(Decision Games 2009)以及诸多其他例子。这种情况与二三人游戏几乎需要同样大的空间(差别在于其他玩家需要的空间)，但许多这样的情况(如《无声的战争》)中，游戏本身使用更大表面空间，因为这样的游戏倾向于需要额外材料以便模拟对手。即使是非单人游戏，许多玩家也更情愿单人玩，尤其是但不限于桌面战争游戏爱好者。他们自己扮演双方角色，依靠游戏中的随机系统(常常是非正式添加的)来模拟多玩家体验。

桌面占据的总空间以及玩游戏不可或缺的独立于桌面的任何陈列品（通常有游戏轨道、玩家面板和部件卡座）。一个众所周知的例子是《拼字游戏》，它的面积包括桌面、各个玩家的字母牌托盘、用来装未用字母的容器，以及玩家记分的任何工具。某些桌面战争游戏（称作怪物游戏更是恰如其分）要求桌面空间最少为 7 英尺×4 英尺（四张标准的 22 英寸×34 英寸地图），加上相关的轨道与显示器，有的游戏甚至需要更大的空间。就算对于桌面战争游戏这样多变、能产生大型游戏的类型而言，“面积”（桌面占据的空间）也还是关乎玩家接受度的重要问题。电子公告栏评论经常提及需要游戏与某个特定表面大小吻合，否则，对这个帖子作者而言，游戏就太大了，以致没法玩。因此，出版商寻求的游戏要具有那个类型相对标准的面积。

但游戏的面积不是唯一的物理空间问题。玩游戏的房间对于游戏空间的概念也至关重要。不论是家里的厨房、客厅、卧室、未完工的地下室、宾馆的会议室，还是飞机上的桌子，房间的大小与环境气氛是游戏体验的重要因素。显然，房间必须要装得下摆放游戏物品的平面（尽管也有玩家把桌面和棋子挂在墙上），还得能容纳玩家并满足其互动需求。例如，在阿尔伯特·拉莫里斯的游戏《大战役》中，玩家们时常离开桌面，到房间的私人角落商谈策略；在艾伦·B.卡尔哈默的《强权外交》[①]中，游戏主要就是私人角落讨论，通常需要两个人以上。这两款游戏都要求足够大的单间，或者房间外就近有足够空间，以便玩家进行外交活动和交易决策。

因此，模拟共享空间对于在线桌面游戏体验具有重要意义。玩桌面游戏通常意味着至少与另一人呆在相同房间（除非游戏设计成单人或者为了方便而独自进行），而与别人在一个房间就意味着与他们交谈——至少通常如此。桌面游戏期间，交谈内容可以从单纯社

① *Diplomacy* ——译者注

交互动到对游戏本身的评论。要想成为桌面游戏体验的替代品，OEB 平台必须提供相应手段以进行所有这些讨论。

目前，模拟在线桌面游戏共享空间中占主导地位的是三种通信技术：电子邮件、文字聊天和语音聊天。只有这两种聊天技术提供实时沟通，因此才最接近在共享物理空间中与人谈话的体验。而且，语音聊天的模拟体验更强，不仅由于明显的原因即听到另外一个人的声音，更重要的是因为听语音时不必非看屏幕上的事件：正如物理空间会话一样，即使一方或多方眼睛在进行非语言活动，谈话也可以进行（Burrows 1990）。

就技术而言，OEB 平台的语音聊天与联网视频游戏中的语音沟通不存在差别。玩家都用耳机或者麦克风/扬声器组合进行现场交谈。在线第一人称射击游戏玩家倾向于使用语音系统代表战队/探险队一分子的角色发言，MMORPG 的玩家也是这样，利用语音平台进行玩家社交。而 OEB 平台上，更典型的是玩家使用语音技术讨论规则和步骤，或互相提醒特定任务的必要技巧、该游戏回合中游戏进行顺序的当前状态，以及游戏元素如取胜的条件。也就是说，讨论趋于聚焦规则，是规则理解和实施的协作性质造就了讨论的焦点。视频游戏规则是强制性的，OEB 平台不是（也有 WargameRoom 这样的例外）：这是两种游戏格式的关键区别。

事实上，桌面游戏的部分体验恰恰在于参与者一致同意遵守一系列公认的规则，无论是什么。这可能是随盒子一道送来的打印小册子，或者一份从互联网下载打印或从电脑获取的文档，或者，对于许多经常更新的复杂游戏而言，二者皆有。或者，也可能是书面规则与“自定规则”（house rule）的结合，后者包括一名或多名玩家出于无论什么原因提出并偏好的规则（《大富翁》里面关于免费停车位的五花八门的自定规则不过是这种现象众所周知的一个实例）。玩家对桌面游戏规则的社会建构每次随游戏开始并随游戏继续。萨伦和齐默尔曼(2004：123)论证说，规则是“固定的，不随游戏进程而改变”，但也在另一段落中承认，某些游戏是在游戏过程中重新协商规则。这些协商的变动“本身是由另外的、更为根本的规则决定”，虽然这个限制条件总的来说符合事实，但不一定如此：没有任何东西阻止桌面游戏玩家用桌面、代币、卡牌、骰子为基础，现场创造出一款完全不同的游戏。

当然，就多数桌面游戏而言，与游戏一同发布的官方规则才是有约束力的游戏准则。在桌面游戏中，这些规则的约束力大小也只是玩家商定如此。规则“得到认可是因为其能够成全的活动”(Suits 1978：45)，但前提是玩家不接受其他选择。支配游戏的官方规则即“运营规则”(Salen & Zimmerman 2004：130)仅仅是制约力的一部分。施奈德曼(1999)广泛评论了游戏的“不成文规则”，它们不仅引导玩家的行为(用萨伦和齐默尔曼的术语叫“非明示规则”[①])，也决定他们在游戏中如何应对官方规则的不力。他区分规则与裁决[②]，将其表达为游戏外事件对游戏本身施加影响的情形，但是我认为，规则/裁决区别可以更有效运用于规则缺失或模糊情况下的桌面游戏事件，此时，玩家必须达成有约束力的协议，此裁决对于特定环节和所涉及玩家而言就算官方规则，在任何时候对于别的环节或别的玩家不一定如此。这类裁决制约着每个复杂的桌面游戏的进行，事实上，我体验过的大多数更简单的桌面游戏都是这样。

要采集到桌面游戏规则协商的关键过程，OEB 平台须提供途径让玩家来确定进行每个具体游戏和环节需要依据的规则和裁定。文字实时聊天就是这样的系统，当然，打字的麻烦会限制对复杂问题的讨论，所以这种聊天虽然管用，但未能采集到充分讨论某个游戏问题

① “运营规则”：operational rule；“不成文规则”：unwritten rule；“非明示规则”：implicit rule。——译者注

② 规则与裁决：rule 与 ruling。——译者注

的游戏空间体验。语音聊天有效得多，因为口头沟通的细微差别从陈述的语速、快速重复、复述、交换意见到逐个同意，都发挥了作用。还没有 OEB 平台包含视频聊天，不过只要玩家愿意，可以使用第三方系统来达到这个目的。视频聊天的缺点在于让人分心，尽管这也更全面模拟了面对面环境。

尽管 OEB 极力模拟物理空间，还是没能完全脱离它。玩家要玩 OEB 就需要某个物理装置，该装置（台式电脑、手提电脑、上网本、智能手机或类似设备）需要一定空间。所有这些情况下，这个物理空间是共用的，或者至少是可以共享的：这个设备往往同时用于多个应用，因而不是专门的游戏用空间。该空间本身也非特地为 OEB 设计；OEB 不同于游戏机，设备默认为多功能。当然，大多数桌面游戏的平面可作为书桌和台子也可用于其他功能，但这些时候并不需要点几个键或点击鼠标来切换功能。尽管需要设备空间，我们可以把 OEB 本身看作没有物理空间，而既然物理环境和物理组件是桌面游戏持续诱惑力的一部分，问题就变成了：OEB 平台如何做出补偿？答案是 OEB 以专门符号化的方式提供了超出游戏本身（即围绕桌子的空间）的空间。超出桌面之外的游戏空间是 OEB 平台创造的虚拟空间，但不同于视频游戏的虚拟世界，它仅仅指向并扩展桌子和游戏的房间。这里起作用的符号学原则是标志符号性，这也是我下面要谈的问题。

OEB 分析中的两个符号学原则

一旦考虑到 Cyberboard（一个 OEB 平台）的设计工具创造的游戏盒子，这个平台的符号学维度就变得有意思了。如果 OEB 的一个主要目的是精确再现相应的桌面游戏的物理组件，那显然，Cyberboard 的 DIY 游戏盒子（由玩家自己或业余制作者制作）失败了；它们通常不过是低分辨率的近似物而已。确实，对许多玩家而言，Cyberboard 缺乏真实美感，只是糟糕的选择，至少 DIY 版本如此。对于早期使用者，甚至当今只能用上 Cyberboard 的 DIY 改造版的桌面游戏玩家而言，美感的不足一般容易克服。想玩游戏又不能或不想与对手面对面，任何解决方案都是有胜于无。实际情况并不是玩家花费数周、数月时间在 DIY 盒子上，一直抱怨图像缺陷。其实，对他们而言，游戏盒子变成了游戏。对于那些仅仅用 Cyberboard 玩游戏（当然，还有那些从未有过实体桌面游戏）的玩家而言，更是如此。从社会符号学角度来看，DIY 游戏盒子的图像具备的“情态”不同于那些使用游戏公司提供的图形文件的游戏盒子——在这些文件中，情态指关于真实、事实或现实的主张。因而，前者的情态代表近似，后者代表感知到的接近精确的相似。高情态值指可接受性，低情态值为不接受性。接受性本身是对受众而言，无论是目标受众还是实际受众[①]。克雷斯与凡·莱文（2001）将此情态解读方法应用于视觉图像和多模态文体，它也被直接用来研究模拟。模拟在很大程度上就是尝试再现真实，用户是否接受其仿真是其成功的关键。

情态是所有模拟（比如视频游戏）讨论的重要部分，因为对模拟的接受度、甚至定义都随受众变化，常常因人而异：既然模拟就是要判断对于先行存在的物体、概念和/或过程的表征方式是否接近感官和功能相似，那么，模拟的定义多半取决于受众和其需求与预期。模拟的艺术在于为预计或已知用户专门定制相应的近似度，可模拟元素包含需再现的物体、概念和/或过程。受众必须将模拟元素视为足够真实，目的是继续将模拟作为模拟使用。当然，这种认可极其有赖于受众对于被模拟真实的了解，或者有了解那种真实的意愿，或者两种因素皆备。他们还必须理解仿真元素的效度，换句话说，仿真元素

① 文学理论如热内特（1980）的著作教导我们，文本会有目标受众，也就是说，文本就为他们而写作或创作；但是文学理论也让我们注意到，真正的受众可能不同于作者想象。

必须为预期受众合力创造具备高情态值的制品。对某些游戏受众而言，高情态值的游戏须细致复制出武器、指挥系统、攻击与运输问题、全球经济指标等等的错综复杂的细节；而在其他受众眼里，游戏就算仅仅模拟更大程序框架内的一两个基本过程，也具有高情态值。

情态问题很复杂，呈现出对真实的多层次表征。当然，一个OEB 表征相应的实体游戏，也表征实体游戏的进行过程。就模拟桌面游戏而言，起作用的是若干个层面的表征，因而要考虑情态因素。这些层面包括：(1) 游戏设计对事件或过程的模拟；(2) 对于实体游戏系统的图形表征；(3) OEB 对实体游戏图形表征的描述；(4) OEB 对游戏进行机制的模拟，尤其是棋子操作；(5) OEB 对游戏空间本身即房间和成员互动的模拟。事实上还可以加上另一系列层次来处理对表征系统的表征。像视频游戏一样，许多桌面游戏是系列游戏的一部分，因为一款游戏成功以后，就以此系统为基础，开发了多款游戏，而续作反映原作的程度会极大影响玩家的接受度。同样，OEB 也部分通过复制其他 OEB 的外观和界面来赢得追随者，当然程度不同。

本章使用的经典符号学理论与情态有清晰联系，那就是皮尔斯(1998 [1909]) 对象似符号和标志符号的著名区分，这二者是他符号类型三分法[①](还有一类是象征符号)的一部分。诚然，较之皮尔斯对于符号理论的巨大贡献，这些概念仅仅是皮毛而已。但是，在这个时代，图像与其生产在为数众多的媒体以及对真相和真实的感知中已经占据中心地位，所以，这些概念仍然引起共鸣。而且，皮尔斯本人在阐述其更大的符号象征学时也指出，象似符号-标志符号-象征符号三联体值得不断研究。他在多处谈到象似符号和标志符号，不过有段话足以说明问题。他将象似符号称作相像，“只有在它们本身像其对象时，才能起到表征对象的作用”(Peirce 1998)。他还提到标志

① 皮尔斯的 sign(符号)三分法有不同译法：icon(象似符号/拟象符号)、index(标志符号/指示符号/标记符号) 和 symbol(象征符号/规约符号/表征符号。——译者注

符号“表征对象凭借的是与其真实的联系，不受相似性的支配”。象似符号容易理解：无论看、听、摸、闻、尝，它们都像所指的物品。标志符号意义更为抽象：对它们的知觉理解将我们引向关联事物。电影里听到的枪声属于象似性：那是音效工程师设计出来的，听着就要像真正的枪响，或者至少是电影观众预期的枪响（事实上，电影音效往往就是模拟声音，设计得比真实的音效更令人信服）。窗外街道上传来一声枪响，这是标志性的，意味着有一支枪。当然，实际情况没这么简单：电影里的枪声在一种意义上是象似性的（像枪声），但在电影的虚构世界中也可以是标志性的，尤其是电影里有枪声却未展示武器的时候。

OEB将各种组件象似化，将纸/纸板游戏平面转化为图形文件，将棋子之类（卡牌、记号笔、代币、筹码、塑像）转化成图形文件，让其外表类似或者复制实体对应物。就Cyberboard而言，一名模块设计师可以从头开始创造图标化的元素（VASSAL平台也这样，只是范围小得多）。而且，事实上，直到最近，Cyberboard最常见的模块建构方法就是从头开始，因为这样做文件体积小（在宽带普及之前，这很重要。即使目前，对某些用户而言，仍旧如此）。与此形成对照的是，对于VASSAL模块以及越来越多的Cyberboard模块，设计途径是输入实体组件的扫描图，或者是经出品人许可而获得的数字图形文件，后一做法在当前常见得多。无论哪种情况，设计者的目标是再现看见实体游戏的体验，从而用那个游戏的体验让玩家迅速适应。比起用户自创图形，使用出品人提供的图形，游戏视觉情态值更高，因为结果的象似性更为直接。

OEB的标志符号性主要在于对游戏空间的模拟，就是说就像那声没有见到的枪击，游戏以若干方式“指向”而非直接显示这个空间的存在。首先，OEB通过滚屏以便显示整个桌面；屏幕边缘没有对应地图边缘，显示该方向存在着看不见的部分——但这部分在屏幕拉出来之前并非真正存在，可以说它仅仅是象征式的标志性，因而进一步加大了符号的复杂性。第二，游戏桌面上原本可以看到其他陈列品，包括原来在实体桌面上，但已经移出桌面图形文件，置于单独的窗口或托盘的那些元素，它们同样也是标志符号性的。如果玩家了解实体游戏，因而知道这些元素肯定存在于某处，OEB 才能成其为可用的转换，那么，这些元素就尤其具有标志性。第三，虽然一叠棋子或卡牌（一个叠一个的牌或棋子）可能外观类似三维的相应实体组合，但这一叠内容的观看方式可能存在重大差别，观看过程本身变成了标志性。例如，在 VASSAL 中，玩家将鼠标指针悬停在一堆卡牌上方让其展开，所有卡牌就会一个个排列在屏幕上。各行的每张牌既显示牌本身，也显示其在排堆中的位置。

但是除了棋子，玩家间的语音和/或打字聊天互动也是标志性地发挥作用，正如观看其他玩家的棋子在桌面上移动一样（如果 OEB 平台允许的话）。在这些情况下，实时语音、实时聊天和实时移动表明存在其他玩家，因而创造出标志性派生意义。此外，通过部分显示 OEB 桌面，不仅表示了整个实体桌面，而且表示了放置实体游戏的桌子以及桌子以外的空间：其他玩家、他们的座椅、要进行游戏的房间。游戏的标志性延伸则利用玩家在实体环境中玩游戏的体验，允许其将此环境想象性地映射到屏幕上的 OEB 领地中。游戏之外的游戏空间是桌面游戏玩家的虚拟环境与视频游戏玩家的虚拟环境之间的根本区别：视频游戏的虚拟世界中，桌面边界外什么也没有①。

Cyberboard 的早期用法以极为特别的方式展示标志性——今天，部分玩家仍然继续这样用。平台从一开始的设计就允许创造日志文件，让玩家记录其步骤并发送给其他玩家。然而，许多早期使用

① 正如前面指出，桌面游戏玩家的虚拟环境不仅包括游戏桌面本身，还表示“游戏之外的游戏空间”，如“放置实体游戏的桌子以及桌子以外的空间”。而对于视频游戏玩家而言，虚拟环境整个都在桌面上。——译者注

者决定只把 Cyberboard 当作一个快照工具，用实体组件在实体桌面上玩实体游戏。他们会真正移动棋子下棋，然后上 Cyberboard 复制这些步骤，将保存的游戏文件而非日志发给对手。Cyberboard 起到工具作用，指向实体游戏，每个 OEB 组件就是与正本的一个单独连接。相反，如上所述，如今许多桌面游戏测试，尤其是桌面战争游戏，都在 OEB 上进行，这种情况下，OEB 就无法指向实体游戏，不过，还是可以指向玩家对出品游戏的外观产生的心理意象，这是他们基于对类似产品的了解而形成的。确实，在这些情况下，实体游戏一经发布就成为 OEB 的标志而不是相反；第一次进行实体游戏的玩家必须以许多方式重新学习如何操纵组件。事实上，某些游戏测试人员从未玩过实体游戏，原因首先在于游戏发布时，他们时常已经转向别的游戏了，也因为他们非常熟悉 OEB 的运作方式，相比之下，实体游戏就感觉很怪异。

下一步

桌面游戏原来设计针对的是实体共享环境，近来却在计算机网络上进行。针对此现象，本章提出了理解此现象的一个角度。具体而言，我重点分析了桌面战争游戏及其为适应在线环境所进行的改动，主要是因为我更熟悉这个类型的网络桌面游戏。无疑，全面研究在线桌面游戏要更细致地考量不仅德式游戏（这里简要提及），还有《拼字游戏》《大富豪》《大战役》的多种版本以及现有的许多其他在线游戏，更不用说在线国际象棋的无穷变体。几乎所有这些较知名的游戏都上了网，它们包含自动化（计算机化）实施规则，这样的系统消除了为解释规则而进行实时沟通的大量需求。这种自动化反过来破坏了游戏体验的模拟价值。既然规则已经固定，那就已经不是同一个游戏了，就是说，规则阐释无关紧要，因为反正也没有影响。或者，在可以随意添加或改变规则的情况下，只需要其他玩家同意即可。

不言而喻，许多桌面游戏玩家恰恰就是希望规则无需阐释，因而官方规则就不存在模棱两可，就是约束性的，但桌面游戏实际进行时很少如此。

然而，在研究爆款游戏的在线改编时，象似性确实已隆重登场。要想受到游戏粉丝追捧，在线版本需看起来与实体游戏几乎（就算不完全）相同。《拼字游戏》的 *Facebook* 版就是一例：虚拟桌面看着像原版，虚拟字母卡看着像原版，甚至卡片托盘也让人想起原版。雅虎版的《十五子棋》《围棋》[①]和《大战役》情况也类似。甚至像《拼字游戏》这样貌似简单的一款游戏，其 *Facebook* 版尽管有利于个人方便时玩，但却在若干重要方面未能模拟面对面《拼字游戏》体验。重要的一例是字典机制。原游戏中，玩家可以挑战另一玩家的构词，方法是正式提出挑战，查阅双方认可的字典，挑战失败则挑战者受罚，挑战成功则惩罚原先玩家。*Facebook*《拼字游戏》的自动化字典免除了这个机制，同时消失的还有挑战与否的决定，有时这很关键。《拼字游戏》最具竞技性的不只是用放对位置的字母卡造词，还在于阻止对手这样做。

我们急需对桌面游戏进行一个或一系列全面符号学研究。桌面游戏与视频游戏有诸多共同特点，但在许多方面也存在巨大差异。许多视频游戏玩家不玩桌面游戏，而许多桌面游戏玩家也不玩视频游戏，但即使是那些二者都玩的人，两种游戏体验也少有相似。沉浸度不同，叙事产生不同，模拟价值不同，玩家互动风格不同，游戏进行中社交模式不同。从规则到骰子到棋子和游戏房间本身，所有这些桌面游戏组件通过特定的呈现类型，为了特定的目的，对特定受众创造出意义，而这些意义并不总能映射到各种各样的视频游戏产生的意义上，对于后者目前已进行了深入得多的微观学术研究。

---

① 《十五子棋》：*Backgammon*；《围棋》：*Go*。——译者注

参考文献

Beach, E. (2006) *Here I Stand: Wars of the Reformation, 1517–1555*, Hanford, GMT Games.

Bock-Raming, A. (1999) The gaming board in Indian chess and related board games: A terminological investigation. *Board Game Studies: International Journal for the Study of Board Games,* (2). Retrieved from http: //www.boardgamestudies.info/pdf/issue2/BGS2-complete.pdf.

Burrows, D. (1990) *Sound, Speech and Music*, Amherst, University of Massachusetts Press.

Caillois (1961) *Man, Play and Games*, Glencoe, The Free Press of Glencoe, Inc.

Costikyan, G. (2007) Games, Storytelling and Breaking the String. In P. Harrigan and N. Wardrip-Fruin. (eds) *Second Person: Role-Playing and Story in Games and Playable Media.* Cambridge, MIT Press.

Dunnigan, J. F., R. H. Berg, S. B. Patrick, D. C. Isby and R. A. Simonsen (1977) *Wargame Design: The History, Production and Use of Conflict Simulations*, New York, Simulations Publications, Inc.

Freeman, J. (1980) *The Complete Book of Wargames*, New York, Simon and Schuster.

Genette, G. (1980) *Narrative Discourse (Trans J. E. Lewin)*, Oxford, Blackwell.

Gobet, F., A. de Voogt and J. Retshitzki (2004) *Moves in Mind: The Psychology of Board Games*, Hove, Psychology Press.

Hodge, R. and G. Kress (1988) *Social Semiotics*, Ithaca, Cornell University Press.

Kirschenbaum, M. (2009) War Stories: Board War Games and (Vast) Procedural Narratives. In P. Harrigan and N. Wardrip-Fruin. (eds) *Third Person: Authoring and Exploring Vast Narratives*. Cambridge, MIT Press: 357–372.

Kress, G. and T. van Leeuwen (1996) *Reading Images: The Grammar of Visual Design*, London, Routledge.

Kress, G. and T. van Leeuwen (2001) *Multimodal Discourse: The Modes and Media of Contemporary Communication*, New York, Oxford University Press.

Kress, G. and T. van Leeuwen (2006) *Reading Images: The Grammar of Visual Design*, London, Routledge.

Murray, H. J. R. (1969) *A History of Board-Games Older Than Chess*, Eastbourne, Garners Books.

Palmer, N. (1977) *The Comprehensive Guide to Board Wargaming*, New York, Hippocrene Books.

Parlett, D. (2003) *Oxford History of Board Games*, New York, Oxford University Press.

Peirce, C. S. (1998 [1909]) *The Essential Peirce: Selected Philosophical Writings Volume 2 (1893–1913)*, Indianapolis, Indiana University Press.

Perla, P. (1990) *The Art of Wargaming*, Annapolis, Naval Institute Press.

Pittman, J. and C. Paul (2009) Seeking fulfillment: Comparing role-play in tabletop gaming and the World of Warcraft. *International Journal of Role Playing,* 1: 53–65. Retrieved from http://journalofroleplaying.org/.

Plumb, T. (1997) Low-Tech Gamers Remain Loyal to the Board. Retrieved 22 September, 2010, from http://www.discovergames.com/boston_globe.html.

Rothöler, B. (1999) Mehen, God of the Boardgames. *Board Game Studies: International Journal for the Study of Board Games,* (2). Retrieved from http://www.boardgamestudies.info/pdf/issue2/BGS2-complete.pdf.

Sabin, P. (2007) *Lost Battles: Reconstructing the Great Clashes of the Ancient World*, London, Hambedon Continuum.

Salen, K. and E. Zimmerman (2004) *Rules of Play*, Cambridge, MIT Press.

Sniderman, S. (1999) The Life of Games. Retrieved 25 May, 2010, from http://www.gamepuzzles.com/tlog/tlog2.htm.

Suits, B. (1978) *The Grasshopper: Games, Live an Utopia*, Toronto, University of Toronto Press.

Swink, S. (2009) *Game Feel: A Game Designer's Guide to Virtual Sensation*, New York, Morgan Kaufmann.

Watson-Smyth, K. (2009) The 50 Best Board Games. Retrieved 23 September, 2010, from http://www.independent.co.uk/extras/indybest/outdoor-activity/the-50-best-board-games-1815441.html.

Whitehill, B. (1999) American games: A historical perspective. *Board Game Studies: International Journal for the Study of Board Games*, (2). Retrieved from http://www.boardgamestudies.info/pdf/issue2/BGS2-complete.pdf.

Yuhara, K. (2004) The evolution of Sugoroku boards. *Board Game Studies: International Journal for the Study of Board Games*, (7). Retrieved from http://www.boardgamestudies.info/studies/issue7/article.shtml?yuhara.txt.

第七章　移动互联网游戏：认识 *Flickr* 和 *Facebook* 的语境游戏

弗兰斯·玛依拉

涉及互联网游戏的社会文化现象已经受到应有的重视，对大型多人在线角色扮演游戏（MMORPG）的研究尤为众多。移动游戏有着自己的研发群体，但到目前为止，相关的研究工作以技术和设计难题为主，而对社会层面，研究人员没有表现出特别的兴趣。例如，近期的《移动通讯研究指南》32 个章节中只有一章为移动游戏和娱乐（见 Katz & Accord 2008）。相反，通过文本信息和其他手段进行移动通信的研究则数量众多。

本章探讨作为互联网现象的社交和移动游戏的新发展。回顾过去，西方与日本的互联网使用模式存在显著差异，西方主要为个人电脑，日本的主要互联网接入点则是手机。近来，西方国家也推广了新一代的上网智能手机，包括苹果 iPhone、诺基亚 E 和 N 系列、黑莓设备等。据报道，诸如此类的型号与移动互联网使用的显著上升有关，某些分析人员声称，终于，“移动互联网达到了临界规模”①。不过，互联网使用数据中，移动浏览器的相对份额仍占少数。那么，为何有必要聚焦互联网的移动和游戏界面，并从社会、互联网研究以及游戏研究的角度研讨这些问题？

据国际电信联盟报告，2008 年下半年，全球有 40 亿手机用户，预计会在 2010 年超过 51 亿②。手机是使用最广泛的上网终端设备，在日常生活中扮演重要角色，尤为重要的是，发展中国家也开始使用互联网。当代手机属于个人，几乎随时可用，潜力巨大，也许能够培育全新的用户文化，例如涉及数字摄影内容的随手创作和分享、网络（此处主要指互联网流行文化）、音乐和游戏。本章聚焦互联网使用和内容与语境信息的整合，将语境信息的性质大致看作不仅包含物理的使用语境，也包括社交网络提供的语境。娱乐和游戏研究将提供特别的视角，有助于理解这个发展的主要特点，在我看来就是移动互联网使用中的游戏式社交特点。

迄今为止，“语境游戏”（contextual gaming 或 contextual play）主要指利用各种传感器和其他技术数据源进行游戏设计的实验，用来实施定位感知游戏、手势或图像识别游戏或者以这样那样的方式（像模仿真实气象条件或日夜节律）反映现实世界的游戏（概述见 Tester 2006）。而致力于开发依靠社交网络工具的社交语境和信息的游戏实验数量则少得多。不过，社交动机仍会是个主要力量，影响

---

① 互联网广告署（IAB 2008）：“英国移动互联网普及率达到 12.9%”，互联网广告署，2008 年 7 月 11 日，http://www. iabuk. net/e/l/newmobileinternetre-search110808. mxs〉。J. D. 欧格雷迪（2008）“谷歌：iPhone 用途震惊 AT&T”，ZDNet，2008 年 2 月 15 日，http://blogs.zdnet.com/Apple/? p=1316〉。（2009 年 8 月 4 日检索）

② 国际电信联盟（ITU 2009）：《测量信息社会：信息与通讯技术发展指数》，日内瓦：ITU，http://www. itu. int/ITUD/ict/publications/idi/2009/material/IDI2008 _ w5. pdf。（2009 年 8 月 4 日检索）ITU.（2010）：“ITU 统计 2010 年全球移动用户数量达 50 亿”，ITU 新闻编辑室，日内瓦：ITU，http://www.itu.int/net/press office/press_releases/2010/96.aspx。（2010 年 5 月 6 日检索）

使用信息和通信技术的人数。所有人文环境都是社会决定的环境，因为人本质上是社会存在。这并不意味着技术用途或人的行为本身会仅仅由社会环境支配，更准确地说，我赞成以下观点：人的行为从来就不是完全受支配的或者随机的，我们身处人类行动者和丰富技术的环境之中，并与之互动，产生复杂而极其辩证的关系（Suchman 2007）。既然本章重点是人的能动性而非详细分析当前影响能动性表达方式的技术，"语境游戏"这个术语在本章主要用于表示分布式和介导式的娱乐性，中心是娱乐行为，它植根或者来源于社会关系以及维护、拓展此关系网的信息交换。重要的是，如果参与人员的位置和环境不固定，就像当前的在线服务，可以用多种方式获得，在这种情况下，语境游戏怎样获得特定的意义。本章余下部分，我会重点关注几个实例来说明这个发展中的领域。我挑选的简要案例研究是基于我们游戏研究实验室在移动和随境游戏（pervasive gaming）、用户或玩家创造的内容和在线社交游戏领域的在研内容①。在 2008 至 2010 年我进行这项研究的两年中，移动和社交媒体都发生了快速发展和变化，发布的新服务、出现的新用户文化已重组或取代了原有的做法。因此，本章另一目的是展示这个特定的转型期，以期对于移动通讯和一般在线媒体的认识更有语境意识，更考虑娱乐特点。

我在此不会具体阐述关于移动互联网研究中"语境"问题的几种路径，包括一些更趋于技术性的路径，也包括那些区分环境语境、个人语境、任务语境、时空语境、终端语境等等的路径（Guarneri *et al*. 2004）。我将这些皆视为用户社会语境的变体或方面。以这种角度研究语境性的主要原因在于文化意指系统的强大社会属性。从这个角度来看，每个有意义的语境都在某种重要意义上属于社会决定或

① 相关研究包括"Mogame：未来的无线游戏解决方案"（2003－2004），"移动内容社群"（MC2；2003－2005），"随境游戏集成项目"（IPerG；2004－2008），"数字游戏转型"（TDP；2008－2010）。

影响的语境[1]。同时,我们也应该一直关注游戏的发展情况,比如目前数码消费设备已经开始以何种方式来读懂身体数据或者从实体活动或环境获得的数据,而我们须关注这种变化如何重新定义移动互联网使用,因而影响当前重新协商个人能动性。目前,游戏和信息与通信技术的许多重要潜力就根植于实体世界与虚拟世界之间日益紧密的交织,反映了能动性的人与技术成分之间更深层次的交织。在此框架下,移动互联网正建构为社会意义领域中一种特别的元素。

娱乐式在线照片分享

我想举一些例子,它们与语境游戏这个新兴领域的关联多种多样。挑选例子基于流行度和使用方便性,对艺术、技术或其他文化意义没有特别要求。

我的第一个例子是 *Flickr*[2],一款用于分享和评论数码相片的在线服务。*Flickr* 的移动应用快速扩张,主要由于数码相机日益无处不在,有线宽带连接或无线热点允许照完相几乎瞬间就能上传。开发照相手机潜力的各种应用持续加速,发展出在线照片分享的新形式。还有,新式相机开始出现,内置无线网接口,已经有一款上市产品将无线连接集成进存储卡。[3]

尽管 *Flickr* 现在雅虎旗下,最早却是游戏设计公司 Ludicorp 开发,所以 *Flickr* 还保留着与其游戏基础相关的好些特点。有些只是技术性的,如 *Flickr* 的 .gne 文件扩展名可以追溯至 Ludicorp 公司

---

① 安东尼·吉登斯总结了埃里克·埃里克森和 D.W.普尼科特等心理学家关于"基本信任"的发展情况进行的研究,并且指出从社会学和哲学角度这些与他人的联系如何"从根本上与时空的人际组织相联系"(Giddens 1991)。我的方法以更早出版的著作(如 Ermi & Mäyrä 2005;Mäyrä 2007 - 2008)为基础。

② 见 Flickr 网站:http://www.flickr.com。(2008 年 8 月 22 日检索)

③ 见 Eye.fi 网站:http://www.eye.fi。(2008 年 8 月 22 日检索)

的原创“游戏永无止尽”[①]项目；也有的特点更微妙，基础是深植于服务之中的特定设计选择。根据设计人员所言，“游戏永无止尽”本打算做成大型多人在线网络游戏，玩家可以将游戏内物品拖入即时通讯(IM)窗户与人分享。*Flickr* 的发展基础就在于领悟到了围绕图像的有趣互动活动本身就是奖励，足以成为成功在线服务的基础。[②]

运用凯洛伊斯提出的概念(1958/2001) 可以进一步区分 *Flickr* 的游戏特点。他定义了自发的娱乐与受规制约束的竞技这两种相反的游戏方式之间产生的一个连续体(同上，x，27，31)。弗拉斯卡(2003) 进一步表达了此差异，强调竞技是基于定义胜负的规则，而娱乐是指参与游戏或类似游戏的行为，不强调竞争性冲突。

Flickr 作为社交媒体服务，主要目标为在线分享、谈论数码照片，显然，极为倾向定位为即时娱乐式的游戏风格。同时，它也具备对竞技式游戏风格开放的内在特点。例如，2010 年 5 月，超过 12 000 个 *Flickr*“群”(讨论区，与之相伴的是该组 *Flickr* 成员的“照片分享区”)在其名称或者描述文件中提到“游戏”(game)，几乎 14 000 个群组提到“娱乐”(play)。通常，这些群组是既玩照片也寻开心的地方，只需要遵循小组创建者或管理人员提出的简单规则。比如，基本规则可能是只贴色彩鲜艳的照片(如在“炫目彩色”组)，并评论成功达成此目标的照片进行鼓励性反馈。在组内，可以即兴提出新规则。例如，可以开启新的讨论话题帖子，玩流行于 *Flickr* 的简单标签游戏或玩“看你能不能抓到我”风格的游戏。这种游戏式照片分享的基本思路是按形状、色彩等特点把自己的照片与以前的照片匹配，然后，将此挑战传递给他人。

---

① *The Game Neverending* ——译者注

② 见 J. J. Garrett(2005)“采访 *Flickr* 的埃里克·科斯特罗”，《自适应路径》(*Adaptive Path*)，2005 年 8 月 4 日，http://www.adaptivepath.com/ideas/essays/archives/000519.php。(2008 年 8 月 15 日检索)

在数字环境中，注意力的质量也可很快重新用定量测量解释，用户对照片的评论数量还是衡量 *Flickr* 这样的社交媒体成功度的主要指标之一。*Flickr* 的服务设计者进一步引入了他们称作“趣味性”的特征。这个算法（专利审查中）基于“用户输入的有关媒体对象的元数据、将元数据分配给媒体对象的用户数量、与媒体对象相关的访问模式和/或与媒体对象相关的时间长短”。[①] 由于 2009 年 *Flickr* 上的照片数量超过 40 亿[②]，在筛选“最佳照片”并每天在公开的“探索”页面上发布 500 张得分最高照片的过程中，趣味性就起着重要作用。好奇的用户极尽全力追踪 *Flickr* 用来计算趣味度的确切变量，得出的结论是至少下列因素很重要：(1) 查看照片人数，(2) 评论数，(3) 使用的标签，(4) 发布的讨论组，(5) 点赞（相册书签）数量，(6) 以上行为的用时。还有，人们怀疑，计算趣味性时更重视某些活跃用户的评论和点赞。*Flickr* 用户也熟知，有些人试图“与系统博弈”，比如，把照片发到大量（也许不相干）的小组中。*Flickr* 开发人员的反应是微调算法，自动让这些照片贬值。[③] 值得注意的是，*Flickr* 并未声称得分最高的就是“最好照片”——据说，就算是技术或艺术上不合格的镜头也可能收入“探索”页面，只要它能成功吸引到 *Flickr* 社群的足够注意。不过，也有 *Flickr* 用户/玩家怀疑“探

---

① D. S. Butterfield *et al*.(2006)：“美国专利申请 20060242139：媒体对象的有趣度排名”，http://appftl. uspto. gov/netacgi/nph-Parser? Sect1 = PTO1andSect2 = HITOFFandd = PG01andp = 1andu = netahml/PTO/srchnum. htmlandr = 1andf = Gandl = 50ands1 = %2220060242139%22. PGNR. andOS = DN/20060242139andRS = DN/20060242139。（2008 年 8 月 18 日检索）

② *Flickr* 官方博客：“4 000 000 000”，2009 年 10 月 12 日，http://block.flickr.net/2009/10/12/4000000000/。（2010 年 5 月 11 日检索）

③ W. Hein，博客评论：“解构 *Flickr* 的有趣度！”，http://wes2.wordpress.com/2006/05/12/deconstructing-flickrs-interestingness。（2008 年 8 月 18 日检索）

索”页面的相片挑选受到工作人员的人工干预。[①]

可以说，对于一个鼓励游戏行为并将定量测量系统引入其中的社交环境，“与系统博弈”是自然反应。明确的度量数据来源于用户的相片用趣味性尺度衡量起来如何，能在 *Flickr*“游戏社群”用来区分“赢家”与“输家”，因而，定量测量方法在娱乐式照片分享的语境中实际带来了更为竞技性的游戏互动风格。看起来，*Flickr* 中存在多种娱乐或者游戏方式，有些甚至互相冲突，论坛上一直热烈讨论着使用和滥用这个系统的情况。信息研究人员已经开始留意到 *Flickr* 运作情况，指出某张照片自动获得高评分的真正意义。“探索相片集”比用户们自身一般想象的要小。图像主要通过 *Flickr* 用户间的直接联系而受到关注。这是基于称为“社交浏览”的做法；用户通过浏览朋友提供的照片来观看和找到新照片，而非在陌生人那里搜寻（Lerman & Jones 2006）。这并未阻止那些有竞技头脑的 *Flickr* 用户设法增大自己的相片进入“探索类”的几率。

还有，已经开发出来若干游戏专门应用，可以利用 *Flickr* 应用程序编程接口（API）。一般来讲，这些都是基于浏览器的小游戏，依赖于 *Flickr* 相片与经典游戏格式的结合。迄今，这些游戏设计没有哪一款的流行度赶得上 *Flickr* 服务自带的社交游戏。下面是部分例子。

我的第一个例子叫《*Flickr* 九宫格》[②]。这种九宫格游戏用 *Flickr* 带标签词的图像代替了数字（见图 7.1）。游戏目标是用系统生成的图像填满网格以便各行各列以及各个 3×3 小格子都含有不

---

① *Flickr* 上优化成功几率小贴士的在线指南讨论了有趣性标准。参见，比如，“怎样才能让你的照片出现在 *Flickr* 的探索页面”，PhotoPreneur. com. http://blogs.photopeeneur. com/what-it-takes-to-get-your-photo-on-the-flickr-explore-page。（2010 年 5 月 6 日检索）

② “Flickr Sudoku”，Becky’s Web. http://www.becky’sweb.co.uk/sudoku/flickrsudoku.asp.（2008 年 8 月 18 日检索）

同图像。有不同的拼图可以挑选，玩家可以输入关键词，用来生成来自 *Flickr* 的象征图像。因此，*Flickr* 多半用来为熟悉的游戏机制提供形象化的修饰。这个应用没有明显涉及多玩家机制或其他社交游戏玩法，但相片本身以及令人惊讶的组合也许会在 *Flickr* 用户中产生幽默的效果。

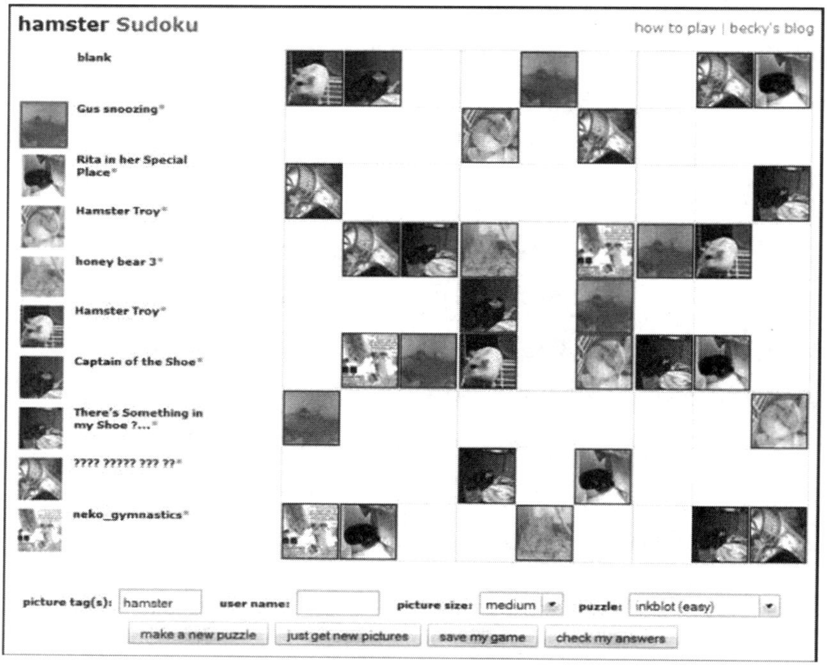

图 7.1 《*Flickr* 九宫格》游戏，标签词为“仓鼠”。

第二例是这些用户创立的 *Flickr* 游戏——《竞速看图猜标签》。[①] 这是竞猜游戏，面对 10 个逐一出现的图像，玩家需要键入这些图可能共有的标签词（见图 7.2）。猜对了就显示蓝字和得分，得分高低基于玩家猜对的用时。完整版游戏针对多个玩家，允许玩家聊

① “Fastr — A Flickr Game!”，*RandomChaos.com*. http://randomchaos.com/games/faster/.（2008 年 8 月 18 日检索）

天交流。这类游戏依靠社交互动以及对社交元数据的娱乐式使用，在网上较为流行，比如《超感知觉游戏》[①]和《谷歌图片搜索》[②]。

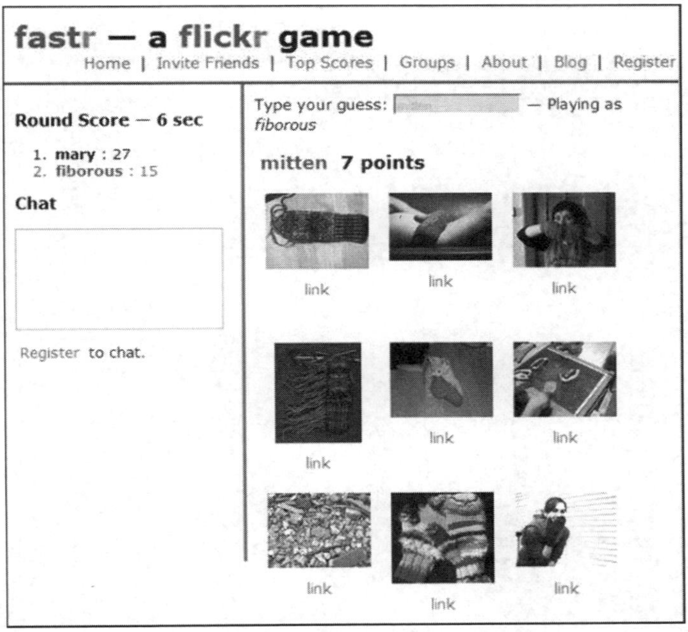

图 7.2 《竞速看图猜标签》游戏，双玩家

我要介绍的最后一例游戏叫《吃相片人》[③]。游戏和相册应用程序编程接口的用途之一就是情报研究和搜索技术研究。《吃相片人》是一款益智游戏，依《吃豆人》[④]方式浏览图片网格，按照正确的标签词引导玩家角色吃掉图像，同时要躲开敌人（一个红色的“Traggle”

① “ESP Game”, Gwap.com，卡内基·梅隆大学计算机科学学院，http://www.gwap.com/gawp/gamesPreview/ESP game/。(2009 年 8 月 4 日检索)

② G. Robinson, “Guess the Google”, http://grant.robinson.name/projects/guess-the-google/.(2008 年 8 月 18 日检索)

③ P. Fox, “PhotoMyunchrs”. http://imagine-it.org/flickr/PhotoMunchrs.html.(2008 年 8 月 18 日检索)

④ *Pac-Man*：20 世纪 80 年代最经典街机游戏之一，1982 年移植至 Atari 2600 平台。其主角小精灵已成为大众文化符号。——译者注

角色）或者避免吃掉“错误的相片”（见图 7.3）。吃对七张相片，玩家就升一级。游戏被设计成收集视觉相关性数据的实验。有高分榜，但没有真正的多玩家特征。

图 7.3 《吃相片人》游戏

需要注意的是，专门的游戏应用在更广泛的娱乐性 *Flickr* 应用中明显占少数。数百个不同的 *Flickr* 上传工具、桌面应用、手机应用、浏览器扩展和博客软件插件往往被归为“开心和游戏类”而非实用软件。谈论 *Flickr* 的扩展用途时那种投入与激情的话语通常采用成瘾的修辞，这种修辞一般与游戏和玩家连在一起。[1]

作为语境游戏的案例展示，*Flickr* 可以提供混合、多样的教训。毫无疑问，结果五花八门是因为当前进行社会、空间连接的技术还处于较为初级阶段，也因为当前用户文化中底层技术的采用方式。这些游戏式、社交媒体服务本身充满希望。个人的相册照片流追踪活跃用户的生活和旅行情况，提供一幅亲密详尽的日常生活景象。登录服务账户后，服务自动突出用户 *Flickr* 联系人最近的照片，因而为互动提供一个随时备好数据的社交语境。

然而，*Flickr* 的移动、语境化使用似乎有限，部分是由于给照片提供地理信息的过程费时费力（随着 GPS 全球定位系统更多集成到手机设备上，这一点马上会改变）。用户中比较常见的做法是对照片手动插入标签和描述文本，以便创建某些空间标志或坐标。不过，作为服务的 *Flickr* 主界面并非安排用来聚拢同处一地的用户或促进基于移动使用情景的互动。因而，看起来相册的娱乐性维度的语境化主要通过构成娱乐式浏览做法的社交语境的那些连接达成（正如 Lerman 和 Jones 2006 年分析的那样）。主题式或者基于标签的娱乐式交流也很常见。

在一定程度上，当前"*Flickr* 位置"和"*Flickr* 世界地图"已经为游戏化使用提供了语境和空间信息，它们允许以多种方式浏览、评论和以其他形式参与地理过滤的照片流。用户、社交网络、照片及其动态互联构成了后续内容丰富的环境，为那些想要在 *Flickr* 中以更具竞技性风格进行目标导向或竞争性游戏的明显少数人提供材料。社交微游戏如《竞速看图猜标签》也有潜力，但在此领域仍然只是相当有限的实验。

---

① 例如，参见 S. P. Aune，"*Flickr* 工具箱——*Flickr* 迷的 100^{+} 工具"，*Mashable.com*，2007 年 8 月 4 日，http://mashable.com/2007/08/04/flickr-toolbox/。（2008 年 8 月 4 日检索）

网络中的娱乐

我的第二例聚焦的语境访问和游戏属于 *Facebook*[①]这个流行的社交网络服务和某些相关的“社交工具”。这种情形有点像 *Flickr*，尽管服务本身的设计目的明显不同。*Facebook* 源于大学生的社交网络服务——创立者最初是在哈佛当学生时设计的此服务[②]。在网站使用指标中，*Facebook* 挑战了谷歌和雅虎的地位，成长为最受欢迎的通用网站之一，2010 年积极用户数超过 4 亿[③]。虽然在线相片分享也是 *Facebook* 上最热门的活动之一，每月上传相片超过 20 亿张[④]，*Facebook* 服务实际上多种多样，提供若干完全不同类别的“应用”(使用 *Facebook* 的应用软件接口)。

从大部分 *Facebook* 用户组成与其就读学校、工作场所或居住区域相关的“网络”的方式中，仍可看出 *Facebook* 的空间语境源头。一些 *Facebook* 用户数据分析人员提出，允许用户互相搜索个人资料，查找共同的城市、单位或工作类型，也许是创造“联系感”的重要方式，而这种感觉又会方便互动(Lampe *et al*. 2007)。同样，*Facebook* 被与强化社会资本联系在一起，比如，*Facebook* 连接学生与学校老

---

① 见 *Facebook* 网站：http://www.facebook.com。(2009 年 8 月 4 日检索)

② 见 *Facebook* 网站上的“公司大事年表”：http://www.facebook.com/press/info.php?execbios=#/press/info.php?timeline。(2009 年 8 月 4 日检索)

③ 见 *Facebook* 官网的记事表和统计表：http://wee.facebook.com/press/info.php?statistics 以及 http://wee.facebook.com/press/info.php?factsheet。(2010 年 5 月 7 日检索)2010 年 5 月，点智网站分析公司(Hitwise)报告，*Facebook* 是美国访问量最大的网站，其后是谷歌和雅虎(雅虎邮箱和雅虎主站点)。http://www.hitwise.com/us/datacenter/main/dashboard-10133.html。(2010 年 5 月 7 日检索)

④ 见 *Facebook* 数据统计页(参考上条)。以及：D. Beaver(2007)“Facebook Photos 基础结构”，博客评论，http://blog.facebook.com/blog.php?post=2406207130。(2009 年 8 月 4 日检索)Pingdom 网站文章“2009 年互联网数据”报告照片的月上传数量为 25 亿。http://royal.pingdom.com/2010/01/22/internet-2009-in-numbers/。(2010 年 5 月 7 日检索)

友，通过该过程促进其福祉(Ellison *et al*. 2007)。自2007年以来，作为移动服务的*Facebook*也以各种方式提供移动服务[①]。2007年8月，苹果智能机用户获得专门的iPhone应用软件，在*Facebook*中装上了触摸优化移动界面，随后很快出现了针对其他流行品牌的智能机*Facebook*应用[②]。所有这些各种各样的接入方式设计目的是为了在远离办公桌与个人电脑之类较为固定的环境时可以方便快速地进行"状态更新"。

游戏应用是*Facebook*生态系统的可见部分。把*Facebook*的体验当作娱乐或游戏环境看待时，最初重点在于增加自己联系人名单上的好友数量。*Facebook*服务让这一点很容易办到，只需追踪现有社交网络，推荐新的联系人。然而，其他社交网络服务(如领英[③])在展示联系人数量方面比*Facebook*表现更为突出。我要指出，*Facebook*更注重社交环境中的行为和分享方式的多样性，因而其服务特点和附加应用软件允许与在线联系人互动。具体而言，2017年1月，*Facebook*开放其"*Facebook*平台"(一套应用编程接口)以来，其范围大大扩展，创建了成千上万的各种*Facebook*应用程序，并通过服务提供给用户[④]。起初分发这些应用时，*Facebook*尤其依赖攻击式的病毒模式，鼓励每个用户向联系人发送安装邀请。这个机制与

---

① 见Facebook Mobile网页：http://www.facebook.com/apps/application.php? id=2915120374andb〉。也见M. Slee(2007)的*Facebook*评论："Facebook你的电话"。2007年1月10日，http://blog.facebook.com/blog.php? post=2228532130〉。(2009年8月4日检索)Facebook Mobile不是单一的应用，它能从自己的移动电话将照片和评论直接传到位于http://www.facebook.com/上为小屏幕浏览器定制的特殊界面服务中。

② 见Joe Hewitt 2007年8月15日发布的博客文章《iPhone专用的*Facebook*来了》，http://blog.facebook.com/blog.php? post=5353402130。(2010年5月7日检索)

③ 见*Linked In*的网站：http://linkedin.com。(2009年8月4日检索)

④ A. Ustinova："开发人员角力*Facebook*会议"，《旧金山纪事报》，2007年6月23日，http://www.sfgate.com/cgi-bin/article.cgi? f=/c/a/2008/07/23/BU7C11TAES.DTL。(2009年8月4日检索)

热门应用的几何级成长率有关，而且带来“应用程序垃圾邮件”现象，邀请与通知数量剧增，以至于2008年早期，人们甚至把*Facebook*用户下降怪罪到这上面。*Facebook*作出回应，让用户能“阻止应用”并方便地向管理员投诉那些强迫邀请更多用户的应用[①]。不过，*Facebook*应用（比如游戏）的传播仍然依赖作为核心交互或者游戏元素内置的各种病毒机制。[②]

*Facebook*使用似乎与其用户的日常媒体使用习惯结合紧密；埃里森等人（2007：1144，1153）谈到了先行研究结论，“电信用户每天在网站上花20分钟，三分之二用户每天至少登录一次”，他们自己对大学生的研究证实了这点，并且，他们的被调查人报告其个人资料上有150至200个朋友[③]。欧莱利公布的数据称*Facebook*应用中最受

---

① D. Parrack：“*Facebook*用户减少：应用垃圾邮件会是元凶吗?”*Blorge*，2008年2月21日，http://tech.blorge.com/Structure:%20/2008/02/21/facebook-use-drops-could-application-spam-be-the-cause。（2009年8月4日检索）《时代周刊》已经在“应用超载”主题下讨论过这一现象，参见A. Hamilton：“患上*Facebook*疲劳症?”，《时代周刊》，2008年4月16日，http://www.time.com/time/business/article/0，8599，1731516,00.html。（2009年8月4日检索）*Facebook*的回应在Paul C. Jeffries 2008年2月20日发布的博文“应用垃圾邮件”中有报道：http://blog.facebook.com/blog.php? post=10199482130。（2010年5月7日检索）

② 参见Aki Jarvinen在游戏开发商会议网站Gamasutra上的博文《社交游戏中病毒式设计不久的将来》，2010年4月7日发布，http://www.gamasutra.com/blogs/Aki-Jarvinen/20100407/4577/The_Near_Future_of_Viral_Design_in_Social_Games.php。（2010年5月7日检索）

③ 不同来源对于*Facebook*用户平均投入时间的估计存在差异。2010年5月*Facebook*的官方统计页报告，“一般用户有130个朋友”，“每个月人们在*Facebook*上总共花5000亿分钟”。见*Facebook*统计数据页：http://www.facebook.com/press/info.php?statistics。（2010年5月7日检索）换算成30天一月的话，每个用户大约花37分钟。据尼尔森分析公司2010年2月发布的数据，估计*Facebook*一般用户每个月在*Facebook*上花七个多小时。虽然这明显超过其他任何检测到的在线服务，不过另一方面，这也只相当于每人每天14钟。参见Ben Parr 2010年2月16日发布的“*Facebook*是网络上的终极时间陷阱”，http://mashable.com/2010/02/16/facebook-nielsen-stats/。（2010年5月7日检索）这类估计用时的准确性值得商榷。

欢迎的三项用法为增强通讯、社交比较和社交游戏[①]，这更进一步突显社交环境对于 *Facebook* 的重要性以及 *Facebook* 强烈的社交互动性质。从游戏研究观点来看，就连 *Facebook* 的通讯和比较应用都表现出清晰的游戏或娱乐式特点。为了举例说明这一点，我将简要概述几个典型的 *Facebook* 应用。

为了本章内容，我对最流行的 *Facebook* 应用做了简易采样，首次是 2008 年 8 月，使用的是 *Facebook* 应用目录的“最活跃用户”榜单；第二次是一年后，2009 年 8 月，使用 Appdata.com 网站提供的数据；第三次取样也是这个网络，时间为 2010 年 5 月[②]。2008 年 8 月，*Facebook* 应用上最流行应用名叫“乐趣空间”（原名“乐趣墙”）[③]。作为 *Facebook* 早期成功应用的样板，《乐趣空间》2008 年 8 月单月活跃用户超过 2100 万，据称已经用于分享超过 60 亿视频以及其他链接。在 2008 年秋季博客圈，《乐趣空间》与其主要对手《超级墙》[④]位列最受批评的应用，有时因为内容，有时则因为它们带来大量“应用垃圾软件”。《乐趣空间》中分享最积极的许多内容要么色情（见图 7.4），要么幽默，要么二者皆备。《乐趣空间》使用排行榜首位是音乐视频和其他媒体分享。我认为，像《乐趣空间》这样“增强通讯”应用的主要功能类似于交际沟通，目的是维持社会关系而不是为了其信息价值。有时交际沟通被看作社交在场的实际同义词（Rourke *et al*.

---

① S. D. Farnham：“Facebook 应用生态系统：为什么有的欣欣向荣，多数不行”，O'Reilly 媒体网络直播，2008 年 5 月 13 日，http://www.oreillynet.com/pub/e/968.（2009 年 8 月 4 日检索）

② 《脸书应用目录》中的“最活跃用户”名单：http://www.new.facebook.com/apps/。（2008 年 8 月 27 日检索）后来，“*Facebook* 精选”名单代替了此资料，但并不提供相同信息。因此，对 2009 年 8 月应用软件用户欢迎度分析依据的数据来自于应用数据网站：http://www.appdata.com。（2009 年 8 月 4 日检索，2010 年 5 月 10 日再次检索）

③ Facebook 应用目录：http://www.new.facebook.com/apps/。（2009 年 8 月 4 日检索）Slide FunSpace 网页：http://www.facebook.com/apps/application.php? id = 2378983609。（2009 年 8 月 4 检索）

④ *SuperWall* ——译者注

1999)。因而,正如《乐趣空间》这个名字所表达的一样,它用于在用户之间建立一个共享、愉快的社会空间。

图 7.4 《乐趣空间》中分享的最热门“海报”
(Facebook.com,2008 年 8 月 26 日)

游戏应用在 *Facebook* 中已经获得应有可见度。然而,在 2008 年 3 月朋友目录中活跃用户最多的大部分应用不是明确的游戏应用而是别的。排行榜前 35 个应用中,有 5 个清楚呈现为游戏:《词语挑战》(#7),《问答比赛》(#15),《都市摩天楼》(#16),《疯狂出租车》(#27) 和《僵尸》[①](#35)。若干其他应用收在游戏应用目录中,包

① 这些游戏英语名分别为:*Word Challenge*, *Quizzes*, *Tower Bloxx*, *Crazy Taxi* 和 *Zombies*。——译者注

括《波基》[①]（“领养一只可爱、互动型的3D小狗狗，TA会住进你的个人资料，陪你一起玩，叼骨头给你朋友，还给你超多爱！”[②]）和《游玩城市》（“在这个世界，你可以为游戏角色买新衣服、为公寓采购物品、上班、结交新朋友。”[③]）这些应用并非传统意义上的“游戏”，可以将它们描述成“软件玩具”，游戏设计师威尔·莱特和他的公司决定用这个概念来描述他们的热门作品如《模拟城市》（Maxis 1989）和《模拟人生》（Maxis 2000）[④]。

Facebook 游戏应用对传统桌面游戏或视频游戏设计空间的贡献在于这些应用在网络服务的共享社会语境内部的紧密结合。《单词挑战》允许很容易地邀请或者挑战从用户的 *Facebook* 朋友列表中自动抽中的其他用户。另一游戏《僵尸》是简单的“第一代”*Facebook* 游戏应用的极好实例，应用本身并未提供太多实际游戏内容，但对那些通过“咬朋友”力邀朋友进入游戏的用户则以高排名作为奖励[⑤]。积极的招募者——他们也充当传播游戏的病毒——很快会在简介中有引人注目的头衔，还有自己的“军队”。提升的能量值可以用来挑战其他玩家，而搏斗并不需要游戏技巧，而是由游戏系统自动完成。自动的战斗本身并不新鲜，大量战略游戏、部分角色扮演游戏都以这种方式决出战斗结果。关于《僵尸》《吸血鬼》《杀手》[⑥]和类似的第一代游戏，大家记得最多的是其高效传播机制，这也是“应用垃圾软件”主

---

① 以下游戏中英文分别为：《波基》（*Pokey!*）；《游玩城市》（*YoVille*）；《模拟城市》（*SimCity*）；《模拟人生》（*The Sims*）。——译者注

② *FooPets* 网页：http://www.facebook.com/apps/application.php? id=10062052582。（2009年8月4检索）

③ *YoVille* 网页：http://www.facebook.com/apps/application.php? id=21526880407。（2009年8月4日检索）

④ “软件玩具”（software toy）概念由明讯的《软件玩具目录》推广，在T. Friedman的“弄懂软件：计算机游戏和互动的文本性”更新版中引用，http://www.duke.edu/~trove/simcity.htm。（2009年8月4日检索）

⑤ *Zombies* 网页：http://www.facebook.com/apps/application.php? id=2341504841。（2009年8月4日检索）

⑥ 《吸血鬼》：*Vampires*；《杀手》：*Slayers*。——译者注

要来源之一。结果，*Facebook* 管理机构介入，禁止游戏应用按发送邀请量评分[①]。玩家的批评意见很中肯，这种风格的“社交游戏”并不能构成真正的游戏，与露骨的病毒式营销应用相差无几。

《都市摩天楼》由 Digital Chocolate 开发，是一款技术元素更显著的 *Facebook* 游戏实例。它开始是移动游戏，后来改造成 *Facebook* 应用。它起初是单人游戏，玩家的目的是叠积木建房子，要尽可能高、尽可能稳固。在 *Facebook* 版本中，游戏基本玩法不变，但朋友的游戏得分集成在屏幕中。得分进度条就是看得见的刺激，驱使玩家与社交网络中最高得分竞赛。在这种情况下，社交网络服务的角色就既是单人体验中的观众，也是竞赛背景。

一年后的 2009 年 8 月对 *Facebook* 场景取样时，这些服务的发展特点开始清晰起来。例如，《乐趣空间》一年中已失去大量活跃用户，在流行榜上跌至 20 名。最热门的应用仍然既有社交性也有娱乐性，但这时目标更明确。《事业》[②]（2007 年 8 月当月活跃用户为2 350万）试图避免轻浮无聊的感觉，它注重的那些行为有助于像环境或健康问题这样积极的、现实世界的事业。2009 年 8 月第二流行的 *Facebook* 应用是《生活社交》[③]（单月活跃用户 2 320 万），它促进了有关书籍、电影、音乐专辑和其他诸如此类兴趣内容的信息共享，从而既宣传了这些内容也提升了用户的品味和个性。随着更多开发人员进入这个市场，一年中，显性的游戏应用数量增加。2009 年 8 月的 40 个最受欢迎应用有 18 个归入游戏类，种植类的游戏应用变得更加流行，如《农场乡村》《农场小镇》和《谷仓巴迪》[④]（月活跃用户分别为

---

① Jeffries(2008)：“新设计，新力量，新责任”，博客评论，2008 年 7 月 21 日，http://developers.facebook.com/news.php? blog = 1andstory = 137。（2009 年 8 月 4 日检索）

② *Causes* 网页：http://www.facebook.com/apps/application.php? id = 2318966938。（2009 年 8 月 7 日检索）

③ *LivingSocial* ——译者注

④ 《农场乡村》：*FarmVille*；《农场小镇》：*Farm Town*；《谷仓巴迪》：*Barn Buddy*。——译者注

1 800 万,1 500 万和 200 万)[①]。

2010 年 5 月抽样中,占支配地位的应用是《农场乡村》这个由星佳公司开发的社交种植游戏。尽管这时候《农场乡村》的受欢迎度已经过了巅峰时刻(2010 年 4 月有超过 8 300 万用户),它的单月玩家超 7 600 万,仍然是 *Facebook* 上最具人气的应用。这类虚拟农场建设和照看模拟行为中汇集了成就感和社交性,可以帮自己的 *Facebook* 朋友照看虚拟植物和动物。在 2009 年 8 月抽样中,最受欢迎的 *Facebook* 应用仍然有几款聚焦娱乐性沟通和信息分享:《生活社交》《抱抱我》《抛食物》《你有多了解我?》《交心》《拥抱》[②]等。2010 年 5 月抽样中,社交游戏已经成长起来,在 *Facebook* 应用空间中占据了更显著的份额:排行榜顶端的 40 个应用中 23 个归入游戏类,而沟通工具和玩具类的重点已经向移动应用转移,iPhone 和黑莓智能手机上的 *Facebook* 应用在最受欢迎应用中异军突起。

Facebook 的游戏应用设计和编程主要是基于 Flash 动画,因而在目前手机浏览器上运行很差,甚至无法运行。不过,移动运用并不限于手机,笔记本电脑已经开始流行,有分析人员指出 2008 年的笔记本电脑销量就超出了台式机。[③] 因此,典型的"移动互联网用户"越来越多地使用个人笔记本电脑通过 Wi-Fi、3G 或其他无线网络上网。

---

① *FarmVille*、*Farm Town*、*Barn Buddy*。网页 http://apps.facebook.com/apps/application.php? id=102452128776〉, http://apps.facebook.com/apps/application.php? id=56748925791〉, http://apps.facebook.com/apps/application.php? id=60884004973。(2009 年 8 月 7 日检索)

② 《抱抱我》:*Hug Me*;《抛食物》:*Food Sling*!;《你有多了解我?》:*How Well Do You Know Me*;《交心》:*Give Hearts*;《拥抱》:*Hugged*。——译者注

③ Hruska(2008):"2008 年,美国的笔记本电脑销量会盖过台式机",《技术的艺术》*Ars Technica*,2008 年 1 月 3 日,http://arstechnica.com/apple/news/2008/01/2008-could-be-the-year-laptop-sales-eclipse-desktops-in-us.ars。(2009 年 8 月 4 日检索)K. Thompson(2008),"2008 年笔记本销量超过台式机",博文评论,2008 年 12 月 29 日,http://rentourlaptops.blogspot.com/2008/12/laptop-sales-surpass-desktop-sales-in.html。(2009 年 8 月 7 日检索)

驱动这种变化的一个因素是正在发生的社会性和全球性发展，工作流动性日益增长，日益依赖信息；比如，2002 年就已经有 45%的芬兰劳动力可归为“流动工作人员”（Gareis *et al*. 2005：54）。这种发展对于与同事以及家人和朋友保持联系提出了新型的挑战，甚至连上班都可以不在办公室。机场等候转机时，玩一局《都市摩天楼》也许能以另一种方式让自己在社交地图上露面。

各种平台上，“社交游戏”发展极为迅速，按照该行业的说法，一般 *Facebook* 上的游戏应用的寿命为 2 至 3 个月，我的观察看来证实了这一点。[①] 2009 年最令人喜爱的 *Facebook* 游戏设计比一两年前使用的社交环境范围广泛得多，2010 年流行游戏的趋势仍然如此。星佳的《黑手党战争》就是一例，其在 2009 年春夏展示了强劲的增长（见图 7.5）[②]。在此游戏中，其他玩家的社会面貌与扮演身为黑手党家族成员的罪犯这个主题和隐喻密不可分。从自己的 *Facebook* 朋友网络中积极吸收新玩家，与其他玩家交流、联系，这些会让双方都获得游戏内的奖励。拥有黑手党大家庭是宝贵资源，让玩家在游戏的战斗中更容易取胜，而朋友发出的犯罪主题状态消息和招募邀请保证了这款应用的病毒式营销和传播。对该机制的有效利用帮助星佳成长为最成功的社交游戏公司，而游戏设计的创新性算不上关键因素：星佳一再被指责抄袭竞争对手游戏观念。[③] 关于星佳与其合作

---

① Jon Swartz：“对于社交网络，游戏开始了”，《今日美国》，http://www.usatoday.com/tech/gaming/2009－10－15-games-hit-social-networks_N.htm。（2009 年 10 月 11 日检索）

② 见 *Mafia Wars* 应用页面：http://www.facebook.com/apps/application.php? id＝10979261223〉。黑手党战争数据：http://statistics.allfacebook.com/applications/single/mafia-wars/10979261223/。（2009 年 10 月 12 日检索）

③ 见 Michael Arrington“星佳了结《暴民战争》诉讼的同时与 Playdom 公司作战”，TechCrunch，2009 年 9 月 13 日，http://techcrunch.com/2009/09/13/zynga-settles-mob-wars-as-it-settles-in-to-playdom-war。（2010 年 5 月 10 日检索）

者采用不道德甚至明显欺诈的广告策划，也存在争执。[①] 尽管这样，星佳仍然持续成长，还扩大了产品范围。跨平台游戏观念就是助其成长的元素之一。例如，《黑手党战争》出了浏览器应用，星佳还有一款 iPhone 版本，界面更流畅，游戏更方便，还加了音效。但是，在本文写作时，具有专利的社交媒体网络有个毛病，还不能将 *Facebook* 游戏应用的《黑手党战争》账号连接到 iPhone 版本上。因此，考虑到社交网络和移动的游戏形式，明显需要开放的身份和应用程序编程接口标准，以便为游戏性活动创造更广泛的社会可见性和价值，而不受制于用何种技术与朋友沟通。

图 7.5　*Facebook* 和 iPhone 上的《黑手党战争》

Facebook 支持的两个手机核心应用或功能是位置更新和照片上传。二者服务的通讯目的对于旅行用户具有重要意义：有规律的位置更新和拍照手机的照片流有助于与社交网络中的成员保持联系。例如，对朋友的位置更新流进行几天随机抽样，我可以发现一些混合

① 见 Michael Arrington："垃圾邮件之城：社交游戏地狱生态系统"，TechCrunch，2009 年 10 月 31 日，http://techcrunch.com/2009/10/31/scamville-the-social-gaming-ecosystem-of-hell。(2010 年 5 月 10 日检索)

的信息，有些与他们当前工作有关，有些与个人事务或感情有关，有些则风格搞笑或含混。某些信息伴有小小的手机符号，标明是从手机界面上传的。一个朋友似乎因为某具体工作而不在办公室，另一个在医院病床发布他的状态更新。关于某些虚拟游戏世界事件的通知夹杂在各种链接和讨论中，涉及媒体内容、工作事务以及我认识和不认识的用户之间的关系变化。游戏、工作和其他社交领域看起来已经无法改变地交织在一起。

虽然 *Facebook* 游戏或其他丰富的媒体互联网内容仍主要从个人电脑的浏览器访问，但是“基于笔记本电脑的移动性”与通过手机访问的移动互联网也日益重要。看来，以个人电脑为中心的互联网和手机文化之间的娱乐与通讯活动的分界线趋于消失。早在 2003 年，对芬兰的第二代 GSM 电话文化的研究中，研究对象对于涉及个人电脑和手机的通讯功能可见性类型进行了清晰区分：

> 研究人员：如果短信服务和电子邮件必须放弃一样，你选哪个？
>
> 凯蒂［一个 14 岁的调查对象］：可能电子邮件，毕竟电脑那么，我是说，你总不能随身带着走之类。［……］
>
> 研究人员：网络聊天比发短信更好玩吗？
>
> 凯蒂：呣，那个你只能在一个地方做，得呆在显示器面前。你差不多随便在哪儿都可以发短信。
>
> （Kasesniemi 2003）

今天，这个差别看起来在消失，因为用手机处理电子邮件的人越来越多。移动宽带连接的普及方便了电话以及笔记本电脑中的即时通讯应用，这样，“应用软件专用环境”的角色已经不同。移动用户使用 *Facebook* 和 *Flickr* 这样的服务就已经模糊了这个界限。并且，也出现了若干新的微博服务，最流行的是“推特”，这也是既能从个人电脑也能从手机登录。娱乐和游戏冲动弥漫在这个沟通空间，“推特”安装的若干游戏大多是百科小知识或数学竞赛，容易参与，只要用“推特回答”发送答案短信就行。[①] 然而，没有变的是社交环境在所有这些不同的信息应用中的重要性。登录服务后，可以找到同样的联系人和朋友网络，使用什么设备与技术上网和进入沟通空间没有区别。

乔伊逊(2008) 研究了 *Facebook* 用户使用该服务的主要动机，最主要的是“保持联系”；另外的主要动机也是以人为导向的——想要“虚拟观察他人”(社交监控)、重拾联系以及一般沟通需求。移动使用 *Facebook* 是一种拓宽、维持个人社交网络的具体方式，也是一种使用模式，具有与不同地点和特定情境元素进行娱乐互动的丰富可能性。在共同促成个人社交在场的介导行为中，移动用户的相片和位置更新流形成一条线索。我们又一次可以发现“娱乐”和“游戏”在这些混合与跨平台交流中通过各种方式起作用。*Facebook* 中位置信息生效方式的发展也说明了这些动机。在本章写作时，*Facebook* 仍有待将位置变化直接整合进“状态更新”这样的核心功能中，但是已有若干整合 *Facebook* 的第三方应用让服务朝这个方向发展。从语境游戏角度看，最值得注意的应用之一叫《四方块》[②]。

《四方块》是一款围绕游戏核心建立的基于位置的社交服务：在你访问的各种地方“签到”就可能被承认是那个地方的“市长”。用户从《四方块》活动中赢得点数，可以通过获得“新人”“冒险家”或者“超级巨星”这样的徽章而提升在游戏里的等级。这个游戏支持与其他社交游戏链接，每次签到、徽章或市长地位的变化都可发布给自己的

---

① 见 Twitter 网站：http://twitter.com。(2009 年 8 月 4 日检索)关于推特游戏，参见文章“让发推特好玩的六款推特游戏”，2009 年 3 月 28 日发布于 Mashable，http://mashable.com/2009/03/28/twitter-games/。(2010 年 5 月 7 日检索)

② *Foursquare* ——译者注

Facebook 或"推特"朋友。《四方块》认可的许多地方是商店、饭店或其他商业机构,很容易看出基于这种信息运行的社交网络应用所具有的商业潜力。毫无意外,游戏应用也包含一个"加贴士/做事"的功能:比如,用户可以给出小贴士,建议在某特定饭店预定什么食品。这些场所方面也可以决定为那些忠实签到的顾客提供折扣或奖品。这样,《四方块》有效消除了社交游戏与娱乐式营销应用之间的界限。游戏核心玩法的价值、社交分享的竞技式游戏信息和将"虚拟监控"应用于自己的社交网络的动机开始与明目张胆的消费主义聚拢起来,其方式也引起了我在结论中要讨论的某些问题和担忧。

大多数字典对"娱乐"的定义中,关键元素之一是娱乐活动自由愉快的特性。在一篇文章中,麦克克拉德与安德森(2008)注意到 *Facebook* 中发生的身份建构的动态与社会特性:并非集中于建立一页静态的个人"资料"。像其他一些服务一样,*Facebook* 基于应用的性质允许流动的身份表征。他们写道:"个人'形象'通过一个人干了什么、与谁一起干的、如何干的来建立;这个形象一直在不断变动。"他们声称,"*Facebook* 上,生活是一场游戏",并且:

> 虽然参与者可以打开聊天窗口或参加更严肃性质的特别爱好小组,不过 *Facebook* 交流的日常动力是游戏和智力竞赛。随着技术越来越多地进入社交,我们的互动形式变了。游戏这种与远近朋友轻松愉快而有趣的互动既能保持活跃的联系又不会过于繁重。
>
> (McClard & Anderson 2008)

Facebook 这样的社交网络服务中,游戏的角色不应夸大——并非人人都在玩这样的游戏应用,许多人关注的是朋友、同事和家人在干什么。然而,语境游戏的角色不只限于多少人在玩游戏。正如我在别

处(Stenros *et al*. 2007)提出,一方面,当代社会中竞技性游戏呈现明显增加趋势,此处包括日益明显的娱乐性态度,以及游戏式做法的采用。一个很好的例子是在传媒中,尤为明显的是主导着当今的播放媒体的真人电视和游戏节目这样的现象。另一方面,重要的是要认识到仍然存在着一些"严肃的"媒体内容,与总体非娱乐性质的人类生活领域相关。然而,无处不在的娱乐环境的影响是很难阻挡的。虽然 *Facebook* 的忠实用户的生活不仅仅由娱乐和游戏来界定,但是肯定可以更概括地说,娱乐游戏风格的娱乐性、社交性互动主导了此服务中发生的多数情况。由于 *Facebook* 的媒体性质,即使最严肃的讨论主题也得在充满无穷无尽的媒体、游戏和有关新闻项目的环境中语境化,因而变成这张缀满娱乐的挂毯的一部分。

由于使用 *Facebook* 方式不同,参与竞赛性、有规则约束的游戏核心玩法的竞技性游戏冲动甚至可能与另外的冲动发生冲突,即那种参与形式更为自由、更具娱乐性的交流的意愿,后者通过状态更新、照片评论以及 *Facebook* 用户的个人资料和应用"墙"上展示的各种"戳一戳""抱一抱""亲吻"或"送礼"活动进行。乔英逊(2008:1034)分析 *Facebook* 用户时指出:"有意思的是,内容满意度的提高与个人资料中报告的'朋友'数量负相关。"因此,看起来对专门的游戏应用的兴趣不一定与 *Facebook* 的社交兴趣一致。一名专注 *Facebook* 游戏的玩家甚至可能建立多个账户或者用户资料,只为了拥有"替代"(alts)(替代游戏账户)以便优化游戏策略获取成功,而不是因为对于这种资料的联系人列出的"朋友"有什么个人兴趣。[①] 在此案例中,高度社交化的娱乐性游戏明显不同于极其不注重社交网络的竞技性游戏。然而,要据此得出更深远的结论,还需要进一步研究。

① 我们在坦佩雷大学游戏研究实验室进行的研究项目中访谈 *Facebook* 用户时,发现了这种做法的传闻证据。不过,难以确定这种"铁杆"游戏迷的行为在 *Facebook* 用户中具体有多常见或者罕见。

接近结论

在本章，我考察了快速变化的移动互联网使用与在线社交网络服务的游戏行为。由于“移动互联网”已不再等于专门的移动电话服务，“移动性”本身的特点也在转变。社交网络与娱乐化或者说游戏式使用与行为相结合，呈现为一种当今在线沟通的重要形式，它混合、搅乱了工作与娱乐以及休闲与功利兴趣的界限。仅仅倒回去几年，人们讨论移动互联网的典型做法还是聚焦经营者提供的实用服务如网上银行或新闻服务，今天的情况看来更集中于用户本身。也许，终于找到了极力追求的移动互联网“杀手级应用”——人。

此外，移动互联网看起来越来越混杂。首先，这是技术意义上的混杂，因为笔记本电脑、手持个人电脑设备和智能手机使用方式极为随意，能有哪个网络哪个界面就用哪个。其次，混杂也是社交意义上的，因为用户注册各种在线服务，在每个服务中放置不同的联系人子集。在随后的联系人和通讯大杂烩中，同事、私人朋友和家人的社交圈子开始以愈加复杂的方式交织。最后，这种混杂也是存在意义上的，因为各种照片流、状态更新和其他在线行为和表征共同构成个体在社会环境中的当前存在，扩充了实体的在场（或不在场）。

批评这种发展势头也很容易。只要在大多数口袋、书包或公文包里出现上网设备，“登录”的可能性恐怕很快变为社交责任。对于某些积极的互联网用户人群，这种情景似乎已经成为了其生活现实。先不说隐私方面的担忧，在线上社交圈“自我更新”的持续冲动也可能是当今社会某种潜在弱点的表现。网络与自我之间的两极紧张提供了一种解释的方向。卡斯特尔（2000）就将这种对立紧张置于社交通讯模式压力日增的环境下进行讨论。对那些构成个人网络时代身份的各种主题进行管理日渐耗时费力。个人的扩展社交网络也忙于生产无穷无尽的语境信息流，这也有成为另一种形式“超量资讯”的危险。我们的字典现在包含“垃圾邀请函”或“应用超负荷”这样的概念，这本身就说明“超量资讯”恐怕已成现实。

德勒兹（1998）吸收了米歇尔·福柯的思想，论述了“控管社会”。在这种社会中，那种18世纪、19世纪的规训社会中典型的空间和时间限制被新型的内化、经济、超快速形式的“自由浮动控制”所取代。从这个角度看，目前还无法确定移动、社交以及语境启动的应用和服务的准确作用。这些系统允许的连接永远是双刃剑：它们解放了探索、表达，因而具有潜在的赋能作用；另一方面，与社交网络服务的不断接触也促成新的不间断控制技术。上文讨论的《四方块》这样的商业语境游戏服务暗示着这样一种未来：最终，我们的隐私不是被某个神秘莫测的“老大哥”剥夺，而是由我们心甘情愿揭开自己私生活的细节，换取感知到的商业和社交收益。不过，这一点我的总体结论是正面为主。见到用户以种种方式将五花八门的“沟通工具”或“社交工具”改换用途，当成了游乐场，很让人振奋。看着同事们在应用上互相扔羊[①]或者把彼此当作宠物来买卖而心生快乐，这有点达达主义或者无政府主义，当然肯定很孩子气。不过，参与游戏的自由流动能量也可能很容易变成连接强迫症。如此看来，目前语境游戏是个充满矛盾内容的领域，未来发展方向具有多种相互矛盾的可能。

参考文献

Caillois, R. (2001) *Man, Play and Games (Trans. M. Barash)*, Urbana (Ill), University of Illinois Press.

Castells, M. (2000) *The Rise of the Network Society*, Oxford, Blackwell.

Deleuze, Gilles (1998) 'Society of control', *L'autre journal.*Online at:http://www.nadir.org/nadir/archiv/netzkritik/societyofcontrol.html

① “扔羊”表情包源于 *Facebook* 应用 SuperPoke!，它允许用户之间干傻事，包括投掷绵羊/牛/鸡。

Ellison, N. B., C. Steinfield and C. Lampe (2007) The benefits of Facebook friends: social capital and college students' use of online social network sites. *Journal of Computer-Mediated Communication,* 12(4): 1143–68.

Ermi, L. and F. Mäyrä (2007) Fundamental Components of the Gameplay Experience: Analysing Immersion. In S. de Castell and J. Jenson (eds), *Worlds in Play: International Perspectives on Digital Games Research.* New York, Peter Lang: 37–54.

Frasca, G. (2003) Simulation Versus Narrative: Introduction to Ludology. In M. J. P. Wolf and B. Perron (eds), *The Video Game Theory Reader.* London, Routledge: 221–35.

Gareis, K., L. Stefan and A. Mentrup (2005) Mapping the Mobile Eworkforce in Europe. In J. H. E. Andriessen and M. Vartianinen (eds), *Mobile Virtual Work: A New Paradigm.* Berlin, Springer: 45–69.

Giddens, A. (1991) *Modernity and Self-Identity Self and Society in the Late Modern Age,* Cambridge, Polity Press.

Guarneri, R., A. M. Sollund, D. Marston, E. Fossback, B. Berntsen, G. Nygreen, G. Gylterud, R. Bars and A. Kerdraon (2004) Report of State of the Art in Personalisation. Common Framework Eperspace – IST Integrated Project. Retrieved from http://www.ist-eperspace.org/deliverables/D5.1.pdf.

Joinson, A. N. (2008) Looking at, Looking up or keeping up with people? Motives and use of Facebook. *Proceedings of the 26th Annual SIGCHI Conference on Human Factors in Computing Systems,* Florence, Italy.

Kasesniemi, E.-L. (2003) *Mobile Messages: Young People and a New Communication Culture,* Tampere, Tampere University Press.

Katz, J. E. and S. K. Acord (2008) Mobile games and entertainment. In J. Katz (ed.), *Handbook of Mobile Communication Studies.* Cambridge, MIT Press: 403–418.

Lampe, C., N. B. Ellison and C. Steinfield (2007) A familiar Face(Book): profile elements as signals in an online social network. *Proceedings of the SIGCHI Conference on Human Factors in Computing Systems,* San Jose, U.S.A.

Lerman, K. and L. Jones (2006) Social Browsing on Flickr. Retrieved 15 August, 2008, from http://arxiv.org/abs/cs/0612047.

Mäyrä, F. (2007) The contextual game: on the socio-cultural contexts for meaning in digital play. *Proceedings of DiGRA,* Tokyo, Japan.

Mäyrä, F. (2008) *Introduction to Game Studies: Games in Culture,* New York, Sage Publications.

McLard, A. and K. Anderson (2008) Focus on Facebook: who are we anyway? *Anthropology News,* 9(3): 10–12.

Rourke, L., T. Anderson and W. Archer (1999) Assessing social presence in asynchronous text-based computer conferencing. *The Journal of Distance Education/Revue de l'Éducation à Distance,* 14(2): 50–71.

Stenros, J., M. Montola and F. Mäyrä (2007) Pervasive games in Ludic Society. *Proceedings of the 2007 conference on Future Play,* Toronto, Canada.

Suchman, L. (2007) *Human-Machine Reconfigurations: Plans and Situated Actions.* 2nd edn, Cambridge, Cambridge University Press.

Tester, J. (2006) All the World's a Game: The Future of Context-Aware Gaming. *Technology Horizons Program.* Palo Alto, USA.

第八章　游戏的所在，或者魔法圈如何帮助确立虚拟世界中的社会身份

提亚戈·法尔考　何塞·卡洛斯·里贝罗

本章讨论在线社会身份建构的过程以及其在虚拟世界中的呈现方式，这些虚拟世界虽然继承聊天室这样的单纯在线互动工具，但仍然围绕一个极为独特的逻辑来组织，即描述作为系统的游戏所固有的目标和结构性重复的动力。我们认为萨伦与齐默尔曼(2004) 称作“魔法圈”的存在起到了一种中介作用，不只包围、限定游戏环境，确切地说，改造了社会身份形成过程，以计算机中介沟通的形式，通过技术接触将游戏环境不仅与内置动力而且尤其与存在于这样的世界中的游戏结构所体现的动力相联系。

游戏的所在

涉及工作和娱乐圈子时，对媒体各方面研究存在一定的共识。正如仪(2006) 连贯清楚地指出，这些活动仍然被构思为二元对立的割裂的两极。历史上，这种框架得到广泛支持，在某些经典游戏理论

家的思想中起重要作用:例如,胡伊青加(1955) 和凯洛伊斯(2001) 相信,为了玩游戏,个体需有意识地跨出“正常生活”(Huizinga 1955) 并且自愿从事被视为“不严肃”的活动,同时抑制时间和空间。

萨伦与齐默尔曼(2004) 发表了关于游戏基本过程的总体分析与其发展的专题论文,对游戏活动发生的这个时空进行了透彻的理论阐述,还提出了恰当的术语。他们受胡伊青加经典的《游戏人》中一段文字启发,使用“魔法圈”这个术语来识别并描述游戏的精髓所在。在他们看来:

> 虽然魔法圈仅仅是胡伊青加“游乐场”清单上的例子之一,此处这个术语用作简写,代表的概念是游戏创造的时空中一个特别的地方。魔法圈仅此而已,只是一个圈,这一点是此概念的重要特点。作为闭合的环,它确定的空间是围起来的,与真实世界分隔开。作为时间标记,魔法圈像一台钟,它同时表示有始有终的路与无始无终的路。魔法圈刻出一个可以重复的空间,既有限又无限,简言之,一个具有无限可能性的有限空间。
>
> (Salen & Zimmerman 2004: 96)

虽然萨伦与齐默尔曼的观念是基于文化与游戏表达之间关系的最经典论著之一,不过近年还是引发了广泛争论(例子参见 Juul 2008; Pargman & Jakobsson 2008;Crawford 2009)。

不过,关于玩家应该持什么心理态度进入游戏的问题,我们应斟酌萨伦与齐默尔曼(2004) 支持的现实移位的思想。总体看来,这类思想可以看作是直接借鉴了现实-虚拟二分关系的认识。我们想再次指出,这种二分观已经受到近来网络文化理论的广泛挑战(参见 Van Kranenburg 2008;Tuters & Varnelis 2006)。因而,此观点将我们带到这样一点:那种认为在不同现实之间,或者说现实与游戏之间存在着需要打破的隔阂的看法，真的有根据吗？

如果讨论的视频游戏具有更引人注意的叙事，也许情况确实如此。正如默里（1997）强调的那样，游戏如果宣告有必要处理具体的叙事进程，就意味着将玩家吸收进了叙事世界。然而，面对其他当代游戏时，还要这样区分就有点困难了。随境游戏（pervasive game）、另类实境游戏（alternate reality game，即 ARG）和大型多人在线游戏就是这样的实例——这类游戏运转基础就在于它们试图有效地模糊“正常生活”与游戏的界限。

重要的是需要指出，我们的目的不是贬低萨伦和齐默尔曼的观点，而是要通过某些游戏形式随时间推移和由于与数字和网络技术的接触而假设的前提，对他们的观点进行重新思考；数字和网络技术这些复杂的结构让胡伊青加（1955）和凯洛伊斯（2001）的方法显得缺乏针对性，而萨伦和齐默尔曼的形式主义观念似乎在强加一种极其二分对立的观点。因此，我们并非总体质疑魔法圈观念，而是质疑其在临界案例中的运用，这里，游戏结构与“正常生活”之间明显存在着广泛得多的对话。

因此，重点不是要把魔法圈看作一定得把玩家包裹起来、抑制时空并将玩家投射到一个平行区域。相反，我们承认魔法圈的存在（及其在游戏结构中的固有属性），不过是作为一个中介元素，它方便玩家对话游戏空间及其之外的现实。这种中介的呈现形式可能是流动的，它勾划的边界模糊、无法清晰确认，因而带来虚构与真实的会合。或者，也可将这些边界看成更坚硬、明确、固定的形式，这样就能通过一个沉浸过程真正激活迁移（时空抑制）感。

因此，我们把魔法圈理解为一个认知结构，其活动取决于数目不定的变量。这个假设对于魔法圈理论概念的经典理解限制更少、认识更广泛。所以，我们的看法是，魔法圈实际上并未将游戏与现实分隔开，它起的是中介工具作用，协助玩家处理同一个宇宙的不同侧面，而非两个宇宙。

这个主张可以在某些游戏理论家的思想中找到支持，如尤尔（2005）指出，对于胡伊青加而言（1955），游戏进行的空间跟其他日常空间一样是分隔的，就像法庭、教堂和教室——这些地方融入了生命的流动，但随之而来的是不同的行为，这种分隔解释了凯洛伊斯（2001）将这些地方称作“分开”的这一事实。

正如尤尔（2008）指出，“在胡伊青加看来，进行游戏的空间不过是由特别规则支配的一类空间，跟其他空间类型一样，进行游戏的空间也具有社会性起源。人创造了特别的空间，不论这是法庭、宗教空间还是游戏空间”。这个观点将我们带向更为具体的理解：虽然我们可以把游戏当作对象，但还应考虑另一方面，即游戏与人的互动。空间-时间建构在游戏进行中是固有特点，需要人与物——或者说，其实是若干物——互动。因而，在尤尔（2008）看来，魔法圈的形成不仅要借助规则结构，还要求玩家维护幻像世界，所以，魔法圈的边界是由玩家协商、界定的。

因此，在物（object）的游戏变成活动（activity）的游戏的瞬间，就形成了魔法圈，它可以被看作一个中介结构，因为它并不起空间限制作用，也不是向另一维度的传送装置，而只是“正常生活”（Huizinga 1955）与这个“分隔之地”的汇合之处。也许可以用一个比喻来帮助说明我们的观点：我们进天主教教堂参加弥撒，或者，在法庭，也许是旁听，当时的环境条件从社会和心理角度，把我们传输到一个圈定的空间，这种空间由若干规章管理，并且维护若干原则，前后二者皆由传统结构支撑。

维持这些空间的规章和原则的不是别的，正是用来管理物的规范——无论物是法庭听众或参加弥撒的天主教教徒，而人不是别的，就是按照预期——遵循这些社会规则——行动的个体。然而，这些情境不会妨碍我们处理自己生活其他方面的常见情境，它们可能不同于这些“神圣化的(consecrated)空间”(Huizinga 1955),但又与之有交集,因为,同样在这些空间里,可以有一些“免罪”行为,比如离开仪式现场去接手机电话。

因此,我们将魔法圈看作配置出的中介者,就是因为它是分隔的世界得以建立联系的渠道。“跨入镜中”这个比喻因为刘易斯·卡罗尔和他的《爱丽丝梦游仙境》(1944)而被文化吸收,按照这个常见说法,魔法圈就起着镜子的作用:另一侧的世界不过就是我们生活世界的延伸。

尽管有着可靠的行为准则和规范,游戏结构还是具有上述以神圣化空间和游戏空间的比拟来探讨的免罪要素。这种要素恰恰以玩家探索、挪用和适应规则的方式出现。“玩家并不直接将游戏规则作为规定对待,而是经常采用不一定是设计人员设定的方式,创造自己的成就路径,解释游戏框架”(Taylor 2007: 113)。这种改编随游戏本质而变化——例如,在两队的五人制足球比赛中,为了接电话或者核查气象状况,而让其他九人停下来是不恰当的;在另类实境游戏中,玩家与时间、空间的关系明显不同于足球中的关系体验,这样的免罪行为可以接受。正如泰勒(2007: 113)阐述:

> 通常将游戏看作进行游戏的封闭体系,其中,正式的规则允许玩家在脱离日常生活与世界的烦恼的一个“魔法圈”中活动。这种修辞常常激发这样一种感觉:玩家穿过某种镜子,进入纯粹的游戏空间。从《大富豪》到《最终幻想》,商业游戏尤其经常被看作由设计人员构想、然后玩家按照给定规则和指南使用的结构。然而,玩家历来推撞这些界限,无论是通过能够逐渐改变游戏的反馈过程,还是如伊藤瑞子(Ito)指出,通过参与关联媒体实践和社会身份的整套延伸游戏——这也是本章探索的题目。无论游戏体验多么精彩,玩家文化从来不存在于一个百分之百

> 得到认可的空间中：我们可以见到五花八门的玩家——多用户、第一人称射击、街机、模拟、经典——对遇到的游戏玩法结构连推带扯。

就魔法圈而言，我们要注意中介在两个清晰的纬度出现：第一是关于作为物的游戏——营利性建立并消费的象征结构——并且涉及其创造中包含的技术资产，即规则和叙事结构，那些集合了游戏物的本质的元素；第二个方面有关游戏进行的时刻（这涉及作为活动的游戏），以及如尤尔（2005）指出的潜在玩家可以接触到规则与虚构共同构成的结构的时刻，游戏如何显示自己；这些维度可以启动先改动后挪用的过程。游戏的这两个维度是理解神圣化场所的重要部分，因而是理解魔法圈的一部分，本章的下一节将更详细讨论。

论活在虚拟世界

“虚拟世界”是电脑中介的多用户环境，允许空间导航，与多用户虚拟空间有密切的技术联系。它们包含极为有效的图形和复杂的方法，其系统可以同时容纳的玩家可达千百万。

要更清楚地展现论点，有必要弄清楚一些相关的定义和概念，如视频游戏、虚拟社群和虚拟世界，以便为我们确认研究对象提供充分的语境，尤其是有利于讨论社会身份的建构及其与电脑中介沟通的关系。

客观上，虚拟世界是基于电脑的互动模拟环境，玩家通过化身“居住”于这些空间。此处的居住比喻得到**世界性**（worldness）概念支持，这个概念由丹麦研究者克拉斯特拉普（2003）在她的博士论文中讨论过，本章会进一步评论。这种居住通常有中介，（最常见的是）通过人或类人（human[noid]）的形象表征，采用二维或三维透视。

> 虚拟世界是包含设计为可导航宇宙空间框架中，用户之间、用户与世界之间同步沟通可能性的一种持续在线表征。“虚拟世界”就是世界，通过用户的持续表征，你可在其中移动，这不同于非数字小说的想象世界，虽然呈现为有人居住，但并不能真正居住。虚拟世界不同于其他形式的虚拟环境，因为无法想象其空间整体性。
>
> （Klastrup 2003：27）

网络技术经历了一系列转化，开始于20世纪60年代，主要由电脑用户出乎意料的互动引起。这种无尽的挪用今天仍在进行，其实质中就含有虚拟世界扩张的最初痕迹。从最初的社群实验、电子布告栏系统和用户网、各种类型的聊天室——网络聊天室、图形聊天室、互联网中继聊天室——到多用户空间和社交网站，我们能看出环境正日益复杂。这既发生在技术层面，也发生在社交过程中，并且无不带有复杂性的群体动机（若干研究人员指出了这一点，其中有Turke 1995，Taylor 2007 & Alves 2005）。

与克拉斯特拉普（2003）指出的居住概念尤为相关的是虚拟世界中的在场感——永恒场所（*locus*）强烈支持这种感觉。克氏的命题关注的是努力构建一个关于这些环境的诗学，显然专注于找出是什么将任一给定的虚拟世界转化为体验的虚拟世界。因此，作者研究作为象征结构的用户/玩家与世界之间的体验本质。虚拟世界的此本质就体现为任一已知虚拟世界中世界性的概念。

因此，唯一合乎逻辑的看法是：用户/玩家感知世界的方式成为这些世界的基本构成部分，因为就是通过对叙事元素的（重新）解读和（重新）构想过程——皆由环境中技术设备的可能用途以及来自用户的个人化需求（前者被看作技术变量，后者为心理社会变量）提供——虚拟世界将最终获得预期的代入式环境。

代入全程中的短暂偏移

要恰当地将魔法圈概念和世界性的思想结合到在线社会身份建构过程，有必要解释代入所担任的角色，它如何被呈现以及如何影响用户/玩家与虚拟世界的接触过程。视频游戏执行由规则和虚构组成的大量信息(Juul 2005)，这些信息在意义生产过程中担任互动力量，玩家按设计的故事即网络文本“生活”的那一刻就体验到这种力量(Aarseth 1997)。

转化视频游戏体验的是其内在的代入过程，如费雷拉和法尔考(2009)指出。影视这样的传统媒体要求被动的代入感，读者仅仅吸收所传输的内容，互动理想浓缩成了相关的阐释学，而视频游戏将此过程移位至不同的场地，这里代入发生的方式要明显得多。

下面还是回到本章的主要论点上来，我们认为魔法圈建立与外面世界之间边界的程度与玩家的认知式游戏代入有特定联系。因而，魔法圈的边界重新定义了自身，并且固化了这些意义，而且代入过程越发展，我们就越产生步入新现实的幻觉，越像“穿过了魔法镜子”。

克拉斯特拉普(2003)赞同虚拟世界性质属于混杂性，她的观点与我们提出的模型互为补充，也与本章论点一致。对于这个丹麦研究者而言，虚拟世界中的代入过程仅仅是构成她的诗学的许多因素之一，表征方式为(1)一个意义生产模型，以多用户生产的文本性为基础；(2)一个分析网络，意图分析互动范围、代理者、互动形式与实时互动——后者使故事得以出现(故事所指的事件可以被讲述、叙述，但不一定与虚拟世界的叙事核心相关)。

克拉斯特拉普(2003)相信上面引用的两个主题对于让用户/玩家发展与这个世界的关系不可或缺，能说服其最终返回此世界。这些力量会帮助缔造此世界的某种特定本质。这些观念由世界性这个概念阐明，并且帮助个体创造出可能满足本人以及所处社群的体验。

鉴于与虚拟世界体验相关的代入过程中存在此特别问题，其中互动和空间导航的需要会进一步悬置怀疑，我们试图进一步分析克拉斯特拉普（2003）的主张。克氏扩展了讨论过的概念，提及玛丽-劳拉·瑞安对作为虚拟现实的叙事的研究。瑞安将代入界定为“一种体验，经由这种体验，一个虚拟的世界可以获得一种自主、独立于语言之外、有活生生的人居于其间的现实在场”（Ryan 2001）。因此，克氏意图为自己反对常识性假设的论点辩护，反对把代入普遍看作被动受媒介语言诱惑的过程，尤其在那些具有传统叙事模式的语言方面。她指出，或许应当提出在场和参与的概念，因为它们更适合表征“存在”于虚拟世界是什么样的体验。

玛丽-劳拉·瑞安相信代入和互动组合可以解释对用户/玩家而言的现实体验。对研究人员而言：

> 要认识到一个世界的真实性，就是感觉被其包围，能够与其进行身体互动，并且有能力修正这个环境。代入与互动性的结合引起一种称作远程在场的效果。
>
> （Ryan 1994 在线）

因此，通过引入（远程）在场的概念，克拉斯特拉普（2003）把以上引用的概念与虚拟世界的特征汇集在一起，通过了解用户/玩家与世界的关系，帮助我们理解在建构在线社会身份过程中的具体某一点发生的情况。正如克拉斯特拉普（2003：295）所写：

> 我们可将代入视为创造对世界的信仰，有意假装所有在虚拟世界中发生的事件都是“真实的”或者“符合事实的”，自动根据“游戏内”的意义解读事件（……）。因而（远程）在场就是跟着

"身处那里"的感觉走,通过与其他玩家互动,模拟真实世界以及成功的代入来体验你就是你的化身、他人就是其化身。对此世界的参与是实时体验此世界时自生的,其他玩家开始对你具有重要意义,你开始体验到可讲述的事件,它们让你坚守这个世界,因为你想要在个体角色层面上完成这个故事。

值得注意的是,虽然克拉斯特拉普(2003)提出用虚拟世界的叙事层面来处理游戏体验,但她的分析并不支持像萨伦和齐默尔曼(2004)描述的那样,将游戏作为一个系统来研究其各个层面,即在此由魔法圈概念代表的那些方面。

魔法圈的中介力

因而,根据以上论断,参与者在虚拟世界中体验到的代入过程伴随着世界性概念阐明的世界体验,呈现出若干特点,显示出大量异乎寻常的社交方式,不同于日常线下关系中常见的做法。即使那些可以确认为同样存在于线下世界的特点——要强调一个事实:虽然本章聚焦在线层面,但我们并不支持现实世界—虚拟世界二分观点——似乎也经历了细微转化以适应虚拟世界的想象气质。

这些前提提出一些有待考虑的问题:(一)讨论不一定与游戏各层面有关的其他互动环境时,与代入过程相关的差异有哪些?(二)这些差异引起的身份建构过程在社会表征层面的影响有哪些?我们在此假定魔法圈的具体特性促进了大量交换社会行为的发展,这些行为最终会帮助创造出产生若干摇摆社会身份的环境条件。

为加强论证,我们有必要先探索这类虚拟世界的社交活动场所,记录其调节机制作为参照。基于拉卡托斯和马可尼(1999)对于互动如何产生社交过程的研究,巴西研究人员雷库埃罗(2005)分析了在线社交网络的形成,强调存在着三个控制社交动力的重要机制，它们由用户参与的人际交往塑造：合作过程、竞争过程和冲突过程。

这种分类似乎适合我们意图对虚拟世界存在的关系层面进行分析。第一类即合作过程，与个人和团队的共同追求目标有关。虚拟世界中的合作可以通过各种各样的事件得到证实。从帮助新用户，指出赢得挑战的攻略或在特定环境中的生存技能，到更为复杂的做法，都来自以友谊为中心的伦理，建立在大量玩家之中占支配地位的同志情谊上。

竞争过程代表个人和团体为在无论物质还是象征资源往往都有限的游戏世界中达成自己的目标所做的努力。因而，用户/玩家之间就构筑了竞争过程，试图要达到期望的幸福状态、有钱或有势，或者甚至是独一无二，这会转换成玩家的社会效益，但牢记这种幸福也有可能是作为声名狼藉的角色被人注意到。虚拟世界环境中，一般都会探索这个过程，因为它会激起用户欲望去努力获得更好的社会条件，追求在参与者中的地位，无论这关乎非凡的技术能力（成为不可或缺的玩家，比如在团队副本或者其他战斗情形中）或者社交能力（说服其他玩家采用某个特定战略，或担任团队的首领）。

相应地，冲突过程会激化与他人的争执，不论对方是个体或者另一团队/派系/民族等等。语境得到调整以更好适应敌意的气氛，关联的愿望就是消灭对手。每个行为都以超越别人为目标，以压制和羞辱为手段。这个机制超越虚拟世界中社交动力的另一重要部分，推动创造了团队、联盟、物资囤积，尤其是支持赢家输家的概念，在参与者中间培育出永恒的战争氛围。

如果采用互动主义视角，就会注意到文献范畴扩大了，比如戈夫曼（1961，1974，1990）和格根（1990）的研究。这些研究人员相信，身份形成的过程从本质上而言源于我们在最多样化的社会语境中体验的情景以及我们表征这些体验的能力。因此，这个过程源自社会表征层面，是靠挪用某特定环境中多种多样的社交和交际活动的具体特点而建立的。

至于用户/玩家与环境关系方面，游戏的固有内容会施加影响力，轻微改变社交过程和行为。主要争论点在于以下假设：到底这种现象揭示的情景是游戏中限于角色体验的有限几个方面，因而改造了游戏内体验，却并不干涉魔法圈规则以外的身份构建过程，还是说这种现象展现的体验层面可以组装进入构成用户/玩家身份配置的元素集合。

在我们看来，后一种假设更有道理，因为魔法圈的在场有效地制造了常用社会参照的临时悬置，因而突出了其包裹的功能；又或者，重塑了这些参照的重要性和用途，因而突出中介元素功能，而未阻碍与这些结构接触的体验中固有的社会学习。

对于虚拟世界的用户而言，魔法圈体验无论是限制性还是中介性，都促成了特定的社会情境，即便只是暂时的，也有利于探索存在和认知疆域，因而提升构成身份的无数体验。

同样重要的是，要认识到，一些研究人员（其中如 Turkle 1997；Ribeiro 2003）认为，与虚拟世界接触中还会出现一种更深层的体验，可以是在任何特定情况下发生，原因多种多样；这种特定现象的影响不限于在线表征中，也不限于单个用户在虚拟世界中扮演的角色数量，但这种体验可以发生移位，影响用户人格结构。此类假定激发依（Yee 2007）进行了行为修正的研究：某些用户可能密集试验这些在线社会身份，以致某些在线特点可能逐渐体现于线下的社会语境中。在更极端语境中，这种观点可以支持把两个相关的圈子感知为等值，这种等值性不应只被看作偶然事件，而是连续的可交换、临时身份识别的复杂过程的结果，提供与调节这些身份识别遵循的是存在于这些社会语境体验中的多种需求和变量。

最后的思考

按照本章的论证，我们提出，虚拟世界中用户社会身份建构过程存在着一些特定的问题。这个看法基于这样一个事实：在这类环境中，除了存在里贝罗（2003）强调的身份建构中与计算机相关的中介过程外，还存在另一个独特的因素。

游戏系统的内在性质产生了实实在在的目标，通过用户/玩家对游戏世界体验的全过程，强烈影响着勾划社会角色和关系的方式。在代入过程中，世界性这个概念所表达的居住地概念提供了多种可能性，用户/玩家被放进一个器具内，它可以抑制时间空间，将虚拟环境转化为真实环境的延伸，用户/玩家会在这个环境中通过化身来建立各种关系。

假设的这种抑制导致将个体放入魔法圈，调节了用户间的关系，将社会身份建构过程植入叙事和游戏构造中，将其与技术、感知、认知和存在因素联系在一起。

耐人寻味的是，尽管一般假设与计算机中介沟通有关联的身份形成过程具有内在自由，但这种自由仍然要受到设计此环境的团队所制定语境的制约。因此，未来的研究重点要更深入探索这些环境，以便绘制社会动力和过程的全景，并且理解这个相对新颖的娱乐形式对玩家的控制力。

参考文献

Aarseth, E. (1997) *Cybertext: Perspectives on Ergodic Literature*, London, John Hopkins University Press.

Alves, L. (2005) *Game over Jogos Eletrônico E Violência*, São Paulo, Futura.

Caillois, R. (2001 [1958]) *Man, Play and Games (Trans. M. Barash)*, Urbana, University of Illonois.

Carroll, L. (1944) *Throught the Looking Glass*, London, Penguin.

Crawford, G. (2009) Forget the Magic Circle (or Towards a Sociology of Video Games) – Keynote. *Proceedings of the Conference: Under The Mask 2*, Luton.

Ferreira, E. M. and T. Falcão (2009) Through the Looking Glass: Weavings between the Magic Circle and the Immersive Process in Video Games. *Proceedings of DiGRA*, London.

Gergen, K. J. (1990) *The Saturated Self: Dilemmas of Identity in Contemporary Life*, New York, Basic Books.

Goffman, E. (1961) *Encounters: Two Studies in the Sociology of Interaction*, New York, The Bobbs-Merrill Company.

Goffman, E. (1974) *Frame Analysis: An Essay on the Organization of Experience*, New York, Harper and Row.

Goffman, E. (1990 [1969]) *The Presentation of Self in Everyday Life*, New York, Harper and Row.

Huizinga, J. (1955 [1938]) *Homo Ludens: A Study of the Play-Element in Culture*, Boston, Beacon.

Juul, J. (2005) *Half-Real: Video Games Between Real Rules and Fictional Worlds*, Cambridge, MIT Press.

Juul, J. (2008) The Magic Circle and the Puzzle Piece. *Proceedings of the Philosophy of Computer Games: DIGAREC Series 1*. Postdam.

Klastrup, L. (2003) *Towards a Poetics of Virtual Worlds*, Copenhagen, IT University of Denmark (Unpublished PhD Thesis).

Lakatos, E. and M. Marconi (1999) *Sociologia Geral*, São Paulo, Atlas.

Lummis, M. and Vanderlip, D. (2005) *World of Warcraft: Official Stretgey Guide*, BradyGames.

Murray, J. H. (1997) *Hamlet on the Holodeck: The Future of Narrative in Cyberspace*, Cambridge, MIT Press.

Pargman, D. and P. Jakobsson (2008) Do you believe in magic? Computer games in everyday life. *European Journal of Cultural Studies*, 11(2): 225–43.

Recuero, R. (2005) Comunidades Virtuais Em Redes Sociais Na Internet: Uma Proposta De Estudo'. *E-Compós*, 04. Retrieved from http: //www.compos.org.br.

Ribeiro, J. C. (2003) *Um Olhar Sobre a Sociabilidade No Ciberespaço: Aspectos Sócio-Comunicativos Dos Contatos Interpessoais Efetivados Em Uma Plataforma Interacional on-Line*, Salvador, Federal University of Bahia (Unpublished PhD Thesis).

Ryan, Marie-Laure (1994) 'Immersion vs. Interactivity: Virtual Reality and Literary Theory', *Postmodern Culture*, 5(5), Online at: http://www.humanities.uci.edu/mposter/syllabi/readings/ryan.html

Ryan, Marie-Laure (2001) 'Beyond myth and metaphor: Narrative in digital media', *Poetics Today* 23(4): 581–609.

Salen, K. and E. Zimmerman (2004) *Rules of Play: Game Design Fundamentals*, London, MIT Press.

Taylor, T. L. (2007) Pushing the borders: player participation and game culture. In J. Karaganis. (ed.) *Structures of Participation in Digital Culture*. New York, SSRC: 112–130.

Turkle, S. (1995) *Life on the Screen: Identity in the Age of the Internet*, New York, Simon and Schuster.

Tuters, M. and K. Varnelis (2006) Beyond locative media: giving shape to the internet of things. *Leonardo*, 39(4): 357–63.

Van Kranenburg, R. (2008) *The Internet of Things: A Critique of Ambient Technology Adn the All-Seeing Network of Rfid*, Amsterdam, Network Notebooks.

Yee, N. (2006) The Labor of Fun: How Video Games Blur the Boundaries of Work and Play. *Games and Culture*, 1(1): 68–71.

Yee, N. (2007) *The Poteus Effect: Behavioural Modification Via Transformations of the Digital-Self Representation*, Palo Alto, University of Stanford (Unpublished PhD Thesis).

第九章　构架游戏:运用戈夫曼框架理论的四种游戏相关路径

雷内·格拉斯　克里斯廷·约根森
托里尔·埃尔薇拉·莫滕森　卢卡·罗西

在写作本章的那段时间,游戏研讨会上常常听到构架(framing)这个时髦术语。萨伦和齐默尔曼(2004)改写了胡伊青加(1995)开创性研究的"魔法圈"概念,此后,游戏被看作在某个将之与其余世界分隔开来的"框架"(frame)(无论你如何定位这个概念)内发生的活动,这在聚焦如何理解游戏与其中发生的活动时成为首要问题。然而,魔法圈显示了其脆弱性,关于其适用性已出现若干争论。游戏学者意识到无法通过简单区分游戏内外的空间来定义游戏,因此去别处寻找工具来描写游戏的独特模式。在这方面,欧文·戈夫曼的框架分析(frame analysis)看来是很有用的工具。

一般说来,游戏,尤其是大型多人在线游戏(MMO)环境包含一系列不同情景和模式,玩家玩游戏时需要明白如何解读。MMO在这方面尤为重要,因为它们属于鼓励玩家互动的社会环境,且玩家在其中也可自行定义许多游戏活动。游戏的创立和维护是为了支持团体行动和社交互动，它们本身也已成为创建社会制度的背景。本章讨论 MMO《魔兽世界》玩家发起活动的一些事例，这些活动为现存的游戏框架分析增添了新的框架。讨论《魔兽世界》的角色扮演时，我们研究玩家如何通过为现有游戏系统加入新的参照框架以维持特定心境。第二例讨论策略指南和游戏攻略，它们作为副文本（paratext）改变了游戏体验，将玩家置于特定模式中，降低虚拟世界的重要性，改变了游戏世界的遍历性（traversal）。另一个极为不同的路径研究工作与娱乐的区分，并讨论参与人员的情境感知会怎样影响将《魔兽世界》用作与研究同行建立关系网络的场所。最后一例讨论“打金”现象以及它如何通过允许游戏外的资源参与游戏进程而打破了游戏的框架。

构架虚拟世界里的游戏

虚拟世界定义为永恒在线环境，开放了玩家间即时以及延续的沟通与互动，在此环境中，事件的发生不受单个玩家支配。克拉斯特拉普这样定义虚拟世界：“首要也最重要的是，线上世界的特征就在于这样一个事实：线上世界是真实化、可改变的、永久的虚拟宇宙，在其中，真实的人可以从其内部共同探索这个世界”（即将出版）。在此定义中，克拉斯特拉普指向在线游戏的永恒性，但最重要的是，她突出了这样一个事实：参与者是能够在这些环境中合作的真实的人。

20 世纪 70 年代后期和 80 年代早期出现了最早常常以奇幻文化为导向的多用户地牢或称泥巴，从那以来，虚拟世界大致发展为两类：面向游戏的或者面向社交互动的，或者用克拉斯特拉普的话说，叫游戏世界和社交世界（即将出版）。不过，这两类仍然难以区分，尤其是二者时常都包含奇幻的背景和强大的社会结构。正如雷德在其关于泥巴社群的著作中指出，虚拟世界分类取决于其鼓励什么样的互动风格，而非其编程方式（1999）。不过，本章的焦点在于虚拟世界。

《魔兽世界》是本章的焦点，此处并非将其描述为以游戏为导向的虚拟世界。《魔兽世界》作为游戏推销、出售，而且很成功：自 2004 年发行以来，已经成为 PC/Mac 平台上最为成功的商业产品之一。姑且不谈商业利益，重要的是不要混淆《魔兽世界》这样一个游戏世界与构成游戏的典型要素。尤尔（2005：36）利用广泛的学术性和面向设计的先行定义，提炼出了他所称的经典游戏模式：

> 一个含有可变和可量化结果、基于规则的系统，其中不同结果被赋予不同的值，玩家尽力影响结果，对于结果具有情感依恋，并且活动的结果可以协商。

这种定义适用于大多数游戏，但谈起 MMO，就会遇到困难。这种游戏不具备固定的可量化结果。相反，如萨伦和齐默尔曼所称，MMO 的"构造像连载故事，一期期生长、发展，有时结束，有时不会"（2004：81）。尤尔本人也认识到 MMO 是此规则的例外，因为通过 MMO 的开放性质，"玩家在退出系统时，仅仅得到某一暂时而非最终的结果"（2003：43）。虽然类似 MMO 的《魔兽世界》中确实存在较小的可量化目标（完成任务就是很好的例子），理解作为游戏世界的 MMO 的关键在于这些游戏为玩家提供确定自己目标的可能性，这些目标也许以游戏为导向，也许不是：成功运作公会，杀掉其他玩家的角色以骚扰这些玩家，角色扮演一段婚姻或者探索环境。这样，MMO 是"一个促进其内部游戏核心玩法的更大系统，随着时间推移带来互为基础的一系列结果"（2004：82）。

魔法框架

玩游戏的独特性在于玩家将特定情境定义为游戏情境。通常游戏规则本身帮助玩家将某一情景定义为游戏。在上文的游戏定义中，尤尔指出，游戏是适用某些规则和行为的特定有限系统。因而，这意味着游戏发生于一个特定参照框架内，此框架将其定义为游戏。萨伦与齐默尔曼参考了胡伊青加(1995)的概念，将此参照框架称为魔法圈(2004：94—95)。魔法圈将游戏内外分开，因而是理解玩游戏意味着什么的中心参考框架。魔法圈可以是概念性的，像角色扮演游戏那样，玩家需通过沟通与想象来建立并维持其边界；魔法圈也可能是视觉性的，边界清晰，像跳房子游戏中用粉笔画的边界或虚拟世界中的地理或探险的边界。魔法圈在游戏研究中受到许多批评(Consalvo 2009；Juul 2008)，在尤尔看来，这是由于误解了原本概念以及将现有理论仓促套用于视频游戏(Juul 2008：54)。本章支持尤尔的反对意见，具体而言，我们认为，萨伦和齐默尔曼的解读过于狭隘，是基于对胡伊青加最初提到的魔法圈概念的误解。胡伊青加写道：

> 所有游戏运行并存在于实际或想象、深思熟虑或理所当然的事先划定的游戏场地内。[……]。竞技场、牌桌、魔法圈、寺庙、舞台、屏幕、网球场、法庭等等从形式到功能都是游戏场所，就是说，他们都是闲人免进的地方，隔离开、圈起来、奉为神圣，其中通用特别的规则。
>
> (Huizinga 1995：10)

这段引文没有定义魔法圈，这个概念不过是作为一系列各种各样边界清晰的情景之一例被提及。胡伊青加将游戏和魔法圈作为相当于法庭和银幕的例子，明显是将此分界线看作比仅仅着眼于游戏要更为普遍的原则。作为一般原则，这种认为游戏由这样一条边界来界定的观点接近戈夫曼理解情景框架的方式(Fine 1983)。我们谈及游戏时，不应将其视作仅由一个叫做魔法圈的框架界定，而是讨论可能界定游戏的不同框架。这样就开启了新思路，可以依据社会和游戏语境情境等因素来构架游戏，并且支持 MMO 游戏核心玩法特有的开放结局和自生性游戏模式。

运用戈夫曼意义上的框架就意味着将目光或注意力引向研究问题的特定方面。构架涉及人类如何解释社会情境，个人如何基于特定情境习俗将一个情境与其他情境区分开来。正如画框标记出什么构成艺术品一样，社会构架划定什么该算作特定情境的一部分。就本章而言，更重要的是，在一个特定框架内，我们预期会见到“超出框架”的活动发生。戈夫曼在《框架分析》(1974：201) 中讨论了这一问题：

> 鉴于大量活动以某特定方式构架并向获准参与者提供官方的主要关注焦点，似乎会不可避免地在同一场所同时出现其他模式和范围的活动(包括狭义的沟通)，这些活动与官方主导活动隔离，就算得到关注，也仅仅会被看作分开的东西。换言之，参与者穿越一系列事件，追逐某一活动线——一条故事线索，这些事件被当作超出框架对待，以这种特定方式从属于已经定义为主要行动的活动。

这就意味着我们看待游戏(比如此处的《魔兽世界》)的许多不同框架一点也不让人吃惊。所有人际互动的竞技场也是含有多个框架的竞技场，这些框架偶尔冲突，但多半和平共处。框架作为理解《魔兽世界》中的多层次互动仍然是有用的工具，因为它为我们批评创造了一个共同的视角，可以让我们理解、呈现并分析在《魔兽世界》这个线上世界观察到的许多各不相同的做法。采用戈夫曼的框架还允许我们研究 MMO 这样的复杂环境中的游戏活动,不会令其沦为简单的“内部对外部”的争论,即为了形式主义牺牲游戏核心玩法的功能性视角(Consalvo 2009)。

下文将讨论四个实例,看看《魔兽世界》玩家如何把游戏框架作为出发点,创建额外框架来提升在社交互动和游戏体验方面的游戏价值。

用角色扮演来构架《魔兽世界》

许多人用 MMO 环境进行角色扮演,他们在其中为自己的角色想象出背景和性格,甚至让其追求关乎命运、未来与浪漫史的目标与剧情。角色扮演可以看作一种观念模式(mindset),或者说“一种玩游戏的方式,可以借鉴用于玩任何类别的游戏”(Helio 2004:70)。这是玩家增添的一种模式,用于提升游戏体验。虽然角色扮演可以独自体验,但要完全实现其潜力,必须成为社交事件,玩家要互动,要对相互的角色做出反应。作为一种观念模式,而非游戏设计的固有部分,角色扮演由玩家生成并认可,关于什么可以算作角色扮演很可能出现误解与异议。角色扮演加入游戏环境后,玩家理解的框架复杂性就超出魔法圈的解释。玩家不仅须能区分沟通是游戏内还是外,还要明白某人是否在扮演角色。

经典的纸笔角色扮演游戏(如《龙与地下城》)依赖面对面沟通以及玩家的想象力来维持活动的游戏状态。因此,新手难以注意到不同的参照框架,那是通过玩家间的口头对话逐渐生成的。玩家需要随时意识到两个框架的差异,一个将玩家定位为虚拟世界中的角色,另一个定位为将游戏世界看作假想之物的玩家本人(Fine 1983;Thorhauge 2007)。角色内(in-character, IC)沟通将玩家架构为游戏世界中的一个个体,指涉虚拟世界里的角色沟通。另一方面,角色外(out-of-character, OOC)沟通是玩家之间的沟通,发生在虚构的游戏世界之外(Konzak 2007)。玩家请求游戏管理员或同伴玩家澄清游戏有关问题,或者讨论游戏规则时就发生了典型的角色外沟通。玩家必须明了正在使用的是哪个框架(Fine 1983)。为了确认某给定时刻某一玩家是在哪个框架下发言,其他玩家就需要从游戏的情景或发言的内容中寻找线索。要说明这一点,可以用桌面游戏中一个年轻没有经验的角色扮演者作为实例。他的角色开始发疯,行为无法控制,干扰了整个团队继续团战,于是被剩下的角色之一捆绑起来并丢到团队的马车背后。这是角色内角度发生的事,但这个年轻玩家觉得这个做法不公平,把它看作是角色外的侮辱,而离开了游戏。他将角色内的惩戒混淆为角色外的敌意,这个典型的例子说明,缺乏经验的玩家可能难以理解两个框架之间的关系。

当我们将MMO作为特定个案研究时发现,沟通是由允许玩家之间书面沟通的聊天频道构架起来的。它们受特定的参照框架约束,覆盖整个或局部世界。在《魔兽世界》中,"说话"频道向"收听"范围内的角色播送书写的内容。另一个方面,"公会"频道专门用于某个公会成员们之间的沟通,无论他们在游戏世界中处于相同还是不同位置。其他频道专门用于元游戏[①]或一般沟通。有其他玩家在场就要求有共用的参照框架,聊天频道不仅可以帮助玩家互动,还有助于订立契约,定义不同框架的意义和内容(Mortensen 2007)。

在MMO中加入角色扮演就产生了复杂的框架组合。如上所述,角色扮演常常是误解和分歧之源,因为角色扮演是人们采用不同

---

① 元游戏原为数学博弈理论的术语,现在一般理解为利用游戏外部的信息,谋求在游戏中的进步。在这个特例中,元游戏会包含询问其他玩家如何完成一项任务或一个特定原理如何起作用。在角色扮演情境中,元游戏的一个例子是,玩家根据角色无法察觉的游戏技巧信息,让角色采取行动并做出决策。关于元游戏的讨论可参见ENWorld论坛,网址为 http://www. enworld. org/forum/showthread. php? t = 131782andpage=1andpp=15。(2008年3月7日检索)

的方式构架其体验与阐释。在 MMO 角色扮演中，正常情况下，某些聊天频道专门用于游戏外沟通，具体的角色扮演社群会有额外的规则。部分角色扮演者对于“说话”频道出现任何游戏外沟通都会皱眉，而其他人则趋于将此频道用于与收听范围内玩家角色进行各种沟通，只不过将游戏外沟通放在括号中。一些角色扮演者会无视可能破坏其游戏世界沉浸感的那些沟通信息，因而括号中文本被看作是不相关内容(Goffman 1961)。《魔兽世界》中的公会可以把公会聊天频道用作角色内频道，他们在此与公会内的伙伴成员进行角色扮演，而他们的角色在做一些不相干的事情，如进行任务或磨炼苦差，这时的公会频道成为角色扮演的主要手段，不受其他玩家的位置与是否在场的影响。支持这种“遥控角色扮演”做法的玩家可以把角色内公会频道解释为游戏内允许角色通过传心术沟通的魔法特征，其他玩家则在头脑中把自己的角色搬到想象出来的公会大厅里，尽管他实际上处于《魔兽世界》地理环境的某一特定位置(Montola 2007)。对于某些玩家而言，这个做法似乎令人不安，或许是因为读心术的解释力太弱，也有可能因为他们不喜欢这样的想法：自己的角色处在想象中的公会大厅，而事实上却在游戏世界干着别的事。

在聊天频道与游戏世界关系以外，我们也可以找到其他类别的框架。在《魔兽世界》的专用角色扮演服务器上，实际进行角色扮演的玩家数量有限，而角色扮演者对待非角色扮演者的方式也各不相同。但明显没在角色扮演的人跟自己打招呼时，有些人会停止角色外沟通，其他人则无视对方，继续角色内沟通，或把对方当作疯子或心理不正常的角色。框架并不总是共享的，这种情况不只出现在角色扮演者与非角色扮演者之间，角色扮演者们也可能具有不同扮演风格，对待游戏世界的方式也存在不同。某些专注于演出角色个性，其他人则忙于创造叙事故事线索和事件(Harviainen 2003)。前者可能在游戏全程多多少少处于角色内沟通状态，后者可能按照事先计划的情境来扮演角色。此外，有些玩家会把游戏世界视做角色扮演的随机虚拟平台，并不关注游戏全部知识或游戏结构如何引导行为与角色关系，而别的玩家会认真沉浸在游戏世界体系中。

为了演示即使双方都用游戏内沟通时，不同风格是怎么引起误解的，我们举《魔兽世界》一个角色扮演服务器上的例子。一位低级别的角色声称自己是能够轻松杀人的“天灾英雄”，一群更高级别角色指责这个所谓勇士是骗子并挑战他，把他带到高级的瘟疫之地，他在那里被 57 级的怪物所杀。低级玩家气急败坏，就进入游戏外沟通，指责高级玩家玩的是元游戏，因为他们明显以级别为依据来评判他。然而，高级玩家声称他们的动机是游戏内的，因为对于一个高级英雄而言，这个“英雄”的盔甲太过简朴。这个例子显示，在《魔兽世界》环境中，两个群体构架角色扮演的方式不同：低级角色相信游戏技巧（角色级别）不应该与角色扮演相关，但高级角色不这么看，他们动用实例证明为什么角色扮演与游戏技巧相关。此外，由于高级群体想要树立“正确”的角色扮演方式，因此他们的行为确实存在游戏外的动机，并且实际上同时在（至少）在两个框架内运作。

当角色扮演加入没有专门结构支撑它的 MMO 时，它就给多人电脑游戏的现有框架增加了新的沟通框架。因此，构架的复杂性与日俱增，而且，由于角色扮演的新框架为游戏增加了新的体验和沉浸层次，多种框架就互相交织。这些框架不一定是直觉性的，它们有赖于单个角色扮演群体的惯例和扮演者个人对待角色扮演的态度。对于构成“出色的角色扮演”因素的不同阐释以及创造新的沟通渠道的可能性，伴随着元游戏和角色外沟通，共同构成在这种环境中出现额外框架的潜力。

升级——快！

正如法恩所同意的那样，《魔兽世界》作为一个游戏世界是虚拟世界与游戏的结合体，表明存在着玩家活动于其中的至少三个基本意义框架。有随时存在的真实世界这个“基本框架”，还有一个玩家通过其规则体系操控游戏内角色的游戏框架，以及一个玩家就是所扮演角色的虚拟世界框架（Fine 1983）。在游戏过程中，玩家按照投入程度不同而在这些框架之间不停切换。这些框架具有的自愿性和“娱乐”因素极大提高或降低框架切换的可能性。

如果游戏世界由于其设计缺点或约束而阻止或妨碍玩家倾情投入，他们会自己想办法再度沉迷游戏。比如，如果游戏世界的现状让玩家受困、迷失，或者有其他不满，策略指南会为玩家提供有用的建议。正如康萨尔沃（2007）在书里谈及作弊手段时所说，策略指南可以视为伴随游戏的副文本。如文学理论家热奈特所定义，副文本给伴随媒体对象主文本的所有信息如一本书的前言、目录和索引赋予意义。它们构成“阐释的阈值”，尽管包含了控制其解读的可能性，但存在于主文本之外（Genette 1997）。就框架而言，由于副文本而导致的对文本（此例为游戏世界）的不同解读，也可能标志着沉浸体验方式的转换。

本节将用一类名为“游戏攻略”的策略指南为例，来说明副文本对游戏体验的影响。在重点探讨两个独特的攻略之前，先要到位的是简述《魔兽世界》的设计，玩家就是因为这种设计才去使用这些策略指南的。

在《魔兽世界》中，通过设计来实施的规则、结构和主导策略试图以多种方式控制或者至少引导玩家的活动。玩家被赋予明确目标，比如完成任务或杀死怪物，这样会产生回报，如改进武器装备、得到经验值，而后者正是在游戏中升级并进一步前进所需的主要“货币”。要让一个角色升到最高级别，到达那个绝大多数社交活动发生的地点，需要一般玩家花费数周甚至数月才能完成。并非所有玩家都愿意为了参与团队游戏活动而投入这么多时间让角色升级。对某些玩家，打怪升级的过程连消遣都算不上，充其量是打杂，难以让他们沉浸在游戏体验中。

游戏攻略为不满升级速度的玩家提供按部就班的加速升级方法，因而预示着获得更大乐趣、更引人入胜。这里讨论比较两套攻略，其一是官方注册，由商用策略指南出版商 Bradygames 发布(Lummis & Vanderlip 2005)；其二为业余爱好者制作，在线出售(Joana 2007)。前者针对《魔兽世界》的新手，提供各种各样的小窍门和技巧，第二种为老道的玩家定制，专注于快速升级(powerlevelling)和竞速通关(speedrunning)，即那些让角色尽快通关的做法，要投入最少，产出最大。二者都专注于完成任务，这在《魔兽世界》中既是讲故事手段，也是为玩家提供目标并回报以经验值的手段。

游戏内容包含由成千上万的任务构成的倒树状分支结构，要想为这些经月甚至经年的游戏内容制作分步骤指南，这个任务不仅令人畏惧，而且完全不可能完成。因此，攻略必须限定某一种游戏方式。在“你的第一天”标题下，官方攻略描述了玩家必须采取的步骤，其中尽可能少地参考游戏等级，并且直接向玩家讲话，就好像他生活在虚拟世界中。以这种风格将游戏转化为副文本形式，目标是叙事讲述贯穿《魔兽世界》的虚拟世界的事情，“鼓励读者设想他们在同一旅程中取得的进步”(Consalvo 2007)，努力使其完完全全全沉浸在虚拟世界框架内。

与此恰恰相反，快速升级指南把从故事角度而言最吸引人、符合逻辑的任务次序替换为有利于升级的最**实用**的任务次序。升级及其基于竞争的相对竞速只顾规划线路(通过事先规划线路，尽快通关)，打破顺序(重组或跳过游戏阶段，以保证该线路的确为最佳)以及实现这些的诀窍(有些可能利用了游戏设计漏洞)(Carless 2004)。攻略为玩家提供了机会，可以在自己的《魔兽世界》体验中复制攻略作者破纪录的速通尝试。

比较这两种攻略指南可以发现，快速升级指南尽力弱化《魔兽世界》的虚构世界。它不把时间浪费在对要遇到的角色、要去的地方的细致描述上，而是紧跟任务的有用目标。康萨尔沃在游戏《神秘岛》官方策略指南描述中发现了类似的差异，他将此过程称为对游戏挑战的“去神秘化”（Consalvo 2007）。不过，让角色通过速通策略升级，不仅使游戏的虚拟故事去神秘化，而且也改造了穿越虚拟空间的方式。为避免不必要的旅行，提高速度，将目标基本上在同一区域的任务组捆绑在一起。在故事层面上任务之间的相关性（故事怎么发展就去哪里）被空间层面的相关性取代（其他任务的目标在哪就去哪）。以这种方式关联任务，使得前进不再需要阅读任务描述，或者按照正确顺序完成系列任务：这些游戏本来的基本叙事工具变成了“叙事障碍”（Kücklich 2004：3），会阻碍快速升级，所以可完全无视，只要走事前规划线路就好。

如果在游戏中使用《乔安娜指南》这样严格面向目标的攻略，另一个几乎无法避免的后果是社交游戏的贬值。《乔安娜指南》对于升级过程中的团队游戏不太热心。对于快速升级而言，一般将 PvP（也叫玩家对战）的内容视为帮倒忙。这类活动不能产生经验值，反而让升级过程停滞不前，因而应当避免。要直接跳过大多数团队任务，值得参加的仅仅是有希望获得较高经验值，而且当时当地就能找到团队的任务（日后再回头来完成团队任务会打乱计划好的线路顺序）。按指南的说法，对于那些不在乎的升级者来说，针对专门团队游戏特地生成的区域即团队副本值得去打，因为一般会为玩家挣到不错的经验值。不过，如若你热衷快速升级或速通，还是最好避开这些地方：正如指南所说：“就我个人而言，冲向 70 级时会跳过团队副本，因为不想冒险遇上糟糕的团队”（Joana 2007：38）。“糟糕”指对于规则和游戏核心机制了解不够，或者就是缺乏技能。至于其他玩家是否是有意思的伙伴或者优秀的角色扮演者，则无关紧要。正如泰勒

(2006：190) 在其研究其他高度由目标驱动游戏玩法的著作中指出，强烈关注《魔兽世界》的工具方面可能弱化个人和团体游戏的所有其他方面。对于专注的速通者和快速升级者而言，其他玩家可能没有自己希望的那么专注或者熟练，卷入与他们的互动纯属听天由命，这太过冒险。

在本小节结束，我们可以说，正如本章讨论的那些攻略一样，作为解释门槛的游戏攻略不仅有可能改造解读与玩《魔兽世界》的方式，有一些（比如官方游戏策略指南提出的策略）试图让玩家沉浸在虚拟世界的框架内，把他们当作其中的角色对待。其他攻略如快速升级指南则不重视甚至完全忽视虚拟世界，赋予玩《魔兽世界》的体验完全不同的意义，在此，玩家就是玩家而已。在这种情况下，它留给玩家极简主义、面向目标的个性化进展，而非那种源于共享环境中自生并由叙事驱动的发现感。

交融框架：游戏内的学术生活

游戏框架和工作框架貌似互相排斥。2005 年，一群游戏研究人员与朋友意识到，他们都在玩《魔兽世界》。从“真是太巧了”到“说不定我们会是超强公会”只要一小步，很快就诞生了部落方[1]的欧洲游戏研究人员公会，名叫“逃学的人”。公会成立于 2006 年，到 2009 年还在，成员包含本章作者，不过没能成为“超强”公会。有点意外的是，研究人员并不总是高效玩家，团队主要由有工作、有家室、有职业的成熟玩家构成，这意味着处理真实生活问题期间，大多数成员会长时间离开，这些行为对于成就型游戏风格[2]来说并不相称。

尽管如此，很多行为确实起了作用。公会酝酿的首批项目之一

---

① “部落”是《魔兽世界》游戏里两个作战派别之一，另一方为“联盟”。

② power-gaming：一种游戏风格，专注于游戏，为取得最大进步或者达成某一目标可以克服各种困难，全力以赴。——译者注

是一本文集，始于2006年，出版于2008年。2007年，该团队的许多游戏研究人员在瑞典哥德堡游戏会议上碰面；2008年，公会的若干成员参与并组织了在瑞典于默奥进行的为期三天的游戏研讨会。这个小型的研究者社群在数字空间开会，同时通过电子邮件名单维护、管理研究活动。原先的博客归于空白，就像维基一样，而最重要的是，电子邮件名单被证明可以更好、更有效地融合工作和游戏并再次回到工作——因为在这种情况下，所有游戏都回到工作。

我们审视一下“消遣”(play) 和“工作”这两个框架。我们已经见过消遣的多个定义，尤其是涉及如何理解电脑游戏方面，其中若干定义与这两个框架都相当兼容。比如，尤尔(2005) 对于游戏 (game) 的定义，就完全与工作一致，因为游戏和工作都受规则、价值观、努力、结果和影响的约束。按照这样的游戏定义，生产劳动领域与游戏不会有任何差别。不过，我们很清楚工作与游戏之间的差异把它们置于似乎相反的天平两端，对这两种活动看法相反的关键在于胡伊青加的说法“消遣属于多余”(1955)。在这个定义中，消遣是随意的，在闲暇时进行，绝不会是乏味无聊的日常事务。一旦消遣变成了杂务，就不再是消遣，反而极像工作。《魔兽世界》玩家在放弃游戏前或者解释离开原因时，常说的一句话就是“这开始感觉像工作了”。一旦游戏变成例行日常事务，感觉是限制，没有回报，玩家就会失去兴趣，因为他们理解游戏的框架从消遣框架移动到了工作框架。

另一方面，工作中也有愉悦体验，也有些活动让工作像消遣。奇克森特米海伊的研究(2008，2002) 论述了人如何在工作场合中找到愉悦感，他提出了心流(flow) 的概念来解释人们何以能够享受除心流外以单调任务主导的繁琐杂事为特色的情形。

> 在常规的日常生活中，不受欢迎的想法和担忧侵入我们的意识，将我们变成其猎物。因为大多数工作以及普通的家庭生

活都缺少迫切的心流体验需求，紧张的投入达不到能自动排除各种心事和焦虑的程度，因此普通心境中常常出现预料之外的无序片段，干扰心理能量的平稳流动。这就是心流改善体验质量的一个原因：明确结构化的活动要求会施加秩序，将无序的干扰排除在意识之外。

（Csikszentmihalyi 2002：58）

在奇克森特米海伊提出的工作心流状态模式中，挑战与熟练之间存在着平衡，这个模式已经用于平衡游戏的各因素，以便维持玩家的兴趣。他关于心流的论述显示了工作何以能够被视作消遣，描述了“工作”和“消遣”主要是构架的问题，二者之间不存在明显不同，差别只在于观察者或参与者的感知。自成目的（autotelic）体验可以呈现为一个构架问题。通过重新阐释因而重新构架这种体验，无聊的日常工作在工作者头脑中关注的层次结构里可以变换位置。自成目的或最优体验本身就是目的（Csikszentimihalyi 2002），而非参与者需要完成的外加任务。

但是哪个是第一位，是游戏还是心流？对工作人员如何达到心流状态的描述与胡伊青加对消遣的定义惊人一致。消遣常常在极刻板的例行活动情境中，以“破坏性”或“建设性”方式“爆发”。递水灭火长龙中，有两个人决定互相泼水，而不把水桶往后传，这就是破坏性消遣。当手与桶构成的链条符合词语游戏或者歌唱游戏引导的节奏时，这种动作与和睦感就转化为强化社群的消遣机会。后一种方式就是奇克森特米海伊描述的心流体验，但是二者都属于消遣。这些例子中，存在着从一种状态到另一种状态、从常规工作体验到最优体验之间的过渡。

如果工作与消遣仅仅是重新构架的问题，就应该有实例显示游戏体验转化为工作，并且从消遣中产生更多创造性成果。但我们实际上得到的是一种社交性，在其中，消遣行为最适合创造性情境。工作梦想着成为消遣，而消遣只想是消遣，比如珍妮·麦高尼格对《我爱蜜蜂》[1]的研究情境中，工作元素极强，但仍然具备消遣性质(McGonigal 2008：199)。

《我爱蜜蜂》是个互动故事，跨若干数字和模拟平台，具有消遣元素。它是《光环 2》[2]的推广活动，由微软委托制作。麦高尼格是首席社群设计师，事件或叫另类实境游戏(ARG)高度依赖所谓的CI：集体智慧。麦高尼格描述了这项活动以及参与者为解决问题而进行的海量研究分析。活动期间，参与人员为解决难题，远距离自行组织起来，在线进行长时间复杂讨论，并且基于非常模糊的迹象提出若干不同理论。这是创造性与社群设计的绝佳实例，也是极其有力的信号。这提醒我们，一个积极的团队即使组织松散，也能集结大量精力完成任务。它显示了智慧的力量以及消遣性的强大激励力量。教师与教练在学习和训练中使用游戏的时候，试图重温并用于更为单调平凡任务的就是这种工作动力。

如我们所知，游戏往往抵制这种做法。短期内可以采用类似游戏的方法，利用“开心的力量”让其他方面复杂无趣的实验富有趣味性和挑战性。但是长期而言，这种效果趋于消退。胡伊青加断言，游戏要的是自由随性，奇克森特米海伊则主张心流产生于百分之百专注于手头任务，源于为做事而做事(2002)。玩蜜蜂游戏是因为爱玩，但如果游戏安排是为了教会人们怎么合作，他们就会错失自成目的的体验，因为目标变成了最终的知识。

这对于区分工作和消遣两个框架有什么影响呢？一方面，这种区分对于情境感知极为重要，如果框架变了，情境就会发生根本性改变；另一方面，《我爱蜜蜂》的例子加上对于自成目的体验的理解显

---

① *I Love Bees* ——译者注

② *Halo 2* ——译者注

示，不同的框架至关重要。如果有太多要求，需要完成太多任务来达到目标，过程本身就不再是目标，因而心流就会消亡。

“逃学的人”的玩家兼研究人员的地位让人羡慕。科研大约是运用集体智慧最经典的实例，因为个体研究人员基于其他人的知识来解决谜团——无论这个谜团是人的内心世界还是遥远星星的秘密。而且，科研任务非常接近自成目的体验。在所有合作都是出于自愿好玩的游戏中聚拢一群科研人员，这构成自成目的方式工作的完美背景。但这并非一劳永逸。开始靠热情构架为消遣、心流，后来就转化成了工作，这样，与其他类似工作的任务就没有多大差别了。

游戏成真

涉及 MMO 时，更难界定游戏本身的独特框架。MMO 似乎超越了自身，触及了传统上看作远离游戏实践的社会方方面面。就 MMO 而言，游戏本身、玩游戏的社会意义日趋扩展，试图包括构成当代在线游戏体验的所有新领地。毫无疑问，迫使游戏的社会定义最大限度扩展的这个特点就是这个体裁最创新的方面之一：正如卡斯特罗诺瓦所言，MMO 很重要，“因为其内部的事件会对外部世界产生影响”（2005：4）。

游戏内活动或游戏相关活动定义的扩展是玩家当今拥有的新地位[①]的结果，对于 MMO 尤其如此。游戏体验不再限于登录和退出过程中间发生的事。采用更广阔的视野来描述这些游戏，即使不一定有必要，也肯定有可能。

联网的玩家作为特定类型的联网受众参与游戏，在其中他们既是玩家又同时为其他玩家制造工具、提供信息。当今每款游戏一出

---

① 正如下文所述，“联网的玩家……既是玩家又同时为其他玩家制造工具、提供信息”。——译者注

台，随后就会跟着上千个相关产品，既有官方的，也有非官方的：线上论坛、粉丝网站、指南、各种游戏支持工具等等。虽然如今发行的几乎每款游戏都会出现这种情况，但是这似乎是MMO体验的核心部分，玩家社群的存在是这种游戏的关键部分。如果说其中的大部分产品、指南、攻略和策略手册都可视为元文本，能够丰富甚至从根本上改变（如本章前面着重强调）游戏体验，那么此处还有若干东西的地位不清楚。我们要怎样看待公会用于协调游戏内活动的在线服务？它们算不算游戏的一部分，能否构架为游戏体验的部分？公会在管理游戏期间出现的复杂情况，如准备25个人、团队副本、角色扮演活动时，这些工具无疑会起到重要作用。不过，日历工具长期以来就是外部资源，不是游戏客户端本身的一部分，不由暴雪官方支持或维护。就在最近，伴随着《魔兽世界》的资料片《巫妖王之怒》，日历服务才从外部、网页式支持应用变为官方客户端的一部分。《魔兽世界》的演变充满了这样的例子，最初由玩家生产、提出的创新后来被引入游戏：从游戏聊天系统到用户界面改进，从公会银行到日历服务，要全部列出来的话，单子会很长。游戏的每个新版本都可以从用户部分自制版本的角度来描述。

如果说MMO使得游戏活动边界难以划分的话，那么更难的是确定游戏后果，或者说成千上万游戏动作的最终结果。MMO是涉及全世界数百万联网玩家的社交活动，它为人们提供了机会，可以描述这个复杂自生性现象，在不同领域具有许多意想不到、难以预料的后果。

若干相对简单的互动在宏观层面上产生足以感知到的焕然一新的特性时，就可以称为自生性现象了（Corning 2002）。既然MMO已达到重要传播程度，其与法律或经济体系的互动方式显然可以这样解读，将游戏本身构想为一个大规模事件，能够在全球范围对不同的宏观系统产生重大影响。这恰恰就是本章最后一部分使用的构架：自生性框架，试图描述游戏“成真”时发生了什么，而且，千百万游戏行为可以产生一种能够影响真实世界的新现实。

一个关键例证是卖金，即向 MMO 玩家出售游戏货币的做法，因此这些玩家被定义为买金人。人们花“真金白银”来获取一些“虚拟”货币的做法很容易理解。通常，MMO 设计成回报型，你玩得越多，收获越多，既有游戏币，也有其他游戏内成就。在此特定环境中，玩家很容易受诱惑花(更多)钱，以加速升级过程或购买他们真正想要的某个特定物品。显然，玩家可以自行通过游戏活动获得同样数目的钱，但这得花许多时间，而且大多通常耗在极其无聊、重复的活动上。购买金币(《魔兽世界》中虚拟货币的名称)就把游戏的无聊部分留给了旁人，这样玩家就可以只专注于好玩的部分。购买金币不像速通，靠的不是玩家想要利用深层游戏机制缩短耗时、获得成果；它主要是基于经济评估，看玩家愿意付多少钱来跳过某一项无聊的活动。玩家愿意支付的真金白银达到一定量，就创造了一种全新商业模式空间。有证据表明，这种交易需求巨大，在当今世界上主要的大规模 MMO 中，卖金都属于重大现象。2008 年，这个现象在现实世界经济中的货币影响力估计超出 100 亿美元(Heeks 2008)。

从此现象的经济维度来看，卖金似乎运行状况相当好。不过，这种做法的存在本身应迫使游戏学者扩大游戏的定义。事实上，玩家作为金币购买者，正让游戏的边界推至游戏以外，或至少超出了开发人员心目中的游戏界限。然而，根据《魔兽世界》的《服务条款》以及《最终用户许可协议》，买卖金币是明令禁止的做法，它加入难以控制的现金，这会损害游戏。为了阻止卖金行为即出售游戏内物品获取现金这种真金白银的交易行为，《魔兽世界》的《最终用户许可协议》规定：

> 暴雪娱乐拥有或授权所有与本游戏及其所有复制品相关的

权属、所有权和知识产权(包括但不限于游戏名称、计算机代码、主题、物品、角色、角色名、故事、对话、流行语、场景、概念、美术作品、角色道具栏、结构或风景设计、动画、声音、乐曲和录音、声音-视觉效果、故事情节、角色造型、运行方式、精神权利以及任何相关文档)。

(WoW EULA, §4 Ownership)

既然《最终用户许可协议》是玩家与游戏公司之间的法律协议,这个段落就意味着玩家通过购买游戏客户端获得了玩游戏的权利,但他们永远无权拥有游戏中的任何东西。如果像《最终用户许可协议》所称,玩家不能拥有游戏中的物品或任何其他东西,很明显,从严格的法律角度来看,金币买卖不仅非法,而且不可能:你从未拥有的东西,你怎么可能出售?

这就是《魔兽世界》迫使我们面对的一个矛盾困境:在经济层面上巨大的、且日益增长的服务市场,从法律角度看是非法的(且技术上不可能)。尽管这些做法存在合法性问题,相关的游戏经济还是日复一日朝着事实上的认可发展:2008 年,中国政府通过方案,对出售电子货币征税。

这段简短讨论《魔兽世界》经济的真实性的题外话,目的仅仅在于强调我们进入 MMO 领域后,游戏边界可以扩展到什么程度。高度联网的玩家可以很容易地在游戏内外之间切换,利用游戏外资源来改进游戏内体验,反之亦然。这个过程将产生一个自生性现实,它由亿万个日常简单的“游戏行动”构成,能波及社会的许多不同侧面。因此,每次分析都要求不同的角度以考察特定的现象;同样,对于构架游戏这个高度互联互通的自生性社会现象而言,观察者的视角至关重要。

那又如何？一些结论

上面讨论的四个例子显示出玩家活动的巨大差异。从表面看，它们之间仅有的联系在于都发生在一个特定的 MMO 中，然而，正如我们试图用戈夫曼的框架分析证明的那样，这些案例是采用不同的方法看待这个游戏框架以内发生的游戏活动的实例。玩家在适应像角色扮演、卖金、速通这些不同游戏活动并且将游戏作为联网平台时，并未将原来的游戏框架抛诸脑后，而是在原有框架基础上增加了新的框架。他们的游戏仍然处于框架内，这个框架将游戏定义为一种特定观念模式，其中的行为与世界别处地位不同。通过定义那个游戏框架内自己的目标和任务，玩家能够在思想上留在主导框架内，同时又针对有吸引力的游戏活动构成要素增加自己的阐释。在这个意义上，增加新框架是种自生活动；它并非游戏本身安排，而是玩家使用系统的时间足够久以后发生的。因此，是 MMO 的结构促成这样用新框架玩游戏、促成添加新框架。不过，这也并不令人吃惊，因为 MMO 确实被称作“世界”，意味着它们就是社交互动的场所，只受人的想象力约束。像这样将框架添加到 MMO 活动中时，我们可以问自己是不是过于宽泛地使用了戈夫曼的理论？是否一切都可以称作“构架”，或者说，此概念用于如此数量众多、风格迥异的游戏活动中，是否失去了意义？我们相信，只要我们清楚，框架使用只限于作为具体的框架实例的清晰案例，就可以继续使用框架分析。为了使理论应用尽可能具体，以下的示例具体说明框架如何应用于游戏的具体方面。

图 9.1 的模型说明本章的四例与《魔兽世界》的游戏世界的联系。游戏世界本身被看作与真实世界分离的参考框架，对于 MMO 玩家而言，这是个共同的参考框架，与他们各自的游戏方法无关。然而，在此游戏世界中，本章的四个例子处于不同的语境中（Fine

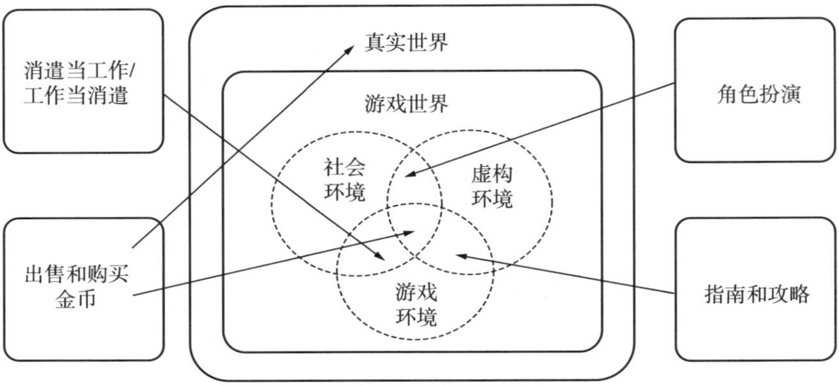

图 9.1　一个说明性模型

1983)。它们平行于范恩的奇幻角色扮演游戏中运行的三种框架(1983：194)以及尤尔针对所有游戏行为的动机框架(2008：61),我们将其称作游戏内社会语境、游戏内所呈现的宇宙的虚构语境,以及游戏语境(与游戏的规则体系和设计相关)。在这个模型中,这些都被看作渲染 MMO 游戏体验的相互重叠的语境。玩家个人可以决定专注于一个或多个语境,这个模型也展示了本章的四个实例所处的位置。

玩游戏的不同语境显示,MMO 的游戏世界是一个灵活的建构,在其中,视玩家态度和构架可能会出现新的游戏体验。为说明这一点,将本章讨论的四种构架语境各作为一个外围组织加入模型,它们在游戏语境中原本没有,但可随玩家意愿添加。正如我们所提出的,角色扮演在游戏中的语境化既是虚构性的也是社会性的。在此,玩家进入一个框架,在其中他们应扮演的角色是生活在这个世界中的个体,此活动只有与其他玩家互动时才具有意义。于是,在社会和游戏语境中,自然而然就出现了用游戏作为职业和社交网络框架,并因此融合了消遣与工作。作为网络环境,《魔兽世界》成为与工作相关的社交场所,同时,玩游戏、精通游戏系统的乐趣,又是以游戏为中心的活动。使用攻略和指南涉及的是游戏语境和虚拟语境，因为前者动机是想在游戏中取得超出常规游戏许可速度的进步，后者趋于降低游戏虚构世界的重要性。买卖金币的活动具有双重地位，因为出售金币是发生在游戏语境之外的真实世界活动，而购买金币活动直接影响的不仅是玩家在游戏世界的表现，也影响了玩家的社会机会，降低了游戏作为虚拟世界的重要性。在这种意义上，游戏框架已包括了这四个游戏活动，虽然它们代表着极为独特的自生性特征。

参考文献

Carless, S. (2004) *Gaming Hacks: 100 Industrial-Strength Tips and Tools*, Sebastopol, O'Reilly Media.

Castronova, E. (2005) *Synthetic Worlds: The Business and Culture of Online Games*, Chicago, University of Chicago Press.

Consalvo, M. (2007) *Cheating: Gaining Advantage in Videogames*, Cambridge, MIT Press.

Consalvo, M. (2009) There is no magic circle. *Games and Culture*, 4(4): 408–17.

Corning, P. A. (2002) The re-emergence of 'Emergence': a venerable concept in search of a theory. *Complexity*, 7(6): 18–30.

Csikszentmihalyi, M. (2002 [1992]) *Flow: The Classic Work on How to Acheive Happiness*, London, Rider/Random House.

Csikszentmihalyi, M. (2008 [1990]) *Flow: The Psychology of Optimal Experience*, New York, Harper and Row.

Fine, G. A. (1983) *Share Fantasy: Role-Playing Games as Social Worlds*, Chicago, University of Chicago Press.

Genette, G. (1997) *Paratexts: Thresholds of Interpretation*, London, Cambridge University Press.

Goffman, E. (1959) *The Presentation of Self in Everyday Life*, New York, Doubleday Anchor Books.

Goffman, E. (1961) *Encounters: Two Studies in the Sociology of Interaction*, New York, The Bobbs-Merrill Company.

Goffman, E. (1974) *Frame Analysis: An Essay on the Organization of Experience*, New York, Harper and Row.

Harviainen, J. T. (2003) The multi-tier game immersion theory. In M. Gade, L. Thorup and M. Sander (eds), *As Larp Grows Up: Theory and Methods in Larp*. Frederiksberg, Projektgruppen KP03: 4–8.

Heeks, R. (2008) Current Analysis and Future Research Agenda on 'Gold Farming': Real-World Production in Developing Countries for the Virtual Economies of Online Games, Manchester.

Heliö, S. (2004) Role-playing: a narrative nxperience and a mindset. In M. Montola and J. Stenros (eds), *Beyond Role and Play: Tools, Toys and Theory for Harnessing the Imagination*. Helsinki, Ropecon RY: 65–74.

Huizinga, J. (1955 [1938]) *Homo Ludens: A Study of the Play-Element in Culture*, Boston, Beacon.

Joana (2007) Joana's 1–70 Horde Leveling Guide. Retrieved 30 November 2009, from http: //www.joanasworld.com.

Juul, J. (2003) The Game, the Player, the World: Looking for a Heart of Gameness. *Proceedings of DiGRA and Level Up 2003*, Utrecht, The Netherlands.

Juul, J. (2005) *Half-Real: Video Games Between Real Rules and Fictional Worlds*, Cambridge, MIT Press.

Juul, J. (2008) The Magic Circle and the Puzzle Piece. *Proceedings of the Philosophy of Computer Games: DIGAREC Series 1*. Postdam.

Klastrup, L. (Forthcoming) Understanding online (Game)Worlds. In J. Hunsinger, L. Klastrup and M. Allen (eds), *International Handbook of Internet Research*. Berlin, Springer Verlag.

Konzak, L. (2007) Larp Experience Design. In J. Donnis, M. Gade and L. Thorup (eds), *Lifelike*. Copenhagen, Projektguppen KP07: 82–92.

Kücklich, J. (2004) Other Playings: Cheating in Computer Games. *The Other Players Conference*, Copenhagen, Denmark.

McGonigal, J. (2008) Why I love bees: a case study in collective intelligence gaming. In K. Salen (ed.), *The Ecology of Games: Connecting Youth, Games and Learning*. Cambridge, MIT Press: 199–228.

Montola, M. (2007) Breaking the invisible rules: borderline role-playing. In J. Donnis, M. Gade and L. Thorup (eds), *Lifelike*. Copenhagen, Projektguppen KP07: 82–92.

Mortensen, T. (2007) Me the other. In P. Harrigan and N. Wardrip-Fruin (eds), *Second Person, Roleplaying and Story in Games and Playable Media*. Cambridge, MIT Press: 297–307.

Reid, E. (1999) Hierarchy and power: social control in cyberspace. In M. A. Smith and P. Kollock (eds), *Communities in Cyberspace*. London, Routledge: 107–33.

Salen, K. and E. Zimmerman (2004) *Rules of Play: Game Design Fundamentals*, London, MIT Press.

Taylor, T. L. (2006) Does Wow change everything? How a Pvp server, multinational player base, and surveillance mod scene caused me pause. *Games and Culture*, 1(4): 318–37.

Thorhauge, A. M. (2007) *Computerspillet Som Kommunikationsform, Spil Og Spillere I Et Medievidenskabeligt Perspektiv*, Copenhagen, University of Copenhagen (Unpublished PhD Thesis).

Ye, J. (2008) Real Taxes for Real Money Made by Online Game Players. Retrieved 25 May 2010, from http://blogs.wsj.com/chinarealtime/2008/10/31/real-taxes-for-real-money-made-by-online-game-players/.

第三部分　社群与沟通

第十章　作为地点的身份：游戏难民和虚构民族性的建构

西莉亚·皮尔斯　阿特米西亚[①②]

引子：一个想象中的祖国

我的祖国乌鲁

从我美丽的祖国
从我挚爱的故土
飘来巴洛人的哭泣
还有卡迪什的妻子唱着她那绝望的歌

一位姐妹唱着副歌，远离祖国生活
她为乡愁哭泣

① 本章的更早版本是《身份作为地点：介导性游戏社群中的跨游戏身份——乌鲁流散的个案》，发表于哥本哈根2008年10月15日至18日的互联网研究人员协会会议论文集《互联网9.0》。

② 阿特米西亚是作者的"研究化身"。

哀歌自她的痛苦和泪水中涌出
不绝于耳

你离开时，祖国击中灵魂
你不在时，祖国发出悲叹
记忆鲜活，流遍我的血液
我体内始终带着她，千真万确

副歌在继续，演绎着忧伤
那首歌反反复复
在我的血液中流淌，愈加强烈
奔向心房

我歌唱我的祖国，美丽、挚爱的祖国
她灵魂的痛，我感同身受
纵然相隔千山万水，我也能触到她深情的脉动
总有一天，我要归去

我确信这点

这首诗作者所指的祖国完全是虚构、虚拟的地点。诗是瑞安娜(Raena)[①]写的，是大型多人在线游戏《神秘岛之乌鲁时代》[②]的玩家，写于2004年游戏关闭三个月后。在接下来的年月中，成百上千、也

① 本章使用的所有玩家姓名和团体名称皆为化名。

② 乌鲁流散的深度研究，包括详细的研究方法，请见皮尔斯和阿特米西亚(2009).《游戏社群：多人游戏和虚拟世界中的自生性文化》. 剑桥，马萨诸塞州：麻省理工学院出版社。

许成千上万的《乌鲁》玩家迁移到了其他在线游戏和虚拟世界，许多人自我认定为"乌鲁难民"，并且把这个游戏称作"祖国"。本章呈现多场域民族志研究（Marcus 1995）运用于《乌鲁》玩家研究的结果。《乌鲁》2003年作为测试版开服，不到六个月就关闭了，留下约10 000自认为"难民"的玩家。许多玩家移民到其他线上世界，在《第二人生》和"那里网"这样的游戏和虚拟环境中，带着《乌鲁》身份组成共同的"虚构民族"。这些玩家用集体身份描绘自己，把《乌鲁》称作"我们的祖国"，把自己称作"难民"。而且他们还在这些虚拟世界中制造直接源自《乌鲁》或灵感来自《乌鲁》的物品和环境，因而用地点作为手段表达集体身份。在这些世界的各处，他们被称作"乌鲁族"，或者干脆"乌鲁人"。移民至"那里网"的玩家最开始受到歧视，但久而久之，其团体规模（高峰时达450人）及其人口统计学特征（50%为女性，主要为"婴儿潮一代"，有大把时间和收入）令其对整个"那里网"文化开始产生重大影响。他们共同经历了《乌鲁》关闭，遭受了深度创伤，对于社群有着强烈的奉献精神，在新家积极投入社群建设活动。通过迭代的社会反馈和"文化转换"的动态过程（Ortiz 1947），他们最终从"乌鲁人"转变成为混合的"乌鲁-那里人"，将两个虚拟地点都融入了自己的集体身份。

本章探索身份与虚拟地点的联系，具体参考人类学、人文主义和社会地理学以及互联网研究以考察与特定的虚拟、虚构地点相关联的"虚构民族性"的建构与表现。我要证明，在当前的历史时刻，随着"全球市场"的普遍无地点、无身份特点取代了身份、社群和地点之间的联系，玩家在乌鲁流散中建构共享的、基于地点的身份的趋势，可能反映了个体的更大需求，想要将自己与亲和团体联系在一起，并找回地点、社群和身份之间的联系感。

《乌鲁》历史、语境与玩家

为了给理解这种关系的动态打下基础，了解《乌鲁》的性质与历史及其玩家会很有帮助。《神秘岛》[①]始于 1993 年，是利润丰厚的游戏专营系列，《神秘岛之乌鲁时代》则是其终局游戏之一（图 10.1）。《神秘岛》是首个爆款光盘游戏，且一直雄霸榜首位置，到 2001 年才被《模拟人生》超越。许多人将《神秘岛》归为首款真正算得上艺术品的视频游戏（Rothstein 1994；Carroll 1994）。它在数字互动叙事方面开辟了新天地，建立了新的体裁——冒险解谜游戏，提升了视听设计的标杆，将游戏受众拓展到女性与年纪更大的玩家（Miller 1997）。大部分《乌鲁》玩家是《神秘岛》迷，当多人游戏发布的时候，他们已经在《神秘岛》世界"生活"了 10 年。

图 10.1　《神秘岛》把玩家吸引到一个完全实现了的虚构世界[②]。

---

① *Myst* ——译者注

② 除特殊说明外，所有图像由作者制作。

这段历史的重要性在于以下两点。第一，它帮助我们理解这些玩家是什么人；就一款 MMO 而言，《乌鲁》的人口构成在年龄、性别方面都不同寻常。本研究关注的群中，大部分玩家是“婴儿潮一代”，一半为女性。这种人口构成对于在线游戏来说，极不寻常，因为大多在线游戏吸引的主要是大学年龄段的年轻男性（Yee 2002；Castranova 2001；Seay *et al*. 2004）。第二，由于《乌鲁》是具有 10 年历史的专营游戏的一部分，玩家还未涉足《乌鲁》本身，就已经对游戏发生的虚构世界有了亲近感。从前的独自体验现在有整个社群可以分享，这对大多数玩家算是一种新发现，他们在访谈中一般把自己定位为“不合群的人”。这个背景有助于解释玩家对于仅仅住了不到六个月的虚拟地点如何会形成这么强的亲近感。

《神秘岛》世界与《乌鲁》叙事

《神秘岛》世界涉及一个可能为古代背景，依稀具有蒸汽朋克特点的虚构文化，这种文化借鉴了若干传统因素，包括《旧约》《新约》以及美国土著的传统视觉图像和文化，以创造一个复杂、可扩展的体系。它的宇宙观围绕着一个名叫德尼的类人种族，他们拥有如神一样的能力，能够通过书写创造出完整世界，但受困于自己的妄自尊大。这些世界由书代表，每本都包含完整的小世界及其居民。这些称作“纪元”[①]的书在游戏中起着基本传送装置的作用，每个居住世界都有复杂的谜题，要花数时甚至数日才能解开。还有人断定，《神秘岛》除了这种创造扩展世界的精妙幻想外，也为游戏设计和计算机编程提供了令人信服的隐喻。

跟其他成功的幻想世界，如托尔金的《魔戒》《星际迷航》和《星球

---

① Ages ——译者注

大战》[1]一样，《神秘岛》体系、故事和游戏的复杂性促成了繁荣的粉丝文化。《神秘岛》和《乌鲁》迷为向挚爱的虚构世界致敬，创造了德尼字典，精心构思制作了游戏攻略、一本杂志以及各式各样的同人小说和艺术。尽管《神秘岛》世界很成功，它属于从未扩展至书面或有声读物以外媒体的极少几个专营视频游戏。其实，在多个节点也曾提过各种方案，从故事片到电视剧到实实在在的岛屿上的主题公园，但这些项目没有一个真正实现。

《乌鲁》不是《神秘岛》系列的最后一款游戏，却好像成了它的挡书板，这有几个原因。首先，这是系列中的首款且唯一的多人游戏，虽有单人模式，但设计的解谜为团队式。第二，《乌鲁》是实时 3D，这意味着它既可导航、也可居住，而大多数（虽非全部）更早的游戏不能这样，因为它们本质上只是非线性幻灯片。第三，《乌鲁》是该系列中第一和唯一以玩家化身为特点的游戏（图 10.2）。之前的游戏都是第一人称，未定义玩家角色，只是拐弯抹角称作“陌生人”。我的研究显示，在《神秘岛》世界中，把自身具象化为一个独特、个人化的角色引入了本体感受体验，提升了玩家在这个世界中的代入感，以及一种独特的身份感。这种身份感由于将化身呈现给他人而得以进一步提升。正如麦金农巧妙指出，网络空间中，“我被感知到，因此我就存在”（MacKinnon 1985）。我称此现象为“看见与被看见”。提升玩家在场感的途径不只是看见自己，还有被他人看见（Pearce 2006）。采用化身是出现《乌鲁》流散文化的关键作用因素。没有玩家化身，就不会有建构个人或团体身份的游戏可见性，而不具备这种能力，玩家就不能建构本章讨论的“虚构民族性”。

---

① 《魔戒》：*Lord of the Rings*；《星际迷航》*Star Trek*；《星球大战》：*Star Wars*。——译者注

图 10.2 《乌鲁》中引入玩家化身提升了玩家的在场感

最后一个问题是《乌鲁》叙事本身。《神秘岛》的叙事围绕亚崔斯和凯瑟琳以及他们不争气的儿子西洛斯和阿克纳。《乌鲁》的中心角色是妹妹依莎，她学会并超越了父亲的纪元书写技巧。游戏的中心是叫做德尼·艾古拉的废弃城市，隐匿在一个地下沙漠洞穴中，当德尼人自己的世界毁灭之后定居于此。换言之，德尼人自己就是难民。“乌鲁”这个词在德尼语言中被赋予了两种意义，其一为“大规模集会或社群”，其二则不那么正式，“你就是你”。玩家作为“探险者”聚集在“洞穴”中，暗示着他们扮演的就是自己。依莎留下的神秘线索引导他们，在德尼·艾古拉遭遗弃很久以后来到此处。

游戏叙事中的主要冲突是重振城市。依莎挑战德尼重建理事会(DRC)，后者是个虚拟的人类团体，由赛恩公司雇员（口语中称为“赛恩人”）扮演，作为洞穴的官方管理人，拥有重建纪元的权威，对探险者来说很“安全”。每个新纪元恢复后就会向玩家开放，因而，整个游戏设想为片段式结构，新的纪元会定期发布。然而，依莎的消息显示了德尼人更阴暗的一面，他们的傲慢最终成了衰落的原因。德尼人似乎征服了一群叫巴洛的“兽人”，依莎称其为“最小类”。城市中与其他一些纪元遍布他们的标记，这些象形图画讲述着他们的故事。这暗示着巴洛是洞穴的“土著”，而实际上德尼人已在此殖民。因而，这就启动了玩家之间的矛盾，因为一些玩家支持德尼重建理事会，希望重建德尼文化，另一些却支持依莎，想要解放巴洛。事实上，也有玩家更愿置身矛盾之外，这又形成了第三方无派别的派别。

《乌鲁》不同于其他任何 MMO，没有经验值、级别、玩家数据统计、竞争与杀戮。其基础机制是合作式解谜和清道夫打猎风格式的探险，与《神秘岛》其他游戏类似。大多时候，游戏是非线性、不计时的，提倡开放式探险。纪元可以一次通关，也可通过一系列阶段分期通关。

成为难民

《乌鲁》于 2003 年秋以光盘形式发布，但是完整的多人游戏从未对公众开放。游戏是作为测试版发布的，名为“序幕”(Prologue)，玩家要索取并获得邀请才能玩。最后，部分由于“疏忽”，所有请求的玩家都收到了邀请，在巅峰期，《乌鲁序幕》有 10 000 名玩家。第二年 2 月，在只有 7 天预警时间的情况下，出品商育碧公司和开发商赛恩公司宣布《乌鲁序幕》即将关闭，《神秘岛在线》取消完整公开发布。在玩家记忆中，这次因为服务器关闭而引起的玩家在游戏中的集会称作“黑色星期一”——或者“黑色星期二”(取决于游戏关闭时玩家处在哪个时区)(图 10.3)。

研究涉及的玩家将其对此公告的反应及其后果描述为“创伤后应急综合征”，许多直接用了这个术语，大多数吃惊于自己的情感反应强度。如之前提到，许多人访谈时确认自己是“不合群的人”，促使

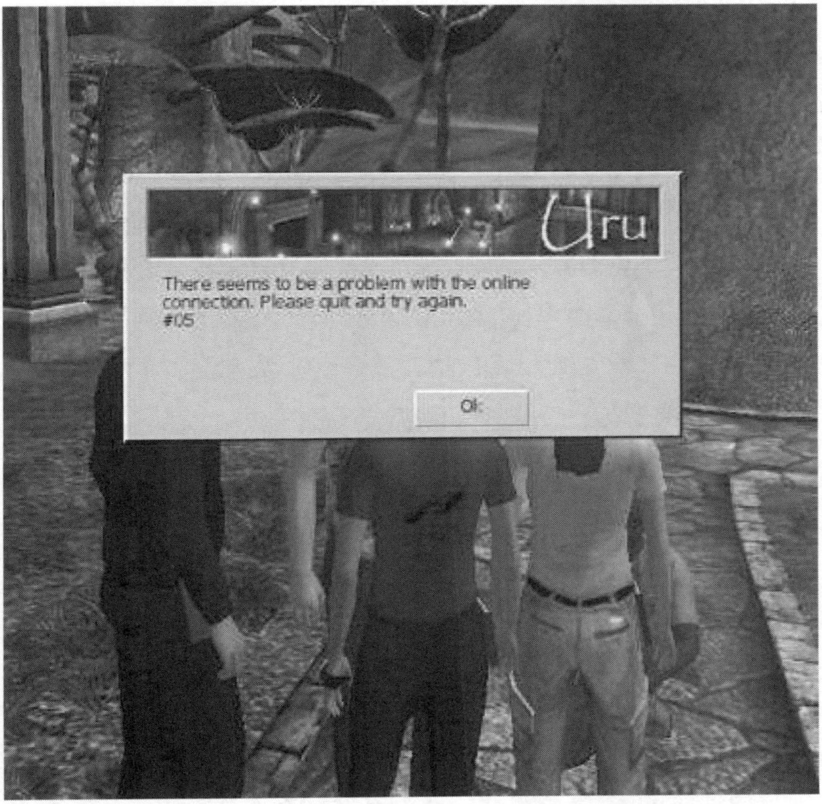

图 10.3 《乌鲁序幕》的最终画面

我在书刊中将其称作“不合群者社群”。对大多数人而言,《乌鲁》是他们首次接触在线游戏,他们吃惊地发现自己可以迅速、轻易地与探险家同伴们建立信任关系。在较短时间内,玩家已构成有凝聚力的社群,尤其是在“邻里”中(在《乌鲁》中相当于 MMO 的公会),其中,乌鲁集会(TGU) 最大,是本研究的焦点。

移民

一听说游戏要关闭,玩家就开始着手准备。乌鲁集会负责人建了一个含有实时文字聊天区的论坛来帮助玩家保持联系。玩家开始物色新游戏和虚拟世界作为候选移民地。他们会在有关论坛汇报情况，配上截屏，详细描述这个世界特点。这些比较讨论极为精彩，充分揭示了玩家看重哪些软件特点，会出现哪些争执点。并没有做出正式决策要转移到“那里网”。如同《乌鲁》离散文化几乎所有其他方面一样，这个“决策”是自发的，自下而上。虽然玩家分散至若干世界中，但是形成了反馈回路，注册“那里网”的玩家越多，跟随他们去的就越多。这个群体的市长、副市长丽莎与琳恩将“那里网”选作新家后，明确告知其他人想去哪儿都行，但是大多数还是选择了追随首领去往新定居点。为方便这种移民模式，玩家采用(也是自发的)一种“跨游戏”身份做法：在“那里网”和其他虚拟世界开户时，他们保留了《乌鲁》中化身的名字和几乎相同的外表。在那些把自己看作难民或移民的玩家中间，这是常见做法：他们在不同世界间常常携带着自己的在线身份，因而方便在不同虚拟世界中延续团队成员关系(图 10.4)。

图 10.4　“那里网”中的乌鲁难民，身着玩家自制的民族服饰

迁移至“那里网”的乌鲁人常常用集合概念“我们”来称呼自己。在对乌鲁集会成员进行的早期访谈中，他们强调自己与其他玩家的差异，谈论自己的共有价值观。他们会说，“我们是探险者”，或者“我们是解谜人”。他们也极其不喜欢暴力游戏，这是选择不去《瑞泽姆传奇》[①]这样的候选 MMO 的原因之一。他们想在新家寻找的部分目标是拥有风景宜人的地方，可以一起探险，这是《乌鲁》中他们最爱的集体活动之一。他们也想有个环境既易于了解、使用又能支持其主要目标，那就是在一起。

最初，《乌鲁》难民受到“那里网”本土人士的排挤，原因如下：

第一，在非乌鲁集会成员的乌鲁难民加入后，团体人数膨胀至高峰时的 450 人，这个数量被小规模、新生的“那里文化”视作威胁。

第二，那里人担心涌入的移民会试图接管“那里网”，将其变成《乌鲁》。乌鲁人早期确实试图在这个世界的一个区域重建《乌鲁》，但受制于“那里网”中的建筑机械，要实现这个计划只能采用随机应变的额外手段。

第三，而且也许最令人关注的是，有限自然资源的问题。正如卡斯特罗诺瓦指出，在虚拟世界中，我们往往称作“资源”的东西，从理论上而言是无限的：任何东西都可制作无限量的数字拷贝，不会存在短缺问题（Castranova 2001）。不过，虚拟世界确实有一种宝贵而极其有限的“自然资源”，玩家往往会尽力争夺：服务器处理。大型多人环境中，极具讽刺意味的状况是，入住人数越多，体验降低得就越多，因为服务器处理速度所限会造成滞后、失真，有时甚至是服务器完全崩溃。在“那里网”，高玩家流致使化身返回到低清晰度的“傻瓜版”。在《第二人生》，如果一个“模拟区域”（清晰的地理区域）过于拥挤，参与者们会被驱赶至世界的另一区域。在《乌鲁》中，网络延迟问题极

---

① *Ryzom* ——译者注

为严重，城里人口密度极大时，几乎无法移动，并时常引起软件崩溃。

因此，如果来了个大型群体，出行时还非要成群结队，他们造成的网络延迟足以降低邻居的体验。乌鲁集会被迫迁移不下七次。他们每在一个城市定居下来，就被临近社群驱赶，因为他们造成的极度延迟令人憎恶。还有人用各种方式“骚扰”(grief) 他们，包括在他们定居点附近张贴淫秽标志。不管有什么乌托邦话语，政治差异还是跟着我们进入了虚拟世界。

与“那里网”居民的反应形成对照的是那里公司，这个当时“那里网”的所有者很乐意收容这个巨大、有利可图的团体。事实上，他们收到《乌鲁》社群管理人员预警时，将此群体的到来视为良机，可以迅速吸收大量的付费用户，这正是艰难起步阶段的迫切需要。他们力图巩固这个新用户基础，最终划定了一座远离其他区域的小岛让乌鲁人定居，这里对临近社群的影响可以最小(图 10.5)。

图 10.5　乌鲁集会(TGU) 在“那里网”中的岛上定居点。左侧的旗帜带有乌鲁集会的标志。

文化转换

尽管起初要适应“那里网”文化很具挑战性，随着时间推移，《乌鲁》难民们经历了“文化转换”的过程（Ortiz 1947）。这包括拥抱新家，将此身份要素融入从《乌鲁》带来的团体身份。他们也开始创作由《乌鲁》衍生、启发的物品和环境，因而，把那里空间本身用作团体身份的表现和标志。他们开始在“那里网”中创造《乌鲁》地点，就像新移民团体在新城市中建立小意大利和中国城。许多设计在全部那里人口中流行起来，因此，通过玩家设计的物品交易，产生了一种自发的文化交流。今天，整个“那里网”随处可见灵感来自《乌鲁》或《神秘岛》的物品、建筑、风景元素，许多是非《乌鲁》玩家布置的，他们全然不知这些东西文化意义的历史变迁。除了扩展《乌鲁》社群定居点，因而大量贡献房地产费用外，乌鲁人也涉足“那里网”文化与治理的其他方面。《乌鲁》社群的成员开始担任会员咨询委员会的职务，这是由玩家提名、世界拥有者任命的代表团体。乌鲁移民也发起并管理那里大学，这个大型校园主办免费教育活动，向所有那里人开放。当“那里网”一度面临关闭威胁时，《乌鲁》难民没有像许多玩家那样弃船而去，而是坚守阵地，助力新家，维持开放。

随着这个新的乌鲁-那里混合文化开始出现，玩家自己对这个文化转换过程的思考极其复杂，且得以将其结合进自己的那里身份话语中。科拉是名残疾玩家，后因先天性疾病去世，她给自己的社群写过一封现已极为著名的信，表达对这种转变的看法：

> 乌鲁难民的灵魂正在融合到那里公民身上。并非没有各种怒气、不愿融合、不愿相信乌鲁已经消失以及事实上享受乌鲁之外东西的负罪感。但是，时间确实说明了一切，记忆中永远会有德尼、会有在那儿一起生活的过往。也许，我们可以拥有双重国

> 籍：乌鲁人和那里人。我在德尼有着神秘岛（Myst）[①]的存在，我的灵魂、身、心与德尼产生断层（Riven），我从想呆的地方被放逐（Exile），而乌鲁（Uru）已经睡去。但是，也许结局还未书写。

结尾是典型的乌鲁人语言，他们盛赞文字游戏和双关语；此处，她把《神秘岛》游戏的一些名字嵌入句中，表达对文化转换过程的感受。注意最后一行引自《乌鲁》，常被援引用来表达持续的渴求，即使在拥抱这个新社群时，这个群体仍然可能于某一天回到其"祖国"。

自主

与此同时，其他乌鲁人继续以各种方式追求这个回归祖国的目标。一位名叫埃里克的乌鲁集会成员已着手在《大气圈》[②]这种 3D 制作平台中建立《乌鲁》街坊（每个"街区"的聚会场所）的复制品，来自其他群体的玩家建立了《乌鲁》修改器，包括游戏的复制品以及全新的纪元，采用流行的游戏引擎比如"毁灭战士引擎"[③]。另一组玩家/黑客通过论坛和其他中介形式，开始对《乌鲁》服务器进行逆向工程。他们起初只是一个"特种兵"黑客企业，后来他们联系了赛恩公司，最终得到原开发人员的祝福和支持，允许玩家运行自己的《乌鲁》服务器。最终，乌鲁人再次回到了自己的祖国。

回到祖国

玩家运营的《直到乌鲁》[④]服务器系统上市，具有赋权效果，为乌

---

① 这些是《神秘岛》游戏（系列）的名字：《神秘岛》（*Myst*）；《神秘岛 2：星空断层》（*Riven*）；《神秘岛 3：放逐》（*Exile*）；《神秘岛在线：乌鲁时代》（*Uru*）。——译者注

② Adobe Atmosphere ——译者注

③ *Doom* ——译者注

④ *Until Uru* ——译者注

鲁流散成员提供一种自主感，一种所有人都欢迎的象征性姿态。虽然许多乌鲁人确实回到了玩家运营的服务器，部分玩家仍然深陷创伤，选择不回归。其他人觉得既然已经玩遍了所有纪元，就没有多少必要再次返回那个时间凝固、不提供新内容的《乌鲁》（虽然黑客们也在着手解决这个问题）。出乎意料的是，迁移到其他游戏的玩家没有放弃其新定居点，包括移民《第二人生》并建立了乌鲁岛的另外一群乌鲁人。他们给自己祖国添加了新实体，这就是虚拟世界与真实世界移民的重大差别。玩家可以同时"生活"在多个世界。传统上这种情况要少些；MMO 玩家趋于从一个游戏转移到另一个，而不是为多个账户付费。但如果玩家年龄更大，收入高，闲暇多，社群情结强，他们会维持多个游戏账户，可以与栖居的虚拟世界建立更为动态、灵活的关系。玩家还采用了形形色色多模态以及虚拟之外的交际策略，如网络电话画外音（用于只有文字聊天或者语音存在技术问题的世界）、论坛以及网站。这些做法意味着广受称赞的"魔法圈"（参见 Salen & Zimmerman 2004）可能比之前认为的更为灵活。玩家似乎流畅、频繁地移动于不同世界和交际模式之间，对于具有某些统计特征的玩家而言，在多个游戏和虚拟世界中同时保有多个账户日渐寻常。

2006 年见证了乌鲁传奇的新篇章。有意重新发行《乌鲁》的商业公司建了一个新的《直到乌鲁》测试碎片（服务器），聘我为顾问，帮助招募 3000 名玩家（公司定的目标）为重新发行做一个商业案例。2007 年 2 月，由特纳广播 GameTap"经典"游戏门户主办，《乌鲁》在关闭三年后，再次开服，采取原先设想的形式，配有片段式开启的各个纪元，名为《神秘岛在线乌鲁直播》[①]（*MO*：*UL*）。悲哀的是，出品人觉得玩家运营的碎片系统会与新的商业版本形成竞争，因而关闭

① *Myst Online*：*Uru Live* ——译者注

了《直到乌鲁》系统，在非美国玩家以及那些由于各种原因没有或者不能获得 GameTap 的玩家中间引起第二波移民浪潮。

即便恢复了官方的祖国，连同赛恩的新片段内容，玩家也没如想象中那样放弃新家。现在，他们已经从文化上适应了新社群，在此发挥重要的社会、政治、经济影响，建成了自己宽阔的宅第，在新定居点上投资太高，已经无法放弃。他们于是选择再次把时间分给新家与"故园"，就像他们对待《直到乌鲁》那样。他们像跳房子一样，玩着"跳世界"，在一个世界参加这项活动，当天傍晚又跳到下一个世界。更值得注意的是，他们开始在这些社群里面招募《乌鲁》新玩家。他们自觉自愿地在"那里网"中投放《乌鲁》和《神秘岛》主题区域的宣传标志，甚至建了个《乌鲁》游客中心，指点怎么进入《乌鲁》游戏。他们还为"那里网"居民提供带导游的乌鲁游览。《第二人生》玩家居然与 GameTap 合作，重新开放了他们的乌鲁岛，此前，由于缺乏经费这个岛已经关闭了 15 个月。《第二人生》中乌鲁的新实体还有标识和链接，指向特定网站，为《第二人生》里向往《乌鲁》的玩家提供 GameTap 特别促销（图 10.6）。这是对游戏间移民的新拓展。玩家从游戏和虚拟世界内部指向其他游戏，这意味着游戏习惯的重大变化，脱离了传统的"一次一个游戏"的 MMO 用户订阅模式。

短时间内，玩家尽览"两个世界的精华"，这既是确确实实的事实，也是象征性的，他们可以栖居于祖国，连同期待已久的新内容，同时又在"那里网"和《第二人生》这些别的世界中保有《乌鲁》定居点。跨游戏的协同作用带来更多双向移民，使新的"第二波"《乌鲁》移民进入"那里网"，同时也从别的世界中招募到新一代乌鲁人。

然而，《乌鲁》故事并未在此终结。2007 年 4 月《乌鲁》第三次关闭，只不过比第一次关闭时预先警告更早，宽限期更长。乌鲁玩家被迫进行第三波移民，第一、二波移民担当了特使，引导新近痛失祖国、伤心透顶的那些玩家。又一次，"那里网"和《第二人生》里的乌鲁人

图 10.6　为宣传 2007 年《乌鲁》再次发行而在《第二人生》中再造的乌鲁

举办游览和社交活动，欢迎落难的兄弟。但是，一如既往，“结局还未书写”。特纳广播公司随后将该游戏的所有权归还赛恩公司，后者宣布要打造《神秘岛在线：重建实验》[①]（*MO*：*RE*），这个工具包会把创造游戏内容的大量工作交给玩家，虽然这就像本文一样，成果有待观察。

《乌鲁》的故事表明，在图形虚拟世界，地方与身份可以紧密联结。在乌鲁流散案例中，这一点以两种方式完成。第一，玩家“来自哪里”成为身份的关键标志；其次，在《第二人生》和“那里网”这样的世界中，玩家通过“生产性游戏”方式创造的空间也成为个人和团体身份的表达与标志（Pearce & Artemesia 2006）。在某种意义上，地方本身成为一个“化身”，一个玩家个人和集体身份的空间体现（图 10.7）。

---

① *Myst Online*：*Restoration Experiment*——译者注

图 10.7　乌鲁"街区"泉这个重要的文化产品在不同游戏中的形象(顺时针方向从左上开始):《乌鲁》,"那里网",《大气圈》,《第二人生》。

方法

本研究的特点在于"多场域网络民族志",综合了马尔古斯(1995)、梅森(1996)和海因(2000)的方法。马尔古斯建议用"多场域民族志"的路径来处理日渐稀少的全封闭真实文化实例,提出的方法是从一个场域到另一个,"跟踪"文化的不同方面(Margus 1995)。海因(2000)以梅森的"虚拟民族志"概念(1996)为基础,描述一种沉浸式方法,根据在线文化自己的主张来进行在线文化生活体验。

本实证研究活动为多场域民族志田野研究,为期 18 个月,从 2004 年 4 月至 2006 年 9 月,加上后续的田野研究,研究对象其一为最大的《乌鲁》"邻里"(相当于其他游戏中的公会),约 300 名玩家,其中大多移民去了"那里网";第二组研究对象为《第二人生》里的一个二级群,有 200 名玩家。研究问题集中于在自生性文化建设中在线游戏软件设计以什么具体方式影响社交模式。

本研究理论框架综合了若干不同角度。被试者约50%为女性，对于MMO社群来说，这是非典型比例，所以女性主义民族志的各个方面就起了作用，包括：探索民族志讲述与虚构或文学写作方法之间的关系（这在一个“虚拟”世界的“真实”研究中尤其相关）；突出在线文化中性别的角色；特别优待被试者的权威，而质疑研究者的主体性和权威性（Visweswaran 1994）。

我发现，特纳和谢克纳的表演与仪式民族志（1985）在研究在线游戏时尤为有用，可以把游戏看成一种仪式化的共同表演；我也推定，角色扮演就是他们所描述仪式的自然延伸（Fron *et al*. 2007，Pearce & Artemesia 2009）。同样影响了我的还有戈夫曼的日常生活的表演性（1959）和框架分析（1974）的概念，以及登青后来对于日常生活中表演性不断增强的观察资料（2003）。在游戏与虚拟世界中，研究者必须参与角色扮演活动，在此背景下，我将民族志研究本身设定为既是表演实践又是游戏。克利福德（1986）在其有关民族志的寓言的论述中强调了这种表演性侧面，简尼斯克（2000）描述舞蹈艺术的方法用于参与式观察，采用的是一套即兴方法。即兴途径是研究游戏的关键，如斯特拉森（2004：5）所言，它要求“收集有关无法预料之结果的有关信息”。游戏的本质就是不稳定、即兴，因而游戏研究需要灵活、反应灵敏的途径。通过这个过程，我的角色成长起来，我最终被看作这个群体的民族志学者，具备了知情人-圈外人地位，这就将我定位为他们的支持者以及对外部世界的发言人。

研究写作采用了“深描”（thick description）（Geertz 1973）以及若干层面上的多声部声音（polyphonic voice）。我跟随沃尔夫（1992）、鲍德梅克（1966）、史密斯-博文（1964）的步伐探索了主体性问题，还利用了多声部文本（Fisher 1990；Miles & Huberman 1994；Helmreich 1998），特别优待直接引语（如上文引用的诗），并通过一个“参与博客”征集玩家反馈。所有这些做法的目标都是采用合作方式进行研究和呈现，承认“土著权威”，同时又找到我作为该群体的民族志学者这个独特角色的声音①。

“难民”与“祖国”的建构：背井离乡的话语

虽然 MMO 文化在游戏难民方面研究不足，但《乌鲁》并非游戏难民首例。游戏难民可能源于游戏关闭，《子午线 59》②（第一个受托尔金启发的图形 MMO）、《网络创战纪》和《阿斯龙的召唤》就是这样，游戏内部的改变、流行度下降或者同一类别新游戏开服等造成难民问题的情形也同样多。2005 年游戏规则的一个变化降低了《星球大战：星系》的难度，实际上否定了有经验的玩家已取得的成就（以及地位），导致玩家大规模离去（Kohler 2005）。我在 2004 年开始《乌鲁》研究时，“那里网”游戏中，有一个 800 人的群体自认是《在线模拟人生》的难民。这些玩家各自独立地采用了“跨游戏”身份的策略，再次创造了与《在线模拟人生》中化身相同的名字和外貌。《魔兽世界》2004 年开服，引起玩家从《无尽的任务》大规模移民，而此前，后者是最流行的美国 MMO。

对乌鲁人而言，构建“难民”和“祖国”作为群体身份标签完全出于游戏玩法以及玩家话语本身，显然，影响这个做法的是这些术语在整个文化中唤起的涵义。在先前研究中，我描述了“身份的社会建构”，指出游戏社群涉及个人与群体身份之间动态的相互作用，而且，个体身份的建构是主体间过程（Pearce & Artemesia 2007）。这一点在任何其他地方都不如在乌鲁流散中突出。并不

---

① 本人非常感谢汤姆·博尔斯托夫全程指导。如果对游戏民族志感兴趣，我强力推荐他有关虚拟世界和研究方法的著作：Boellstroff（2006/2008）。

② 《子午线 59》：*Meridian 59*；《网络创战纪》：*Ultima Online*；《阿斯龙的召唤》：*Asheron's Call*；《星球大战：星系》：*Star Wars Galaxies*。——译者注

存在单个的人将此群体整个看作“难民”，而游戏一关闭，玩家们就一个个采用这个术语，开始自发地以自生性方式建构、表演我所称的“虚构民族性”。

值得注意的是，原先的游戏在运行期间，“难民”和“祖国”的概念并未出现在《乌鲁》社群内部。阿克赛尔将“祖国”描述为“定义位置”(defining locality)、“来源之地”(place of origin)，也是流散的标志特征；不过，他也指出，定义流散的虽有语境，但更多的是“语境的缺失”(loss of context)(2004：28)。鉴于“祖国”的话语在此“定义位置”丧失后才出现在《乌鲁》玩家之中，公平地说，祖国这个概念本身就是由其缺席而造成的。我们可以将“祖国”这个词作为不在场东西的替代品，代替所丧失之物的一种幻肢。甚至“乌鲁人”的概念也只有在玩家被迫离开“祖国”后才出现。他们在其他虚拟世界中建立了社群，但他们来自异乡，来自毁灭之地，就像原先德尼人的祖国被毁一样。就是这种差异为其虚构民族性提供了支架。《乌鲁》未关闭的话，就不必构想这种虚构民族性以及作为支撑的跨游戏身份。而且，联系乌鲁难民的纽带就是基于其共有的历史、记忆和失去祖国的创伤，次要的还有那段将其标记为异类的历史。

祖国

卓越的人文地理学家图安(1974：149)断言：“对祖国的依恋可以极为强烈……”“家是宇宙结构的焦点……。一旦家被毁灭，我们有理由断定，人会彻底灰心丧气，因为居留地毁灭意味着他们的宇宙毁灭。”“然而，……”他接下来指出：

> “人类具有强大的修复能力。宇宙观可以调整，以适应新情况。一个‘世界中心’毁灭，可以就在旁边，甚至完全在另一处再建一个，转而成为唯一‘世界中心’”。因此，“中心”是“神话思维

中的概念而非与具体位置的独特事件紧密难分、深切感受到的价值。”

(Tuan 1974：149－150)

换句话说，“祖国”是一种心境。

“祖国”的观念无不与社群相连。祖国绝少属于单个联想，绝非仅仅一个人所来自的“房子”，也非一个场所而已。更准确地说，它是个体之间共有意义、历史和叙事构成的一张网，个体将这些与特定地点以及共有身份联系在一起。祖国是体验性的，同时又是象征性的，而且如杰克逊(1998)可能会断言的，祖国本质上具有主体间性。社群的“祖国”对社群之外的人而言，可能具有不同的意义，或者不具任何意义。

“深沉但潜意识的依恋可能纯粹由于熟悉、轻松而产生，由于长期积累的抚养和安全的保证，声音和气味的记忆，社群活动和家庭的快乐。”(Tuan 1974：159)。这些联想与乡愁紧密相连。这种乡愁在对祖国叙事的不断重述和重建中时常被美化或改造。

地点性

《乌鲁》的特性可以用伊藤的话称作“网络位置”(network locality)(Ito 1999)，即通过网络达成的地点感，也可换个说法，叫“地点性”(placeness)感觉。伊藤主要用此术语指基于文本的社群网站，但《乌鲁》体验突出了这个概念，创造了一个以视觉呈现且可以探索、居住的虚拟“地点”(place)(Pearce & Artemesia 2009)，这虽然是非“真实”的地点，但被玩家认作合法位置。此外，在这些玩家心中，这个虚拟网络位置不仅是他们可以访问的地方，而且在跨游戏活动环境下，无疑是他们所来自的地方。

那么，我们用“地点”和“地点性”这些术语到底指什么？图安

(1997：4) 这样描述“空间”(space)：“比‘地点’更为抽象。起初未分化的空间，随着我们对其了解增加、赋予其价值，变成了地点。”因而，在最宽泛意义上，我们可用空间的特征来描述空间：宽敞、广阔、地平线、景色等等，而地点则可定义为充满特定文化意义的一个场所。图安(1974) 指出，一个地点的意义，常常伴随着其故事，比如丹麦的克伦堡(也称作赫尔辛基)、莎士比亚的埃尔西诺。这些故事或“真实”或“虚构”，或常常介于二者之间，构成重要基础，赋予一个通用空间“地点”的意义。

我在前面断定，对于主题公园、主题商城以及 MMO 这些假想叙事化环境的需求，源于高度西方化、泛化的全球市场带来的日益增长的地点性缺失感(Pearce 1997，2007)。古普塔与弗格森(1992：10－11) 这样描述：

> 然而，这些时代的可笑之处在于，随着真正的地点和位置日益模糊、不确定，具有文化与民族特色的地点概念也许反而可能更加凸显。就是在这里，最明显展现了想象的社群(Anderson 1983) 如何依恋上了想象的地点：随着现实世界日益拒绝提供真实、可靠地盘带来的安全感，流离失所的人们就簇拥在记忆或想象的祖国、地方或社群周围。

莫立与罗宾斯(1995) 在其极为敏锐的前网络分析著作《空间的身份》中论证说，电子媒介的新“视听地理”通过将重心从民族国家的“想象社群”转移到全球市场的“无地点、非指称身份感”，诱发了全球的身份危机。他们指出，地球村的资本主义构架没能认识到洛斯汀(1984：34) 所断言的“……对空间的共同占有形成集体身份”。他们还援引威廉姆斯(1983：39) 的说法，后者认为，在这个“虚假、狂热的民族主义以及鲁莽轻率而无法控制的跨国主义”的世界中，争取有意义的社群和“真实的社会身份”的斗争日益艰巨。“[我们]必须探寻新型的可变社会……。”按照莫立与罗宾斯(1995：39)的说法，需要的是“重拾或重新想象一种指称身份感，重估特定和具体的体验”。经过出乎意料的转折，《乌鲁》这个“视听地理”的体现成为进行这种重拾的场所。

虚构的民族性与假想的社群

虚构的民族性的概念，即对子虚乌有的虚构文化民族身份的依恋，并非全新的概念，甚至也非网络社群独有。我们见到很多形式的实例，最著名的在“星际迷”中间，他们采用了《星际迷航》系列中种族的虚构民族性，詹金斯把这种形式称作“参与性文化”(1992)。一年一度在亚特兰大举行的 Dragon * Con 多主题科幻与奇幻爱好者会议上，成群结队的玩家身着角色服装，在虚拟世界的种族和民族团体主持下聚集于此，可能包括精灵和小矮人；僵尸、吸血鬼和狼人；文艺复兴时期的海盗和居民；日本动漫和猫的角色，动物族、蒸汽朋克和各种各样的种族与来源的外星人，如火星人、绿衣生化人和克林贡人。在 2007 年的 Dragon * Con 聚会上，有消息说所有参与者只要穿着打扮成克林贡人，都将获邀参加一场克林贡人的婚礼。那些痴迷托尔金的《魔戒》系列及其各种各样的衍生品(从《龙与地下城》到《魔兽世界》)的人在粉丝活动中打扮成并且采用虚拟种族的角色。这类角色扮演的部分乐趣就在于跟具有共同价值观与兴趣的人群迅速建立情感连接。正如我们 2007 年研究 Dragon * Con 的动漫真人秀(cosplay)中发现，“来自”相同虚拟世界的角色扮演者和服装师即便互相完全陌生，服装也会在他们之间创造亲近感(Pearce *et al*. 2008)。

这里重要的是要注意安德森(1983)的“想象的社群”(imagined community)和最好称为“假想的社群”(imaginary community)二者之间的区别。图安断言“文化由想象驱动，是想象的产物”(1974：

xiv)。就此而言，所有社群在某种意义上都是想象的。安德森的“想象的社群”产生于历史、地理、权力、语言、宗教(信仰)和文化之间的复杂互动，往往解释民族国家的形成以及有历史根源但不一定存在于现实的社群的形成。民族国家的边界时常是殖民占领的人为产物，可以定义为不存在天然亲近感的社群群体(1983)。我们可以说，尽管乌鲁流散的成员“生活”在不同的“民族”中，但是他们共有的民族感可能要强于例如“伊拉克”的居民，按照安德森的定义，“伊拉克”只是一个想象的社群。

我们倾向认为民族性由出生的场所和语境决定，但是乌鲁流散中酌情确定的民族性迫使我们质问民族、领土、文化和身份的根本问题。古普塔和弗格森指出，人们时常把文化中这些因素之间的关系看作理所当然，地图用明亮的色彩区分民族国家就代表了这一点；然而，在实践中，文化与地点的关系要复杂得多，尤其在后殖民主义、分散的移民和难民社群以及国境缝隙间存在的边界文化的语境中。他们断言：

> ……今天，集体身份的问题似乎确实呈现某种特殊的性质，越来越多的人生活在赛义德(1979：18)称为“广义的无家可归状态”，在这个世界上，身份就算没有彻底去地域化，也日益变得另类地域化。
>
> (Gutpa & Ferguson 1992：9)

乌鲁流散就是这样一种“另类地域化身份”，它在虚构或虚拟世界中被用做“祖国”，因而顾名思义，就成为身份的标记。

“分布式大流散”

“难民”和“祖国”是玩家自己发明用来描述其地位的部分术语，

我引入“流散”(diaspora) 来描述跨游戏的《乌鲁》社群。如何理解分散社群是流散的？既然他们已经“不在同一地方”、从地理上散开(dispersed) 了，“流散”难免有些多余吧？确实，就定义而言，所有分布式社群都在某种程度上是流散的，此处的区别在于《乌鲁》社群是“跨游戏的”(trans-ludic)，就是说，他们在地理空间、虚拟空间双重分布。将这个群体称作“分布式流散”可以作为一种方式来描述他们在多种多样的分布式在线环境中散开的情况。

我明白，围绕“流散”这个术语存在大量争论，既然对此术语的各种阐释进行长时间争论既超出本章范围也非本人的专长，有益的做法就是至少选择一个虽有争议但公认的解释作为出发点。克利福德(1994) 应用了赛弗兰的观点，他认为离散的特点在于分散的历史；祖国的神话/记忆，包括最终回归的愿望、对祖国的持续支持，在东道国的疏离以及受到这些关系巨大影响的集体身份。赛弗兰(1991) 将离散描述为这样一个群体或社群：(1) 从原来的“中心”驱散到至少两个“外围”地方；(2) 保留了“原来祖国的记忆、形象或者神话”；(3) 真实或者想象地感觉到没有被东道国完全接受；(4) 将祖先的家看作最终回归之地；(5) 决心维护、恢复这个祖国；并且(6) 保持一种受到与祖国持续关系“重大影响”的群体意识和共同责任(Safran 1991)。虽然这个定义对于某些社群来说存在争议——比如，非洲人和犹太人的流散可能不符合全部标准，但是毫无疑问，乌鲁流散满足这些要求。赛弗兰和克利福德的解释中都没有要求祖国必须得“真实”；虚拟的或者假想的祖国并非不合格。

作为隐喻的消费生产/游戏实践

我明白这里存在掉入某些陷阱的风险，所以在结束前，我希望讨论这个明显的问题：《乌鲁》是资本主义媒体生产和消费的产物。本章描写的许多内容可以归入我称作“生产性游戏”的题目下，这是一种新兴的现象，游戏越界进入了创造性或者工作式的活动（Pearce & Artemesia 2006）。像“那里网”和《第二人生》这样的虚拟世界结构颠覆了经典的生产者/消费者关系，创造了玩家实际上在消费生产权的局面。这些概念附和了德瑟铎（1984）的创造性消费理论，也反映了威利斯（1978，2000）作为艺术实践的生活的相关概念，他对于英国“骑车男孩”的研究也许是这些概念的最佳体现，他用客户定制摩托车来表达个人和团体身份的形成。

本章描述的所有玩家话语都在参与性和生产性玩家文化实践范围内。我还要明确，引用“祖国”“难民”和“流散”这样的术语绝非有意要轻描淡写通常伴随现实世界难民叙事的创伤、暴力和悲剧。

结论：作为寓言的乌鲁流散

詹姆斯·克利福德在其经典文章《论民族志的寓言》中将“民族志本身”看作“由强有力的故事策划的表演”（1986）。他（1986）表示寓言（allegory）是一种“阐释自身的表征”。乌鲁流散的叙事就是作为这样的寓言在运作。

很难忽视贯穿《乌鲁》的“虚构”与其玩家生活体验的多方面复杂寓言和讽刺意味。玩家投入游戏，努力复原某个难民社群失落的文化，结果自己却成了难民。之后，他们着手恢复自己的文化，既进行表演，也参与一个既“真实”又“虚构”的游戏。他们基于创造世界的叙事，在别的、更大的虚拟世界中创造自己的亚世界。该叙事位于日益冲淡身份与地点关系的“地球村”大背景下，这个事实迫使我们退后一步、扪心自问：关于整个文化，乌鲁流散的故事说明了什么？

在我们生活的当下，抽象、泛化的全球市场结合西方的个人主义概念，替代了本地社群的首要地位以及与之相关身份的保证。图安（1974）指出，个性的具体化（reification of individuality）可能带来的孤立感和脆弱感在非西方国家、甚至早期西方文化中通过与地点和社群的联系得到缓和。正如本章援引的一些作者指出，日益增长的无地方感导致了世界性的身份危机。特定的地方与特定的社群在许多尺度上支撑了我们一代代的祖先，与这些地方和社群情感联系的丧失在身份方面将我们引向何处？正如在全世界发生的一样，我们可以躲入想象的民族主义区域共同体，或者宗教宗派主义和极端主义的跨民族身份，或者现实世界的流散文化，无论这些文化是否代表共同的文化相似性。我们自己和祖先都是出生在身边的文化语境中，然而，《乌鲁》流散选择了自己的文化，其成员自行决定采用一个虚构的民族身份。在某种意义上，他们创造了一种新型的自行选择的民族性，它基于想象、共享价值观以及集体身份，伴随这些的是正从我们文化风景中快速消退的与地点的联系。

参考文献

Anderson, B. (1983) *Imagined Communities*, New York, Verso.

Ashe, S. (2003) Exploring Myst's Brave New World. *Wired* Retrieved 24 September 2010, from http://www.wired.com/wired/archive/11.06/play.html.

Axel, B. K. (2004) The context of diaspora. *Cultural Anthropology*, 19(1): 26–60.

Boellstorff, T. (2006) A ludicrous discipline? Ethnography and game studies. *Games and Culture* 1(1): 29–35.

Boellstorff, T. (2008) *Coming of Age in Second Life: An Anthropologist Explores the Virtually Human*, Princeton, Princeton University Press.

Carroll, J. (1994) Guerillas in the Myst. *Wired* Retrieved 24 September 2010, from www.wired.com/wired/archive/2.08/myst_pr.html.

Castranova, E. (2001) *Virtual Worlds: A First-Hand Account of Market and Society on the Cyberian Frontier*, CESifo Working Paper Series, No. 618.

Castranova, E. (2002) *On Virtual Economies*, CESifo Working Paper Series, No. 752.

Clifford, J. (1986) On ethnographic allegory. In J. Clifford and G. E. Marcus (eds). *Writing Culture: The Poetics and Politics of Ethnography*. Berkeley, University of California Press: 98–121.

Clifford, J. (1994) Diasporas. *Cultural Anthropology*, 9(3): 302–38.

de Certeau, M. (1984) *The Practice of Everyday Life*, Berkeley, University of California Press.

Denzin, N. K. (2003) *Performance Ethnography: Critical Pedagogy and the Politics of Cultures*, Thousand Oaks, Sage Publications.

Fisher, M. J. (1990) *Debating Muslims: Cultural Dialogues in Postmodernity and Tradition*, Wisconsin, University of Wisconsin Press.

Fron, J., T. Fullerton, J. F. Morie and C. Pearce (2007) Playing Dress Up: Costumes, Roleplay and Imagination. *Proceedings of the Philosophy of Computer Games*, Modena, Italy.

Geertz, C. (1973) *The Interpretation of Cultures*, New York, Basic Books.

Goffman, E. (1959) *The Presentation of Self in Everyday Life*, New York, Doubleday Anchor Books.

Goffman, E. (1974) *Frame Analysis: An Essay on the Organization of Experience*, New York: Harper and Row.

Gupta, A. and J. Ferguson (1992) Beyond 'culture': space, identity, and the politics of difference. *Cultural Anthropology*, 7(1): 6–23.

Helmreich, S. (1998) *Silicon Second Nature: Culturing Artificial Life in a Digital World*, Bertkeley, University of California Press.

Hine, C. (2000) *Virtual Ethnography*, London, Sage Publications.

Ito, M. (1999) Network Localities: Identity, Place, and Digital Media. *Meeting of the Society for the Social Studies of Science*, Sandiego, USA.

Jackson, M. (1998) *Minima Ethnographica: Intersubjectivity and the Anthropological Project*, Chicago, The Unviersity of Chicago Press.

Janesick, V. J. (2000) The choreography of qualitative research design: minuets, improvisations, and crystallization. In N. K. Denzin and Y. S. Lincoln (eds). *Handbook of Qualitative Research*. Thousand Oaks, Sage Publicatons Inc: 379–99.

Jenkins, H. (1992) *Textual Poachers: Television Fans and Participatory Culture*, New York, Routledge.

Kohler, C. (2005) Star Wars Fans Flee Net Galaxy. *Wired* Retrieved 25 September 2010, from http://www.wired.com/gaming/gamingreviews/news/2005/12/69816.

MacKinnon, R. C. (1995) Searching for the Leviathan in Usenet. In S. Jones (ed.). *Cybersociety: Computer-Mediated Communication and Community*. Thousand Oaks, Sage: 112–37.

Marcus, G. (1995) Ethnography in/of the world system: the emergence of multi-sited ethnography. *Annual Review of Anthorpology*, 24: 95–117.

Mason, B. L. (1996) Moving toward virtual ethnography. *American Folklore Society News*, 25(2): 4–5.

Miles, M. B. and A. M. Huberman (1994) *Qualitative Data Analysis: An Expanded Sourcebook*. 2nd edn, Thousand Oaks, Sage Publications Inc.

Miller, L. (1997) Riven Rapt: How Myst and Its Riveting New Sequel Won Our Hearts and Minds – by Dazzling Our Eyes and Disabling Our Trigger Fingers. *Salon*. Retrieved from http://archive.salon.com/21st/feature/1997/11/cov_06riven.html.

Moreley, D. and K. Robins (1995) *Spaces of Identity: Global Media, Electronic Landscapes and Cultural Boundaries*, London, Routledge.

Ortiz, F. (1947) *Cuban Counterpoint*, New York, Knopf.

Pearce, C. (1997) *The Interactive Book: A Guide to the Interactive Revolution*, Indianapolis, Macmillan.

Pearce, C. (2006) Seeing and Being Seen: Presence and Play in Online Games and Virtual Worlds. *Position Paper for Online, Offline and the Concept of Presence When Games and VR Collide*. Berkeley, California.

Pearce, C. (2007) Narrative environments: from Disneyland to World of Warcraft'. In F. von Borries, S. P. Walz and M. Bottger (eds). *Space, Time, Play: Computer Games, Architecture and Urbanism: The Next Level*. Basel, Birkhauser: 200–05.

Pearce, C. and Artemesia (2006) Productive play: game culture from the bottom up. *Games and Culture*, 1(1): 17–24.

Pearce, C. and Artemesia (2007) Communities of play: the social construction of identity in

online game worlds. In P. Harrigan and N. Wardrip-Fruin (eds). *Second Person, Roleplaying and Story in Games and Playable Media*. Cambridge, MIT Press: 311–18.
Pearce, C. and Artemesia (2009) *Communiteis of Play: Emergent Cultures in Multiplayer Games and Virtual Worlds*, Cambridge, MIT Press.
Pearce, C., E. Barba, G. Gunter, R. Schweizer and R. Vichot. (2008) Conventional Dress (Digital Video). Retrieved 25 May 2010, from http://www.conventionaldress.com.
Powdermaker, H. (1966) *Stranger and Friend: The Way of the Anthropologist*, New York, W. W. Norton.
Relph, E. C. (1976) *Place and Placelessness*, London, Routledge.
Rothstein, E. (1994) A New Art Form May Arise from the 'Myst'. *The New York Times* Retrieved 24 September 2010, from http://www.nytimes.com/1994/12/04/arts/a-new-art-form-may-arise-from-the-myst.html.
Rustin, M. (1987) Place and time in socialist theory. *Radical Philosophy*, 147: 30–36.
Safran, W. (1991) Diasporas in ,modern societies: myths of homeland and return. *Diaspora*, 1: 83–99.
Said, E. W. (1979) Zionism from the standpoint of its victims. *Social Text*, 1: 7–58.
Salen, K. and E. Zimmerman (2004) *Rules of Play: Game Design Fundamentals*, London, MIT Press.
Schechner, R. and M. Schuman (1976) *Ritual, Play and Performance: Readings in the Social Sciences/Theater*, New York, Seabury Press.
Seay, A. F., W. J. Jerome, K. S. Lee and R. E. Kraut (2004) Project Massive: A Study of Online Gaming Communities. *CHI '04 extended abstracts on Human factors in computing systems*. Vienna, Austria: 1421–1424.
Smith-Bowen, E., (aka, L Bohannan). (1964) *Return to Laughter*, New York, Anchor Books.
Strathern, M. (2004) *Commons and Borderlands: Working Papers on Interdisciplinarity, Accountability, and the Flow of Knowledge*, Oxford, Sean Kingston.
Taylor, T. L. (1999) Life in virtual worlds: plural existence, multimodalities and other online research challenges. *American Behavioral Scientist*, 43(3): 436–49.
Tuan, Y. F. (1974) *Topophilia*, Englewood Cliffs: Prentice Hall.
Turner, V. and Schechner, M. (1985) *Between Theater and Anthropology*, Pennsylvania: University of Pennsylvania Press.
Williams, R. (1983) *Towards 2000*, London, Chatto and Windus/Hogarth Press.
Willis, P. (1978) *Profane Culture*, London, Routledge.
Willis, P. (2000) *The Ethnographic Imagination*, Cambridge, Polity Press.
Wolf, M. (1992) *A Thrice Told Tale: Feminism, Postmodernism, and Ethnographic Responsibility*, Palo Alto, Stanford University Press.
Yee, N. (2001) The Norrathian Scrolls: A Study of EverQuest. Retrieved 24 September 2010, from http://www.nickyee.com/eqt/home.html.

第十一章 “硬纸管武士”的兴衰：肯尼思·伯克与《魔兽世界》的认同

克里斯多夫·A.保罗 杰弗里·菲尔波特

在线游戏中，公会[①]命运常常跌宕起伏。本章考察《魔兽世界》的一个公会“硬纸管武士”(Cardboard Tube Samurai，CTS) 的兴衰，利用肯尼思·伯克的概念解释公会生存的三个关键阶段。我们认为修辞理论能够为在线游戏事件提供实实在在、发人深省的见解，在本案例中，通过解释公会如何在两年内达到顶峰，然后却在两周后四分五裂，聚焦大型多人在线游戏（MMO）中认同（identification）、分隔(division) 和同体（consubstantiality）的作用。

“硬纸管武士”这个《魔兽世界》公会从只有几个人聊天的线上论坛成长为拥有200多用户账户的集合体，在穆拉丁服务器的团战公

① 公会是大型多人在线游戏里最常见的社交团体。在《魔兽世界》中公会允许成群的人共用聊天频道以及可以存储货物和金币的公会银行。

会中名列第三[①]。而在它达到巅峰数周，大约成立两年时，却从狂喜陷入解体。在这两年中，克里斯多夫作为公会一员，以人类魔术师阿鲁那的身份在其中实实在在生活了数周。在《魔兽世界》上线时，他是“硬纸管武士”最早成员之一，后来成为公会对公会官员，再后来公会解散时，成了不在公会的玩家。通过克里斯多夫的游戏经历分析“硬纸管武士”的历史，对该公会的成员进行访谈并分析公会论坛，我们发现肯尼思·伯克的理论有助于解释公会内的生活。“硬纸管武士”的兴衰故事对于在线游戏公会来说极为常见，它展示了以修辞分析为工具理解在线游戏行为关键因素具有现实意义。

20 世纪的重要修辞学家肯尼思·伯克提出，认同和同体是把人们团结在一起以克服内在差异的关键(1950)。在伯克看来，认同是修辞的关键诉求，是人们选择一起干事的关键原因以及修辞诉求成功的主要决定性因素。由于像《魔兽世界》这样的游戏推动创新和社交互动，学者可以在在线游戏空间找到丰富的文本进行分析，因为MMO 使得与他人互动成为玩游戏的中心部分(Williams *et al*. 2006)。这些游戏为研究提供了特别值得注意的背景，因为“可以用虚拟世界来复制研究，它就像个培养皿”(Castronova 2009：274)。MMO 设计的极强社交特点需要在视频游戏中以不同的方式理解事件，在此个案中，开启了伯克理论的运用之门。需要三个步骤来认识修辞分析在解释在线游戏现象中所起的作用。第一，我们将解释MMO 的关键动力，把重点放在《魔兽世界》。其次，我们将说明伯克的理论和概念涉及认同、分隔和同体的部分。最后，我们勾画“硬纸

① 像《魔兽世界》这样的大型多人在线游戏通常使用多个分开的服务器，以便将游戏玩家分隔成可以管理的小组。在《魔兽世界》个案中，每个服务器都有与游戏里故事有点关系的名字，很多服务器都有清晰的规则集合，但是从根本上来讲，所有服务器都是《魔兽世界》所在的一个想象世界艾泽拉斯的复制品。穆拉丁服务器就是一个玩家对环境的服务器，以穆拉丁·铜须命名。

管武士"的兴衰，聚焦伯克理论如何帮助解释公会历史上的重大事件，为玩家和游戏设计人员如何从伯克理论获益提出建议。

在线游戏与《魔兽世界》

MMO 与大多数视频游戏的主要区别在于其他玩家是 MMO 游戏的有机部分，这就把认同的问题带上桌面。在《马登橄榄球》[①]中，玩家可以是其他玩家的队友或者对手，也可以把计算机作为对手。MMO 则不同，定义它的主要事实就是玩家不能完全独立，所有玩家都是永恒世界的一部分，其他人也在其中玩。玩家可以自己退场或者"单干"，不要别人帮忙，但是他不能撤到某个隔开的个人化世界。这种与其他人完全融合的互动意味着其他玩家成为游戏中极其重要的元素。正如泰勒(2006：9）指出，"共同的行动成为社交互动的基础，互动则塑造了游戏"。卡斯特罗诺瓦(2005）主张"合成世界的共享性质是地点技术(technology of place）的关键部分，因为必须由许多人分享并同意对于事情是什么样的感知，之后这些东西才能获得现实的味道"。玩家必须用谈判解决稀缺资源问题，想办法联手才能打败孤独的冒险家无法战胜的对手，而且，有些玩家就是为了与他人互动才玩这些游戏。建立友谊、携手婚姻、对像素图代表的他人喷毒液，这些人际互动的设定保证了 MMO 可以从根本上看作修辞过程，该过程引起玩家在游戏中如何进行认同的讨论。

虽然《魔兽世界》允许玩家单独玩，但不同于其他 MMO 之处在于若干地方有必要进行团队互动。游戏中通常叫做"地牢"(dungeon）或者"副本"(instance）的某些游戏元素是专门留给玩家团体的。单个玩家虽然可以进入，但是，这些位置的挑战需要一群人才能成功，几乎没有例外。副本一般要求 5 至 40 人组队，大家合作完成共同目标，一般是杀死电脑控制的怪物，通常叫"怪"(mob)。玩家可以在游

① *Madden Football* ——译者注

戏中任何一点聚集，但只有在这些副本中，游戏结构鼓励团体互动(Nethaera 2008)。副本，尤其是标为团队副本(raid instance)的地方是游戏里可以获得最好的装备或者"战利品"(loot)以及攻击最厉害、最危险怪物的地方。团战(raiding)就是朱利安·迪贝尔观点的运用，他认为在线游戏的组织原则就是玩家渴望"拥有而不被拥有"(Dibbell 2006)。团战者获得能够提升其角色能力的东西，这在游戏内给了他们威力强大的社会标记以及"拥有"其他人的能力(Yee 2006; Bazazu 2007)。然而要在这些地牢里成功，必须聚集一大群人同时在网上会面，然后还得让他们为共同目标一起行动。此外，正如托里尔·莫滕森指出，"要想连续团战，你得相信是在干唯一值得的事，因为团战排挤了大多数其他游戏活动"(2008: 214)。对许多《魔兽世界》玩家而言，团战就是终极体验，取代了游戏内外可干的许多别的事，这项娱乐的耗时轻松超过大多数人一周花在传统工作上的时间(Ducheneaut *et al*. 2006)。团战成员跨服务器追踪进展，看看哪个公会杀了多少 boss，就是那种很难对付的团战怪物。游戏社群跟踪着世界第一、服务器第一。最成功的团战成员一般在游戏里享有一定程度的名人地位(Schramm 2007)。

除了团战，《魔兽世界》中另外的重要社交聚会之一是组织公会(Williams *et al*. 2006)。公会是玩家在游戏里聚集、交谈之地，也是社交地位的重要标志。加入公会的主要好处在于它会为公会内玩家提供专用聊天频道，让其易于追踪同伴在线上的一举一动。组织公会可以出于几乎任何目的。大多数人是为了首要的共同兴趣，可以是大规模作战、相同网站如"彭妮通道"①的成员、共同的性偏好，或者

① "彭妮通道"(Penny Arcade)是一部网络漫画，有大量忠实的追随者。有能力主办最大规模以消费者为焦点的视频游戏会议 PAX，有能力为其慈善项目"儿童游戏"募集数百万资金，其人气可见一斑。其网站论坛为数百名读者提供互动场所，"硬纸管武士"最初就是在这些论坛上发起成立的。

仅仅是想与游戏里其他人交谈。公会让玩家有可能在玩游戏的同时与他人交谈，并提供手段寻求其他玩家帮助以完成更具挑战性的任务。公会可以小到三四个朋友的小组，大至数百不同成员构成的实体。多数大型公会有自己的网站和论坛，以便会员可以在游戏之外相互沟通和协作。玩家隶属公会的情况也会对游戏中遇到的其他人播报。别的玩家接近时，默认游戏界面会提供其化身以及角色姓名和公会名，这就使得隶属公会的情况几乎与角色姓名同样显眼，这样，玩家所属公会和公会声誉就是网上玩家个人形象的重要部分。地位高、成功的公会是显著的社会象征，类似于跟酷酷的同伴在中学食堂里招摇；而入了招人厌恶的公会，别的玩家可能会躲着你。

MMO 以社交互动为基础，其设计奖励的是玩家与其他人连接。团战与公会是两种结合手段，但是对于本章更重要的在于，它们是《魔兽世界》方案精心组织的游戏内认同发生的场所。找到兴趣相同的其他人并一同行动是《魔兽世界》的一个关键部分，这一点是游戏中形成认同方式的核心。

认同、分隔与同体

视频游戏，尤其是在线游戏，为传播学工具的运用提供一组重要的文本。正如玛依拉(2009：313)指出，“[游戏研究领域]当前的许多学术研究需要依靠由其他学术领域提供并植根于这些领域的方法和发现”。其他游戏研究学者已经将传播学研究的因素用于游戏研究，范围从米亚·康萨尔沃运用传播理论分析《最终幻想Ⅺ》中的噪音元素(2009)，到修辞理论元素的运用，像伊恩·伯格斯特(2007)劝诱性游戏的分析，杰拉尔德·沃耶对于《最终幻想》系列中表征系统的修辞批评(2009)，或者对《魔兽世界》奖励系统的分析(Paul 2010)。虽然游戏研究学者已经开始用传播学研究工具来分析游戏，我们相信肯尼思·伯克的研究为理解在线游戏中人际互动方式提供了极为有用的工具。

伯克著作关于认同的核心看法是：吸引力通过认同的方式将不同人的利益统一起来(1950)。伯克认为，人与生俱来是互相分隔的，要应对这种天生分隔产生的失落感，我们力图与他人达成认同。事实上，认同关乎“在说话人和听众的观点中间找到共有元素，或者，找出听众与说话人的观点并让他们确信其中存在共同元素”(Rosenfeld 1969：183)。然而，伯克派学者已经清晰说明了伯克的认同观如何应用于说与听以外，因为“简言之，认同既是离散言后行为(perlocutionary act)，也已经成为一个过程与结构”(Jordan 2005：269)。

认同不只是让信息更有说服力，它可以看作是“一个动态社会过程，通过它，身份得以建构、引导我们并安排我们的世界”(Scott *et al*. 1998：306)。人们认同的东西塑造他们与世界接触的方式，围绕吸引力的结构决定认同发展的方式。这一点表现在理查德·克莱勃对德怀特·艾森豪威尔的分析中，他还分析了后者如何由于美国公众二战后的感情而深受欢迎。克莱勃提出，艾森豪威尔的成功很大程度取决于他能够在极为特别的地点以极为特别的方式展示自己。这种把握时机与社会语境的概念是建立认同方式的关键部分。我们所认同的东西塑造我们的世界，而我们的世界塑造我们认同的方式。游戏具有公开的设计目标和清晰的规则集合，它为分析认同的形成过程提供了一个绝佳的平台。

认同与游戏设计的初始关系可以从《魔兽世界》中人们克服分隔的努力中看出来。分析设计影响的一种方式是研究终局角色如何构思“进程”以及高级团战的人数要求如何影响团战游戏进行的条件。如果最理想的结果可以通过团战之外的手段达成，那么，就不大可能还有这么多人会力图联合其他玩家参与团战。如果暴雪公司强制改变许可参加团战小组的玩家人数，玩家会自行调整以适应相关要求[①]。暴雪程序员的《魔兽世界》设计鼓励人们聚集起来以特定方式实现目标，这就决定了玩家互相交战的条件[②]。

《魔兽世界》里，在角色到达最高等级以前，进程的概念是线性的，因为像许多离线游戏一样，各级之间是线性运动。游戏在满级后发生了根本变化，玩家再也不能升级，面临的选择是放弃游戏、另建新角色或者增强某个无关等级方面的角色能力。在这种情况下，许多玩家发现，他们在游戏中的成就感可以由“获取更好装备”展现（Retteberg 2008：24），而最可行的获取方式不是自己单打独斗，而是团队。暴雪做出了富有意义的决策，让满级相对容易获得。但是，正因为这样，对于玩家来说，首次体验一个取代了“大多数时间独自度过的游戏早期阶段”的“强度更高的社交游戏”（Ducheneaut *et al*. 2006：308）就更不同寻常。玩家可以自由选择是否追求“更好的装备”，但是一旦他们决定这样做，他们认同的不仅仅是为角色获得更好装备的愿望，还有要求他们突然间在需要社交互动的游戏复杂水域航行。

走到一起组成公会或者团战小组，这本身就是联合的原因，但是分配战利品这种稀缺资源也有可能撕裂团体。伯克认为，与认同互补的是我们天生与他人的分隔：

> 纯粹的认同中不存在争斗。同样，绝对的分离状态也不会出现争斗，因为敌对双方要交战必须要有让双方能够接触的中

① 这在《魔兽世界》资料片《魔兽世界：燃烧的远征》中得到了证明。在此，最大的团战群体从 40 人降至 25 人，这对许多公会和团战体验产生了重大影响，因为公会需要削减成员数量以适应更小规模的团战。玩家对此的反应参见 http://elitistjerks.com/f15/t11708-raid_sizes_future_wow_raiding/。

② 如莫滕森（2008）在分析《魔兽世界》里“异常”游戏行为时指出，玩家可以选择认同团战或装备提升概念之外的东西。然而，所有这些玩家都仍然选择认同游戏中的某特定方面，比如角色扮演或者探险。

> 介场地，它提供互相打击的初始条件。但是如果将认同与分隔含糊地放在一起，不明确一个什么地方结束、另一个什么地方开始，那简直就是典型的修辞邀请。
>
> (Burke 1950：25)

随着玩家结成公会，他们心照不宣地与其他玩家分隔开，因为“认同必定意味着一个‘我们’与一个‘他们’”(Cheney 1983)。而且，公会内部可能因为玩家不同的动机与兴趣细分为更小的团体。只要玩家从公会得到他们寻求的东西，公会就能通过将认同过程具体化来维持稳定性，但是那些认同过程必定会引起可能危及团体的分隔。通常，对于团战公会而言，认同通过成功的团战行动得以重建。玩家的共同目标和动力为其提供了认同的对象。因此，如果公会的主要认同基础是团战，就必须保持团战胜利以利用团战作为认同的基础。虽然可能出现多重认同，但一般来说，一种重要关系会优先于其他关系。此外，伯克认为，人受到某种等级心态驱动，这一点可以反映在公会与玩家个人关系出现麻烦或者难以在游戏中取得新胜利的时候，因为必须存在首要、持续的认同，才能让玩家留在一起而不是自然地分崩离析。认同成功建立以后，“使我们得以应付组织[或者公会]对我们的要求，并且另一方面推动我们采取最有利于组织利益的行动”(Barker & Tompkins 1994：225)。如果玩家不再认同公会，可能就会停止按照团队的利益行事或者会设法加入他们更为认同的团队。

在伯克式的意义上，要在游戏中走到一起，玩家需要在共同游戏的行为中找到同体。玩家齐聚、一帆风顺的时候，来自共同成就的快感强化了成员之间的纽带。正如伯克(1950：21)特别提到：

> 同体的原则，不论明示还是隐含，也许对于任何生活方式都

是必需的。因为在古老的哲学中，物质是一种行为；而一种生活方式就是一种共同行动；人们在共同行动中产生共同情感、概念、意象、想法、态度，这些让他们感到同体。

通过团战行动和做法，《魔兽世界》里的小组得以克服危及他们团结的分隔。通过认同过程，玩家互相连接起来与其他玩家成为“实质一体”。然而，只有同伴玩家们相信或者被说服他们有着共同的利益，这种连接才能持续。如果公会团结起来追求共同物质欲望，不论是新装备、互相交谈、完成富有挑战的任务或者某个完全不同的东西，同体的感觉会有助于让团体协调一致。不过，利益相左时，又或者，会员感到无法达成他们在公会内的目标时，玩家就不再觉得还有什么共同纽带帮助他们感到同体。对于团战公会的许多人而言，就是团战行为本身及其成功帮助玩家之间建立、维持同体性。

鉴于伯克想要找到人们是怎么分开又聚拢的，《魔兽世界》公会和团战提供了新的手段，用以了解在团体环境下游戏研究与游戏行为的关系。要看出某个具体案例中这些联系如何起作用，重要的是提供“硬纸管武士”的背景。

“硬纸管武士”：一段历史

跟许多其他公会一样，“硬纸管武士”是围绕共同兴趣形成的，最开始由一群“彭妮通道”论坛成员发起，要想获邀入会，只需在这些论坛的话题上发帖，然后在游戏里给某个指定的人发条信息。有些成员是论坛的活跃分子，其他人如克里斯多夫只是偶尔潜水，但一般而言，寻找一群有着共同幽默感的人是大家在《魔兽世界》中达成认同的起点。

“硬纸管武士”在《魔兽世界》发布的同一天发起，其核心成员有两个清晰的共同点：喜爱“彭妮通道”并且想玩《魔兽世界》。然而，随着“硬纸管武士”进入游戏本身，对很多人来说情况发生了变化，公会内部产生了小群，它必须要适应。因为游戏里玩家的目的、玩游戏时间长短都不同，公会开始按等级分层。虽然玩家有与他人组合的动机，但是游戏层次与总体动态的差异使得玩家仅仅与登录时间大致相同的人聚集，这就提出了一个问题：玩家个人到底是与什么产生认同的？游戏永恒世界的出现让与他人协作更为复杂化，因为必须找到相同的时间玩游戏，而游戏外的时区差异与日程安排加剧了这种困难。虽然绝大多数玩家来自美国，那些美国以外的人面临着巨大的困难，因为他们很难在北美时区的玩家上线时找到时间玩游戏。即使是美国国内时区的三小时时间差也妨碍玩家早晚与他人一起玩游戏，因为那个时候时区差别最为明显。这些因素导致分裂，因为玩家会找游戏风格相同的人做朋友。这些模式的重复意味着公会内部形成了小圈子，只有在大多数成员中产生了另外的共同点时这种状况才会改变，那就是要想升到当时的最高等级 60 级。

在 60 级，分裂公会的许多结构性问题仍然存在，但是，同一等级范围要有多种公会同伴的这个中心问题终于解决了。因此，团队内更多人可以合作，共同完成游戏任务。玩家不再寻求升级，转而寻求替代目标(多为升级装备以及提升角色的能力)。某些任务可以由不超过 15 人的团队完成，许多可以只要 5 人。“硬纸管武士”成员通过这些途径提升其角色，不过他们很快厌倦了小团队的有限选择。不过，要想获得更大成就，“硬纸管武士”需要增加成员，因为团战要求 40 人，超出先前任务要求的两倍。

“硬纸管武士”主要可以通过两种方式吸引额外人员：增加公会成员或者与现有其他公会结成同盟以便大家都可以达成无法单独达成的目标。两种办法皆有弊端，前一种方法可能会由于增加过多兴趣相异的成员而破坏公会的稳定。况且，在这个节点难以找到符合“硬纸管武士”需要的数量而又不属于其他公会的玩家。随着时间的推移，公会可能增加人手，但是要规模增加到两倍以上，在那个时候是不可能的选项。就这样，“硬纸管武士”选择与其他规模相近的公会联手，这样大家都可参与团战。这些尝试并非没有缺点，但是主要问题是这些协议根本是暂时的。

《魔兽世界》内部的合作使得公会可以完成他们无法单独完成的事情。这些合作都很脆弱，通常有具体的协议，协调公会间团战地点以及“掉落”战利品的分配。如果一个公会觉得另一个的战利品分配份额过大，或者没有为成功合作尽全力，那么这两种机制都有可能造成关系紧张。开始，“硬纸管武士”与其他公会达成的一系列协议很短命，几乎都没能超出谈判的最初阶段。第一次成功的联合是与其他两个公会，一个叫“黑翼雇佣兵”，另一个叫“为了卡兹·莫丹”。这次联合持续了一段时间，直至预感到这个或者那个公会要破坏联合，公会之间信任解体，“黑翼雇佣兵”离去。“为了卡兹·莫丹”和“硬纸管武士”仍然联合在一起，又增加了第三个公会叫“石墙冠军”。随着这三个公会日益壮大，团战中争夺地盘的事不断增加，每个公会的内部成员都对领导层施压，要寻找更好选择。随着公会成员日益不满，通常都把问题归咎于其他公会，实际上制造了公会内部的认同而加深了联盟的分裂。公会成员增加后，很明显，“硬纸管武士”需要选择其中一个公会进行双向联合，而它最终选择了与“石墙冠军”结盟。“为了卡兹·莫丹”对此毫无准备，这个消息也为“硬纸管武士”和“石墙冠军”的联合定下了奇特的调子。

与“石墙冠军”的联合基础耐人寻味，从一开始两个公会都选择因为猜疑而挤掉第三个公会，这让大家都意识到分隔对于在线游戏的团体能够造成什么样的影响。而且，两个公会都发展迅速，并在内部讨论什么时候可以开始单独团战，这就使得联合只能是暂时的。公会也有不同的愿望，“硬纸管武士”努力增加花在团战上的时间，去面对全新、从未谋面的敌人，而“石墙冠军”更愿意维持先前安排的日程。联盟建立几个月以后就解散了，两个公会领导之间的不和引起了暴躁的争吵，导致两个公会以极其糟糕的方式分裂。此后，两个公会都单独进行团战，也取得了巨大的成功。虽然分手远非友好，但是“石墙冠军”的几个成员还是叛逃到了“硬纸管武士”，我们的数量扩大到每晚将近40个团战成员，这就让“硬纸管武士”获得了单独团战的新地位。

与“石墙冠军”分手不多日，“硬纸管武士”团战成果就赶上了之前联合的时候。很快，我们开始积极进行下一个难度更高的团战副本，这就是“黑翼之巢”。为增大“黑翼之巢”中成功的机会，“硬纸管武士”开始积极招募新成员。这样招人的公会极少，因此引来如潮的申请，但是许多都被拒绝，这无形中巩固了原有成员间的认同感。不过，公会还是通过了若干申请。成员数目增加了，“硬纸管武士”得以数月内完成“黑翼之巢”的任务，但是也改变了公会的人员构成，原来是“彭妮通道”爱好者加上服务器上遇到的其他玩家，现在基本变成了主动选择申请参加团战公会的人。

完成“黑翼之巢”之后不久，暴雪宣布允许玩家从我们开始的服务器普罗德摩尔上转移到新的服务器。“硬纸管武士”与另外两个团战公会一起选择要利用这次机会。搬迁之后，新服务器池子小得多，“硬纸管武士”突然间成了大得多的鱼。最重要的变化是公会在服务器的团战排名。普罗德摩尔上团战公会很多，“硬纸管武士”排名相当低，而穆拉丁上虽然也从普罗德摩尔过来了两个最好的公会，但“硬纸管武士”综合排名第四。随着2006年夏天的到来，这个更高的排名相当很重要，因为有若干人或者要脱离游戏休息，或者是有更多线下计划占去团战时间。于是，“硬纸管武士”必须增加新成员。最初，在穆拉丁上面吸收成员非常容易，因为大量迁移者都是独立的，没有组织。然而，很多独立者离开旧服务器是要甩开坏名声，他们本性难移，声誉可疑[1]，而那些质量高的玩家被穆拉丁上的公会一抢而空。虽然"硬纸管武士"也分到一杯羹，但是穆拉丁上玩家总量极小，这意味着在最初的招募高峰过后，很难找到新成员。

"硬纸管武士"在穆拉丁上极为成功。在完成了"黑翼之巢"之后，它挺进另一个副本即"安其拉神庙"。因为在"安其拉神庙"的进程，"硬纸管武士"经历了高潮，最终是低谷。对"硬纸管武士"来说最好的两个时刻，就是我们在穆拉丁经历的两个亮点：一是超越了另一公会，在服务器排名第三；二是打败了双子皇帝，这是当时游戏里最难战胜的两个大 boss。然而，随着夏天来临，公会领导层选择继续以"安其拉神庙"为重点，会员开始缺席团战。"硬纸管武士"发现越来越难凑够人手参加团战，被迫增加招募成员，然而，身陷这个低人口服务器上，几乎不可能召唤出足够人手来填补团战缺口[2]，结果开始由于成员不到场而取消团战，因为仅有三十六七人，很难成功挑战为 40 名玩家设计的战斗。公会内部开始出现紧张气氛，也出现谁尽了力、谁没有尽力的指责。领导层试图提供额外的奖品来激励大家，或者威胁要惩罚缺席团战的成员好让大家露面，但是所有努力都没成功。成员会定期出场参加觉得几乎稳赢的战斗，但是对于那些需要学习如何打赢的战斗，则出场者寥寥无几。成员们呼吁招募新人，但就是没有足够的人可以招来填补团战小组的空缺，结果在整个公会与那些想要积极参与游戏中最难团战的少数资深成员之间产生了实质性分歧。对于这种紧张关系感受最强烈的就是那个时候的公会领

---

① 可疑声誉的最著名例子是角色要逃离偷抢装备者（ninja looter）的名声，这是指一个人拿走了该属于其他玩家的物品装备。偷抢装备是 MMO 中较重大的社交违规行为之一。更多声誉问题还包括性格问题、游戏技能差、团战出勤不规律。

② 对"硬纸管武士"而言，加入一个人少的服务器很实惠，直至我们需要更多的人手。穆拉丁比原先的服务器稳定得多，并且，我们迁移过去的时候，有足够的人手，所以我们迁移很成功。迁移至穆拉丁是正确的决策，但是，一旦涉及招募新人，这个服务器上完全没有足够的玩家可以让我们从认同低迷的问题中恢复元气。

导安诺里亚和安蒂诺俄斯。

2006 年 9 月下旬，在打败双子皇帝这个让我们欢欣鼓舞的胜利之后还不到三周，安诺里亚和安蒂诺俄斯选择在一天深夜离开公会。他们没有在公会公开讨论他们的决定，也没有设立辞职期限，就直接在穆拉丁排名第一的公会网站上发帖，宣布他们离开“硬纸管武士”，申请加入新公会。他们离开之后，另外三个成员也立刻选择离开。“硬纸管武士”本来就缺人手，突然又失去五个团战需要的成员。在离开原服务器三个星期内，更多成员流失以后，“硬纸管武士”领导层宣布不再安排团战。这个决策就是最终宣告，公会已经不再有足够成员进行 40 人团战，再安排团战只会沦为笑柄。这个决策出台后，又有几人加入了其他积极进行团战的公会。分裂出来的小派别形成新的公会，几乎全是前“硬纸管武士”成员。就这样，在我们最终宣布不再进行团战后还不到 10 天，公会解散。公会的资产分给了从前的成员，“硬纸管武士”不复存在。“硬纸管武士”解散后不久，前成员重建了公会，保留了原来的名字，但不过是它从前的躯壳，任何时候在线的都只有几人，与往昔的 40 多人相去甚远。

“硬纸管武士”与《魔兽世界》的许多其他公会相似，但最值得注意的特点是它的历史显示了群体怎么能够聚集在一起、历经繁荣又分崩离析。对伯克的理论概念以及“硬纸管武士”的历史有了基本的理解，我们就能研究为什么公会开始聚集在一起，经历了建立团战核心这个艰苦的战斗过程，但是公会目的的转移和游戏环境的变化又是怎样注定了我们这个公会的消亡。

伯克与“硬纸管武士”的兴衰

《魔兽世界》有许多方面令人关注，然而在伯克意义上最耐人寻味的可能是玩家与生俱来的分隔以及玩家如何在游戏里努力纠正分隔问题。《魔兽世界》设计了清晰的结构性元素鼓励玩家结合在一起，但是未建立同体、未维持认同的关系注定要分裂。认同-分隔周期展示了在公会生命中建立同体的重要性，而“硬纸管武士”的历史指向三个关键阶段，第一阶段是初期，那时公会刚建立，玩家忙着升到 60 级；第二是作为团战联盟成员的早期发展阶段；随后就是“硬纸管武士”重新定义为团战公会，而这就在它寿终正寝之前。伯克的认同理论帮助解释为什么“硬纸管武士”崛起而又会最终分裂，因为成员们失去了与公会同伴认同的基础，团战成为唯一纽带。

第一阶段即“硬纸管武士”初期，对于游戏中所有玩家都一样，因为他们面临的主要挑战就是要让他们的角色通过一系列线性的进程升到 60 级。向他人寻求帮助或者仅仅是在游戏时找人交谈提供了在游戏内部建立公会的基础。既然公会的一个主要好处就是成员有专门的聊天频道，所以公会通常以某种共性为基础，“硬纸管武士”也不例外。因为公会最初就是围绕“彭妮通道”网站建立，名称也是基于其漫画作品中一再出现的角色。入会的唯一渠道就是在论坛上发帖，这就筛选出了《魔兽世界》玩家中独特训练过的小群体来构成公会。对一般的《魔兽世界》玩家而言，在论坛话题上发帖不会很难，但是，了解“彭妮通道”并经常光顾他们的论坛，对《魔兽世界》感兴趣并追随“彭妮通道”主题公会，这就定义了“硬纸管武士”早期成员们具有多个共同兴趣，这保证了成员具有共同特点以及清晰的培养认同感的方式。

“硬纸管武士”初期的同体基础是最初与“彭妮通道”的联系，与这个网站的共同联系提供了大量的材料作为认同的基础。成员经过初步筛选，具有特别的幽默感、对游戏感兴趣，另一个事实又强化了这一点：公会并没有在网站以外打广告。公会聊天可能很低俗，因为成员习惯了基于阅读“彭妮通道”与其论坛的特定沟通常态。超出《魔兽世界》的游戏兴趣反映了许多成员的特征，因为“彭妮通道”是关于一般游戏的博客。网站的论坛并不像其主页那样人流如织，要专门访问论坛、发帖，而发帖还得注册，这就限制了参加公会的人员数量和类型。这种初筛过程意味着无论会员的实质性互动怎样，所有成员都有明显理由相信自己与公会其他任何成员都有共同点。

通过“彭妮通道”组队，还从另一个方面有助于“硬纸管武士”的同体，那就是与材料来源基地的联系。“彭妮通道”生产了新材料，玩家就可以在游戏里谈论，或用来与别的玩家开微妙的玩笑。在随意交谈中，玩家经常随口说出最新漫画里的词和词组，料想所有玩家都能解码这些信息，并且与“彭妮通道”联系起来。公会使用“wang”作为统一口令，因为它在“彭妮通道”话语中极为流行。指望会员拥有“彭妮通道”的实际知识表明该网站对公会的重要性，而且也表明它如何在游戏里发挥聚拢玩家的作用。游戏成了“彭妮通道”迷互相联系、交谈的一种手段。即便玩家跟这个网站的情感联系深浅不一，但是起码它让所有成员的共同点远远超出都玩《魔兽世界》。这给会员提供了相互连接的方式，同时也把他们和《魔兽世界》别的玩家分隔开来。

在“硬纸管武士”发展的第二阶段，公会成员开始升到顶级 60 级，之后就寻求团战联盟，这样，他们的游戏玩法重点发生转换。虽然公会存续期间，所有成员都按等级分层，但是到了 60 级，玩家再也不能升级。最重要的是，游戏设计迫使玩家要超出“硬纸管武士”的范围与旁人联系，而把公会作为志趣相投之人互开玩笑的地点已经不足以把公会团结在一起。到了 60 级，《魔兽世界》的结构与聚集更大团队的刺激意味着公会通常需要扩大规模以追求游戏目标，即使那会稀释公会原先的认同基础。由于获得新装备需要多名外人参加，会员们经常超越“硬纸管武士”的界限以完成更大任务。这偶尔意味着公会增加新人，因为有人打听“硬纸管武士”情况之后便寻求加入，觉得成为公会的一份子会提升自己的地位。但是为满足团战 40 人的需求而从公会以外找人改变了公会的结构。大家都想有作为，而公会内部并不具备成功获取装备的最少人手，因此就只能眼光向外，与其他公会结盟，寻求“硬纸管武士”本身配置无法完成的事情。事实上，每个成员认同各异，而且随着更多对团战感兴趣的玩家加入，公会很大程度丧失了原先与“彭妮通道”的认同。公会名称和某些关联还在，但每个个体都改变了公会培育认同的方式。

公会内部缺乏让志趣相投的群体共同进步的机会，这将“硬纸管武士”置于脆弱的境地。虽然想与其他公会结盟以取得更大成就，但这个愿望很单一，只关注积极团战，这就改变了团体的相处方式，重点从“彭妮通道”和相似的个性转换到立足于如何能够使“硬纸管武士”参与团战，以便在游戏中获得更好的装备、更大知名度和更新体验。这些动态导致我们一系列联盟的短命。引入团战联盟为认同和分隔打开了新天地，因为经常会出现多种层次的对话。成员在一个聊天频道进行团战小组交谈，在另一频道进行公会小组交谈，在其他频道对个人发信息。这就为“硬纸管武士”提供了这样一个场所，可以在成员之间公开谈论其他人缺点、或偶尔谈优点，这促进了与公会同伴的认同，同时也培植了与联盟的分隔，强化了其暂时性。

寻找其他处境相似的公会很成功，但是这种关系的根本性质排除了成员们与其他公会成员认同的可能性。对于“硬纸管武士”来说，团战联盟永远只是暂时的状况，在自己茁壮成长之前我们必须忍耐。虽然我们一起参加活动，有发展同体的潜能，但我们分属不同公会这个事实在我们的关系中嵌入了分隔。乔治·切尼曾经评述到：“名字、标签和头衔成为更大社团身份的中心；他们以价值观、兴趣诸如此类的形式，自带别的认同‘框框’。”(1983)在某种意义上来说，切尼其实应该指出，坚持维持各自公会的认同其实是个麻烦。我们以至少一种决定性方式保持分隔，这就在我们的关系中植入了结构性分裂。大多数情况清楚显示，玩家首先是属于自己公会的成员，其次才是联盟成员，因为从来没有更大的联盟层面的身份来战胜我们原有的条条框框。而且，赢得的装备必须进行分配，这种零和游戏抑制了共同打怪的兴趣。一旦面对困境，从分配装备和团战位置到约束玩家，公会之间就冒出紧张关系。正如伯克（1950：25）评论：

> 人的道德成长是通过财产组织起来的，财产涉及个人财物(goods)、服务、职位或地位、公民身份、名声、交往关系以及爱等方面。但是，不论这大量认同本身看起来有多么符合伦理，其与那些同样依照财产构成他们身份的其他实体间的关系都有可能造成混乱与不和。

虽然团战联盟的每个成员都可能希望团战成功，但是，联盟建立在一系列稀有资源分配的基础上，这使得每次联盟都走向“混乱和不和”。随着公会发展得更加自给自足，出现了压力点，这就让公会成员之间的关系出现了问题。

首要问题是瓜分战利品引起的，这容易理解。分配稀有资源的过程可能引起冲突，无疑在我们团战联盟成员之间造成了紧张关系，然而，责任划分通常成了找替罪羊，因为只要遭遇问题，一般都归结于别的公会成员的不足，而不是“我们”自己公会。没有一个清晰、受尊敬的跨公会权威，就意味着成员会不断在公会内抱怨公会之外的团战联盟成员，觉得他们没有尽全力。这种话语进一步孤立了“硬纸管武士”，而我们自己通过在游戏内公会聊天频道的讨论结合得更紧密。这两个因素促成整体缺乏同伴合作关系，导致每个联盟的终结，因为联盟从来没有在获取财产和之后分配财产以外的基础上形成稳定的认同。

“硬纸管武士”内部同体的最后阶段就是我们作为单独的团战公会生存的时间段。这是团战公会内部重重矛盾最明显的时候。随着时间推移，团战公会地位开始成为我们唯一的身份。我们仍然允许

"彭妮通道"论坛的玩家加入公会,但是一般会用特定类别区分,显示他们不是团战成员。现有成员最终基于参加团战频率和技能分裂成不同小组。我们向最新成员推销自己,宣传这是团战公会在寻求更多的团战成员,因为我们确实已经变成这样。我们不是在寻找一个人是否具有适合我们小组的社会特征,公会唯一的认同特点已经变为"这就是团战公会"。这是巨大的压力,因为后期加入公会的成员对团战有更高期待,而对于老成员来说,一般更为重要的是积极的社交动力。

随着环境因素开始影响公会,可用的人手越来越少,公会陷入了认同危机。只要我们可以团战、还能赢,就有东西将我们维系在一起。很坦白地说,我们的认同从基于《魔兽世界》之外的共同个性和兴趣这种东西,转换到努力通过共同的团战行动建立认同,而这有赖于公会的成功。然而当团战成功率降低、挫败感上升时,依靠那个单一的认同特点就越来越成问题。我们体验了尤尔提出的观点,失败如何"是所有游戏深度体验、改进技巧体验的中心"(Juul 2009:250),但是要理解失败的教训需要后续的成功,而这点我们没有实现。随着成功团战成为公会相信的游戏指导原则之一,等级制变为我们认同体系的固定部分,我们转向博伊德称作的卓越认同(transcendent identification),"只接受地位提升的要约"(Boyd 2004:49)。博伊德指出,卓越认同帮助人们认同比自己更广博的东西,但是必须以成功和优秀为基础。卓越认同观念要求"受众必须被要求认同比其命运更高级、更高尚、更好的东西,以便似是而非地接受这种认同"(2004:49)。每当我们失败或遭遇逆境的时候,我们的认同基础就动摇了,因为我们不再获得比自己更好的东西可以认同,而且我们没有体验到失败是成功之母。夏季意味着有了更多游戏之外的事情要干,尤其是周末这个过去主要的团战时间。这意味着需要将更多的新人带入公会,而且,新服务器上寻求团战公会的人数相对较少，选择范围很小。越来越多的成员决意不再参加团战，我们的首领离开公会，“硬纸管武士”就失去了认同，因为团战已经成为我们认同的卓越元素，当然也不可能回归以共同兴趣为基础的存在，因为那早在数月以前就已抛在身后①。我们不再是基于共同幽默感的社交公会，也不再能够完成我们用以定义自己的团战，这样就没有任何手段可以建立同体的关系。当然，也有些成员成了朋友，但是当断定不再能够独立进行团战的那一刻，很多成员离开了公会，寻找另外可以团战的地方以便追求更高级、“更高尚”的东西。因为我们把自己的认同降低到单一的同体行为即团战，团战可能性消失的时刻就是公会分崩离析的时候。

结论

“硬纸管武士”远非唯一一个在网络游戏中生涯发生变化的公会，还有许多其他团战公会因遭遇挫折或面对夏季出勤问题、对即将发行的资料片所承诺的重启装备进展兴趣减弱而分崩离析，但是，主要是因为“硬纸管武士”经历了所有这些阶段，这才使得它成为将修辞理论应用于在线游戏时可以考虑的高质量文本。理解为什么这些事件成了公会生命中相对标准、可以预测的部分，就可以提供能够帮助玩家、公会首领以及游戏设计人员的实质性见解。

玩家和公会领导通过关注他们的游戏时间中认同、分隔和同体的意义，可能会得出类似的教训，尽管他们在公会中的影响可能有差异。首要的是，他们需要意识到公会内部变化的动态，以及新的或者

---

① 我们首领的离开尤其提出了公会成员应该与什么认同的问题。虽然我们认为，认同方面基本的问题是缺少足够的团战成员，但是，如果在安蒂诺俄斯和安诺里亚出走之后很快离开的成员中就算只有几位是出于与头领的认同，那么，公会终结的问题也牵涉到与头领的认同。至少，领导层的离开似乎是一种授权行为，为其他任何人离开公会去寻求更成功的团战体验提供了正当的理由。

修订的目标会如何对公会的长期生存能力产生重大影响。团战公会尤其需要努力发展团战成功之外的认同方式，否则，长期而言，他们就会面临巨大问题，克服内在分隔是团战成功的前提条件。由于一个服务器只有一个顶尖团战公会，而构成公会的成员可以相对自由地从一个公会转到另外一个，从一个服务器转到另一个，因此仅仅以“精英”公会为基础的身份认同在面临挫折的时候，就极可能导致解体。公会首领可以和成员一起发掘某种比唯一连接更靠谱的认同方式和纽带，至少要认识到唯一连接可能出问题，要尽力减少出现的麻烦。

设计人员则面临其他的问题，因为公会解散对其损害较小，但是，玩家离开游戏，尤其是如果它标志着大量人员离开这个游戏，这就会是很大的问题。因此，设计者需要注意更多宏观层次上的认同和同体，这个很有可能是游戏发行时最重要的问题，要找种方式把玩家和游戏迅速绑定在一起，并在整个游戏生命周期维持对他们的控制。最近在线游戏有了许多新发展，展示了游戏设计中认同的角色，从补充进《魔兽世界》团战、能让更多人员参与的多重难度层次，到新的 MMO 在面对《魔兽世界》时维持订阅数的困难，因为仍有许多年的活跃期的一款游戏完全具有更广阔更丰富的世界，其中可以找到方法来体验与其他玩家和游戏本身的同体。嵌入精密通讯工具以让玩家容易沟通和聚集，还有加进多种多样的活动让玩家参加，这些都会增加让玩家与游戏认同并继续玩这个游戏的几率。

就“硬纸管武士”而言，伯克的理论帮助解释为什么公会成长、繁荣，然后分崩离析。伯克式的分析特别适合分析在线游戏中玩家的行为，尤其是那些鼓励玩家合作的游戏。伯克能帮助解释什么将玩家带到一起，什么驱使他们分裂。从本章的分析来看，我们希望更多的学者留心自己的主学科，将其作为理解在线游戏迷人动力的一种方法。

参考文献

Barker, J. R. and P. K. Tompkins (1994) Identification in the self-managing organization: characteristics of target and tenure. *Human Communication Research*, 21(2): 223–40.

Bazazu (2007) Status Symbols and Why You Play Wow', Elitist Jerks. Retrieved 14 September 2009, from http://elitistjerks.com/f15/t17374-status_symbols_why_you_play_wow/.

Bogost, I. (2007) *Persuasive Games: The Expressive Power of Vidogames*, Cambridge, MIT Press.

Boyd, J. (2004) Organizational rhetoric doomed to fail: R.J. Reynolds and the principle of the oxymoron. *Western Journal of Communication*, 68(1): 45–71.

Burke, K. (1950) *A Rhetoric of Motives*, Berkeley, Unviersity of California Press.

Castronova, E. (2005) *Synthetic Worlds: The Business and Culture of Online Games*, Chicago, University of Chicago Press.

Castronova, E. (2009) Synthetic worlds as experimental insturments. In B. Perron and M. J. P. Wolf. (eds) *The Video Game Theory Reader 2*. New York, Routledge.

Cheney, G. (1983) The rhetoric of identification and the study of organizational communication. *Quarterly Journal of Speech*, 69(2): 143–58.

Consalvo, M. (2009) Lag, language and lingo: Theorizing noise in online game spaces. In B. Perron and M. J. P. Wolf. (eds) *The Video Game Theory Reader 2*. New York, Routledge: 295–312.

Crable, R. E. (1977) Ike: identification, argument, and paradoxical appeal. *Quarterly Journal of Speech*, 65(2): 188–95.

Dibbell, J. (2006) *Play Money: Or How I Quit My Day Job and Made Millions Trading Virtual Loot*, New York, Basic Books.

Ducheneaut, N., N. Yee, E. Nickell and R. J. Moore (2006) Building an MMO with mass appeal. *Games and Culture*, 1(4): 281–317.

Jordan, J. (2005) Dell Hymes, Kenneth Burke's 'Identification,' and the birth of sociolinguistics. *Rhetoric Review*, 24(3): 264–79.

Juul, J. (2009) Fear of failing? The many meanings of difficulty in video games. In B. Perron and M. J. P. Wolf. (eds) *The Video Game Theory Reader 2*. New York, Routledge: 237–52.

Mäyrä, F. (2009) Getting into the game: Doing multidisciplinary game studies. In B. Perron and M. J. P. Wolf (eds). *The Video Game Theory Reader 2*. New York, Routledge: 313–29.

Mortensen, T. E. (2008) Humans playing world of warcraft: Or deviant strategies? In H. Corneliussen and J. Walker-Rettberg (eds). *Digital Culture, Play and Identity: A World of Warcraft Reader*. Cambridge, MIT Press: 203–24.

Nethaera (2008) Re: Correct Me If I'm Wrong. Solo Instances? Retrieved 14 September 2009, from http://forums.worldofwarcraft.com/thread.html?topicId=1230503915 andpageNo=2.

Paul, C. A. (2010) Welfare epics? The rhetoric of rewards in world of warcraft. *Games and Culture*, 5(2): 158–76.

Retteberg (2008) Corporate ideology in world of warcraft. In H. G. Corneliussen and J. Walker-Rettberg (eds). *Digital Culture, Play and Identity: A World of Warcraft Reader*. Cambridge, MIT Press: 19–38.

Rosenfeld, L. B. (1969) Set theory: key to the understanding of Kenneth Burke's use of the term 'Identification'. *Western Speech*, 33(3): 175–83.

Schramm, M. (2007) Exclusive Interview: Awake from Nihilum Speaks with Wow Insider', Wow Insider. Retrieved 14 September 2009, from http://www.wowinsider.com/2007/06/19/awake-from-nihilum-speaks-with-wow-insider.

Scott, C. R., S. R. Corman and G. Cheney (1998) Development of a structurational model of identification in the organization. *Communication Theory*, 8(3): 298–336.

Taylor, T. L. (2006) *Play between Worlds: Exploring Online Game Culture.*, Cambridge, MIT Press.

Voorhees,G.(2009)Thecharacterofdifference:procedurality,rhetoricandroleplayinggames. *Game Studies*, 9(2). Retrieved from http: //gamestudies.org/0902/articles/voorhees.

Williams, D., N. Ducheneaut, L. Xiong, Y. Zhang, N. Yee and E. Nickell (2006) From tree house to barracks. *Games and Culture*, 1(4): 338–61.

Yee, N. (2006) Motivations for playing in online games. *CyberPsychology and Behavior*, 9(6): 772–75.

第十二章　多人游戏玩家沟通分析

安德斯·德拉辰

玩家沟通是大多数当代多人游戏的关键构成元素，因为游戏的某些部分有赖于玩家之间或直接通过语音频道或间接通过文字聊天进行的沟通。然而，游戏研究以及媒体和通信研究领域对于视频游戏玩家之间的口头沟通关注极少，而其他领域的沟通，比如在线讨论论坛以及其他社交环境的形式，都已得到详尽研究（Smith 2009）。由于这方面知识的缺乏，业界不清楚视频游戏玩家之间的沟通主要是用于功能性（functional）目的，比如合作、信息共享、协商集体的选择，还是用于战略性（strategic）目的，比如用来保证达成玩家个人的游戏目标（Smith 2006）。第三个可能性是玩家主要沟通游戏外的内容，把游戏作为社交互动（social interaction）的背景。这方面发表的成果寥寥无几，而且，通常着重游戏中语言的更常规功能（如 Wright *et al*.，2002；Lazaro 2004；Holmes & Pellegrini 2005），而非分析玩家沟通的内容。如上所述，实证研究基本缺位，只有极个别例外（包括 Trappl 1997；Hutchinson 2003；Mateas 2003；Eladhari &

Eindley 2004；Castronova 2005；Aylett 2006）。从社会科学、传播学以及民族志角度对大型多人在线游戏（MMO）进行的大多数研究也是这种情况。

在视频游戏和在线社交环境之外的语境中，对于团队成员之间沟通已进行过探讨，比如，在合作设计或组织管理语境以及一般通信研究，甚至互动叙事（Chen *et al*. 2006；Aha *et al*. 2005）。在克服地理距离的虚拟工作环境开发与测试，在建筑、设计和软件工程中，也研究了这个问题（Maher & Simoff 2000；Gabriel & Maher 2002；Sudweeks & Simoff 2005）。

既然多人视频游戏和大型多人在线游戏中，玩家之间的沟通是许多这些游戏核心玩法部分的重要因素，也许意外的是，近年游戏设计的这一部分相对无人涉足，并且缺少实质性的创新。不过，这个话题的重要性不只限于游戏研究，比如，理解玩家沟通（以及更普遍的玩家互动）会帮助理解游戏的社交功能和社交规则，就是说，就指导社交互动的规则而言，人们如何玩游戏，游戏活动如何与其他社交活动相关联。这个话题也有助于游戏设计，因为理解人们需要沟通的内容是它能够在多人和大型多人在线游戏设计中得到保证的关键。

本章重点关注如何分析多人游戏中玩家沟通的细节，无论是线上还是线下。玩家之间的沟通已经有了从上到下综合角度的研究，比如社会学和民族志研究，然而，极少有对玩家沟通细节以及如何对此进行方法论评价的研究，因此，本章提供一个评价和分析玩家沟通的实证检验方法，以话语层面即玩家的单个句子作为沟通分析的基础。

本章呈现三组相互关联的实证研究结果：1. 一个多人桌面纸笔游戏（PnP）角色扮演游戏（RPG）中玩家之间的沟通。2. 在 PS2 游戏主机上玩电脑角色扮演游戏（CRPG）《诺拉斯战士》[①]的玩家小组

① 《诺拉斯战士》：*Champions of Norrath*；《无冬之夜》：*Neverwinter Nights*。——译者注

(Smith 2006)。3. 玩家组队在个人电脑上玩 CRPG《无冬之夜》，每人使用处于典型在线/局域网络设置中的单独显示器。研究的目的是对这三个不同的多人游戏情景中玩家之间的口头沟通进行分析，重点在于沟通的内容和结构，将分析玩家在这些游戏中如何利用口头沟通进行互动和游戏。对重点分析玩家沟通的方法而言，RPG 是绝佳的测试平台，因为它们涵盖了当今数字游戏中某些最复杂的玩家互动行为(Tychsen 2006)。跨不同游戏媒介或格式(如数字和非数字)的研究能够考察口头语言在不同游戏语境中扮演的不同角色。这就提供了机会，可以研究同一游戏形式在不同媒介之间转换对沟通的影响，这既包括参与者之间，也包括参与者与虚构游戏世界之间。这也有助于确定哪些语言功能是跨格式的通用功能，哪些是具体格式特有的。

本章所基于的结果和体验来自若干机构(特别是哥本哈根信息技术大学、澳大利亚的麦考瑞大学以及爱尔兰的赫瑞瓦特大学)合作进行的玩家沟通、互动和体验的长期研究项目。此处描述的方法是作为这些合作的一部分开发的，描述的结果是该研究提取的关键例证，用于展现如何实际操作游戏玩家沟通分析。更多先行研究和结果见蒂赫森等(2006) 以及德拉辰和史密斯(2008)。

本章首先概述视频游戏沟通的视角，然后具体考察 RPG 类型以理清其内部的变体以及与其他游戏类型的关系。我们将描述采集和分析玩家沟通的方法，简述结果并且提供视角用以解释这些结果怎样作为进一步研究的基础。

玩家沟通理论

有一系列的假设可以用来描述预期玩家在视频游戏中会使用什么样的口头沟通。根据萨伦和齐默尔曼(2004：60) 的看法，游戏是“一个供玩家参与人为冲突的体系，由规则界定，结果可以量化”。这远远不是游戏的唯一定义，但是它强调了一个其他定义都没有涉及的问题：除了注意到玩家处于竞争状态，目的是达成游戏目标之外，我们在玩家互动方面有何预期。假设这个定义正确，那么玩家沟通的主要驱动力就是帮助玩家达成这些目标。因而可以预期，他们沟通程度只限于能够有助于达成这个成就。所以可以预期，在合作性游戏里，玩家会慷慨出主意；在半合作性游戏中，会协商出适当行为；而在竞争性游戏中则多半会沉默——除非沟通会带来某种收益(Smith 2006)。但是这种路径不能解释为什么在竞技游戏中，玩家之间的沟通频繁而常见(Holmes & Pellegrini 2005; Smith 2006)。正如这些作者所提出，游戏基本驱动力即获胜是受到另外一个事实的影响：多人游戏除了是游戏外，也是社交情境/框架。这使得德拉辰和史密斯(2008) 想出三种解释玩家合作原因的理论：

功能主义(functionalist)视角：玩家之间的沟通作为合作、信息共享和协商恰当行为的工具。比如《反恐精英》玩家经常需要就在哪里建立阵地达成一致，可能要分享关于目击敌人的信息而且可能要(与盟友和对手)讨论游戏内的恰当行为。从这个视角而言，沟通被认为相对紧密地关注游戏本身(而不是游戏外部主题)。

战略(strategic)视角：玩家间沟通起着工具作用，可以促进针对特定玩家利益的狭隘目标。从这个角度来看，我们预期，玩家如果得不到回报就不会分享信息。在竞争性游戏中，不会期望玩家在挖苦嘲笑及可能的短期联盟之外有什么沟通。跟上一种视角一样，沟通可能会相对紧密地关注游戏本身。

社交(socializing) 视角：玩家之间的沟通仅仅与游戏间接相关。从这个角度而言，游戏本身可能会被看作是围绕社交型玩家的活动。

在这种背景下，我们预料的玩家沟通不会有焦点，与非游戏语境中的会话相似。

这三个视角并非互相排斥，仅仅是作为一种手段来理解同一局游戏中句子的变动，就是说，上一句可以主要归为功能性的，而下一句可能主要是战略性的，如此等等。

跨媒体 RPG

RPG 跨越大量媒体存在，构成游戏核心类型之一（King & Borland 2003; Lindley & Eladhari 2005; Tychsen *et al.* 2007a, 2007b），因此提供了理想的机会研究玩家沟通以及它如何受到所考察游戏的技术平台的影响。角色扮演构成本章主要案例，因此下面简要介绍这些游戏以及它们在沟通框架方面如何运作。

将 RPG 设计和游戏过程作为研究重点的出版物和其他资源日益增多（包括 Murray 1997; Hallford & Hallford 2001; Mackay 2001; Björk *et al.* 2001; Fine 2002; Tosca 2003; Bartle 2003; Lindley 2004; Peinado & Gervás 2004; Tychsen 2006）。此外，真人角色扮演游戏（LARP）群体和桌面 RPG 群体的爱好者也制作了若干有益的出版物，提供了这些游戏如何运作的设计和实践知识（如 Padol 1996; Edwards 2001; Henry 2003; Kim 2003; Bøckman & Hutchison 2005）。数量众多的 RPG 形式具有若干共同的重要特点，包括依赖规则体系与许多基本特征、注重角色为中心的玩法以及经常很浓厚的讲故事因素（Salen & Zimmerman 2004; Tychsen *et al.* 2006）。RPG 之间的关键差异涉及其表达媒介以及硬件平台（个人电脑还是游戏主机，数字还是非数字）、参与的玩家数量（从一个到成千上万）。硬件平台/媒体会影响这些游戏在虚拟世界的呈现方式，并为玩家提供不同的互动和沟通选择套餐（Tychsen 2006）。

从理论上讲，口头沟通在数字、非数字和物理/具身（embodied）RPG（即真人角色扮演游戏）中提供不同的功能。在 PnP 中，口头沟通是游戏的基础，用来保证在所有参与者心中共有的、想象的游戏世界状态处于相同状态（Edwards 2001；Kim 2003；Young 2005a，2005b）。参与者需要口头陈述他们的角色在游戏世界中完成的动作，这些一般需要游戏管理员的认可，他控制着玩家角色活动的虚拟世界，并且在关注游戏故事线的同时，根据玩家的行动更新游戏世界状态（Tychsen 2006）。按照“言语行为理论”（speech act theory）（Searle 1969；Austin 1975）的说法，桌面 RPG 的玩家在进行一系列需要游戏管理员认可的“言外行为”（illocutionary act）。具体而言，他们是委托代理人（proxy）进行的言外行为，由玩家角色完成，不过这个区别在当前的游戏语境中没有相关性。

与此形成对照的是，电脑创造和维护的 CRPG 和 MMORPG 虚拟世界意味着维护和更新游戏世界状态的重要工作已经由游戏软件取代。此外，CRPG 可能会限制玩家之间的沟通渠道——除非他们身处同一房间，否则只能口头沟通，而不能使用身体语言。玩家甚至可能连口头沟通都办不到，因此被迫依赖文字聊天。最后，视频游戏限制了玩家为其角色进行选择的自由——设置极限的是游戏软件，而不是想象力。

案例研究：三个 RPG 中的玩家沟通

德拉辰和史密斯（2008）已经详细描述了为获得三个 RPG 情景中玩家沟通的原始数据所进行的实验工作，不过，这里要简要描述一下过程。进行游戏实验研究的过程中，主要关注点是游戏及其玩家的多样化，因此选择的三个 RPG 具有尽可能相似的基础规则体系、叙事以及线性的情节（故事类型可能是沟通的重要驱动）和操作方便度。此外参与实验的成员代表了两种性别以及各种水平的 RPG 先行经验。

实验参与者从丹麦和澳大利亚的大学以及游戏社群招募而来。50 多个玩家参与了此处讨论的实验，年龄从 18 岁到 54 岁，其中三分之二为男性，从经验为零到经验丰富不等（采用简短调查进行测试，见 Tychsen *et al*. 2009）。采用的 RPG 具有相似的故事线和规则，玩家具有不同的经验水平，这就提供了有限的语境控制模式，方便跨三个格式（非数字、游戏主机和在线/局域网）比较研究结果。

实验使用了两个视频游戏（CRPG），一个桌面游戏（PnP）。CRPG 是 PS2 游戏《诺拉斯战士》（Sony Online Entertainment 2004）和基于个人电脑（PC）的《无冬之夜》（Bioware 2003）（图 12.1），后者使用限制了游戏时间的定制游戏模块，就是说，整个故事线可以在一次实验中完成。《诺拉斯战士》实验使用的是介绍片段，提供了一个微叙事，结构上类似采用的《无冬之夜》模块。这两个多人 CRPG 战斗元素较重，但也有大量的非玩家角色（NPC）互动以及分别对于游戏主机 RPG 与 PC－RPG 的典型呈现。二者都以动作驱动为特点，具有线性的故事线和总体合作性的环境以及相似的图形特点。《诺拉斯战士》作为主机游戏在单一显示器上进行，玩家们共享同一个游戏世界的同一图像。而《无冬之夜》由多个玩家在线或者使用局域网在各自的电脑或显示器上进行。为实验选择的 PnP 游戏是一个名叫《多么可爱的战争！》[1]的游戏模块。它采用了与那两个 CRPG 相似的规则，其特征也是比较线性、事先规划好的故事线，不过这很容易适应，因为这对 PnP 来说只是常规。

三个游戏都进行了若干场，此处包括的是每种游戏的五场数据。同样的玩家可以参与不同的游戏，但是在各场游戏之间至少有一个星期的间隔。团队人数四到五人不等，在一场《诺拉斯战士》中，有一

---

① *What a Lovely War*！——译者注

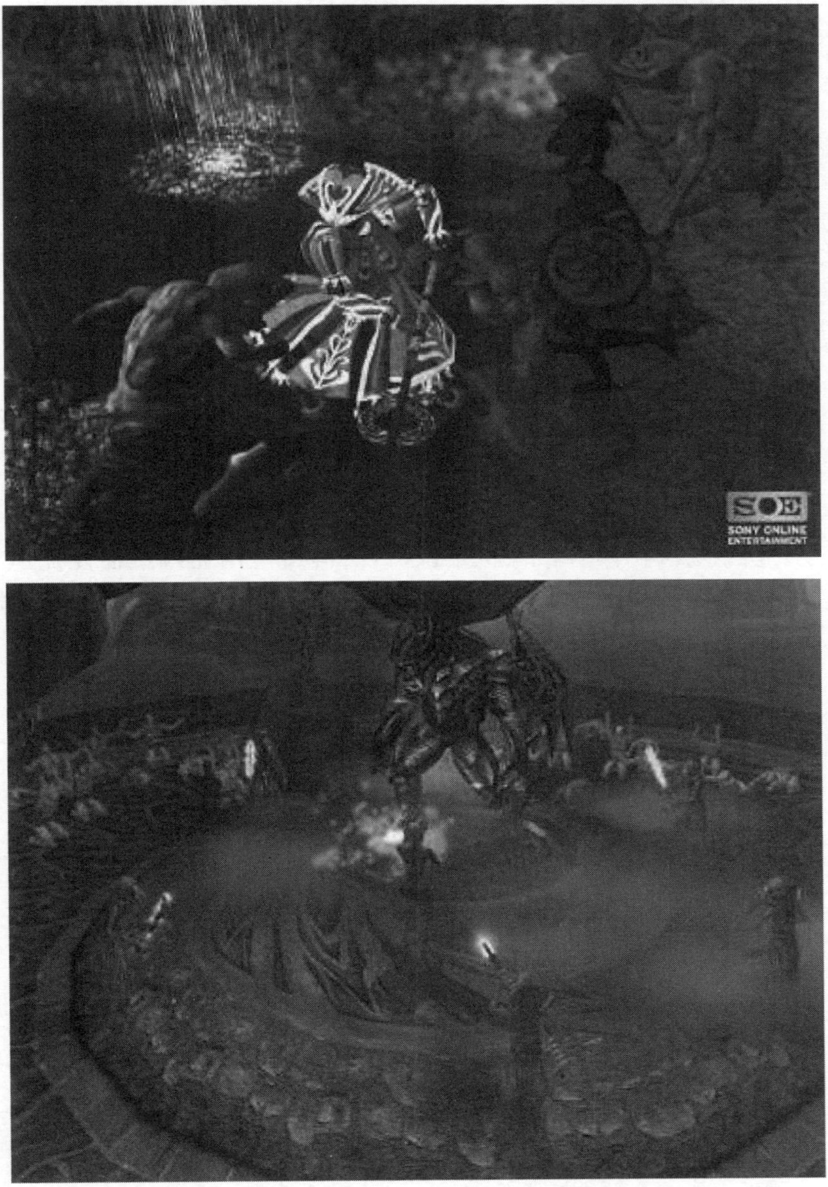

图 12.1 《诺拉斯战士》截图(上)(图像版权©索尼在线娱乐)与《无冬之夜》截图(下图)(图像版权© Bioware & Atari)

组为两人组。

《诺拉斯战士》用的是一台 PS2 和一个 50 英寸等离子屏幕，而《无冬之夜》使用的是独立的计算机。每场游戏开始时，向全组概括性介绍了游戏和游戏控制。《诺拉斯战士》持续大约 45 分钟，而《无冬之夜》2～3 小时打完定制的模块。《多么可爱的战争！》小组打了 3～7 小时，他们自行选择是迅速完成游戏模块还是采用更放松的速度，这突出了该游戏形式适应不同玩家兴趣的能力。每一场 PnP 由一位游戏管理员（GM）管理，个个都经验丰富，他们利用游戏模块作为游戏运行蓝图。

所有游戏场次都有一位观察员在场，不在游戏房间就在邻近房间，但他们都不干涉玩家行为，仅仅回答关于游戏操作和控制的问题。所有场次用两台摄像机录像，口头沟通是用无线桌面麦克风录音。

游戏场次并非全部转录，依据各个游戏的叙事内容和时间安排挑选了三个场景（开头、中间和结尾）（表 12.1）。

表 12.1　桌面 RPG 与两个 CRPG 的转录段

	场景类型	《多么可爱的战争！》	《诺拉斯战士》	《无冬之夜》
第一段	无压力的规划及确定优先顺序	挑选和穿戴设备（购物）	第一个持续购物场景	模块开头，早期 NPC 遭遇
第二段	非威胁性战斗场景	与外星人初战	与入侵妖精初次对抗	轻松战斗以及 NPC 互动
第三段	可能危险（致命）的战斗场景	袭击外星人军事基地的团战，与更强壮的外星人作战	与妖精霸王及其宠物的第一次头目战	与主要恶魔的最后一次头目战，故事结局

来源：Tychsen and Smith（2008）。

这种挑选是为了比较玩家沟通作为所玩的 RPG 叙事内容的函数，三个游戏格式中各组完成每一个场次的时间各不相同，从《诺拉斯战士》和《无冬之夜》的几分钟到 PnP 情景中一个小时以上，每个游戏场次转录的时间在 45～60 分钟之间，每个场景持续约 20 分钟，《诺拉斯战士》例外，这个游戏五个组每一场平均时间约 13 分钟。转录内容上传到 nVIVO 7.0 用于基于编码的分析，使用 Active Perl 脚本研究程序来提取有关沟通强度、句子长度、最典型词语等方面的信息。

玩家沟通情况的采集与分析

根据已有方法（如 Gabriel & Maher 2002），采用了为 RPG 设计的编码方案，在数据评估和分析以前，按照分级结构代码体系对沟通行为的口头元素进行分类。这里呈现的编码方案是为 RPG 实验开发，但这个过程总体来说也适用于其他游戏的沟通研究。

此方法通常称作"协议分析"（protocol analysis）（Ericsson & Simon 1993），用于传播研究、建筑、设计等等，目的是分析个人或群体的沟通与行为（Cross *et al*. 1996；Vera *et al*. 1998）。分析是基于一个包含研究对象的行为、沟通记录的协议，可以用不同方式表达，如电脑日志、草图、转录、录音等等（Akin 1986）。协议分析的优势在于样本数量大，可以获得统计显著性——可以根据属于不同类型的分类的原始数据、直接比较和统计学来分析数据集。

协议分析需要一个分析框架，如为特定情境开发的"话语代码"分级体系（a hierarchy of "utterance codes"）。这种方法通常是迭代的，其基础为初始的基于理论或者经验的编码分级体系（coding hierarchy），其中采用分级体系来分析转录内容，而分级体系会随着材料分析过程而升级和改变。每一次迭代，编码分级体系都会得到精炼，直至达到饱和等级，这时，不再出现新的代码或者没有必要对代码重新进行新的定义，这样，分析框架就稳定下来。按照这个步骤，录制下来的整套材料都采用开发的分级体系进行了分析。

如上所述，对 RPG 实验来说，开发编码分级体系首先是从理论和 RPG 模型中演绎，然后对转录游戏场次的初始测试编码得来的分类进行归纳(Drachen & Smith 2008)。随着系统的成熟，全套录制的数据(即转录)都使用编码分级体系进行了编码。

定义

本章采用标准的传播学理论术语。然而几个关键术语需要定义，因为其意义在文献中是多种多样的。

语句(statement) 与话语(utterance)：编码的基本单位是话语，定义为包含 (1) 一个进行沟通的主体，(2) 沟通的内容，以及(3) 沟通所针对的对象(Gabriel & Maher 2002)。语句是一个参与者口头表达出的完整的消息(比如潜在的多个话语，直到另一参与者开始讲话)。将话语作为玩家沟通分析的基础具有精度和分辨率的优点，然而由于话语代表的细微尺度，可能会丧失沟通的语境。从本质而言，按顺序逐行看一本书与看整个集子或单独页面存在着差异。因此，以话语层面协议分析为基础得出结论的时候，重要的是要考虑语境，即所分析的游戏中出现的更广泛情况。

游戏内(in-game) 与游戏外 (out-of-game)：话语可以被标为“游戏内”(IG) 或者“游戏外”(OOG)。游戏内的话语与游戏或游戏内容相关，比如涉及规则的问题。游戏外话语的内容与游戏活动没有关联，比如关于真实世界政治的提问。

角色内(in-character) 和角色外(out-of-character)：话语可以是作“角色内”(IC) 或者“角色外”(OOC)。当 RPG 中玩家从其角色角度描述行动(第一或者第三人称视角)，或者以角色口吻说话(即表演、化身其角色)的时候,用的是角色内话语。这样的例子包括“我搬起一块石头”(第一人称),“我的角色搬起块石头”(第三人称角色行动描写(CAD))或者直接说“让我们看看石头是不是可以提起来”(表演)。举例来说,角色外语句可以是关于游戏规则或者界面问题,如“扔块石头能造成多大伤害?”。这三个例子稍有不同,然而它们都涉及玩家直接描述一个角色的行动或者消息。比如,角色外话语可以是关于CRPG中虚拟世界界面规则的问题或者评价。角色外话语可以既是游戏内,也是游戏外,而角色内话语不可能是游戏外。

编码分级体系(coding hierarchy)

本案例中,为编码分级体系设计的工作层面是话语,然而协议分析并未指定必须使用这个细节水平,其他文本划分形式也可以使用。当前的研究目标是分析玩家沟通的细节层面。先行定义的代码(详细说明了说话人和说话对象、是游戏内沟通还是游戏外等等)与迭代开发过程中产生的代码(主要是内容代码、戏剧语言和叙事推进编码)组合成为一个分级体系,然后被结合进nVIVO(也可以使用像Transana的类似质性数据分析包)(图12.2)。在这个分级体系中,进一步细分每个特定话语附带的信息,如谁在说话,话语的内容是什么,对谁说话,这发生在游戏故事的什么阶段,说话人是角色内还是角色外,等等。编码过程中每个话语按次级分支进行编码。注意,话语可能具有若干元素,需要同一级别的若干代码;例如,一个玩家既描写角色行为又同时进行环境描述。

在协议分析中,分级代码(hierarchy codes)通常以缩写形式给出。而在本案例中,使用简短的内容代码分类描写比3~4个字母的缩写更容易操作,大多数商用编码软件包都支持这个做法,在增加低级别代码的同时自动赋予更高级别的代码,这也意味着各种等级可以非常复杂,但并不会延长编码步骤。

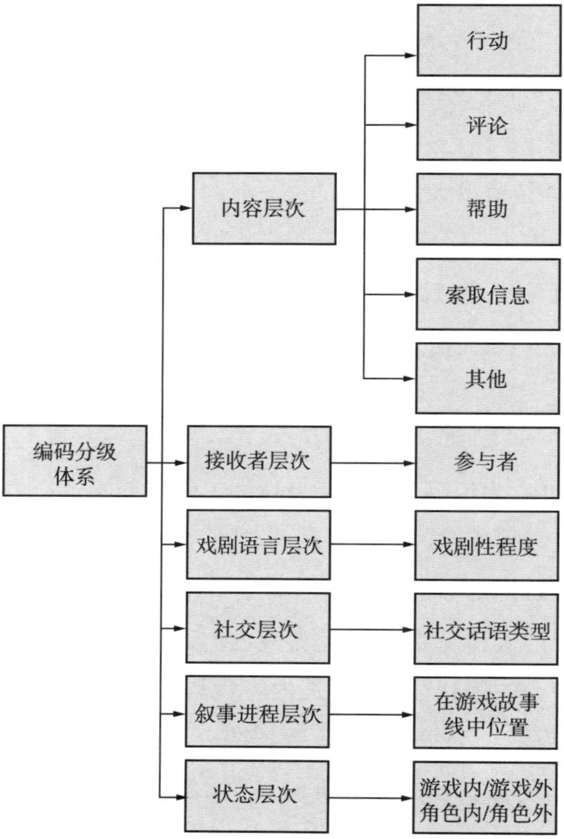

图 12.2　为分析多人 RPG 中玩家沟通情况开发的沟通编码分级体系的顶层结构图

内容层次

内容代码构成框架的主要主体部分，定义玩家沟通的实际内容，比如他是否在描写角色行为、寻求帮助、批评游戏诸如此类。内容代码按照总体目的分成五大组：帮助、评论、索取信息、行动以及其他（图 12.2 和表 12.2）。可以进行内容编码的沟通涉及游戏过程（故事或游戏玩法）。内容代码层次结构可以几乎无限划分为更细层次。

接收者层次

接收者代码定义话语指向的玩家。该信息对社交网络分析很重要。话语对象可以从一个玩家到整个小组。除了提供线索，弄清楚玩家大多是成对沟通还是在全组中沟通，跟踪单个玩家接收和发出的信息也提供了手段，用以评估模式与变化是否在所涉全部玩家组别中具有一致性，而不是一个或几个参与者不寻常的行为方式的结果。

表 12.2　编码分级体系：内容代码分类

子层次	代码	描写/例子
帮助	求建议	寻求任意类型建议
	求助	寻求任意类型帮助
	(非)自发提供信息	自发或非自发(应要求)提供信息
	(非)自发提供帮助	自发或非自发(应要求)提供帮助
	确认信息/建议/帮助	确认收到信息/建议/帮助
评论	评自己	评论自己(玩家或角色)通常评论某行动
	评别人	评论另一玩家或角色通常评论某行动
	评团体	评论一组、一个部落或者派别的人(玩家或角色)；通常评论某行动
	评 NPC/NPC 团体	评论一位或一组 NPC
	评游戏	评论相关游戏的某一特点或方面
行动	CAD	描述一个或多个玩家角色的行动
	命令行动(已执行)	命令一个或多个其他玩家的角色完成特定行动
	建议/请求行动	建议或请求其他玩家角色完成特定行动
	确认所建议/请求行动	确认并/或实施所请求/建议/命令的行动
	反对所建议/请求行动	反对所请求/建议/命令的行动
	忽略请求	忽略某一行动请求/建议/命令

续　表

子层次	代码	描写/例子
索取信息	其他角色行动	关于一个或多个其他玩家角色目前在游戏世界中行动的信息请求
	玩家角色状态	关于一个或多个其他玩家角色状态(比如,其当前生命值)的信息请求
	游戏世界状态	关于游戏世界状态的某一特点和物品的信息问询(如,现在是白天还是晚上)
	规则/界面	关于规则、界面或技术问题的信息请求
其他	规则/界面/技术评论	关于任何规则、界面或技术问题的评论
	掷骰子结果	报告掷骰子或者使用其他随机工具的结果
	致谢	感谢或认可另一个玩家或角色,比如,其某一特定行动(取决于是角色内还是角色外)
	道歉	向另一角色或玩家(取决于是角色内还是角色外)道歉
	环境/世界描写	对游戏世界的描写;对虚拟环境的类似描写
	其他	无法归入其他子层次的任何沟通

来源:Drachen and Smith(2008)

社交层次

在玩家沟通中无关游戏的内容多少不一,但仍可能具有重要性,比如用于分析玩家团体的社交发展,这些内容可能作为玩家之间建立关系的手段。社交沟通包括评论天气或者让人传递小吃。具体到RPG,社交沟通也可以出现在角色内,如两个玩家在角色内谈论对游戏玩法或者游戏故事线没有直接影响的内容。

叙事进程

与更大型研究项目相关的一些实验采用了这个层次结构,让沟通基于游戏故事线的特定片段。本案例将故事线划分为成分,根据话语所属的成分进行编码。这样就可追踪叙事进程并且分析游戏进行期间特定玩家对游戏叙事的贡献。

状态层次

这个层次主要包括游戏内/游戏外以及角色内/角色外编码。

戏剧语言层次

戏剧编码可以说是 RPG 的独有特点。因为玩家控制了虚构角色，他们有时需要描述这些角色的行动，在 PnP 中尤其如此。他们可以用纯粹功能性的方式传达这些描述，也可以使用戏剧的术语和短语来制造戏剧性，还可以将二者综合起来，比如玩家可以将他的角色描述为“毫不畏惧地冲向敌人”——这个语句部分为游戏功能性，部分为戏剧性。

分析与结果

已编码材料可以进行一系列分析。然而篇幅所限，此处的焦点是玩家沟通的内容和沟通的总体结构。

沟通内容

第一步自然是考察玩家在玩非数字化以及数字化格式的多人游戏时到底沟通的是什么。《多么可爱的战争!》和《诺拉斯战士》中的沟通就存在显著差异。

《诺拉斯战士》中最常见的内容代码是“提供信息”(41%，这是分析的所有 CRPG 场次的平均值)，“索取信息”(19.8%)，“建议-请求行动”(10.6%)，其中，“规则-界面-技术评论”占 9.3%。所有其他内容代码得分频率都低于 5%，其中，“提供建议”“游戏评论”最为常见(分别为 4.25%和 3.9%)。这个内容代码分布展现了玩家使用沟通类别情况的清晰图像。

首先，全部话语的 41%聚焦于提供游戏信息(“提供信息”)，根据游戏的场次不同,这个比例在 23%和 55%之间变化,60%的场次中这个内容代码超过了 50%。在“提供信息”内容代码出现频率较小的场次中,填补空白的是“规则-界面-技术评论”,占了超过 20%。

虽然 CRPG 小组之间“提供信息”和“规则-界面-技术评论”的内容代码使用频率差异很大(两个 CRPG 游戏都如此),但是二者都是提供信息或观点的,这说明了对玩家间功能沟通的要求:适应游戏世界,转发丢失或找回物品的信息,描述玩家角色的状态等等,比如在下列的转录片段中(玩家号码是转录片段来源小组为玩家指定的号码,转录材料来自两个 CRPG):

玩家 1:又有具尸体!

玩家 2:是吗?

玩家 3:我发现个刺穿的。

玩家 4:哦,我来检查尸体。你在检查吗?

玩家 1:哦,你可以,对不起。

玩家 4:没关系,我们都可以检查,这样很好。

玩家 2:有好几具尸体,我们都可以检查尸体。

玩家之间不断的信息流强调并说明《诺拉斯战士》游戏场次中的合作气氛,虽然重要的是注意某些“提供信息”的例子实际上可以解释为请求帮助,比如:

玩家 1:啊,我差不多烧起来了。

以上两例中,玩家都是在向小组提供重要的事实信息,然而,后一例玩家可能还想从队友处得到帮助,比如,治疗或者将来更好的战术掩护。

除了互相提供战术信息的根本需求，“提供信息”代码的普遍使用还可以用提供信息的多用途来进行解释。这同样可以解释“索取信息”代码出现的高频率(平均19.8%，在9%到28%之间变化)。这个内容代码覆盖多种多样的玩家沟通，从一般的战术问题如：

玩家3：好吧，我们要前进还是怎么？

玩家1：这块石头旁边这东西是啥？

玩家2：不。地图这一侧是啥？

“索取信息”内容代码也包括一些关于游戏机制的具体查询，比如关于某件装备的能力或其他玩家角色的能力，像：

玩家2：难道你不能施放治疗魔法吗？

玩家3：我能走水里吗？

在多人CRPG中，“索取信息”代码是游戏内沟通功能中次要但显著的部分，反映了参与的玩家小组中明显的总体合作水平。总体而言，玩家互相帮助，愿意互相回答问题。这包括老手和新手同组的情况。因为《诺拉斯战士》和《无冬之夜》对协调性提出了极大的挑战(例如玩家必须连续朝同一方向移动)，玩家们经常建议其他人(或者全组)以某种方式行动。例如：

玩家1：我们该重组吗？或许我们该重组。

玩家3：那我们在酒馆外面重组吧。

两个不那么常见的代码(“提供建议”和“游戏评论”)涉及表达的看法和意见而非事实信息，以及与其他游戏的比较/对所玩游戏的评论。后者在两个 CRPG 环境中远比在 PnP 场次中常见：基于“游戏评论”的话语占据了整个口头会话的几个百分点（1%～8%），而在 PnP 场次中基于评论的话语皆未达到 1%的频率。

根据推测，这个差异与《诺拉斯战士》和《无冬之夜》对于玩家实时战术协调的要求增加相关，与之相比，PnP 环境下参与者可以事实上“冻结”游戏世界里的事件以讨论他们的策略和方法。

PnP 中的编码分级体系内容代码频率分布与 CRPG 中极为不同。《多么可爱的战争！》中最常使用的内容代码是“环境世界描写”（所有 PnP 场次的平均值为 18.4%）、CAD（17.5%），“索取信息”（16%），“社交沟通”（13.1%）和“提供信息”（8.5%）。分层结构的下端是“建议-请求行动”（5.2%），“命令行动”（4.6%），“掷骰子结果”（4%）和“致谢”（3.3%）。

初始观察似乎是 PnP 玩家使用的内容代码分布更广，然而，对于两个 CRPG 和 PnP 情景而言，12 个内容代码达 1%频率以上。

这样的代码频率模式并不立刻让人意外。因为 PnP 是基于共享的、想象的游戏世界现实，有必要频繁描述游戏世界的状态，让参与者明了最新情况。同样，玩家需要阐述其角色行动以完成游戏世界的行动，因此可以预期该内容代码频繁出现。PnP 游戏管理员大约 50%的口头沟通都是用于环境事件描述，并且由于游戏管理员占据这些游戏沟通的三分之一，这非常切合其“故事管理员”的角色。比如：

游戏管理员：其他船都没有在相同的区域让士兵下船，因此你基本上孤身一人。你往地下区域走，路上能看到天空冲下来的爆炸，有点儿像烟花，只是方向倒过来了。任何一次爆炸击中时，就发出（发出命中声）（……）。

游戏管理员：好了，你往四周一看，大约离他们应该所处位置的500米远，有个可以打开的某种金属活门，看起来像某种地下掩体系统的入口。

游戏管理员：(……)既然你视野中看到的只有密集的炮火，并且脚下的地仍在震动，那么任何活过的东西都不再活着了。

玩家常常用CAD来描述他们角色的行为。比如：

玩家2：我溜到边缘去照山峰……

玩家2：对，我第二个跟着以便取个好镜头。

CAD可以直接使用("我这样做……""我的角色这样做……")，也可以间接使用("我们大家都去那里吧……")。

与CRPG的情景类似，"索取信息"和"提供信息"属于相当频繁的代码，反映了玩家之间交换功能信息(即与游戏相关信息)的需求。玩家不断需要信息，也需要提供关于游戏的不同元素、他们的角色以及游戏世界状态的信息。也许让人吃惊的是，与CRPG环境相比，PnP环境中"提供信息"内容代码的频率更低——即使加上CAD代码(一种信息提供形式)也是如此——CRPG中为平均41%，而PnP情景中为26%。然而，如果加上"环境世界描写"代码(可以说大多是游戏管理员在用)，则PnP中达到44.4%，这个数据与CRPG情景类似。举个PnP中信息分享的例子：

玩家5：他们都有什么样的武器?

游戏管理员：他们大多巨大手掌里握着小手枪(演示小手枪)，或者有来福枪(演示端来福枪)。你懂的，一把长来福枪，有点儿像(展示握着大来福枪)。

最后一点，在 PnP 场次中玩家使用大量口头资源来沟通与实际游戏无关的东西——13.1%的沟通被标记为“社交”，并且没有直接的、功能性游戏价值。比较而言，非功能性沟通在 CRPG 的场景中几乎不存在。

表面看来，这个差异似乎与游戏格式没有直接关联。然而，重要的是，要注意到在 PnP 语境中，玩家互相完全可见，游戏是基于玩家的直接互动。在考察的两个 CRPG 环境中，玩家都要靠屏幕作媒介。在《诺拉斯战士》情景中，玩家需要从屏幕转开去面对他们的玩家同伴，在《无冬之夜》中，玩家完全通过显示器进行互动。这不能完全解释 PnP 环境中玩家社交闲谈的需求，然而需要注意的是，这么做大约更容易，因为你身体坐在谈话对象面前，中间没有显示器分散你的注意力。PnP 玩家不仅角色内交谈程度更高，而且也自带激励非正式聊天特质。也许，这是玩家用来让自己代入角色并收集其他角色信息的方法(Tychsen *et al*. 2006)。PnP 格式也显然促进玩家个人之间的对话，因为在 PnP 环境中，沟通的 40%～50%是针对整个小组，而在 CRPG 环境中，60%的沟通是针对全组的。

虽然五个 PnP 场次之间存在差异，但五个最常见的内容代码出现频率是相当同质的，游戏场次之间最多变化为 5%。相比之下，CRPG 环境中的方差可能超过 20%(如“索取信息”内容代码)，这显示与数字化多人 RPG 相比，非数字化玩家沟通的方差存在直接差分。

在分析的所有游戏层次中最常用的内容代码模式相对同质，但这种格局没有反映在较为罕见的代码中(即“建议-请求行动”“命令行动”“掷骰子结果”和“致谢”)。例如，在所有游戏场次中有关规则的沟通(“掷骰子结果”和“规则-界面-技术评论”)从几乎为零变到 10%。这个差异可能涉及 PnP 小组比 CRPG 玩家拥有更大自由度来界定自己的游戏风格如怎么管理游戏规则、游戏规则在多大程度上控制游戏。例如，观察发现，有些小组利用规则来支持游戏故事和社交互动，而其他组则更频繁地使用游戏规则。差异程度显示 PnP 小组的游戏风格如在他人感谢受到的帮助和得到的建议或者角色行动的组织方面，具有显著差异。

沟通结构

使用 Active Perl 脚本，计算了三个实验条件下一系列描述统计指标以便评估沟通强度(表 12.3 和图 12.3)。

表 12.3　游戏场次综合统计

游戏	词数/话语	字符数/话语	词数/分钟	字符数/分钟	最长话语
《多么可爱的战争!》	10.2	50.5	176	894.4	174 词 940 字符
《诺拉斯战士》	9.8	82.8	164.8	1314.4	54 词 499 字符
《无冬之夜》	7.2	37.25	105.1	546.1	112 词 877 字符

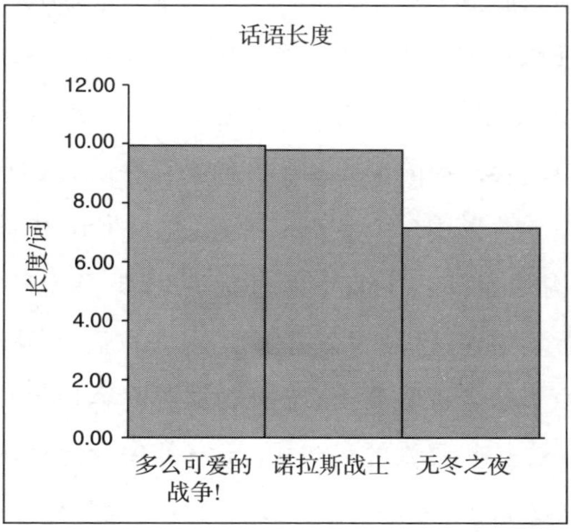

图 12.3　三个游戏语境中话语的词汇平均长度

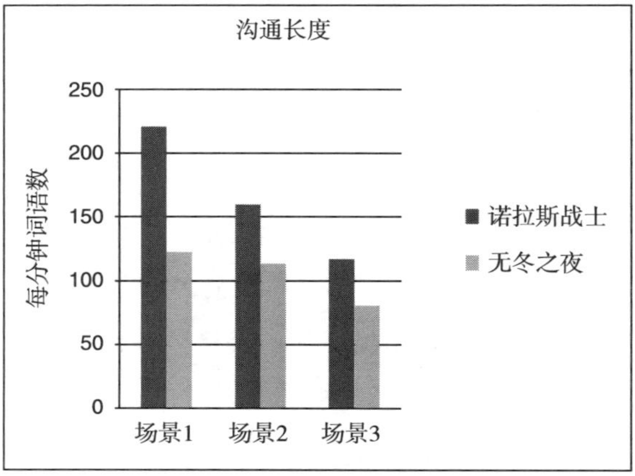

图 12.4　两个 CRPG 中作为叙事内容函数的沟通强度

这些数据显示《无冬之夜》游戏场次中沟通强度显著更低:《无冬之夜》的玩家每次话语含 37.25 个字符,每分钟仅仅有 546.12 个字符,总体话语长度最短,平均沟通密度最低(图 12.4)。根据字符和词语数量,最大转录句子长度的最高值出现在桌面 RPG 场次中。话语长度的标准差也是这种格式最高。

就单独转录的三个场景而言,作为具体场景函数的每分钟平均词语数量(WPM)的变化在 PnP 场次中差异最小——玩家沟通密度几乎相同(所有小组每分钟词语数变化从 151.1 到 225.1),而且,在作为游戏叙事内容函数的沟通密度方面不存在统计学意义上的有效差异。缺乏差异可以用一个事实来解释,就是 PnP 中的所有事件都是通过口头沟通发生,因此没有直接原因要突出特定的叙事内容——角色行动描述、世界状态变化、请求获取信息等等方面的沟通需求相同。由于缺少视觉界面,玩家对重要内容代码具有相当稳定的需求。尽管在这些紧张的场景中,玩家外表的激动不安迅速反映在他们的身体语言中,但是他们并没有增加沟通程度。

相比之下,两个 CRPG 情景中每分钟词语数变化很大(图 12.4),

似乎在CRPG中，玩家明显倾向于在起初的购物/NPC相遇场景中沟通最多（场景1），而在游戏场次末尾的致命战斗场景中沟通最少（场景3）。

这种差异的一种潜在解释是CRPG的玩家在初始购物/社交场景中没有认知负担，也没有特定的时间压力，而在致命的战斗场景中（场景3），他们要生存下来就必须专注眼前的任务。第二个场景为中等值似乎可以支持这个结论，那时，玩家身上的压力不像第三个场景中那么大。

最后一点，在分析中检测了玩家经验、性别或丹麦/澳大利亚背景之间是否存在重要相关关系（皮尔森的相关关系系数），但是这些人口统计学特点和结果之间没有发现统计上的显著相关。同样，小组人数差别也没有引起明显的模式差异——多人角色扮演游戏中四个还是五个玩家似乎并不影响沟通强度（Drachen & Smith 2008）。

讨论

本章描述了多人（以及MMO）游戏中玩家沟通的多种理论原因，提出了一种方法用于分析数字和非数字、离线和在线模式中玩家沟通的情况。此外，本章选择了应用此方法进行的一系列实验（Tychsen *et al*. 2006；Drachen & Smith 2008；Tychsen & Smith 2008）的结果，以展示编码模型如何用于实践以及可以实现的结果类型。

玩家沟通仍是游戏研究中探索不足的领域，远远落后于比如基于互联网的社交环境中的传播研究。这里呈现的案例研究强调游戏格式对玩家沟通的重要性——实质上，游戏是数字还是非数字对于口头沟通有潜在的重大影响，因此，直接将传统的传播学研究中获取的知识用于数字游戏领域是很危险的。研究结果还突出了玩家沟通原因的多重性，基本上同时针对策略、社交和功能主义的视角。

从实验数据可以得出若干结论：

第一，分析的三个游戏中沟通强度低于“正常”的人际对话率，后者的每分钟词语数一般为 190～230 词语（Drachen 30）。这也许是游戏情景中玩家身负认知压力的结果——实质上，他们需在游戏以及与其他玩家沟通之间分配注意力。

第二，游戏格式——数字、非数字、基于游戏主机或在线/局域网设置——对于玩家之间的沟通结构有直接影响。三个游戏情景的沟通强度（速度）以及话语的长度有别，不过差异最大的是《无冬之夜》与另外的两个 RPG（比 PnP 场次每分钟词语数平均低 75%，比《诺拉斯战士》低 50%）。换言之，沟通强度的分界没有发生在从非数字换到数字格式时，但是出现在离线和在线/局域网格式转换中：《无冬之夜》中，每个玩家都有自己的电脑、显示器、耳机等等。这就使得通过游戏进行的互动程度高于其他两种游戏环境，结果降低了总的沟通量。

其他变量，比如人的因素，可能影响这种关系，然而需要指出的是，实验参与者多种多样。这些结果显示，在进行要求玩家之间高度口头沟通和/或合作的在线游戏设计时，游戏设计人员要多加小心。

第三，尽管在桌面游戏环境中，有一组玩家的子集间存在相对更多沟通的趋势，但无论哪种游戏格式中，玩家通常与全组沟通。这可能是多人游戏促进合作互动的结果，这样玩家可以一起努力达成目标。

第四，在基于计算机的 RPG 中，口头沟通量明显作为叙事内容的函数而变化，这与游戏是基于游戏主机还是在线/局域网无关。沟通强度在游戏玩法压力低的阶段最强，并随游戏本身强度和压力的增加而逐渐降低。这表明在线游戏中的讲话强度低不一定意味着无聊，而是游戏的认知负荷增加。玩家之间的沟通模式有可能与游戏内容的体验相关，这也许意味着玩家沟通分析可以用来追踪玩家在游戏中的体验。沟通和用户体验的关系并不简单（一系列与游戏和玩家相关的变量可能会产生影响),全面探索这一关系需要进一步的研究。

最后,值得指出的是,本章描述的编码框架设计适用于所有形式的 RPG 参与者沟通,而且也在 MMORPG 聊天博客中进行了测试。对于 RPG,这个分层结构很健全,对于其他类型的多人游戏也很容易适应,当然一般还需要增加话语代码,比如针对射击类游戏的特定动作。作为分析玩家沟通的方法,协议分析是一个很详细——虽然稍微麻烦——的方法。

致谢

本章呈现的研究是 2005 年以来笔者与迈克尔·希钧斯博士、乔纳斯·海德· 史密斯博士、苏珊娜·托斯卡博士、桑迪·卢沙尔博士、露丝·艾利特博士等人进行的一项国际合作研究的部分结果。笔者再次感谢这些令人尊敬的同事在持续工作中的贡献。

参考文献

Aha, D. W., D. McSherry and Q. Yang (2005) Advances in conversational case-based reasoning. *Knowledge Engineering Review,* 20(3): 247–54.

Akin, Ö. (1986) *Psychology of Architectural Design*, London, Pion.

Austin, J. L. (1975) *How to Do Things with Words*, London, Clarendon Press.

Aylett, R., S. Louchart, J. Dias, A. Paiva, M. Vala, S. Woods and L. Hall (2006) Unscripted narrative for affectively driven characters. *IEEE Computer Graphics and Applications*, 26(3): 42–52.

Bartle, R. (2003) *Designing Virtual Worlds*, London, Pearson.

Björk, S., J. Falk, R. Hansson and P. Ljungstr (2001) Pirates! Using the Physical World as a Game Board. *Proceedings of INTERACT 2001*. Tokyo, Japan.

Bøckman, P. and R. Hutchinson (2005) Dissecting Larp. *Collected Papers for Knutepunkt 2005 – the 9th Annual Nordic Conference on Larp*, Tampere, Finland.

Castronova, E. (2005) *Synthetic Worlds: The Business and Culture of Online Games*, Chicago, University of Chicago Press.

Chen, L., M. Harper, A. Franklin, T. Rose, I. Kimbara, Z. Huang and F. Quek (2006) A multimodal analysis of floor control in meetings. In S. Renals, S. Bengio and J. Fiscus. (eds) *Machine Learning for Multimodal Interaction*, Berlin/Heidelberg, Springer: 36–49.

Cross, N., H. Christiaans and K. Dorst (1996) *Analysing Design Activity*, New York, Wiley.

Drachen, A. and J. H. Smith (2008) Player talk: The functions of communication in mult-player role-playing games. *Computers in Entertainment*, 6(4): 1–36.

Edwards, R. (2001) Gns and Other Matters of Role-Playing Theory. Retrieved 24 September 2009, from http://www.indie-rpgs.com/articles/1.

Eladhari, M. and C. Lindley (2004) Story Construction and Expressive Agents in Virtual Game Worlds. *Proceedings of Other Players Conference*, Copenhagen, Denmark.

Ericsson, K. A. and H. A. Simon (1993) *Protocol Analysis: Verbal Reports as Data*, Cambridge, MIT Press.

Fine, G. A. (2002) *Share Fantasy: Role-Playing Games as Social Worlds*, Chicago, University of Chicago Press.

Gabriel, G. C. and M. L. Maher (2002) Coding and modelling communication in architectural collaborative design. *Automation in Construction*, 11: 199–211. Retrieved from http://www.ingentaconnect.com/content/els/09265805/2002/00000011/00000002/art00098.

http://dx.doi.org/10.1016/S0926-5805(00)00098-4.

Hallford, N. and J. Hallford (2001) *Swords and Circuitry: A Designer's Guide to Computer Role Playing Games*, Roseville, Prima Tech.

Henry, L. (2003) Group Narration: Power, Information and Play in Role-Playing Games. Retrieved 29 September 2009, from http://www.darkshire.net/jhkim/rpg/theory/liz-paper-2003/.

Holmes, R. M. and A. D. Pellegrini (2005) Children's social behavior during video game Play. In J. Raessens and J. Goldstein. (eds) *Handbook of Computer Game Studies*. Cambridge, MIT Press: 133–144.

Hutchinson, A. (2003) Analyzing the Performance of Interactive Narrative. *Proceedings of the Fifth International Digital Arts and Culture Conference*, Melbourne, Australia.

Kim, J. (2003) Story and Narrative Paradigms in Role-Playing Games. Retrieved 29 September 2009, from http://www.darkshire.net /jhkim/rpg/theory/narrative/paradigms.html.

King, B. and J. Borland (2003) *Dungeons and Dreamers: The Rise of Computer Game Culture from Geek to Chic*, London, McGraw-Hill.

Lazzaro, N. (2004) Why We Play Games: Four Keys to More Emotion in Player Experiences. *Game Developers Conference 2004*, San Jose.

Lindley, C. (2004) Trans-Reality Gaming. *Proceedings of Second Annual International Workshop in Computer Game Design and Technology*. Liverpool, UK.

Lindley, C. and M. Eladhari (2005) Narrative Structure in Tran-Reality Role-Playing Games: Integrating Story Construction Form Live Action, Table Top and Computer-Based Role-Playing Games. *Proceedings of DIGRA 2005*, Vancouver Canada.

Mackay, D. (2001) *The Fantasy Role-Playing Game: A New Performing Art*, Jefferson, McFarland and Co.

Maher, M. L. and S. Simoff (2000) Collaborativly Desigining with the Design. *Proceedings of the Co-Desiging Conference*, Coventry, UK.

Manninen, T. (2004) *Rich Interaction Model for Game and Virtual Environment Design'*, Oulu, Department of Informatin Processing Science, Oulu University.

Mateas, M. (2003) Expressive Ai: games and artificial intelligence. *Proceedings of International DiGRA Conference*.

Murray, J. H. (1997) *Hamlet on the Holodeck: The Future of Narrative in Cyberspace*, Cambridge, MIT Press.

Padol, L. (1996) Playing Stories, Telling Games: Collaborative Storytelling in Role-Playing Games. Retrieved 29 September 2009 from http://www.recappub.com/games.html.

Peinado, F. and P. Gervás (2004) Transferring Game Mastering Laws to Interactive Digital Storytelling. *Proceedings of the International Conferece on Technologies for Interactive Digital Storytelling and Entertainment*, Darmstadt, Germany.

Salen, K. and E. Zimmerman (2004) *Rules of Play: Game Design Fundamentals*, London, MIT Press.

Searle, J. R. (1969) *Speech Acts: An Essay in the Philosophy of Languge*, Cambridge, Cambridge University Press.

Smith, J. H. (2006) *Plans and Purposes: How Videogame Goals Shape Player Behaviour*, Copenhagen, IT University of Copenhagen (Unpublished PhD Thesis).

Smith, M. J. (2009) *Online Communication: Linking Technology, Identity and Culture*, Mahwah, LEA Publishers.

Sudweeks, F. and S. J. Simoff (2005) Leading Conversations: Communication Behaviours of Emergent Leaders in Virtual Teams. *Proceedings of the 38th Annual Hawaii International Conference on System Sciences (HICSS'05)*. Big Island, Hawaii.

Tosca, S. P. (2003) The Quest Problem in Computer Games. *Proceedings of the International Conferece on Technologies for Interactive Digital Storytelling and Entertainment*, Darmstadt, Germany.

Trappl, R. (1997) *Creating Personalities for Synthetic Actors: Current Issues and Some Perspectives*, Springer.

Tychsen, A. (2006) Role Playing Games: Comparative Analysis Across two Media Platforms. *Proceedings of the 3rd Australasian conference on Interactive entertainment*, Perth, Australia.

Tychsen, A. and Heide Smith, J. (2008) Game format effects on communication in multiplayer games.*Proceedings of FUTURE PLAY 2008*, Toronto, Canada.

Tychsen, A., M. Hitchens, R. Aylett and S. Louchart (2009) Modelling Game Master based Story Facilitation in Multi-Player Role-Playing Games. *Proceedings of the 2009 AAAI Symposium on Intelligent Narrative Technologies II*, Stanford, USA.

Tychsen, A., M. Hitchens, T. Brolund, D. McIlwain and M. Kavakli (2007a) Group play: determining factors on the gaming experience in multiplayer role-playing games. *Computers in Entertainment*, 5(4): 1–29.

Tychsen, A., K. Newman, T. Brolund and M. Hitchens (2007b) Cross-Format Analysis of the Gaming Experience in Multi-Player Role Playing Games. *Proceedings of DiGRA*, Tokyo, Japan.

Tychsen, A., J. H. Smith, S. P. Tosca and M. Hitchens (2006) Communication in Role Playing Games. *Proceedings of the International Conferece on Technologies for Interactive Digital Storytelling and Entertainment*, Darmstadt, Germany.

Vera, A., T. Kvan, R. West and S. Lai (1998) Expertise and Collaborative Design. *CHI '98*, Los Angeles, USA.

Wright, T., E. Boria and P. Breidenbach (2002) Creative player actions in FPs on-line video games: playing counter-strike. *Game Studies*, 2(2). Retrieved from http://www.gamestudies.org/0202/wright/

Young, M. J. (2005a) Theory 101: System and the Shared Imagined Space. Retrieved 29 September 2009, from http://ptgptb.org/0026/theory101-01.html.

Young, M. J. (2005b) Theory 101: The Impossible Thing Before Breakfast. Retrieved 29 September 2009, from http://ptgptb.org/0027/theory101-02.html.

第十三章　想起费根：叙事性离线和在线视频游戏中的口音、互文性及他者化

阿斯特丽德·恩斯林

本章考察离线与在线叙事性电脑游戏如何通过认知和政治/军事能力以及民族、社会和道德二元关系，将英语语音功能化以表现多种角色类别和相互关系。我考察具有战略意义的非玩家角色(NPC)的口头和多模态话语，只要它揭示了隐藏的、貌似没有反映和记载的语言思想(也见 Ensslin 2010)。

我在最近对主流英语离线电脑游戏的说话口音研究中(Ensslin 2010) 指出，许多游戏——尤其是叙事性而非抽象性游戏(比较 Wolf 2001)——的人气不仅来源于展现的特定技术细节和图形化表征，而且(以更为潜意识的方式)"来自关于性别、种族以及语言态度的刻板印象的战略性重申"(Ensslin 2010：205)。具体而言，刻板印象构造通常按照常规和非常规对立(Jones 2002；Davies 2007；Jeffries 2010) ——标准(比如好对坏，黑对白)和非标准(比如"女王英语"对利物浦方言)两极化，这些方法利用了"摩尼教寓言的经济性"

(JanMohamed 1995：20)[①]，因而尤其使得道德、学问、社会阶层、性别和种族方面的二元思想和僵化印象得以延续[②]。对于玩家的一种预期影响是快速形成简单直截了当的他者化过程，这些过程通过在朋友和敌人之间制造清晰的界限来优化玩家认同与达成目标，帮助定义了玩家的道德、社会和文化的世界图像。

延续这种二元成见的一种特别有效的方式是它们与语言特征结合起来，这些特征被置于(非常规的)互相对立状态。例如，将很重的东伦敦口音赋予一个有些可疑或者甚至流氓式的角色会带来强大的识别效果，这是基于潜在的互文性和跨媒介联想，因为之前在流行电影和电视剧这样的人工产物中就有类似的角色。将这样一个具有负面暗示的角色与一个博学、仁慈的法术大师并置——后者用“女王英语”(被称作“标准发音”，RP)或者甚至是莎士比亚舞台口音——进一步强化流氓式角色的他者性并且潜意识地引导玩家在游戏中的活动。

语言人类学家欧文和盖尔(2000) 用“象似性”(iconicity)、“递归性”(recursivity) 和“消除”(erasure) 来称呼这些联想性符号过程。他们使用“象似性”来表示“对语言形式的阐释，这种语言形式不仅是作为一个社会群体的可靠标志(index)，而且是作为对这个群体与众不同特征的清楚易懂的描述”(2000：19)。在这个方面，手机短信或

① economy of Manichean allegory。术语“摩尼教寓言”表示道德对立的话语，被归因于流行文化中对于自我和他人的刻板印象式表征，特别是大量主流视频游戏所传达的“殖民主义者的重建神话方面”(colonialist remythologizing aspects)(Everett 2005：132)。后殖民理论家简默罕默德(1995：21) 解释道：“帝国主义者并不关注他者的具体形象或刻板印象，而是关注摩尼教寓言提供的情感效益，这种寓言能够生成多种多样的刻板印象。[……]偶像化策略和寓言性机制不仅听任快速交流那些可用于维护道德差异感的诋毁性的形象，也使得写作者可以将社会历史差异转换成普遍的、形而上学的差异。”[原文如此]

② 关于流行视觉叙事(即迪斯尼和好莱坞电影)中非母语和非标准口音使用情况以及美国电视连续剧中明示和暗示的元语言和元信息传递使用情况，相关研究分别见 Lippi-Green(1997) 和 Richardson(2006)。

游戏内聊天的简明风格可以用来对年轻人进行象似性描绘并且将这些人集团化。“递归性”就是产生于这样的符号性解读的一个过程，因为“在一个层面上明显的对立被投射到语言和社会关系的其他层面上”(同上书，第19页)。这就关联回上一段提供的例子，在其中，社会和道德差异与语言差异联系在一起，通过极端化成为二元对立，并因此遭遇他者化过程。最后，“消除”就是“以支持语言差异的象似性解读的方式使得一些社会语言活动或者作用物隐形”(同上)。换言之，通过忽略存在于民族或角色社会背景和/或语言行为中那些可能破坏故意的、没有依据的表征的不规则性和复杂性，象似性带来的简单性得到进一步强化。

有一种特定类型的语言意识形态是对标准和非标准英语语体的态度。在研究离线和在线视频游戏的开始过场动画和第一关游戏片段中非玩家角色的说话口音时，这些态度尤其惹人注意。开始游戏关卡至关重要，因为它们为游戏世界设定场景、介绍概念背景和目标、解释主要功能和界面元素并将玩家-角色置于游戏中。在线游戏中，实现后一点通常是通过自定义化身，比如定一个名字、职业、心理和生理框架以及外貌。离线游戏基本上(虽然不总是)略去化身自定义，因为玩家并不会在游戏世界遇见其他玩家。然而离线和在线游戏都有训练元素，这经常是作为游戏叙事的一部分进行。更准确地说，玩家经常受一个或者多个“能手”庇护，他们会带玩家通过一步步训练，学会行进于游戏世界，使用游戏技巧。这些训练片段使用的口头语言(结合字幕)显示了玩家以何种方式被设定接受特定的道德游戏世界图景。

下面，我先概述近期社会语言学、语音态度研究的相关启发。第二步，我会将这些见解用于若干第一关卡片段，这些来自于离线游戏《回到狼堡》《寓言：失落之章》和《黑与白2》以及大型多人在线角色扮演游戏(MMORPG)《巫师101》。这四个游戏都是上文提到的摩尼教寓言(1995：20)的缩影,它们创造清晰的道德二元关系,授权玩家通过控制或消除邪恶力量来改进、优化或成就相应的游戏世界。

具体而言,我将查看英语口音如何被功能化,用于在认知和政治/军事能力以及民族、社会和道德对立性方面描绘多种多样的角色类型和相互关系。我考察显著游戏角色的口头和多模态话语,只要它揭示了隐藏的、貌似未反映和记载的语言思想(也见 Ensslin 2010)。我的目的是阐明标准英国和北美口音以及非标准的地方和外国口音如何结合其他符号学模态和副语言特征(比如音高和语调),来建构和维护对全球各种英语语体的支配性语言态度(比如 Kachru 1985，1986)。此外,游戏还运用口音、嗓音、音高和语调,通过跨媒介和跨文本地参考经典的视听叙事,比如流行电影、文学和电视连续剧,创造模仿性效果。很明显,游戏设计人员故意虚拟化了带情感和政治色彩的口音,这证实了近来的口音-态度研究(比如 Lippi-Green 1997；Coupland & Bishop 2007；Bayard *et al*. 2001),特别是有关创造英雄对坏蛋、强壮对弱小、深谋远虑对轻率无礼的角色方面。另一个可以获得的洞见是,在线游戏面向社交和互动,其吸引力趋于来自人-机-人交互而非仅仅人机互动(比较 Taylor 2006),但即使在这样的游戏中,利用跨文本和跨媒介信息实现的“容易认出”的口音和嗓音能够大大帮助玩家认同游戏。

语言思想和口音-态度研究

要绘制出构成以下两节分析基础的语言框架,有必要概述近来对于“全球英语”的语言态度研究的一些重要评述。也许并不奇怪,计算机游戏话语揭示的语言思想似乎再次证实了对英语语体的口音-态度研究得到的见解,这一趋势可能是本能的,也可能是基于游戏设计人员和企业研究人员进行的定向研究。20 世纪 70 年代对英语变体态度评价的早期研究揭示了程度显著的保守主义:在声望和吸引力方面，被试都偏好英语标准发音（standard RP）而贬低民族或城市的英语语体（Giles 1970）。舒意与威廉斯（1973）在比较英国RP和北美标准语音（Standard North American，SNAm）时发现，RP在被试者眼里更复杂更积极，但是影响力和价值不如SNAm，而由于日益全球化、美国化的媒体影响力（尤其是对年轻人），这个趋势似乎在持续并扩大（Bayard *et al*. 2001）。一个涉及美国本科生的调查（Stewart *et al*. 1985）证实了被试赋予RP高于自身口音的社会地位，但认为其更难懂，会引起更多不安。与本章研究尤为相关的是里皮-格林（1997）对好莱坞和迪士尼角色所用口音的全面调查，她在其中发现，SNAm和RP在主角中尤为普遍，而非标准、外国语音则大多作为负面模式化捷径，用以标记边缘化和恶棍角色。下节将展示，主流的在线和离线视频游戏也显示出同样的观察结果。

在舒意和威廉斯（1973）的研究之后，唐·贝阿德在20世纪90年代进行的研究发现，RP作为地位和能力变量估值高，不过SNAm紧随其后，甚至在逐渐替换、取代其地位。更重要的是“方言/口音忠诚”（dialect/accent loyalty）现象（Cargile *et al*. 1994；Giles & Powsland 1975），即被试对于他们自己本地和地方口音的正面态度，主要是热情、友谊、幽默感这样的情感特点。这也得到了贝阿德等（2001）研究的证实。他们指出所谓的泛美——即对于SNAm的正常化接受而非帝国主义意义上的霸权——至少在他们的被试（来自新西兰、澳大利亚和美国的学生）中间正在逐步取代口音忠诚，这一点具有深远的全球意义。最后一点可能对于进一步研究视频游戏中的语言思想最值得关注，库普兰和毕肖普（2007）观察到，英国被试对于RP的正面评级与年龄成正比，并且年纪更轻的人和女性调查对象对于差异的看法更趋于正面。根据库普兰和毕肖普（2007）的研究，一般而言，声望低（而且从来如此）的语言是城市方言，尤其是伯明翰、格拉斯哥和利物浦方言。

正如下列分析将要显示的，在英语游戏中默认使用 SNAm 再次证实了贝阿德等(2001) 用“泛美”来描述的“态度霸权”，这个概念指全球范围内，在英语为母语的人眼中，SNAm 的社会吸引力持续上升(Ensslin 2010)。不那么流行的英国 RP 或者某些情况下其戏剧舞台版本则用来制造与隐含玩家的象征性距离，被赋予年龄和智慧远超玩家的 NPC。另一方面，非标准语体则极少用于视频游戏中，使用的时候都是用来突出 NPC 的某些特定性格特点。尽管如此，即使是 SNAm 和 RP 也被某些游戏生产商功能化了，用于描绘具有负面含义的 NPC，这一点分别在分析《巫师 101》和《回到狼堡》中可以见到。

离线视频游戏话语中功能化的英语口音

从社会语言学研究转向视频游戏话语，可以注意到下列趋势。第一，画外音叙事和玩家指令中都使用了类标准变体——大多数是 SNAm，但偶尔也有 RP。虽然可以说这种做法会使信息传输中的清晰度和效率最大化，但也引起了真实性和自然性的问题。从文体角度而言，这种语音盛行使得任何偏离都会被理解为突出，因而值得特别分析注意。

如上所述，即使是在英国视频游戏产品中，SNAm 也常用来标记 NPC 的超凡军事力量和体魄，这个过程可以用欧文和盖尔的术语“象似化”(iconization)(2000) 来描写。这些特征作为游戏目标预设了正面含义，大多与成功的肉搏和战略战斗相关。因此，将 SNAm 用作经过科学证明的最具有社会吸引力的英语语体似乎有道理。不过，对《巫师 101》的分析将显示对 SNAm 的默认语音态度含义可以发生逆转，并且会与具有正面含义的 RP 形成对立，后者用来唤起知识渊博、道德高尚的联想。

当然，对于话语分析家而言，最值得注意的就是“递归性”过程中的混合标准现象(Irvine & Gal)，比如《回到狼堡》的开始过场动画中出现的那样。这里，说标准或者“优雅”女王英语的角色代表了“好人”方面的政治和军事能力：这种语音隐含了主要、决策性角色在理性、决策能力和政治思考的敏锐性方面具备的主要积极特点，并且所使用的无标记的 RP 语体进一步传递着角色的高尚节操。另一方面，某些更为边缘、具有政治能力但决策权更小的角色则观点浅薄，被认为缺乏推理能力，操着可能毫无吸引力的清脆快速的英国腔，再加上一些副语言特征如音高和身体语言，因此唤起一种势利、肤浅的意象。然而，这个场景的中心矛盾是将 RP 和 SNAm 并置而形成的。另一方面，相对于赋予英国性的政治能力，一位操 SNAm 的年轻研究人员则代表了认知、智力、探索即战略能力，他整体的衣着、相对年轻及谦逊而自信的身体语言进一步引起观众的共鸣。

到目前为止，以非标准的英国英语语体作为角色塑造手段的游戏极少，其中一个是基地位于英国萨里郡吉尔福德的狮头工作室设计的《神鬼寓言：失落之章》。这个游戏值得密切关注，不仅仅是因为突出了非标准的口音，而是因为做到这点采用了发人深思的方式。一级关卡有个例子采用了一种伦敦东区/伦敦东北口音来塑造一个离奇的商人形象，反衬游戏所在的橡树谷田园牧歌式的村庄。这种语音属于城市，因此缺乏社会吸引力，让人联想起查尔斯·狄更斯的《雾都孤儿》[①]中的恶棍角色费根，这个角色在卡罗尔·里德的《奥利弗！》[②]中由朗·穆迪扮演，在罗曼·波兰斯基最近的改编电影中由本·金斯利扮演。这样跨文本跨媒介暗指费根是有意为之，它作为认知和情感手段在玩家心中制造出识别效果。而且，费根模糊的个性结合了父亲式的元素与教唆未成年儿童盗窃的恶棍的道德衰败的元素，这就在《神鬼寓言》的玩家心中引起怀疑，他们自己的学徒主人公必须在道德善与恶之间做出若干决定，这些会影响他们的角色培

① *Oliver Twist* ——译者注

② *Oliver*！卡罗尔·里德导演的音乐剧电影（1968）。——译者注

育。小说把费根描写成仁慈的罪犯，与一贯恶毒凶残的反面角色比尔·赛克斯形成对照，因此，尽管狄更斯小说的总体话语传达的维多利亚时代道德价值观决定了费根最终被定罪和处决的命运，但是费根比邪恶的对手显得更值得信任、更有人性。令人关注的是，狄更斯选择将费根描写为“年老干瘪的犹太人”“面目可憎，令人厌恶”“穿着油腻的法兰绒长袍，露着脖子”（Dickens 2008），而在游戏中，这些描写唤起的反犹太主义内涵被从符号学意义上删除或“消除”了（比较 Irvine & Gal 2000），为的是适应 21 世纪的联想框架，这个框架弥漫着新自由主义、平等主义和政治正确的观念。

跨文本唤起的人格模糊性使得《神鬼寓言》中的商人为仍然缺乏经验的年轻主人公供应货物的时候显得道德可疑、具有潜在危险性。同时，这个商人没有姓名，只是公式化构思的一个“典型”（type），从语音上把商人与主人公的父亲和姐姐这两个“委托人”并置，后面二人毫无疑问是第一级关卡中最值得信任的角色，说话都用 RP。尽管如此，虽然在第一例中，总体来说商人的口音是用来要妖魔化他本人以及他的“生意”——这是基督教意义上的“诱惑”，但是，类似的东伦敦腔出现在一系列未进行道德和功能标记的 NPC 身上，他们似乎是毫无目的地在村庄里闲逛，这就解释了此语音标记出的商人不可靠性的原因。

尽管非标准口音具有或正面或负面含义的突出倾向（第二关里一位女村民说的一口“软萌”诺森伯兰郡方言意味着需要同情和帮助），游戏的主要话语仍然牢牢立足于尼尔森（1988）所称“用白人[标准 RP]话语作为一套自我证实的命题”。极其重要的公会首领是位邓步利多、甘道夫式的角色，具有无限的智慧、军事经验，道德品质毫无污点，是白人西方表型（Western phenotype），操着以齿龈颤音或者叫“卷舌[r]”为特点的标准 RP 舞台口音。因此这种嗓音令人想起颇受欢迎的莎翁剧演员如约翰·吉尔古德和劳伦斯·奥利弗以及通常与他们联系在一起的专制且往往威严的角色。此外，主人公本人也是白人男性，他操着标准 RP 口音，因而增加了作为游戏宏观结构基础的标准的“令人敬畏”“声誉卓著”（比较 Coupland & Bishop 2007）的 RP 使用案例。

故意选择英国英语而不是 SNAm 与游戏的明显英国（尽管奇异）背景相一致，这是重建的准中世纪“阿尔比恩”[1]。游戏世界传达了一种对于所有盎格鲁-撒克逊元素的准观光式怀旧，可以认为，上下文连贯、程式化地使用不流行但引人回忆的英国城市方言促成了游戏全程获得好评这一事实，并且原版《神鬼寓言》（狮头工作室 2004）是 2004 年销售最好的游戏之一。

一般而言，游戏设计人员倾向于使用常规和非常规的语义对立（见，比如 Jones 2002；Davies 2007；Jeffries 2010）以建构道德善恶行为的简单摩尼式对立，并将他们与人为的语言（比如口音）对立混合。在这方面，也许游戏话语简单对立的最明显例子是狮头工作室（2005b）的《黑与白 2》，这是一个战略或者说“神”的游戏，玩家担任角色为或善（大度、宽容、爱护）或恶（恶毒、盛气凌人、专制）的神。从语言态度角度来看，最值得注意的是在常规的视觉、神话创作、宗教对立中间嵌入了非常规的口音对立：在游戏开始过场动画中，玩家由两位（而非一位）“大师”引领进入游戏世界：一位皮肤白、年纪大、天使一样，操 RP，发音过度清晰，混合着正式语域；与之对应的是皮肤黑、嘴唇厚、魔鬼式的角色，操 SNAm 口音，混合着非正式语域。两个视觉上并置的角色象征着浮士德式的冲突：“两个灵魂[……]住在[他的]胸膛中”，“会在那里争夺控制权”（Goethe 1960：145），玩家在定义他们的神圣轨迹时必须要决定遵从哪一个内心声音。

我的一年级本科学生看了同一段开始过场动画后，我问他们听

[1] Albion 是不列颠岛的古称。——译者注

到了什么口音,开始似乎没人回忆起任何东西,这并不奇怪。经过进一步的推理,一个学生说他认为黑皮肤的角色用的是"黑人纽约口音"。这个反应似乎意味着在口音归因判断方面出现了反向递归(Irvine & Gal 2000),视觉刺激触发了口音归因判断。而且,从符号学意义上,这里发生的恰恰就是尼尔森(1988: 6) 指出的:"只需有黑色(blackness) 的暗示出现就会显露出整个结构。"换言之,未经过批判性的反思,从部分到整体的转喻就已发生,可能的语言选择被排除,这样,成见就持续下来。

不过,"黑"(Black) 和"白"(White) 作为互补概念的重要性——这个概念让人想起中国哲学而非西方哲学——为游戏赋予了其整体议题:为鼓励玩家不要回避而是直面或者甚至主动选择恶的道德框架,对善与恶设置了同等水平的可欲性(desirability)。对两个拟人化的内心声音进行更详细的多模态观察就会发现,恶被美化到了可爱的程度。两位向导都个头小,属于非运动员体格:"黑"(dark)[①]向导宽肩矮胖;"白"向导虚弱无力。"黑"向导进一步揭示了下面一步的去神秘化过程:他的非正式语域与理想玩家的口头语域一致[②]。而且黑皮肤角色的放松、动感的副语言特征就是设计来重点吸引年轻玩家:他展现出来青春、"酷酷的"身体语言,与计算机屏幕框定的空间的动态关系以及与文化规定的人际距离学的非常规关系(他将自己与玩家观众的距离从长镜头换至极近的特写),从而以非成人的方式寻求他们的注意。他与年长许多的"白"向导之间明显的年龄差异进一步突出了他表演出的与理想玩家的这种密切关系。无论有意与否,他的 SNAm 仿效了贝阿德等(2001) 强调的"泛美"口音,可以预见这能够引来大多数玩家的共鸣。

---

① 本章作者将 black(黑色)与 dark(黑,暗)作为同义词使用,皆为 white(白色)的对立面。——译者注

② 术语"理想玩家"此处指游戏主要目标受众的任意一员。

总之，在这个游戏里，黑色角色（dark character）作为恶的内心声音的功能极其突出。游戏的标题象征性地将善与恶并置，但同时赋予它们同等的重要性和声望。伴随镜头的快节奏配乐恰似无害的涓涓细流，进一步加强了整体的和谐意象，为了愉快、成功的游戏而将道德的两个极端都合法化。

在线游戏中的功能化口音：以《巫师 101》[①]为例

重要的是，在游戏世界的限制内，视频游戏允许玩家创造性行动，比如非法侵入不允许进入的位置，或者对源代码进行增强以创造新服装、饰品或武器。尽管这样，离线游戏主要是人机互动而不是人-机-人互动（比较 Barnes 2002），正常情况下，自然语言的使用方式不可能是生产-创造性的，玩家必须使用游戏界面编码的语言，这造成了对于简单或者（尽管更少见）复杂的语用选择进行无意的加工[②]。另一方面，在线游戏面向社交和沟通，其吸引力倾向于来自人-机-人互动而非仅仅人机互动（比较 Taylor 2006）。玩家与游戏的内部机制互动，玩家之间也互相沟通，这就为语言、传播和艺术的创造性提供了广阔的天地。例如，对于 MMORPG《最终幻想 XI》中跨文化、跨语言沟通的早期研究发现，具有多样化语言背景的玩家开发、习得新型混合语从而促进游戏内互动（Nolen 2009）。

尽管玩家与玩家互动和沟通很重要，本论文主要关注的是为了在玩家身上产生特定的情感和认知效果而在游戏叙事和交互界面中采用的语言口音编码方式。同样，尽管游戏内电脑中介的玩家沟通极为重要，我的目标是展示在线游戏中跨文本、跨媒介实现的“可辨

---

① 我要感谢 Susana Sambade Casia 对本节的有益评论。

② 比如，在《绝望主妇：游戏》（*Desperate Housewives*：*The Game*）中，对于平均每个会话动作，玩家可以在三个或更多语用意图中选择，这些意图由文本选择呈现，形式为对话泡泡和伴随的表情符号。

认的"口音和嗓音可以为玩家与游戏的认同起到重要作用。

对短期(如《宝石迷阵》①和《老虎机宾戈千禧版》)以及长期在线游戏(比如《丝路在线》和《纪元:永恒之塔》)的初步研究显示,采用像非标准口音这样的特定角色塑造技巧来增加游戏叙事趣味的需求要么不存在——像短时间游戏——要么极低,所以非玩家角色的口音都采用无标记的 SNAm。在许多(就算不是大多数)图形和叙事复杂的在线游戏世界中,互文性和跨媒介性较少在 NPC 的个人化嗓音层面起作用,而更多在于它们影射的其他叙事世界,像史诗和奇幻叙事(比如《柯南时代》和《纪元》)以及流行的美国电影类型(比如《无主之地》)。比如,在《纪元:永恒之塔》中,游戏内叙事和指令口音从头到尾采用没有标记的 SNAm,遵从了"泛美"做法。玩家- NPC 沟通通过沟通窗口形式,在窗口中,NPC 的话语被转录,玩家在语用选择意义上的回复(比如,"接受"对"拒绝")也作为选择显示在同一窗口。接受一个任务通常紧跟着 NPC 的口头认可或者问候,比如"保重"。这些话语也不传达任何口音变体,因此促成整个游戏的无语音标记的语言框架。

为了演示在线游戏中口音变化的稀有例子,我现在转而分析《巫师 101》初始两关中嵌入的战略性语音使用方面。这是一部由美国娱乐软件分级委员会(ESRB)评级的大规模多人在线冒险游戏,其中玩家担任学徒巫师的角色,被录取到拉文伍德魔法艺术学院,并用回合制卡牌游戏与幻想生物作战,并且在与其他玩家互动中开发若干技能和经验。玩家最终目的是成为精灵法师,并将所有邪恶力量驱逐出游戏世界。在介绍片段,这个夹杂着玩家互动(按"下一步"按钮)的剧情剪辑中,玩家了解到自己是一个"具备惊人潜力的学生……也

① 《宝石迷阵》:*Bejeweled*;《老虎机宾戈千禧版》:*Slingo Millenium*;《丝路在线》:*Silkroad Online*;《纪元:永恒之塔》:*Aion: The Tower of Eternity*;《无主之地》:*Borderlands*。——译者注

许足以拯救巫师城”。游戏的大师人物是校长梅尔·安布罗斯，他在猫头鹰伽马的协助下向之前已经个性化定制的巫师-化身传授基本动作、决斗技巧、沟通助手和娱乐工具。同一镜头介绍了主要的反派和摩尼教式“他者”的体现即死亡教授以及游戏内恶棍马利斯泰尔·德雷克。

这个游戏的成功主要基于其丰富的跨文本以及跨媒体参照框架。甚至比《神鬼寓言》中更有说服力的是，这里使用了生动的名字来激发与流行小说和视觉叙事确定无疑的联想。比如，跟霍格沃兹魔法与巫术学校、拉文克劳学院、大巫师如阿布思·邓布利多以及像德拉科·马尔福这样的可疑角色（诸如，Rowling 1997）的文本联系是明确无误的，这在目标玩家身上产生强烈的发现效果（anagnoritic effects）。知识产权专家实际上可能会主张《巫师 101》中的某些元素和角色接近抄袭，尤其是因为没有标注或者以其他方式明示互文联系和其他来源。

确实，这款游戏充满了流行文化产品的典故，最明显的是生动的名字。比如有个提供任务的 NPC 叫大兵雷恩，他希望自己能从打劫的“骷髅海盗”手中获救。冰教授莉迪亚·格雷罗斯直观模仿了迪士尼的《灰姑娘Ⅱ：梦想成真》[1]中的仙女教母，而青蛙乔装的风暴教授霍斯顿·贝尔斯多姆则与《大青蛙布偶秀》中青蛙柯密特有奇妙的视听相似之处。如果一款游戏传达儿童友好的学习和成就环境——就像《巫师 101》这样，其中流行文化角色典故的运用效果就是戏仿，从而在具备足够发达的互文性参考框架的玩家心中造成喜剧效果。

考察口音和嗓音扩散时，两个最强大角色之间的摩尼对立得到形象表征，校长安布罗斯使用 RP 舞台口音（见上文），与之对照的是马里斯塔尔·德拉克的 SNAm 口音。因此，在道德正直与堕落天使

① 《灰姑娘Ⅱ：梦想成真》：*Cinderella Ⅱ: Dreams Come True*；《大青蛙布偶秀》：*The Muppet Show*。——译者注

(此处是荣光不再的教职工)之间的主题对立中,泛美(Bayard *et al*. 2001)被反转。马里斯塔尔的声音比安布罗斯的更低、更无精打采,配以他拉长的面部特征,让人联想起迪士尼《狮子王》中的反派刀疤以及流行视听叙事中的许多其他恶棍。然而有意思的是,玩家进入巫师城时,游戏开场时实施的简单摩尼对立被解除,并且,最后是所有其他 NPC 都用各种 SNAm 的变体说话。所以,可以假定摩尼自我跟英美融合(Anglo-Americanism)已经和谐相处。

结论

关于恩斯林(2010)所做的评论,本研究可以得出下列结论。首先,离线以及在线计算机游戏中人机沟通默认使用 SNAm,这再次证实了贝阿德等(2001)描述为"泛美"的"态度霸权"。看起来,游戏设计人员所做的这个战略性、利润驱动的选择支持了全球范围内 SNAm 对英语母语使用者社会吸引力程度增加。另一方面,很少使用非标准语体——正如研究似乎显示,在线游戏比离线游戏使用更少——即使使用,也倾向于按照摩尼二元对立路线,作为描绘角色的功能化手段。正如我对《神鬼寓言:失落之章》的分析所展示的,英语非标准口音嵌入在支配性的"白人"语言和多模态模型中,用来功能化、情感化、妖魔化单个角色及其道德素质,因此再次证实了近来对于刻板化语言态度的研究(比如 Coupland & Bishop 2007)。

视频游戏话语趋于构建非常规的对立,似乎一般利用嵌入常规摩尼二元对立中的意识形态效益,《黑与白 2》和《巫师 101》的典型例子就揭示了这一点。这个事实进一步证实了里皮-格林(Lippi-Green 1997)关于迪士尼角色的发现。"摩尼教对立的经济性"(JanMohamed 1995: 20)被游戏设计者广泛使用,尤其是因为方便的简单分类和直截了当的他者化,帮助将玩家的注意力引向肌肉运动和与游戏的人机互动,而非触发批判性反思和争论。结果,这导致对于潜在的意识形态内容的易感性上升，因为这种内容往往被忽视，但仍然在玩家的潜意识中以多模态方式“重新”植入。

最后一点，顾名思义，大型多人在线游戏定位于社交和沟通，趋于从人-机-人交互而不仅仅是人机交互获得吸引力（比较 Taylor 2006）。这个事实似乎使得 NPC 没有必要采用复杂的嗓音和口音变体。玩家互相沟通，也与游戏的内部机制交互，这为语言学、沟通和艺术创造性打开了广阔的天地。正如我对《巫师 101》的分析所揭示的，如果说二元对立存在的话，也是基于情感上“可靠”、无标记的语言口音，而且在游戏世界中将舞台式 RP 和 SNAm 并置，以便将善与恶形象化、拟人化，这种做法可以稳妥地防止任何与这种非自然语言变体的符号学和意识形态含义产生批判性接触。对于游戏玩法的吸引力来说，重要得多的是战略性地使用可识别的嗓音、生动的名字以及其他能够让游戏的目标玩家产生识别效果的跨文本、跨媒体特征[①]。这些发现性的策略交织着同样由互文性手段唤起的幽默和戏仿的显著概念，能够极大帮助玩家认同并长时间接触该游戏。

参考文献

Barnes, S. B. (2002) *Computer-Mediated Communication: Human-to-Human Communication across the Internet*, Boston, Allyn and Bacon.

Bayard, D., A. Weatherall, C. Gallois and J. Pittam (2001) Pax Americana? Accent attitudinal evaluations in New Zealand, Australia and America. *Journal of Sociolinguistics*, 5(1): 22–49.

Cargile, N., H. Giles, E. B. Ryan and J. J. Bradac (1994) Language as a social process: A conceptual model and new directions. *Language and Communication*, 14(3): 211–26.

Coupland, N. and H. Bishop (2007) Ideologised values for British accents. *Journal of Sociolinguistics*, 11(1): 74–93.

Davies, M. (2007) The Attraction of Opposites: The ideological function of conventional and created oppositions in the construction of in-groups and out-groups in news texts. In L. Jeffries. (ed.) *Stylistics and Social Cognition*. Amsterdam, Rodopi: 71–100.

① 也可参见比如《怪物史莱克》，它的成功主要是由于它作为“关于童话的童话”的元小说地位（French 2001）以及与流行文化的大量戏仿性、互文性关联。

Dickens, C. (2008) Oliver Twist. Project Gutenberg e-book (November 12) Retrieved from http: //www.gutenberg.org/files/730/730-h/730-h.htm.

Ensslin, A. (2010) "Black and White": Language ideologies in computer game discourse. In S. Johson and T. Milani. (eds) *Language Ideologies and Media Discourse: Texts, Practices, Policies*. London, Contiuum: 205–222.

Everett, A. (2005) Serious play: playing with race in contemporary gaming culture. In J. Raessens and J. Goldstein. (eds) *Handbook of Computer Game Studies*. Cambridge, MIT Press: 312–25.

French, P. (2001) Shrek. *The Guardian* (November 12) Retrieved from http: //www.guardian.co.uk/film/2001/jul/01/philipfrench.

Giles, H. (1970) Evaluative reactions to accents. *Educational Review*, 22(3): 211–27.

Giles, H. and P. F. Powesland (1975) *Speech Style and Social Evaluation*, London, Academic.

Goethe, J. W. v. (1960) *Faust*, Part One (Trans. P. Wayne), Harmondsworth, Penguin.

Irvine, J. and S. Gal (2000) Language ideology and linguistic differentiation. In P. V. Kroskrity. (ed.) *Regimes of Language: Ideologies, Polities and Identities*. Oxford, James Currey: 35–83.

JanMohamed, A. R. (1995) The economy of the Manichean allegory. In B. Ashcroft, G. Griffiths and H. Tiffin. (eds) *The Post-Colonial Studies Reader*. New York, Routledge: 18–23.

Jeffries, L. (2010) *Opposition in Discourse: The Construction of Oppositional Meaning. Advances in Stylistics*, London, Continuum.

Jones, S. (2002) *Antonymy: A Corpus-Based Perspective*, London, Routledge.

Kachru, B. (1985) Standard, codification and sociolinguistic realism. In R. Quirk. (ed.) *English in the World*. Cambridge, Cambridge University Press: 11–30.

Kachru, B. (1986) *The Alchemy of English: The Spread, Functions and Models of Non-Native Englishes*, Chicago, University of Illinois Press.

Lippi-Green, R. (1997) *English with an Accent: Language Ideology and Discrimination in the United States*, London, Routledge.

Nielsen, A. L. (1988) *Reading Race: White American Poets and the Racial Discourse in the Twentieth Century*, Athens, University of Georgia Press.

Nolen, C. (2009) *Overcoming Language Barriers in New Media: Observations and Questions Regarding Innovative Communication Strategies in Multilingual Contexts. Proceedings of the Language in (New) Media: Technologies and Ideologies Conference*, Seattle, USA.

Richardson, K. (2006) The dark arts of good people: How popular culture negotiates "spin" in Nbc's the west wing. *Journal of Sociolinguistics*, 10(1): 52–69.

Rowling, J. K. (1997) *Harry Potter and the Philosopher's Stone*, London, Bloomsbury.

Shuy, Roger W. and Frederick Williams. 1973. Stereotyped attitudes of selected English dialect communities. In Roger W. Shuy and Ralph W. Fasold, (eds), *Language attitudes: Current trends and prospects*, 85–96. Washington DC: Georgetown University Press.

Stewart, M.A., Ryan, E.B. and Giles H. (1985) 'Accent and social class effects on status and solidarity evaluations', *Personality and Social Psychology Bulletin*, 11: 98–105.

Taylor, T.L. (2006) *Play Between Worlds: Exploring Online Game Culture*, Cambridge, MA: MIT Press.

Wolf, M.P. (ed.) (2001) *The Medium of the Video Game*, Austin, TX: University of Texas Press.

第十四章　作为数字介导第三空间的《第二人生》：虚拟世界社群中的社会资本

弗恩·M.德拉米尔

随着虚拟世界和数字游戏的扩展，我们对其文化理解也相应扩大。考虑到它们获得的学术关注和进一步研究的需要，这一点尤其属实。虽然不符合游戏的定义标准，《第二人生》的游戏虚拟世界在社会性和娱乐性环境两方面都类似于大型多人在线角色扮演游戏。《第二人生》的虚拟世界与其中可见的兴趣社群是具有重要文化意义的地方。本章将具体呈现《第二人生》中的残障和健康小组，这是发生有意义的社会参与、支持和宣传以及开发人力资本的关键空间。

奥登伯格(1999) 的第三空间(third place) 概念被定义为一个中性的社会空间，不同于家庭和工作，是公众聚集和社会话语出现的场所。利用这个概念，本章进一步支持对线上虚拟世界作为数字介导的第三空间(digitally mediated third place) 进行研究。将第三空间概念用于数字介导的线上空间，意味着这些线上的空间与其他物理的第三空间一样，是不同于家和工作场所的公民话语发生的社交聚集空间。第三空间作为框架与帕特南(2000)所称的社会资本一起,用以更好地理解虚拟世界在培养关系和开发人的潜能中扮演的角色。这里使用的社会资本概念必然带来为互惠互利而共同作用的网络结构、规范和关系信任。本章呈现对《第二人生》中残障和健康小组进行的合作式民族志研究与参与式观察。为设计本研究的分析原则,要对文献和理论构想进行讨论。这里呈现的研究主要是概念性质而非实证性。对多个残障和健康小组的初步观察和描述都与这些概念有联系。

现代西方社会中,社会资源没落(Putnam 2000)与可以培养这些关系的公共第三空间场所的缺乏(Oldenberg 1999)是学术界提出的两个社会问题领域。此外,奥登伯格(1999)和帕特南(2000)都指出媒体参与所培养的是在私人而非公共空间的独自、社交孤立的闲暇爱好。这些作者指出媒体是第三空间衰落(Oldenberg 1999)和社会资本发展潜力降低(Putnam 2000)的促成因素。

社会资本:基础、评论和在线应用

社会资本的概念来源于政治学和19世纪早期亚历西斯·德·托克维尔的著作(Mansfield & Winthrop 2000)。托克维尔将社会资本和社团生活(associational life)以及民主建设联系在一起。布迪厄(1986)对于社会资本的扩展解读突出了社会资本与社会阶级问题的理论联系。学界近期社会资本的普及大多归于帕特南(2000)的研究。帕特南将社会资本解释为因社会纽带形成而产生的社会关系网络和互惠守信规范。社会资本也被看作是个人对于社会关系的投资,无论是否有意为之,这些投资会促进集体行动,其带来的回报远超个人独自行动(Warren 2008)。

社会资本包含两个概念构件:联合社会资本(bonding social capital)和桥梁社会资本(bridging social capital)(Putnam 2000)。

在帕特南看来，联合社会资本是用强力纽带将同质人群结合在一起的社会黏合剂，而桥梁社会资本被看作帮助不同群体形成相互间松散联系的社会润滑剂。虽然最常提到的是社会资本的积极结果，但重要的是也要认识到，那些封闭团体的目标不符合典型社会规范，这可能产生对抗性结果，比如街头匪帮。

不过，帕特南的重点明显集中于社会资本的积极结果。他的书就是对 20 世纪 50 年代中期以来西方社会中社会资本衰败的各种方式的统计枚举。为说清楚这一点，帕特南（2000）断言，闲暇时间日益私人化，改变了我们互动的方式，损害、降低了牢固的社会关系和社会联系。帕特南创造性地用独自打保龄球这个形象作书名，将保龄球联赛数量的日益减少以及引起的社交真空作为社会资本减少的主要例证。帕特南的著作资料翔实，经验数据丰富，不过并非完全没遭到批评。

有些批评针对的是社会资本概念普遍缺乏对不同群体竞争利益的承认、获得权力的社会途径的不平等以及由此产生的非政治化路径（Muntaner *et al*. 2002；Siisihainen 2000）。这对于理解这个概念如何适用于那些因种族、阶级、性别、社会性别和残障而权力受限的人具有明显影响。由于布迪厄的社会资本视角强调对社会阶级的认识是一个重要因素，因此我认为，注入这个视角会抵消、解决许多这类批评。

受到批评的另外一点是帕特南（2000）声称利用数字媒体的孤立闲暇活动助长了社会资本的空白。作为反对意见，许多人指出人类的社会性和联系性需求事实上正是通过技术中介网络实现（Blanchard & Horan 1998；Jones 1997；Rheingold 1994；Wellman & Haythornthwaite 2002）。事实上，学术界近来在媒体传播和游戏研究方面正在探索游戏和虚拟世界作为电脑合成的第三空间培育人际联系的情况（Bergstrom 2009；Ducheneaut *et al*. 2007；Soukup

2006；Steinkuelher & William 2006；Wadley *et al*. 2003)。

逗留的(第三)空间：社群问题

奥登伯格(1999) 阐明，"第三空间是在家庭和工作范围以外举行定期、自发、非正式并令人期待的个人聚会的多种多样公共场所的通用名称"(同上书，第 16 页)。本研究将《第二人生》定位阐释为计算机生成的第三空间。从这个视角，它被看作是公众可以进入的社会空间以及考察在线实践社群和兴趣社群的环境(Wenger 1991)。

第三空间被描述为社会平等、妙趣横生、舒适自在、志趣相投、易于访问的环境，可供人们聚会并参与非正式会话(Oldenberg 1999)。第三空间中，所有来宾地位平等；这是一个中间地带，既非"我的空间"，也非"你的空间"。第三空间提供讨论草根问题、建立社群的互动环境(Oldenberg 1999)。英国酒吧、德国啤酒花园、街角咖啡屋、法国咖啡馆和维多利亚花园是奥登伯格提出的传统第三空间的怀旧典型。在这方面，第三空间通过提供一个"逗留"互动的空间、一个所有人都可以称作自己的空间、一个社群空间，被认为打碎了日常生活中存在的障碍。第三空间的社会概念也获得了建筑研究的有力支持(Alexander 1977)。

虚拟……兴趣社群

数字技术出现以前，社群的定义集中于某个单独、通常为当地的地理位置中关系紧密的团体(Hand & Moore 2006)。温戈(Wenger 1991) 的方法让我们能够超越作为固定地理建构的社群，趋于将社群构想为一套社会关系。我们重新思考传统的社群概念，将其理解为"人、活动、世界之间的一系列关系"(Wenger 1991：98)。我们必须探索这些互动发生的地方，包括在线空间。

根据温戈的理论(1991),实践社群由在人类活动的共同领域参与集体学习过程的人们构成。温戈将在线社群视为形成社会实践的重要互动空间,我认为这个空间包含了类似此处讨论的虚拟社群。

> 像互联网这样的新技术将我们的互动扩展至传统社群的地理限制以外,但是信息流的增加并不排斥对于社群的需求。事实上,它扩展了社群的可能性,呼唤基于共有实践的新型社群。
>
> (Wenger 2008,在线)

将传统社群概念转移至在线空间并聚焦虚拟世界的兴趣社群是探索虚拟社群在线上和线下领域的社会意义与影响的富有成效的渠道。在传播学、传媒学和游戏研究中,虚拟社群已经成为一个公认的概念。作为大部分当前社交互动和人际联系发生的共有论坛,虚拟社群的重要角色已得到认可(Jones 1997; Katz & Rice 2002; Preece & Maloney-Krichmar 2005; Wellman & Haythornthwaite 2002)。这与奥登伯格对第三空间的构想和描述极为一致。

莱茵格尔德(1994) 提出,通过在线社群参与数字传媒并未助长非正式公共空间的消失,它的蓬勃发展是对现状的回应,是因为人们越来越难以找到地理空间来进行欢快友好的谈话。最近重印的莱茵格尔德 1987 年的文章提供了虚拟社群的工作定义:

> 虚拟社群是见面或不见面、以计算机电子公告栏和网络为中介交换语言和想法的一群人。与任何其他社群一样,这也是遵守某个(松散的)社会契约、共有某些(不拘一格)兴趣的人的集合。
>
> (Rheingold 1994: 20)

最近的著作突出早期互联网平台——个人电脑邮件、移动电话邮件、实时聊天(即时通讯和在线聊天系统)、电子邮件名单、电子公告栏——如何帮助在这些虚拟的社群内外建立社会资本(Katz & Rice 2002; Kobayashi *et al*. 2006; Wellman *et al*. 2003; Wellman & Haythornthwaite 2002)。虚拟社群研究建立在这些早期互联网应用基础上,现在则用于数字游戏和虚拟世界这样的其他互联网应用。早期虚拟社群研究和当前虚拟世界中社群研究的联系提示我们,看起来新奇的传播研究可能并不新鲜(Bell & Consalvo 2009)。不过比较而言,作为新应用的虚拟世界增加了早期基于文本的在线社群并不具备的方面,包括视觉的丰富性、游戏角色(化身)的具身化,以及游戏性(娱乐的)环境,这就加大了体验的复杂度。

在线游戏的虚拟世界

"网络化的社交游戏是一种全新形式的社群、社交互动和社会现象,正以远超我们能够分析、建立理论并收集其数据的速度成为规范"(William 2006: 1)。目前努力研究的社群建立在数字游戏和大型多人在线角色扮演游戏(MMORPG) 的虚拟世界中,后者也称作大型多人在线游戏(MMOG 或者 MMO)。《第二人生》虽未定义为游戏,但其中含有与 MMOG 相似的娱乐(playful) 机会、游戏(games) 以及游戏性(ludic) 体验。本章将大型多人在线虚拟世界(MMOVW) 作为一个包容性术语,统称所有网络化、在线、基于化身的游戏和非游戏的虚拟世界。

贝尔(2008) 提出了一个综合——尽管看得出在逐步发展——的虚拟世界定义。虚拟世界是"表征为化身的人构成的一个同步、永恒的网络,由联网计算机促成"(Bell 2008)。参与 MMOVW 不再被看作是边缘的消遣方式。经济指标是游戏行业增长的证据,但也作为更值得注意的文化特点的替代品:在日常生活中使用技术介导社交（technologically mediated sociality）的人数日益增长。这里最值得注意的是 MMOVW 的社交侧面——即玩家、朋友、家庭和社群以及他们之间发生了什么。泰勒（2006）提出在 MMOVW《无尽的任务》中，虚拟世界和网络的基础是技术实践，吸引玩家参与日常生活并转而参与其日常社交网络与社群。在线体验既非空洞也未与生活的其他部分分离；相反，它们是生活相互交织的有机部分（Rosenberg 2009）。

数字介导的第三空间和社会资本

近来，第三空间已经证明是研究数字游戏行为和在线社交行为的有益框架（Boellstorff 2008；Ducheneaut *et al*. 2007；Soukup 2006；Steinkuelher & William 2006；Wadley *et al*. 2003）。威廉（2006）思考游戏是否会成为现代的第三空间，如果是这样，它将会如何影响我们对于人的互动和行为的社会理解。

近来的研究支持将 MMOVW 作为概念上的第三空间进行考察。一项在线网络游戏研究报道了这些游戏在玩家游戏快感中培养出的社会性和社群感的重要性（Wadley *et al*. 2003）。另一研究（Steinkuelher & William 2006）的结论是奥登伯格的第三空间概念也有利于理解 MMOG 在培养地点与社群感（a sense of place and community）中扮演的角色。对 MMOG《星球大战：银河风暴》作为第三空间的研究（Ducheneaut *et al*. 2007）讨论了游戏设计的重要性以及在游戏中创造能满足玩家社交需要的地点的重要性。

将社会资本作为虚拟世界研究的分析工具也证明非常有益（Fielder 2008；Kobayashi *et al*. 2006；Malaby 2006）。对《第二人生》的调查研究显示，参与游戏的一个重要动机就是社交，凸显了那个世界与真实生活中社会资本高水平之间的广义相关关系（Holmberg & Huvila 2009）。对人类行动在真实和虚拟界线之间的迁移必须做出解释。

> ……那些仅仅看起来划分真实和虚拟的界线正在快速消失，对双方来说都是这样。在每个新的时刻，面临每一个新挑战，都是现场的社会角色在利用这些新领域所提供的更广视野。
>
> （Malaby 2006：160）

马拉比（2006）警告要避免仅仅从市场方面研究虚拟世界社会资本这个常见误区，因为这往往会造成对有关社会关联、互惠和学习的人类交流净价值与结果的误解。马拉比（2006）将人力资本定义为来源于人类努力的首要资源；就是通过这种努力，随着时间推移，人力资本转换成为其他资本，包括物质、社会和文化资本。马拉比提出，虚拟世界研究必须考察所有形式的人力资本，这是更好理解这些虚拟世界的线上和线下意义的重要一步。

虚拟世界内外的联系：残障与在线社会资本

虚拟世界中计算机生成的通讯确实减少了时间和空间的阻碍。然而我们必须要记住，不能以纯乌托邦的方式想象这些技术。如果这样做的话，我们就忽略了残障研究内在的重要社会政治分析（Seymour & Lupton 2004）。残障研究文献也认识到了关于某些残障人士参与能力的数字鸿沟和约束。这个鸿沟建立在许多因素的基础上，比如残障的类型、相关的技术可用性以及经济能力（Bush 2006；Chaudry 2005；Dobransky & Hargittai 2006）。因此，这里要承认，对于残障人士而言，虚拟世界中机遇和挑战并存（Carr 2009；Dobransky & Hargittai 2006；Trewin 2008）。虽然承认这些问题和使用障碍很重要，此处的焦点是那些确实与技术互动并参与到虚拟世界社群中的人。

这就是说，很显然残障人士确实想要参与虚拟世界，事实上，就人口份额而言，他们在虚拟世界中可能被过度代表（20%轻度玩家有残障，而总人口中残障人士占15%）（Information Solutions Group 2008）。此外，许多特点和通用设计原则可以内置在游戏中以扫除使用困难（Carr 2009；Krueger *et al*. 2010；Mancuso & Cole 2009；Smith 2009）。

虚拟世界对于《第二人生》中的残障人士以及其他参与残障小组的人们的社会适切性是研究的重要领域（Foreman *et al*. 2009；Smith 2009；Trewin *et al*. 2008）。随着虚拟世界成为运行的新范式，许多人刚刚开始理解它对我们对于残障的社会认识（包括其社会建构）的意义和可能性（Smith 2009）。积极参与虚拟世界的残障人士积累了有利的个人和社会文化成果。虚拟参与技术社交提供了自我实现的渠道以及政治行动的平台（Seymour & Lupton 2004）。“虚拟世界有潜力改造社会运作方式”以及看待残障的方式（Trewin *et al*. 2008：177），也许会更着重于能力和人格而非欠缺的能力。此外，黄（2005）的研究考察社会资本和在线残障社群，报告了此领域进一步研究的必要性以更好理解其社会文化和政治意义。

实证研究显示，在线建立的关系与社会资本的常见指标呈正相关（Best & Krueger 2006；Blanchard & Horan 1998；Holmberg & Huliva 2009；Huang 2005）。这些指标包括普遍信任、相互支持、社会参与和友谊。

在《第二人生》这样的虚拟世界中，残障人士在虚拟第三空间见面并形成社群。我们对于《第二人生》中若干最活跃的健康和残障小组日常文化、工作进行了六个多月的民族志观察，其结果支持本章提出的理论观点。我们认为这些社群形成的社会资本对参与者具有重要价值，而且他们将这些资本以富有意义的方式成功用于线上和线下生活，对本人和社会产生重要影响。《第二人生》中“虚拟能力”社群小组的首领就描写了这样一个清晰的实例，说明了该小组一成员如何通过在线参与，克服了严重的社交焦虑问题，甚至找到一份工作。通过虚拟的同伴支持社群当中朋友们的努力，这个有严重社交焦虑的女性在《第二人生》中学会了新的应对策略以及IT相关的工作技能。她用一份突出这些技能的简历以及她的《第二人生》导师的推荐信，得到一份线下有酬劳的工作。她后来谈到新开发的社交技能，说："人们需要一个理由聚在一起交谈。而且，这很有意思！"这个例子证明了我们的理论基础，计算机生成的第三空间除了提供障碍更少的社会互动机会和闲暇娱乐价值以外，还有助于残障人士建设社会资本，创造重要的支持网络。

在虚拟世界中，残障人士拥有自由，"只要愿意，就可以逃离自己的身体，或者在同伴面前庆祝自己独特天赋的截然不同"（Smith 2009）。这样的选择对他们来说也可以起到"校平场地"的作用，这里会按照他们个性的优点来对待他们（Bowker & Tufflin 2002），而不是让残障成为他们首要、唯一且时常污名化的身份构件（Bedini 2000；Cadhill & Eggleston 1995；Joachim & Acorn 2000；Scamber 2009）。

如前文所述，马拉比（2006）强调成功利用人力资本——这是社会、市场和文化资本的集合——以及理解从一种资本向另一种转化的重要性，这样可以更好地理解在线社会行动如何塑造现实和人类经验。

> 通过从合成世界内部以及外部不同资本形式的角度进行思考，研究人员就能够记录人类行动者如何在各种不同领域之中与之间活动，将不同形式的资本相互转化。
>
> （Malaby 2006：160）

迄今为止，研究数据适用于马拉比关于人力资本的概念和社会资本在不同领域间的转换。第一，我观察到某些残障人士如何在“虚拟能力”社群的支持下（社会资本）学会了功能性游戏技巧，然后将这些技巧用于学习在《第二人生》中修房子、写动漫脚本、创造商品（比如脚本化的车辆和电梯、衣服等等），并将其出售或免费赠送（市场资本）。本研究的第二个例子是《第二人生》中的海伦·凯勒日，2009 年 6 月 27 日举行，由“虚拟援助之手”小组组织。这个社群活动的总目的包括信息获取、教育、工作机会探索（市场资本），社会参与、艺术欣赏和娱乐（文化资本）以及为虚拟导盲犬麦克思揭幕，这是《第二人生》开发的免费产品，盲人和弱视用户可以在虚拟世界中使用（Linden Lab 2009）。

本研究中一名参与者为我提供的信息也代表了社会资本如何将人们连接、结合在一起，结果出人意料。如其所述，一位男性照料自己严重残障的成人孩子，将《第二人生》作为暂时休息之处，他在这个虚拟世界中获得了额外的个人支持，最终把孩子也带入了《第二人生》。他想让孩子成功互动，享受虚拟世界，但这举动并不成功，因为孩子有自闭症，只会胡乱互动，对其他玩家的沟通没有反应。他几乎放弃的时候，遇到了另一个学过写动漫脚本（即用计算机编程语言让物体动起来）的《第二人生》参与者。此人用脚本技术创造了一个工具，帮助引导自己失明妻子的化身在虚拟世界中独立移动，因而使她能够在虚拟空间流畅前行，还能与他一起参加《第二人生》的音乐会（社会资本）。两个男人意识到这个工具可以做另一种应用，正合作设计一个开源的家长控制设施，可以允许监护人决定被扶养人的动作，以便让他们能在家长的帮助下在虚拟世界中成功互动（可自由获得的市场资本）。

从研究发现中可以提取的另一例子是《第二人生》中的失聪社群

如何创造友谊的纽带和社交网络，他们用这个网络集会，表达反对《第二人生》引入语音沟通的排他性质。由此，他们通过社会行动主义的行动，将社会资本成功投入文化资本的集体领域。从社会行动视角、透过社会政治镜头来看待社会资本具有重要意义，完全考虑了有关权力可获得性的问题（Huang 2005；Muntaner *et al*. 2002；Seymour & Lupton 2004）。在这些观察分析中使用社会资本，证明了在各种不同形式人力资本之间建立的相互联系能够如何帮助理解不同世界之间的模糊界限。

这一点也得到先前文献的支持，它们显示，个体和集体赋权（Fernback 1997；Hopkins *et al*. 2004；Kobayashi *et al*. 2006；Meekosha 2002；Ospina *et al*. 2009；Smith 2009）以及齐尔克等所称的电子赋权（e-empowerment）（Zielke *et al*. 2009）对于参与在线网络和社群的社交活动者颇为有益。我跟西蒙·斯蒂文斯的谈话也证明这一点。他在《第二人生》中被称为西蒙·瓦尔什，是其中的 Wheelies 社交俱乐部创始人，俱乐部向所有人开放，但适合残障人士。斯蒂文斯说："我创办 Wheelies 的时候，完全没料到它会在这里和我的真实生活中产生什么样的影响。你知道我因为建立 Wheelies 在英国获奖，是吧？"2008 年，史蒂文斯被授予英国社会行动和技术促进奖，这是英国商业、企业、管理改革部和国家科学、技术和艺术资助资金会发起的奖项。

文献还显示，学习是虚拟世界中在线残障社群获得的另一个实质性好处（Zielke *et al*. 2009）。齐尔克等的研究（2009）使用成人学习模型来向《第二人生》中残障参与者展示教学功能和掌握虚拟世界技能的好处。研究人员观察到《第二人生》中残障人士或非残障人士的其他学习输出，包括学习残障相关的内容、游戏内和线下资源获取和利用、自我效能（self-efficacy）和赋权、以及宣传/自我宣传

(advocacy/self-advocacy) 的相关技巧，仅举这几个例子。在另一个MMOVW《魔兽世界》中也发现了学习的好处(Oliver & Carr 2009)，这就将学习与威戈(1991)有关兴趣社群的观点联系起来。在总水平上，"研究人员才刚刚开始理解虚拟世界对于帮助病人适应残障状态、找到社群感所具有的巨大影响"(Smith 2009)。

那些注重残障支持和宣传的数字社群具备潜力，可以将社会认识去神秘化，打碎许多围绕残障的错误流行观念。事实上，可以通过在线社群抵制关于残障的主导话语(Ospina *et al*. 2009)，也可通过解构典型的污名化话语对其进行改造(Kang 2009)。强调通过抵制的改造是残障人士运动和"希望政治"(politics of hope) 想象中的关键元素(Peters *et al*. 2009)。戈根和纽厄尔(2007) 特别提到，重要的是对于残障作为权力和身份的核心类别进行重新构造，并探索新信息交流技术(ICT) 的后果以避免复制、重现常见的压迫式残障话语。此处要问的核心问题是:《第二人生》中计算机生成的第三空间里的社会资本对于在虚拟社群以及线下构想残障起何种作用?

结论

作为空间、时间和社会场所，虚拟世界内部具备潜能，可以发展出对于个体成员充满社会文化意义的虚拟社群。由于 MMOVW 这样的新技术缩短了距离并抹去了地理限制，计算机生成的第三空间中出现公众赋权，其中的兴趣社群创造了社会资本，这种空间的创造带来有意或无意的社会变化。正如此处所见，将《第二人生》构想为一个第三空间，打开了一扇门，可以更好理解在线社群(如《第二人生》中残障和健康小组)的社会功能。作为社群，残障和健康小组组建了集体网络，建立了促进合作、协调互惠活动的社会信任。例证包括共同和类似授权，例如信息共享、辅导新成员、提供社交和娱乐项目、培育工作技能机会、安排公共教育讨论会、护理人员支持以及社会政治面向的残障宣传。

弗恩巴克（1997）指出，线上发育出的社会联系和社群精神可能纯粹为工具性，并停留在线上，但是也可能以某种方式向外扩展，使社群表现为对社会政治问题产生非常真实影响的行动。有人提出，在线社群中的公民参与和社会资本的积累只有在那种社会资本与其他线下应用和空间联系在一起的时候才能得到巩固（Blanchard & Horan 1998）。初步观察显示，《第二人生》中的残障和健康小组在创建强大的社会关系中发挥了工具作用，而且这些小组的行为确实在虚拟世界内外都创造了社会资本。

麻省理工学院传媒实验室的名誉主席尼古拉斯·尼葛洛庞帝预测，互动、娱乐和信息世界最终会融合（Negroponte 1995）。就虚拟世界而言，这些领域现在已经融合，对于其无限的社会意义以及线上线下边界模糊化带来的影响，我们才刚刚开始了解。

参考文献

Alexander, C. (1977) *A Pattern Language*, New York, Oxford University Press.

Bedini, L. A. (2000) 'Just sit down so we can talk': Perceived stigma and community recreation pursuits of people with disabilities'. *Therapeutic Recreation Journal,* 34(3): 55–68.

Bell, M. (2008) Toward a definition of 'virtual worlds'. *Journal of Virtual Worlds Research,* 1(1). Retrieved from http: //journals.tdl.org/jvwr/article/view/283/237.

Bell, M. and M. Consalvo (2009) Culture and virtual worlds: The not-quite-new experiences we study. *Journal of Virtual Worlds Research,* 1(3). Retrieved from http: //www.jvwresearch.org/index.php?_cms=default,2,2.

Bergstrom, K. (2009) *Adverturing Together Exploring Romantic Couples of MMOS as Part of Their Shared Leisure Time*, Calgary, University of Calgary.

Best, S. J. and B. S. Krueger (2006) Online interactions and social capital: distinguishing between new and existing ties. *Social Science Computer Review,* 24(4): 395–410.

Blanchard, A. and T. Horan (1998) Virtual communities and social capital. *Social Science Computer Review,* 16(3): 293–307.

Boellstorff, T. (2008) *Coming of Age in Second Life*, New Jersey, Princeton University Press.

Bourdieu, P. (1986) The forms of capital. In J. Richardson. (ed.) *Handbook of Theory and Research for the Sociology of Education*. New York, Greenwood Press: 241–58.

Bowker, N. and K. Tuffin (2002) Disability discourses for online identities. *Disability and Society*, 17: 327–44.

Bush, M. L. (2006) *Beyond Web-Accessibility: Barriers to ICT for Disabled People*, London, Aidis Trust.

Cahill, S. E. and R. Eggleston (1995) Reconsidering the stigma of physical disability. *Sociological Quarterly*, 36(4): 681–98.

Carr, D. (2009) Virtually accessible (second life and disability). *Access: The Inclusive Design Journal*: 23–5.

Chaudry, V. (2005) Rethinking the digital divide in relation to visual disability in India and the United States: towards a paradigm of "information inequity". *Disability Studies Quarterly*, 25(2). Retrieved from http: //www.dsq-sds.org/article/view/553/730.

Dobransky, K. and E. Hargittai (2006) The disability divide in internet access and use. *Information, Communication and Society*, 9(3): 313–34.

Ducheneaut, N., R. J. Moore and E. Nickell (2007) Virtual 'third places': a case study of sociability in massively multiplayer games. *Computer Supported Cooperative Work*, 16(1–2): 129–66.

Fernback, J. (1997) The individual within the collective: virtual ideology and the realization of collective principles. In S. Jones. (ed.) *Virtual Culture: Identity and Communication in Cybersociety*. London, Sage: 36–54.

Fielder, J. D. (2008) Synthetic Democracy: Associations of Social Capital in Virtual Worlds. *Proceedings of International Society of Political Psychology Annual Meeting*, Paris, France.

Forman, A. E., P. Baker, J. Pater and K. Smith (2009) Beautiful to Be Me: Identity, Disability and Gender in Virtual Environments. *International Communication Association (ICA) Conference on Women in a Digital World: Conceptual Models of Inclusion*, Chicago, USA.

Goggin, G. and C. Newell (2007) The business of digital disability. *The Information Society*, 23(3): 159–68.

Hand, M. and K. Moore (2006) Community, identity and digital games. In J. Rutter and J. Bryce. (eds) *Understanding Digital Games*. London, Sage: 241–66.

Holmberg, K. and I. Huvila (2009) Social Capital in Second Life. *Proceedings of AOIR 9.0*, Copenhagen, Denmark.

Hopkins, L., J. Thomas, D. Meredyth and S. Ewing (2004) Social capital and community building through an electronic network. *The Australian Journal of Social Issues*, 39(4): 369–79.

Huang, J. (2005) Building social capital: a study of the online disability community. *Disability Studies Quarterly*, 25(2). Retrieved from http: //www.dsq-sds.org/article/view/554/731.

Information Solutions Group. (2008) Disabled Gamers Comprise 20% of Casual Video Game Audience. *PR Newswire* (September 25, 2009) Retrieved from http: //www.infosolutionsgroup.com/press_release_E.htm.

Joachim, G. and S. Acorn (2000) Stigma of visible and invisible chronic conditions. *Journal of Advanced Nursing*, 32(1): 243–48.

Jones, S. (ed.) (1997) *Virtual Culture: Identity and Communication in Cybersociety*. London, Sage.

Kang, J. G. (2009) A teacher's deconstruction of disability: a discourse analysis. *Disability Studies Quarterly*, 29(1). Retrieved from http: //www.dsq-sds.org/article/view/173/173.

Katz, J. E. and R. E. Rice (2002) *Social Consequences of Internet Use: Access, Involvement and Interaction*, Cambridge, MIT Press.

Kobayashi, T., K. I. Ikeda and K. Miyata (2006) Social capital online: collective use of the

internet and reciprocity as lubricants of democracy. *Information, Communication and Society*, 9(5): 582–611.
Krueger, A., A. Ludwig and D. Ludwig (2010) Universal design for virtual worlds. *Journal of Virtual Worlds Research*, 2(3). Retrieved from http: //journals.tdl.org/jvwr/article/view/674.
Linden Lab. (2009) 'Helen Keller Day.' (June 27, 2009) Retrieved from http: //wiki.secondlife.com/wiki/Helen_Keller_Day.
Malaby, T. (2006) Parlaying value. *Games and Culture*, 1(2): 141–62.
Mancuso, K. and J. Cole (2009) Gimpgirl Community's Best Practices for Facilitating an Accessible Community in a Virtual World. *Proceedings of IEEE Accessing the Future Conference*, Boston, USA.
Mansfield, H. C. and D. Winthrop. (eds) (2002) *Democracy in America (Trans. H.C. Mansfield and D. Winthrop)*. Chicago, University of Chicago Press.
Meekosha, H. (2002) Virtual activists? women and the making of identities of disability. *Hypatia*, 17(3): 67–88.
Muntaner, C., J. W. Lynch, M. Hillemeier, J. H. Lee, R. David, J. Benach and C. Borrell (2002) Economic inequality, working-class power, social capital, and cause-specific mortality in wealthy countries. *International Journal of Health Services*, 32(4): 629–56.
Negroponte, N. (1995) *Being Digital*, Toronto, Random House.
Oldenberg, R. (1999) *The Great Good Places: Coffee Shops, Community Centers, Beauty Parlors, General Stores, Bars, Hangouts, and How They Get You through Your Day*, New York, Marlowe and Company.
Oliver, M. and D. Carr (2009) Learning in virtual worlds: using communities of practice to explain how people learn from play. *British Journal of Educational Technology*, 40(3): 444–57.
Ospina, A., J. Cole and J. Nolan (2009) 'Gimpgirl Grows Up: Women with Disabilities Rethinking, Redefining, and Reclaiming Community'. *Proceedings of AOIR 9.0*, Copenhagen, Denmark.
Peters, S., S. Gabel and S. Symeonidou (2009) Resistance, transformation and the politics of hope: imagining a way forward for the disabled people's movement. *Disability and Society*, 24(5): 543–56.
Preece, J. and D. Maloney-Krichmar (2005) Online communities: design, theory, and practice. *Journal of Computer-Mediated Communication*, 10(4). Retrieved from http: //dx.doi.org/10.1111/j.1083-6101.2005.tb00264.x.
Putnam, R. D. (2000) *Bowling Alone*, New York, Simon and Schuster Paperbacks.
Rheingold, H. (1994) *The Virtual Community*, London Secker and Warburg.
Rosenberg, A. (2009) A Cultural Sociological Approach to Second Life. *Proceedings of AOIR 9.0*, Copenhagen, Denmark.
Scambler, G. (2009) Health-related stigma. *Sociology of Health and Illness*, 31(3): 441–55.
Seymour, W. and D. Lupton (2004) Holding the line online: Exploring wired relationships for people with disabilities. *Disability and Society*, 19(4): 291–305.
Siisihainen, M. (2000) Two Concepts of Social Capital: Bourdieu vs. Putnam. *Proceedings of ISTR 4th International Conference*, Dublin, Ireland.
Smith, K. (2009) The Use of Virtual Worlds among People with Disabilities. *Proceedings of the 24th Annual International Technology and Persons with Disabilities Conference*, Los Angeles, USA.
Soukup, C. (2006) Computer-mediated communication as a virtual third place: Building Oldenburg's great good places on the world wide web. *New Media and Society*, 8(3): 421–40.

Steinkuehler, C. and D. Williams (2006) Where everybody knows your name: online games as 'third places'. *Journal of Computer Mediated Communication,* 11(4): 885–909.

Taylor, T. L. (2006) *Play between Worlds: Exploring Online Game Culture*, Cambridge, MIT Press.

Trewin, S., V. L. Hanson, M. R. Laff and A. Cavender (2008) Powerup: An Accessible Virtual World. *Proceedings of the 10th International ACM SIGACCESS Conference on Computers and Accessibility*, Halifax, Nova Scotia, Canada.

Trewin, S. M., M. R. Laff, A. Cavender and V. L. Hanson (2008) Accessibility in Virtual Worlds. *CHI '08 Extended Abstracts on Human Factors in Computing Systems*, Florence, Italy.

Wadley, G., M. Gibbs, K. Hew and C. Graham (2003) Computer Supported Cooperative Play, Third Places and Online Videogames. *Proceedings of the 13th Australian Conference on Computer Human Interaction*, Brisbane, Australia.

Warren, M. E. (2008) 'The nature and logic of bad social capital', in D. Castigilione, J. W. V. Deth and G. Wolleb (eds) *The Handbook of Social Capital*, New York: Oxford University Press.

Wellman, B. and C. Haythornthwaite (2002) *The Internet and Everyday Life*, Malden, Blackwell Publishers.

Wellman, B., A. Quan-Haase, J. Boase, W. Chen, K. Hampton, I. Díaz and K. Miyata (2003) The social affordances of the internet for networked individualism. *Journal of Computer-Mediated Communication,* 8(3). Retrieved from http: //dx.doi.org/10.1111/j.1083–6101.2003.tb00216.x.

Wenger, E. (1991) *Communities of Practice: Learning, Meaning and Identity*, Cambridge, Cambridge University Press.

Wenger, E. (2008) 'Communities of practice.' (July 11, 2008) Retrieved from http: //www.ewenger.com/theory/.

William, D. (2006) Why game studies now? Gamers don't bowl alone. *Games and Culture,* 1(1): 13–6.

Zielke, A., C. Roome and A. B. Krueger (2009) A composite adult learning model for virtual world residents with disabilities: a case study of the virtual ability Second Life® Island'. *Journal of Virtual Worlds Research,* 2(1). Retrieved from https: //journals.tdl.org/jvwr/article/view/417/461.

第十五章　大型多人在线游戏《无尽的任务》游戏空间的种族和社会性别表征

基思·马西

本章探索一款流行在线视频游戏中种族和性别的图形描绘方式，考察在线游戏《无尽的任务》（一个会员制奇幻主题在线视频游戏）中具有种族和性别纬度的化身——包括玩家角色（PC）和非玩家角色（NPC）——产生的价值观和关系。我将证明，游戏内描绘化身的方式进一步强化和具象化"真实生活"（线下主体地位）中发现的社会差异。我先考察表征的明确差异（比如游戏内不同场所的人口统计数据）以及巧妙嵌入在游戏格式中的种族和性别刻画（比如游戏中暗示人兽交比异族通婚更可取）。我不仅研究种族和性别形象表征的清晰比率，还研究涉及权力问题时，这些个体是如何被微妙刻画的。通过这些研究，我将展示，相对于"白种"男性，女性、黑人和少数族裔分配到的职能影响力更弱。因此，本研究将显示这款流行游戏如何维持了围绕身份的各种社会偏见。

中村说明："化身就是社交空间中玩家在线存在的具身化，形式为文本和/或图形图像"(Nakamura 2002：31)。如中村所论述,《无尽的任务》中既有 PC,也有 NPC 化身(游戏内角色的表征,用以与玩家角色互动,帮助和/或阻碍其行动)。我对《无尽的任务》中这两类化身(PC 和 NPC) 都进行了分析,以确定不同的角色类型的表现方式。为此,研究着重于游戏内的三个主要空间:角色创建、游戏教程以及游戏内名为"知识之域"[1]的"主城"。

贯穿本章的研究进行了六个月,其间,名叫《诺之预言》[2]的游戏资料片是主要的分析框架,然而在 2006 年 9 月研究接近尾声的时候,游戏又发布了另一部资料片《巨蛇之脊》[3]。正因如此,本章仅仅附带评论新资料片的角色类型"龙人"(Drakkin),分析主体仍是早期角色。本研究借用瑞士语言学家斐迪南·索绪尔的术语,属于共时而非历时性质。这意味着本研究在固定时间对化身进行空间比较,而未来的研究可进行历时性分析,以确定此处发现的这些表征是否已经发生变化。

文章采用混合的方法,第一节回顾对《无尽的任务》的规模和范围进行探讨的文献,其后各节采用各自的方法。第二节采用修辞角度探讨游戏的角色创造阶段,包括文本和视觉修辞(研究在场的词语和游戏空间内的形象以及二者之间关联的性质)。第三节考察游戏中的女性,方法相似,但也包含了施特劳斯关于人类体态的现象学研究。第四节使用简单的量化方法,采用百分比、百分比差异、相似度和分半法设计。这些方法下列各节会进一步详细说明,它们结合在一起,应该可以揭示在修辞学家称文本、社会学家叫数据、我们叫"作为游戏的《无尽的任务》"中所隐藏的因素。

像《无尽的任务》这样的大型多人在线角色扮演游戏有多种缩写

---

① *Planes of Knowledge*, *POK* ——译者注

② *The Prophecy of Ro* ——译者注

③ *The Serpent's Spine* ——译者注

方式，一般被缩写为 MMORPG。科诺托斯基（2004）把它们称为 MMOG，不过，*Massive Magazine*——一份专门讨论这类游戏的期刊——和 VirginWorlds.com（一个专注这类游戏的网站，包含一个每周播客）将其称作 MMO。本章我会用缩写 MMO 指这类游戏。处理 MMO 的第一节，我还会突出前人的下列交叉研究：女性与视频游戏；女性与《无尽的任务》，视频游戏操作和种族“他者”（一个去中心、非白人群体）。之后，我会试图勾画《无尽的任务》中如何建构和呈现或表征种族与性别。为此，我在本章第二节将考察游戏的角色创造阶段如何用修辞构建性别和种族。第三节将集中讨论实际游戏环境中，女性如何被性别化并展示为“弱者”。第四节，也是最后一节（我的重点），将讨论游戏空间的网络人口统计资料，显示女性和种族“他者”如何通过在先行建构的 NPC 中缺少表征而遭贬低。本章提出，MMO 并非完全是“真正”平等的奇幻世界，而仅仅是建构、重构并维护种族和性别固定模式的空间。

《无尽的任务》与 MMO：规模、影响和重要性

斯普尔（2006，在线）在对 MMO 进行总体讨论的时候引用艾德·卡斯特罗诺瓦的话指出其经济效应：

> 游戏现在产生的收益堪比好莱坞大片，[但]好莱坞票房三年来都很平稳，[而]同一时间内游戏软件收入呈指数型增长。

此外，卡斯特罗诺瓦（2005）声称玩 MMO 的人超过 1 000 万。如此庞大的玩家队伍，加上产生的巨额收益，看来很明显，MMO 是重要的文化产物，值得分析。

为什么研究《无尽的任务》？要回答这个问题，只需要看看与其关联的经济状况、参与者数量及在此世界所花时间。卡斯特罗诺瓦

(2005,在线)发现,“《无尽的任务》这个世界中的国内生产总值[GDP]大约人均2 000美元,……比中国高出约500美元”。贝克尔(2002)利用卡斯特罗诺瓦先前的研究指出,《无尽的任务》如果本身是一个国家的话,会创造“[人均]2 266美元的国民生产总值[GNP],相当于全球排名第77的富裕国家,排在俄国和保加利亚之间”(2005,在线)。虽然这些经济因素意味着游戏的文化和社会重要性,似乎有必要通过观察游戏的人口来研究这些数字的“人均”层面。

《无尽的任务》制造商索尼提供了2004年1月前订阅该游戏的用户数据。2003年9月索尼声称用户超过45万,然而2004年1月索尼的最后一次报告指出玩家超过43万。如果我们花点时间将《无尽的任务》看作一个城市,确定它在全球城市中的排名,这样的数字就会显得更具体。2006年,法国第四大城市图卢兹人口约437 715人,而德国第16大城市波鸿约376 586人。在意大利(博洛尼亚,人口374 561)和英国(布里斯托尔,人口416 400),《无尽的任务》作为城市会排在大约全国第七的位置。将其在欧洲以外进行比较,我们仍然可以看到其重要性。作为城市,《无尽的任务》的人口跟日本横须贺(人口422 737)相当,在日本可以排33名,也可以与密苏里州的堪萨斯城(人口444 965)一争高下,成为美国的第40大城市。《无尽的任务》不仅人口多,而且玩家在这个游戏王国花的时间多得出奇。表15.1是依据eq.com网站得来的若干最优秀玩家的情况。①

表15.1　2006年11月5日玩家登录游戏总时间统计信息

名字	级别/种族/阶级	登录小时数
Rremix	75 猫人 吟游诗人	55天12小时44分钟
Elrusion Startail	75 半精灵 圣堂武士	289天4小时1分钟

① 需要注意的是,表15.1仅包含网上“玩家明星榜”列出的少量、随机个体样本。网址为http://eqplayers.station.sony.com/leaderboards.vm。

续 表

名字	级别/种族/阶级	登录小时数
Kumulas Aggro	75 博学者 巫师	327 天 17 小时 27 分钟
Ryuichl Dragonslayer	70 暗黑精灵 暗骑士	548 天 14 小时 58 分钟
Kyrina	75 半精灵 吟游诗人	462 天 6 小时 29 分钟

似乎令人震惊的是,这些个体中的部分人(以及其他无数没有列出的)有长达一年多时间完全沉浸在《无尽的任务》王国。

这么重要的文化现象/产品却极少有学者研究,令人吃惊。关于女性,波斯蒂格(2003) 指出"43%的……视频游戏玩家[为]女性",尽管科罗托斯基(2004) 认为略低于39%。即便如此,科罗托斯基(2004) 断言,女性正"涌入"《无尽的任务》这样的MMO,因为其具有社群与合作特点;不过,这些研究强调的是玩家的性别而非游戏虚拟世界内的性别表征。值得注意的是,齐和史密斯(2003) 以及夏贝尔等等(2006) 观察了《无尽的任务》中可能存在的成瘾元素。奇怪的是,在讨论其(通过建构角色)进行的参与式观察时,齐和史密斯(2003) 从未告诉读者选择的角色性别是什么——尽管确实指出了角色的种族和阶级。此外,他们的三个被试都是男性,这看起来令数据产生了偏差(虽然他们承认这些信息并非真正"具有概括性")。科罗托斯基(2004: 7) 聚焦女性玩家,断言对于某些MMO,"热衷的女性占多数,可以高达60%",不过这个比例似乎是针对《模拟人生在线》这样的游戏,对于《无尽的任务》这样的奇幻类游戏,更准确的范围应该是12%到20%。此外,鲍曼等(2006) 通过MMO图形形象地展示了在年龄分布、变性意愿以及是否与另一个重要他人一起玩游戏这些因素方面,男女玩家存在的差异。与此形成对照的是,BBC(2003) 报道了爱德华·卡斯特罗诺瓦的发现,在线拍卖的《无尽的任务》男性角色比女性价格更高。据BBC(2003) 所说,这个事实加上仅仅"有魅力的"女性角色种族才有玩家扮演,显示"虽然《无尽的任务》充满奇幻因素，但并没有摆脱性别歧视”。这虽然研究了角色的性别而非玩家性别，但没能详细讨论女性角色类别的表征或表征缺位。

上述研究在某种程度上讨论了作为玩家/角色的女性，几乎没有考虑作为玩家/角色的种族“他者”。科尔克等(2000：5)笼统谈及网络空间时提出，“日益增长的网络空间研究文献主体集中在几个问题和观点上，采用的方式实际上将网络文化的对话从种族问题上引开”。不幸的是，在线视频游戏的具体情况似乎就是如此。基尔曼(2005)描述了拉里·费齐尔德(一名玩 MMO 的非裔美国男性)如何因为其种族而被看作反常。在文章中，费齐尔德不仅讲了在线的其他人如何一致告诉他，他们如何因为他是黑人而感到吃惊，而且他也指出“更早的一些游戏中，你不能挑黑人角色”(2005，在线)。虽然这突出了种族“他者”表征可能缺位的事实，但在其表征可能或者在场的时候未能进行分析。例如，海约特和威斯普(2004)研究了《无尽的任务》中博学者种族(一个“黑色”种族)的表征。他们将此种族解读为“颠覆了对于非洲或非裔美国人的若干致命刻板印象并将其附着于《无尽的任务》中的唯一‘黑色’种族[因为这个种族智商高而体力弱]”可以算是不错的初步研究，但本章稍后会显示这是有缺陷的。

对于《无尽的任务》中女性和种族“他者”表征的研究几乎空白，但这种研究是很有必要的。如果科罗托斯基(2005)认为女性正“涌入”MMO 的说法是正确的，那么考察女性如何被描绘以告知未来的女性玩家她们“买入”(字面意义上，想想游戏的初始成本以及每月的服务费)的到底是什么就显得尤为重要。基尔曼(2005，在线)指出，不仅“凯撒家族资金会进行的一项调查[发现]黑人和拉丁裔青年玩视频游戏的场均时间比对应的白人长 23 分钟”，而且“尼尔森娱乐最近的一项研究确认，黑人和拉丁裔玩家是视频游戏产业的新兴市场”

(2005,在线)。像他们对应的女性玩家一样,黑人和少数族裔有必要明白他们"买入"的设计是什么。那么,让我们开始阐明《无尽的任务》中这两个群体的表征情况。

第一阶段:创造角色和个性

跟《无尽的任务》网络空间打交道以前,玩家必须登录一个账户并创造一个角色。就修辞而言,"角色/个性"(character) 这个术语独特、多义。一方面,它脱离自我,可以称作"超然的他者",可在某种程度上看作一个对象(比如戏剧和书本中的一个"角色")。另一方面,"角色/个性"可以看作一个人性格特点的总汇(比如,她具有很强的个性)。因此,根据这个术语起的作用是名词(对象)还是形容词或宾语(特点)就很容易确定其"对象/特点区别"。这两个意义在大多数情况下似乎很清晰,但《无尽的任务》新玩家开始创造角色的时候会觉得混乱。这是因为屏幕上端有"角色创造"(Character Creation),当玩家选完了性别、种族、眼睛/头发颜色和阶级的时候要点的键叫"创造个性"(Create character)。这个短语微妙地描写了一种很糟糕的状态,因为它可以同时表示一个外部形象(屏幕上的视觉化身)以及一种内部特点(一个特定玩家的正直、诚实以及其他构成"个性"的特征)。虽然这种模糊"对象/特点区分"的修辞可以鼓励玩家"体现"(embody) 为《无尽的任务》中挑选的化身,这个事件的现象学纬度只能留待将来研究。本章将聚焦"角色创造"中可以进行的选择以及这些选择表达的关于女性和种族"他者"的观点。

在"角色创造"阶段,玩家必须挑选角色或者说化身的性别、种族和阶级。挑选了性别和种族之后,玩家还可以挑选各种其他特点比如说眼睛颜色、头发长度、面部汗毛、头发颜色、面部轮廓等等,但这不是玩游戏的必备步骤。虽然这是奇幻游戏,但是仍然只有两种性别——男性和女性。不过,有 16 个"种族"(本章稍后会挑战这个能指)、16 个“阶级”。表 15.2 是各种“种族”快速预览。

表 15.2 《无尽的任务》中玩家可选“种族”

种族	简要描述	男女区分
野蛮人①	看起来是大块头肌肉型人，都是“白”皮肤	容易区分，因为女性乳房大，露出乳沟，个头稍小
暗黑精灵	个头像少年人类，尖耳朵，皮肤“暗蓝色”或“黑色”	同野蛮人
矮人	极端敦实、个矮的人②	同野蛮人
博学者	“黑”人，额头稍微拉长	同野蛮人
地精	极矮的人，耳尖，肤“白”	同野蛮人（不过由于个头原因，女性乳房更小）
半精灵	年轻的成人，耳朵半尖，皮肤“白”	同野蛮人
半身人	矮人，脚大，皮肤“白”	同野蛮人
高等精灵	少年人的个头，尖耳，皮肤“白色”——比木精灵浅	同野蛮人
人类	“白”皮肤的人	同野蛮人
蜥蜴人	蜥蜴状有尾两足动物	女性骨架更小，面部结构不同（无乳房）
巨魔	外貌像人，个头极大，丑陋	同野蛮人
洞穴巨人	高个，丑陋，皮肤呈腐烂状	同野蛮人（不过女性无大乳房）
猫人	猫状有尾两足动物	女性个头更小，两性肤色不同、衣着风格不同（无乳房）

---

① 据著名的生命伦理学家彼得·辛格(2000)所言，古希腊人和罗马人不保证奴隶、畸形儿童或野蛮人的生命权。生命权是人格最基本的权利，是任何有意义存在的先决条件。就这点而论，应该注意，历史上“野蛮人”基本上可以是任何种族，而《无尽的任务》仅仅只有“白种”野蛮人。“野蛮人”这个术语源于原始印欧语，“barbar”意味着一个“非雅利安人”。然而，《无尽的任务》的化身显示了典型的雅利安人特征。

② 值得注意的是，游戏声称“某些女性[矮人]留有修剪整齐的胡须”，然而，在我 150 小时以上的整个游戏期间，没有见到任何一个玩家角色或非玩家角色是长着胡须的女性矮人。

续 表

种族	简要描述	男女区分
木精灵	少年个头的人，尖耳，“白”皮肤——比高级精灵肤色深	同野蛮人
蛙人	像青蛙的两足动物，移动方式为跳跃	两性之间唯一差别是色泽(很难区分)
龙人[①]	有纹身的人，面部和头上有小角	同野蛮人

细读表 15.2，就会发现游戏中女性角色总体趋于胸大乳沟深，这种刻板印象强化了女性价值与其罩杯大小相关的有害观念。先前的研究人员已经展示了《古墓丽影》中的符号化女主人公劳拉·克劳馥如何被赋予性别化的特征，是为异性恋男性的目光而设计(Krzywinska & King 2006; Richard & Zaremba 2005)。女性角色露乳沟并不仅仅是《无尽的任务》这个初始阶段的孤立现象。虽然本章后面会更深入探讨这一问题，我相信这里举个简单的例子也可能有用。游戏中，我的两个角色拥有同样的魔法袍。第一个角色是位博学者，男性巫师，名叫福柯，第二个角色是人类女性魔法师，名叫德波薇尔。虽然袍子应该是一模一样(我因为完成同样的任务得来)，但是德波薇尔的袍子少了块三角形布料以便露出乳沟，而福柯的袍子完全遮住了身体(见图 15.1 和 15.2)。这与泰勒(2006: 13) 的断言一致：“[女性玩家报告]各种各样相当典型的性别化的身体。《无尽的任务》中的女性化身，尤其是由基本人形衍生的那些，衣着很少，一般胸大乳沟深。”

也许更微妙的是“种族”的建构和表征。任何有观察力的玩家都会很快注意到选择“人类”就是选择“白人”，但实际发生的状况远不止单纯忽略种族“他者”。如果我希望扮演“黑人”角色，必须选择一

① 龙人是 2006 年 9 月资料片《巨蛇之脊》中增加的种族。据说他们是龙血与人血的混合体。因为这个资料片发布于我完成本研究之际，所以本文仅仅对龙人进行简要讨论。

图 15.1　德波薇尔

图 15.2　福柯

个不同的“种族”——博学者。这看起来可能很明显(就是说“黑人”角色会是不同的“种族”);然而,如果深入研究表 15.2 所列的游戏中建构的“种族”概念,你就会看到完全不同的其他东西。泰勒(2006: 12) 提出,“在游戏中,也许最好将玩家选择的‘种族’视为物种类型”。考虑到类蜥蜴、类猫或者类青蛙这样的角色,我会赞同这是“物种”列表而非“种族”。正因如此,这个游戏以修辞暗示作为“黑人”(博学者)就是成为不同于“人类”的另一个物种。

暗黑精灵之于高等精灵和木精灵就相当于博学者之于人类。简言之,暗黑精灵就是精灵的“黑人”版本。这样的主张与以前研究者相反。泰勒(Taylor 2006: 114) 提出,暗黑精灵是“蓝色”的,并且支持海约特和威斯普的观点,认为博学者是仅有的“黑人”种族(Hayot & Wesp 2004)。图 15.3 可见种族的蓝色/黑色。

图 15.3　暗黑精灵的肤色①

虽然显示器设置可能会影响暗黑精灵化身的肤色,但重要的是要认识到就算是将他们看作“蓝色”,他们也是作为与“白”精灵(高等精灵与木精灵)对照而进行的视觉和修辞建构。考虑到这一点,我认

① 这些图像通过 Yahoo! 公开显示的图像获得。

为泰勒(2006) 和海约特与维思普(2004) 声称博学者是唯一的黑色种族的说法是不正确的。《无尽的任务》中有两个“黑色”种族:博学者和暗黑精灵。建立了这种相似性后,我将提出《无尽的任务》中 PC 类型的三个种族类别:黑人、白人和动物。表 15.3 演示了这种分类是如何运作的。

表 15.3　种族分类

类别	包含种族
黑人	博学者和暗黑精灵
白人	野蛮人、矮人、地精、半精灵、半身人、高等精灵、人类、木精灵
动物(或其他)	蜥蜴人、巨魔、洞穴巨人、猫人、蛙人

“角色创造”阶段不仅有办法强化“黑人”角色(博学者和暗黑精灵)是一个不同的“物种”的概念,而且还是通过给予人兽交高于异族通婚的特权(privileging bestiality over miscegenation) 来实现这点的。只需要比较两个角色类型——半精灵和龙人,就能够得出这个深刻的认识。

根据游戏内描述,半精灵就是通过混合人族和精灵的特点所创造的角色。游戏甚至声称“这两个种族之间的许多浪漫故事”并不少见。然而这很让人困惑。他们谈的是哪两个“种族”? 人类只有一个“种族”,但是精灵有三个“种族”:高等精灵、木精灵和暗黑精灵。游戏的声明似乎暗示人族可以跟任何精灵族混合,事实似乎并非如此,因为我们发现只存在“白色”半精灵(没有明显的人族与暗黑精灵的混合)。因此,浪漫是在“白色”人族和“白色”精灵(或高等精灵或木精灵)之间。这样的建构暗示游戏推崇的是一种反对异族通婚的思想。这种反混血将“黑人”角色(博学者和暗黑精灵)进一步推向边缘,成为不同的“物种”,因为 (1) 人类可以与“白色”精灵“繁育”,但博学者不能,(2) 人类不能与暗黑精灵“繁殖”,(3) 暗黑精灵甚至不能与其他精灵交融，并且(4) 博学者和暗黑精灵虽然都“黑”，但是并未获得相互“繁殖”的优势。

让情况更糟的是，游戏似乎暗示，宁选人兽交，不要异族婚。根据游戏设定，龙人作为一个“种族”，是“沾了龙血的人”。如此，他们是一个人与一条龙混杂、混合或者“繁殖”的产物。而且，在游戏知识之域的图书馆中可以看到潘神样貌的生物(类似希腊神话中的半人半羊实体)。这样的表征大概在耳语：动物身体比“黑人”身体更具美感、更受重视，而且/或更具可欲性。

还是在“角色创造”画面，已经选择了种族和性别的玩家还必须选择阶级，之后才能点“创造个性”键并进入《无尽的任务》网络空间。泰勒(2006：13) 指出，“阶级”“最好被看作能力或职业”。作为一种特点，“阶级”是指角色是否是巫师、武士、僧侣等等。在我的研究期间，总共有 16 个“阶级”可以选择；然而玩家选择的“种族”决定了这已知的 16 个选择哪些还可用。比如，游戏不允许人类驯兽师、矮人僧侣或博学的游侠，此处就不一一列举了。某些阶级更为稀有(有选择资格的种族更少)。比如，僧侣阶级只允许选择三个“种族”之一(人类、蜥蜴人和龙人)[1]。任一种族的平均阶级选择数为 7；人类选择最多，为 13 个，众多的种族最少有五个阶级选项。我们不仅需要从选择的数量看“白人”享有的特权，还需要讨论我会称作“阶级稀有性”(class rarity) 的问题。

阶级稀有性可以被看作玩家能够挑选特定阶级的几率大小。正如前面指出，玩家必须在三个特定种族中挑选一个，否则就不能扮演僧侣。与此形成对照的是，仅有两个种族(博学者和高等精灵)不能当武士。将可以扮演的组合总数(n＝112)除以可以扮演的种族总数

① 反叛营地中，非玩家角色总数为 21 人，然而，其中两个非玩家角色不属于玩家可以扮演的角色类型(一个为小龙，另一个为地下精灵)，因此将他们从数据中排除。两个角色看起来都有点儿雌雄同体，不过其他非玩家角色谈到他们时，用代词“他”。

(n=16) 就得到任一种族的平均阶级选择数(即 7)。采用类分半法，我将阶级分成两类：稀有和普通。如果七个或以上种族都可选择某个阶级，那这个阶级就被视作"普通"；相反，如果是七个以下，我就称这个阶级为"稀有"。进一步推进这个框架，我将一个种族能获得的"稀有"阶级数除以其所有阶级总数，得到一个变量，我称作"稀有度"。这个变量阐明在多大程度上一个给定的种族有权使用其他种族不能使用的阶级(这个种族有多大特权)。例如，博学者种族可以从七个不同阶级中进行选择。其中，两个为"稀有"，五个为"普通"。将稀有数量(n=2)除以总数(n=7)，我们发现博学者的"稀有度"约为 29%。这个"稀有度"变量本身没有多大意义，但是如果我们确定了平均的"稀有度"，我们就能发现一个种族与其他种族的相对地位。

综合所有种族的数据，我发现平均"稀有度"是 40%。将此作为基础，数据就显现出一些值得注意的结果。首先，"白人"不仅可选阶级数最多，"稀有度"也高于平均数(为 46%)——在所有种族中，可用"稀有"阶级数最多(6 个)。对照起来，"黑人"种族(博学者和暗黑精灵)"稀有度"低于平均，博学者为 29%，暗黑精灵为 25%，皆大大低于平均"稀有度"。此外，这两个种族加起来仅仅可以选四种"稀有"阶级。看起来，在某种程度上，"黑人"种族缺少权势或机会。

努力为角色选择了性别、种族和阶级后，玩家点击"创造个性"键，急切等待进入《无尽的任务》的网络空间。

进入教程

你似乎恢复了意识，睁开眼睛，发现自己身处牢房。你看见与你同室的名叫阿里亚斯的男性野蛮人。阿里亚斯这个 NPC 不仅向你演示如何逃离监狱，还是你的入门训练场"黑暗深渊矿"的反叛领袖(值得注意的是，只有选择猫人族的玩家才不用这个辅导课程)。看起来老套得近乎滑稽，你一来就遭遇肌肉发达的"白人"男性，这位首领是领域的中心人物。在继续进入“主要”领域之前，要先讨论这个领域内的两个元素：人口统计数据和女性休息状况。

黑暗深渊矿的人口统计立刻显示了常见的偏见。虽然读者可能认为人口统计指空间总人口，但重要的是要意识到玩家来去频繁，因此，为了本章的目的，人口统计资料仅仅由给定网络空间中发现的NPC构成。这样的资料发人深省，因为他们展示了游戏设计人员建构的可能（没有）意识到的偏见。

黑暗深渊矿基本上由两个区域构成：反叛营地以及外面的部分，我将称之为“矿区”。表15.4显示了营地以及整个区域的人口统计资料。

表 15.4　黑暗深渊矿人口统计数据

位置	类别	数量	占给定空间总数/%
反叛营地①			
	男	15	79%
	女	4	21%
	黑人	3	16%
	白人	10	53%
营地＋矿区			
	男	19	83%
	女	4	17%
	黑人	3	13%
	白人	12	55%

表15.4清楚显示，女性和“黑人”NPC相对稀少——比如，女性仅构成整个区域角色的17%，黑人角色甚至更少，仅13%。虽然表征的缺位创造了一个批评这个空间的尺度，如何表征女性或“黑人”

① 本研究结束之际，介绍龙人的资料片才发布，因此，以下不再将龙人作为游戏中种族进行讨论。

角色也同样值得注意。

虽然女性的数量比同种族男性要少，但她们大多与同种族、级别和阶级的男性力量值（一种角色特性）相匹配。表面看起来，两性是平等的，然而只要快速浏览一下空间内身体（男性、女性都包括在内）的运作方式，就可以突出显示女性 PC 如何被微妙描写成虚弱（或者至少比对应的男性更弱）的角色。一场战役之后，角色需要休息以恢复健康和法力（魔法能量）。更新这些基本要素的最快方式就是坐下。奇怪的是，男性和女性角色完成这个动作的方式不同。男性 PC 坐着时，或两腿交叉，手臂放腿上；或者跪坐，膝盖靠拢，手臂搁在大腿上。形成对照的是，所有女性角色坐姿似乎都是腿伸向身体中心线一侧，右臂张开作为支撑。

斯特劳斯（1966：155—56）指出，“我们不应该忘记人类的手臂既不支撑躯干，也不必撑起身体，该功能仍属于树栖灵长类动物的前肢”。此外，斯特劳斯还提出，正是“直立的姿态”（他的专著中一章的标题）使人之所以为人。运用斯特劳斯的逻辑，我要假定，通过赋予男性直立的坐姿确认了其力量。与之对照的是，女性的坐姿表现了虚弱，需要一只手臂来“支撑躯干[和]撑起身体”。需要注意的是，虽然两个网络表征可能力量值相同（他们的力量特性数字相同），这个“存在”特点是私密的（在游戏中，别的 PC 不知道这个数字）；不过，坐姿的视觉表征是社会表现，可能以非语言、微妙的方式表现出虚弱。

你完成了初步训练及一系列小任务后，准备好了离开黑暗深渊矿。你通过一个黑暗的通道离开，去向知识之域。

进入知识之域

知识之域是《无尽的任务》中冒险家的聚集点。那是大城市，有各种建筑和大量传送门，可以将玩家传送至《无尽的任务》虚拟空间内的其他空间。作为玩家不断经过和/或互动的中心枢纽，知识之域是游戏中最重要的“网络地理”位置之一。因此，最后这一节将聚焦知识之域的人口统计资料、对女性 NPC 的视觉表征、女性和“黑人”NPC 如何在某些重要职能中被忽视以及网络隔离如何构成知识之域中令人悲哀的现实。

可以将知识之域想象成一个八角形中心地区——这是图书馆、集市、主要银行以及公会大厅的所在地——以及中心区延伸出的三个分区。几个分区截然不同，北方、东方和南方各一个。

整个知识之域中，我总共发现 301 个 NPC；然而，其中 8 个不属于可以扮演的角色种族，因为无法清楚判断其性别所以我将他们从数据中剔除。表 15.5 使用剩下的 293 个 NPC 来说明这个重要游戏空间的 NPC 人口统计数据。

表 15.5 知识之域中非玩家角色(NPC) 人口统计数据

类别	数量	占总人口百分比
男	222	76%
女	71	24%
黑人	45	15%
白人	195	67%
动物/其他	53	18%

由于女性占世界人口约 50%，几乎占美国人口的 51% ，那么很明显，作为一个群体，女性在知识之域人口统计中所占比例相对较低。这个观点可以看作是接受了麦奎尔(2004：171) 的主张，“媒体应该……采用或多或少符合比例的方式反映……社会(和社群)”；不过，我的目标仅仅是描述性的，(关于这点的)评价性元素留给我的读者。男性与女性情况相反，他们明显代表过度。与这两种群体形成对照的是，“黑人”约为美国总人口的 15% ，奇怪的是也构成知识之域中 NPC 数量的 15%。然而我们将发现，重要的不在于“黑人”被代表这个事实，而在于他们如何被排斥和定位。揭露这些因素也会解

释女性 NPC 的类似因素。但是在揭露这些之前，我要简要讨论女性 NPC 的视觉表征。

本章早些时候，我指出，游戏中大多数女性角色无论选择什么服装或盔甲，都会被描画为胸部丰满、露出乳沟。《无尽的任务》中女性网络身体的这些特点也可以在女性 NPC 的描画中发现。虽然整个知识之域中胸大沟深的女性 NPC 很常见，但有一位我想特别指出——幻术师洛宾①。作为 NPC，幻术师洛宾可能站在图书馆的“地下室”中，职能是出售幻术师符咒；然而，她的样子似乎更像随时要跳膝上舞的脱衣舞娘，因为她的穿着看起来类似于黑色“连衫衬裤”，外罩白色透明长袍。

这个例子（以及图 15.3 的前两幅图像）显示女性表征如何被建构得性感诱惑，但是我在男性表征中没有发现类似例子（男性 NPC 没有谁像奇彭代尔脱衣舞男那样，穿着紧身男士游泳裤、戴着蝴蝶结领结）。解释完对女性 NPC 的视觉描绘，我现在转而着重介绍重要的 NPC 职能如何缺少具有任何重要意义的女性或“黑人”表征。

知识之域中 NPC 最重要的两个职能是银行家和公会首领。玩家必须时常与银行家互动，因为他们不仅握着玩家的货币（如果有一大笔钱又没有存银行的话，会拖累、减慢玩家的速度）并且兑换货币（比如，把银子换成金子以减少携带的重量），而且，他们还是存放额外装备的保险箱。在知识之域中，我们找到三个银行家（任何玩家都可以利用的公共银行家，不是仅仅针对有关公会成员的公会银行家）；不幸的是，我们又发现这三个银行家都是“白人”男性。既然女性和“黑人”角色共同构成超过三分之一的知识之域人口，就比例而言，其中一个银行家本应是“黑人”或是女性。这个现实是否微妙地暗示，不能把钱和财物托付给“黑人”和女性？

① Illusionist Lobaen ——译者注

女性和“黑人”不是银行家，但是他们在公会首领这个重要 NPC 职能中是否得到了公正的代表呢？回答这个问题以前，让我解释一下公会首领是干什么的。公会首领多半是技艺精湛的老师或导师。可以把他们比作大学教授或者任何会收徒弟的熟练工人。每次升级过后，玩家就会（基于阶级）找到合适的公会首领并且用挣来的“经验值”购买课程并进而提升其角色的特定技能。比如，一个一直使用双手剑（一把双手砍劈武器）的玩家可能在“升级”后找公会首领“购买”双手砍劈课程，提升角色在这方面的技能，增加使用该武器击中对手的几率。可以看出，角色要进步和成功，与 NPC 公会首领互动必不可少。

知识之域中，总共有 37 名公会首领，其中，四名女性，六名“黑人”。这样，女性占所有 NPC 公会首领的 11%，“黑人”角色首领占 16%。女性 NPC 占知识之域总人口的 24%，但仅仅 11%的公会首领是女性，这似乎有些令人困扰。也许，既然女性 NPC 是小群体，那么女性作为公会首领的代表比例可以更高（女性公会首领数量除以知识之域中女性角色总数，会为我们提供女性担任公会首领的百分比或者代表比例，之后，我们可以将其与男性进行比较）。结果发现，男性 NPC 的 15%和女性 NPC 的 6%是公会首领，这样的调查结果只能进一步证明女性代表不足。看起来，女性在最重要的两个 NPC 职能（银行家和公会首领）中缺少代表。相比之下，16%的公会首领是“黑人”，这似乎精确配合了知识之域中那 15%的黑人 NPC。在公开声明黑人和少数族裔人可能已经获得某种平等之前，极为紧迫的是我们要通过考察知识之域中发生的网络隔离来得出结论。

如前所述，知识之域分为四个部分：八角形的中心、北区、东区和南区。对于这样的总体布局，我认为可以将其当作带有三个郊区的一座城市（中心）进行分析。为了深入“种族”和性别问题，我考察了这三个郊区并且将所有符合“动物”种族的 NPC 圈出。通过把“动物”种族放到一边，我浓缩了数据，以使其更为丰富。这样，各个郊区的人口统计数据显示知识之域中发生了网络隔离（见表15.6）。

表15.6　知识之域中的网络隔离

郊区	白人	黑人	黑人/%	男	女	女性/%	白人女性/%
北区	27	2	7%	20	9	31%	100%
东区	24	3	11%	19	8	30%	75%
南区	5	15	75%	14	6	30%	17%

虽然表15.6突出了网络隔离现象，因为北方只有7%的“黑人”而南方75%为“黑人”，但是我认为隐藏在数据中某个看不见的变量可能有助于巩固存在网络隔离的说法。注意，南方六位女性NPC中有17%是“白人”，那南方女性中的五人肯定是“黑人”。这单独看没有什么价值，但是如果加上另一事实，即整个知识之域中仅有九位“黑人”女性NPC，这就开始进一步强化知识之域中正在发生网络隔离的说法。

看起来，“黑人”NPC被贬至南方郊区。知识之域中仅就这个方面道德上就有些问题。我只需要强调把南方和知识之域的其他部分区分开的一个事实：知识之域的中心、北方和东方区域都有生气勃勃的植物和充满活力的绿草，但南方不同，几乎没有草，仅有几棵死树。在某种程度上，好像游戏设计人员有意建造了一个网络贫民窟，并且将最高比例的“黑人”NPC置于那个空间。这个网络贫民窟元素可以解释为什么表15.6中“白人”女性NPC的百分比在南方区域迅速下降。是否有可能这是因为预料到“白人”女性在“黑人”贫民窟中不安全？或者也许这是要让“白人”妇女远离“黑人”男性（记住：游戏中之前的修辞似乎反对异族通婚）？

结论

本章证明，不同于以往以玩家的性别或种族为中心的研究，《无尽的任务》中对性别和种族的虚拟表征揭示了偏见和意识形态是如何在新的空间或舞台仅以微妙的方式长期存在、强化和（重新）刻画的。我认为综合起来，现有的发现挑战性地批判了《无尽的任务》对于女性和黑人以及少数族裔人群的虚拟表征。未来的研究应该以本文的发现作为历时比较的基线，考察游戏后期资料片中这样的描绘是否还在继续。此外，研究人员可以借用本章的分析方法（比如，“稀有度％”变量或者游戏中角色类型有权使用的阶级和职能的几率）研究其他在线游戏（比如《魔兽世界》）以确定本章的发现是否与其他游戏一致或者仅仅是《无尽的任务》的特点。既然游戏公司有能力创造和建构任何可以想象的世界，科研人员可以考虑研究这样的公司如何确定其化身的结构，以及本章所指出的这样老套刻板的表征如何进入游戏空间。

参考文献

Bauman, S., A. Conklin, T. Martin, C. Yans and N. Yee (2006) What's next? *Massive Magazine,* 1: 20–32.

Becker, D. (2002) EverQuest Spins Its Own Economy. *CNET News*. Retrieved 21 November, 2006, from http: //news.cnet.com/2100-1040-823260.html.

BBC (2003) *EverQuest exposes cost of sexism.* Online at: http://news.bbc.co.uk/1/hi/technology/3016434.stm

Castronova, E. (2005) Gold from Thin Air: The Economies of Virtual Worlds. *Podtech Presentation.* Retrieved 3 November, 2008, from http: //cdn.itconversations.com/ITC.PopTech2005-EdwardCastronova-2005.10.21.mp3.

Chappell, D., V. Eatough, M. Davies and M. Griffiths (2006) *EverQuest* – It's just a computer game right? an interpretative phenomenological analysis of online gaming addiction. *International Journal of Mental Health and Addiction,* 4(3): 205–16.

Chee, F. and Smith (2003) Is Electronic Community an Addictive Substance? *Proceedings of DiGRA and Level Up 2003*, Utrecht, The Netherlands.

Hayot, E. and E. Wesp (2004) Style: Strategy adn mimesis in ergodic literature. *Comparative Literature Studies,* 41(3): 404–22.

Kilman, C. (2005) Video Games: Playing against Racism. Retrieved 5 November, 2006, from http: //www.tolerance.org/news/article_tol.jsp?id=1228.

Kolko, B. E., L. Nakamura and G. B. Rodman (2000) Erasing @Race: Going white in the inter(face). In B. E. Kolko, L. Nakamura and G. B. Rodman. (eds) *Race in Cyberspace*. New York, Routledge: 1–13.

Krotoski, A. (2004) Chicks and Joysticks: An Exploration of Women and Gaming. *Entertainment and Leisure Software Publishers Association.* Retrieved 21 November, 2006, from http://www.elspa.com/assets/files/c/chicksandjoysticksanexplorationofwomenandgaming_176.pdf.

Krzywinska, T. and G. King (2006) *Toob Raiders and Space Invaders – Videogame Forms and Contexts*, London, IB Taurus.

McQuail (2004) *Mcquail's Mass Communication Theory*. 4th edn, Thousand Oaks, Sage Publications Inc.

Nakamura, L. (2002) *Cybertypes: Race Ethnicity and Identity on the Internet*, London, Routledge.

Postigo, H. (2003) From pong to planet quake: post-industrial transitions from leisure to work. *Information, Communication and Society,* 6(4): 593–607.

Richard, B. and J. Zaremba (2005) Gaming with Grrls: Looking for sheroes in computer games. In J. Raessens and J. Goldstein. (eds) *Handbook of Computer Game Studies.* Cambridge, MIT Press: 283–300.

Singer, P. (2000) *Writings on an Ethical Life*, New York, Harper Collins Pubishing Inc.

Spool, J. (2006) Good Listen – Edward Castronova: Gold from Thin Air – the Economy of Virtual Worlds. Retrieved 2 November, 2006, from http://www.uie.com/brainsparks/author/jared/page/10.

Strauss, E. (1966) *Phenomenological Psychology*, New York, Basic Books.

Taylor, T. L. (2006) *Play between Worlds: Exploring Online Game Culture*, Cambridge, MIT Press.

第十六章 《投词机》：在虚拟环境中将身体伤害视觉化

凯特·E.泰勒

对许多人而言，视频游戏世界与遭受家庭暴力的男人或女人的世界相去甚远。确实，似乎没有什么比计算机图形世界中发生的虚拟活动与数量惊人的人们遭受的极其真实的肉体折磨之间反差更大。比如，周末和假日是许多人专心打游戏的时间，也是家庭暴力最普遍的时间（Lawless 2001）。然而，在线视频游戏《投词机》中，家庭暴力的世界进入了视频游戏世界，将其作为自助网站，帮助遭受家暴的妇女。游戏期间，女性玩家[①]将从资料翔实的清单中选出一个施虐者，要在游戏世界里瞄准典型的施虐语言以得分并培养自己的在线角色。将游戏作为"男性技术操作"（masculine technoplay）（Kennedy 2007）的主导建构使计算机游戏系统不大可能成为讨论男性对女性

① 应该指出，男人和女人都会遭受家庭暴力。然而，男性对女性的暴力比女性对男性的暴力更为普遍，而《投词机》所在的 youarenotcrazy.com 只面向女性。

家庭暴力的论坛。然而，正如本章将要展示的，个体行动的过程和可达成的目标这种大多数视频游戏的核心元素（Carr *et al*. 2006）可被看作一种方法，通过它，那些遭受虐待伤害的人可以开始积极发声并从自己的体验中成长。本章试图探讨的是《投词机》如何与女性玩家现实生活的具身状态进行互动，以创造一种帮助女性痊愈的强烈情感体验。

在我详细讨论游戏前，应该指出，为了学术、哲学和教育目的，任何与虐待问题的交锋都有必要考察援助网站。这需要与维护安全环境的要求进行平衡，只有在这样的环境中，女性才能寻求舒适与慰藉。由于这个原因，我重点关注家庭暴力援助网站“你没有疯”的一个特定区域，而不是卷入帖子个体叙事的讨论。因为伦理原因，我仅仅探讨《投词机》所在网站的开放区域，这不需要用户名和/或个人注册或登录就可以查看。

本章源于“性别”和“身体研究”学科，而非更新的“视频游戏研究”。我本人与视频游戏的交互实际上极为有限。事实上，我在20世纪80年代后期孩提时代也只是想要父母给我一部任天堂掌上游戏机（没有实现），除此之外，我对视频游戏的总体态度都是相当不屑一顾，无论是在街机环境还是计算机屏幕上。跟文学世界相比，游戏似乎提供不了什么快乐的空间，除非你是名12岁男孩，幻想成为詹姆斯·邦德。射杀外星人或者在假想的赛道上驾车（所有我知道的视频游戏的总和）的愿望与我的兴趣范围相距甚远。然而让我极为吃惊的是，我发现自己在主动玩视频游戏，而且竟然还是在一个家庭暴力自助网站上。需要指出的是，现代市场上的视频游戏极为美观、复杂，与它们比起来，《投词机》在玩家任务和使用图形方面就是一款非常基本、过于简化的游戏。然而，本章要讨论的不是作为视频游戏例子的《投词机》本身的优点，而是游戏视频形式如何与“具身叙事”[1]（embodied narrative）的概念互动并为玩家的个人成长起到情感工具的作用。

在《视频游戏理论读本2》（2009）的引言中，佩龙和沃尔夫列举了游戏研究要作为学科发展应该重点关注的若干方面。此处相关的是他们号召“跨学科方法的互动”（同上书，第14页）。跟所有学科一样，游戏研究会从与社会科学和人文学科大量方法的相互联系中受益并发展。作为文化产品同时也是技术产品，视频游戏是不同的媒体如电影、电视和互联网之间正日益融合的一部分。为此，将其他领域的方法论和批评用于理解相对新颖的针对游戏研究的方法会有帮助。这样，本章使用的方法会很灵活，与各种思想家和方法相互联系。

www.youarenotcrazy.com 网站专门救济、帮助遭受身体、语言和精神等各种形式虐待的女性，《投词机》是该网站的一部分。罗勒斯对家庭暴力进行了有益的概括，提出如果“一个男人在与一个女人共同居住的私密环境里殴打、脚踢、侵犯和强奸她”，就发生了家暴（2001：45）。家庭环境中发生的暴力作为家庭暴力的前提意味着互联网对于帮助妇女具有重要的潜在功能。互联网开辟了沟通、与外部世界联系的可能性，以及一个讨论和讲述个人叙事的（相对）安全的论坛。乐观地看，互联网代表一个潜力强大的平台，可以让女性颠覆性别刻板印象、开发反映女性需求和目标的虚拟公共空间（Harcourt 1999）。简言之，新技术用来为个人和集体赋权。《投词机》的独特性（就我所知）在于它将典型的老式视频游戏的协议和格式与利用技术为女性（这里指那些受虐待的女人）赋权的愿望结合起

[1] 按照字面意义，具身叙事（Embodied Narrative）是一种“亲身”（in-body）感受和体验的叙事。西民和史密斯（2008）指出，具身（embodiment）的定义建立在“神经系统的进化是因为行动的适应性控制——而非抽象认知”这一核心思想基础上。具身也可以被认为是“层次之间的相互作用：存在从内部感知运动或移动的能力，还有‘身体上的思考’的能力，然后是怀着对整个身体自我的意识进行移动的能力”（Chappell 2006）。

来。你通过门户进入网站，然后它会提供虐待的信息以及拟人化虐待关系的一些特点。《投词机》用作网站的路标，一点击就会带你离开主网站，进入游戏世界。

本章我希望聚焦视频游戏和“具身叙事”概念之间的互动以及《投词机》如何主动邀请女性玩家以多种方式参与情感体验。

具身叙事与游戏世界

“我们将自己想象成与世界隔开——皮肤就是界线……然而身体被无数的开口刺穿。我们将自己的身体投射进世界——我们说话，我们呼吸，我们写作，我们留下细胞的痕迹并吸收他人的痕迹。身体包围世界，世界包围着身体”(Dunning & Woodrow 2001：在线)。

如以上引文所述，身体是我们以各种形式体验世界的核心，其中就包含那些在视频游戏这样的媒体形式中的“虚拟”体验。任何对“虚拟”和“现实”之间的关系的了解都需要对身体进行哲学建构，这将涉及其流动性和灵活性的概念而不是受到笛卡尔二元论基础上建构的限制性模式所约束的概念。(笛卡尔式概念从根本上讲在精神和身体之间划出清晰的界限。身体被看作大大低于精神，不过是精神借以起作用的物理容器。)围绕这个“后现代”身体的各种精妙复杂可见于(虽然有些时候是以互相矛盾的方式)许多人的著作中，比如巴特勒(1990，1993)、德里达(1974，2002)、德勒兹与加塔里(1987)和哈拉维(1991)。从巴特勒的表演的身体到哈拉维的赛博格(Cyborg)，对身体的关注以多种视觉和文本的策略(White 2006)主导了身体与其在文化和社会叙事中位置的当代理论。然而，这需要进一步与没有忽视肉体物质性或者将身体贬低为一种“无差别的镌刻表面”(Price & Shildrick 1999)的方法相平衡。需要将“活着的身体”(lived body)而非冰冷的抽象艺术(Williams & Bendelow 1998)的概念留在讨论的中心位置。对身体与视频游戏相互关系的质疑中出现的许多争议都涉及更广泛的争论,即虚拟身体以及人的因素在虚拟空间内如何叙事和行动。对海耶斯(1999:38)而言,叙事的相互作用将机器和人集合到一起,“通过将数据网转换成可发生叙事的景观,创造了虚拟空间……因此数据被人性化,主观性被计算机化,使得二者携手共生,其结果就是叙事”。

以这种方式,叙事变成了具身。在自己个人(亲身)叙事中,主体建构的同时又被建构。什么构成“具身叙事”的问题是可以进行大量辩论的问题。具身的行为是多层次的,经常要求我们同时考虑我们实际的身体内过程(我受伤了),而且还有我们的自觉能动性意识(我受伤了,因为我割伤了自己)或者对于缺乏自觉能动性的意识(我受伤是因为他会伤害我)。在任何互动中,实际上的“身体内”的意思存在无数相互关联的叙事和主观因素的可能性。正如巴特勒所言,“并不存在谈到一个单纯的身体却不同时进一步谈到那个身体构成的情况”(1993)。魏斯说“自我形象”是具身的最重要成分,具身状态“通过在特定身体内部和外部发生的一系列有形的交流来构建”交错和同步的“身体形象的多元体”(1999:2)。在利奥尔·布雷兹勒看来,这些“交流”用“我-你”(I-Thou)概念阐述,其中,联系成为具身化主体的自我概念的核心(2006:21)。梅洛-庞蒂(1962:146)的主张“身体是我们拥有世界的通用媒介”与此极为相关。他接着指出:

> 有时它仅限于保护生命所必需的行动,因此它在我们周围设置一个生物世界;也有时候,它详细描述这些主要的行动,从字面意思转变为比喻意义,通过这些行动体现了新的意义核心:运动习惯(比如舞蹈)就是如此。最后,还有时候,目标的意义最终无法通过身体的自然手段实现;因而它必须建立自己的工具,从而围绕自己投射出一个文化世界。
>
> (Merleau-Ponty 1962:146)

对他而言，具身的主体以多种多样的方式向世界开放，而且，情感、行为和互动都是具身化过程的部分。谈到工具，视频游戏等互动媒体的发展和普及为人的具身体验增添了维度。随着实体与虚拟的融合，两者之间的相互作用成为现代理论化的核心。虽然对于某些人来说，拒绝“真实”而偏好“虚拟”存在的愿望已有记载，但是这种希望却存在明显的问题。勒普顿（2000）在考察具身的计算机/用户时，主要关注的是脱离肉体和虚拟的网络身体与现实之间的张力，因为现实是不可能无视“肉体”（meat）这个网络文学与文化中身体的常见主题。勒普顿（2000：480）总结道，“虽然个体可以在网上成功装成另外的性别或年龄，她或他永远得回到身体化的现实：在电脑终端前呆了数小时，肚饿、脖僵、手痛、腰酸，眼睛像进了砂砾”。正如格拉莫拉（2000）运用芭芭拉·布鲁克关于残疾身体的研究（1999）指出，参与网络虚拟叙述的愿望并不能将身体的疼痛从活着的身体中去除。斯通注意到，“网络空间开发者预见未来他们能够忘掉身体。但是重要的是要记住，虚拟社群源于并且终将回归于物质……即使在技术社交主体的年代，生命也是通过身体生活的”（2000：525）。

为了能够建立一个允许真实和虚拟之间相互作用的理论模型，具身主体必须居于中心地位。对于凯瑟琳·海耶斯来说，“身体消失在信息中，几乎没有什么抗议的声音，具身则无法消失，因为它与具体环境和人相关。一旦具身得到确认，圆形监狱的抽象概念就会分化为特定背景中特定人物的特殊性”（1999：198）。尽管特定的视频游戏世界允许个体在多种多样的虚拟性别、阶级、甚至“物种”（如《第二人生》中的“动物族”）的主体定位中放松自己，但是，他们无法摆脱自己的具身现实，这将继续影响他们与技术的关系。线上角色与线上网络世界的交互与线下玩家之间的确切关系是一个不断争论的问题。拉赫蒂（2003）指出，视频游戏已经成为“生产、想象和测试当代文化中身体与技术之间不同关系的一个范式场所”（158）。

这里，能动性（agency）概念是关键。视频游戏玩家不仅仅是回应游戏提供的刺激。通常，游戏涉及操纵和探索虚拟环境的高度复杂的过程。吉（2003）认为线上游戏角色成为线下玩家的“替代者”（surrogate）：角色的目标和游戏世界价值与玩家融合，他必须努力在游戏世界中占据一席之地以便成功。“我们以那个身份谈话或行动”（Gee 2003：85）。格雷格森和格罗达尔认为，视频游戏玩家的体验是“行动时刻的一种具身意识体验，是行动中的一种身体形象体验——在行动中，一个人同时体验虚拟身份的能动性和感知（ownership）”（2009：67）。

关于女性玩家，肯尼迪（2007）考察了《雷神之锤》[1]的女性玩家，佩莱蒂耶（转引自 Carr *et al.*，2006：171）对少女玩家进行了一系列的访谈，诸如此类的研究都说明了有关女性玩家和她们在视频游戏世界内外的能动性方面，游戏世界的复杂性和协商性。有关女性和视频游戏的争论往往集中于女性在游戏界的相对边缘化问题上。卡塞尔和詹金斯在专门研究妇女与游戏的主要著作《从芭比到〈龙争虎斗〉》的引言中指出，“电脑游戏研究往往意味着对玩电脑游戏的男孩的研究”（1999：5）。近年来，游戏产业发展引起对女性玩家和女性设计师的关注增多，“硬核”玩家有所增加（Dovey & Kennedy 2006）。然而，正面女性角色依然有限，这经常导致女性角色的异化（Bryce & Ritter 2002），女性如果要在经常“超级男子汉气概”（hyper-macho）的在线游戏世界中试图为自己表达身份，仍不断面临问题（Taylor 2003）。卢尔德·阿尔兹普斯提的“性别穿过硬件时发生了什么变化”（1999：xii）的问题在此处非常恰当，因为许多游戏叙事着重攻击和暴力，对于一款针对受虐者的游戏，这显然是存在问题的。游戏过程中经历的人体经验是心理的（在游戏世界内部思考）、身体的（在控

---

① *Quake* ——译者注

制游戏中采取的具体行动)，非常重要的还在于它们是情感的。游戏产生感觉和情绪，对《投词机》产生的情感经验的参与就是玩家使用游戏作为“自助”工具的核心。

《投词机》

> 不是女人不懂视频游戏，而是视频游戏不懂女人。
>
> (Gerard 2006，在线)

《投词机》最重要的部分包含入门过程。一进入游戏，开场陈述就告诉我们，我们遇到了完美之人：善良、体贴、多情。然而，蓝天、鸟鸣和明媚阳光逐渐解体，代之以黑暗、雷鸣和狼嚎，以“你爱的男人是施虐者”的声明结束。这反映了许多施虐模式；在施虐开始之前有一个“蜜月”期(Lawless 2001)。施虐不是直接开始，受过虐待的人极易认出《投词机》展现的叙述“行话”(patter)。当玩家阅读屏幕并听到噪音时，她将自己的受虐叙述映射到游戏轮廓上。

我在这里求助于德里达关于自我影响(auto-affection)的概念。提新尼特·克拉夫将自我影响巧妙地总结为“给自己一种在场或快感”，在口与耳、说与听的闭路中“听自己说话”(2000：17)。情感由情感实施(the affect is conducted by the affect)，简言之，当你或我影响你自己或我自己时，就会产生自我影响。德里达将自我影响的概念与自传的概念联系起来，自传就是一种愿望，想要对自己(和其他人)说出自己的在场。当你在自己的头脑里“说话”时(你愿意的话，可以称呼为内心的声音)，你正在试图验证自己的存在。自我影响的过程意味着你认为“言语与传达之前的思想”是一致的，“给予主体一种内在的存在、内在的声音，以致主体在说话时被假定为说出自己的声音……并且表达自己的内心”(Clough 2000：17)。在电脑游戏世界或任何形式与机器的互动中，我们可以说是在寻求一种自我影响的行为。例如，当我发布在线更新状态时就参与了自传行为。我试图让自己“存在”，引起一个情感的时刻(affective moment)。

德里达(Derrida 1974：165) 指出：

> 在自我影响(auto-affection) 的总体结构内……，触及-被触及的行动在那条分隔施加与经受的狭缝内接受他者。而外部(即身体暴露的表面)表示并永久标记那条塑造自我影响的分界线。自我影响是一种普遍的经验结构。所有的生物都有能力自我影响。一般而言，只有能够象征，即能够自我影响的存在才允许自己受到他者的影响。

对于德里达来说，个人有愿望表达一个叙事并宣布那属于自己，而自我影响就是允许个人通过此愿望来假设言语和未言说之间的统一性这样一个过程。《投词机》的开篇语句提供了自我影响的时刻。当我们不可避免地在头脑中读到而不是大声朗读这些语句的时候，我们所做的就是在自己的主观思想中给自己一个“在场”。我们听到自己在“闭路”中讲话，被告知的故事直接联系到女人的历史，即她对实际体验的具身叙事。这不同于表征。历史上与女性相关的表征“是一种暴力行为，是由自我在场和知情的主体施行的，我们只能假设是针对主体想要了解和控制的其他人。因此，表征是殖民化的一种形式，是主体的帝国式举动”(Robinson 1991：190)。当掌权者代表那些他们想要控制的人时，他们进行中的叙事进一步剥夺那些被表征者的权利。“纯粹”形式的表征是一件东西的符号代替了另一件(Mitchell，1995)，这个过程经常特别优待主导的(白人和男性)主体的经验。例如，在诸如法国、英国和日本等许多殖民帝国历史上，原住民往往被表征为野蛮、幼稚，这样的论点让殖民进程“合法化”(McLintock 1995)。象征的用法往往会导致边缘化的具身个人体验被剥夺权利。《投词机》并非表征虐待叙事，而是邀请参与者进行虐待叙事，不是作为受害者，而是作为一个积极主动、表达清晰的实在的人。对于那些遭受家庭暴力事件或后果的人来说，叙述故事的构建遇到几个关键问题。正如林德曼·尼尔森（2001：xii）所指出的那样："当虐待式权力体系规定其成员带着道德上可耻的身份时，身份与能动性之间的联系就构成了一个严重的问题。"对于那些可能参与《投词机》的人来说，有害、限制性的受害者的叙事很可能会在意识中凸显。所以，应该创造一个反面故事（counter-story）来与这个负面主体定位斗争。《投词机》试图提倡的正是反面叙事建构（a counter narrative construction）的过程。反面故事试图抵制受压迫的身份，代之以促进尊重和发展的可能性（Lindermann Nelson 2001）。这个过程的关键是识别"宏大叙事"，即影响我们的社会和文化结构的主导故事。对许多女性来说，虐待的宏大叙事导致权力丧失，无法发挥个人的能动性，原因就在于身体限制或内化的精神限制。自我影响行为是一个充满虐待的影响的行为。德里达认为"自我影响是一般体验的条件"（1974：165）。体验在女性玩家的叙事表达中得以起作用，而在构建反面故事中，必须发生情感变化以便"渗透她的意识"，"改变她的自我理解……更信任她自己的道德价值"（Lindermann Nelson 2001：7）。

这种情感变化随着《投词机》叙事的发展而产生。从声明"你的爱人是施虐者"开始，游戏屏幕变了，你被邀请挑选自己的施虐者。游戏为你提供了"自以为是的主人""脾气暴躁的真男人"和"趾高气扬的赌徒"等选项。这些都是"经典"的施虐者档案，具备许多最公认的明显特征，如嫉妒、好斗、操纵和情感勒索。当你被要求选择施虐者时，就发生了具身叙事斟酌行为。这个女性被要求把注意力放在自己的体验上，并选择一种与自己的叙事最为一致的描述。这可能是林德曼（2001）描写为演变故事的东西。家庭暴力的一个关键和持续因素是其隐蔽性，而且妇女由于各种理由不能讲述她的故事。对施虐者、法律制度和社会羞耻的恐惧都起了作用，堵住了遭到家暴的妇女的嘴，束缚了她们。在游戏中选择一个施虐者可以让女人将叙述集中在自己的经历上，但不必用真实或强烈的个人话语来表现自己的施虐者。当你选择自己的玩家时，这种经典的视频游戏格式被重新配置，为玩家提供一个参与自己故事的机会，不过是在游戏的“安全”环境中。个人选择过程允许“参与者将游戏的目标接纳为自己的目标”(Oatley 1992：355)。在选择“敌人”时，要求女人通过字面意义上的身体动作(literal physical action)与游戏进行情感联系。影响我们与视频游戏世界交互的最基本和最核心的要素之一就是“通过各种技术手段”将我们自己的行为进行文字映射(Gregersen & Grodal 2009：69)。尽管有各种各样复杂的技术可以让你映射到诸如 Wii 遥控器、舞蹈垫、游戏杆、各种武器和乐器的游戏世界中，《投词机》只使用基本的键盘和鼠标功能。这款游戏并不寻求建立更复杂的游戏(比如 Wii 游戏平台上的游戏)中看到的技术技能水平，但是玩家和游戏的物理交互对给予女性玩家能动性意识极为重要。这是特丽莎·布伦南所说的“情感传播”(transmission of affect)的一部分，该过程“起源是社会性但影响是生物和物理性的”(2004：3)。当玩家将自己的在场映射到游戏世界时，她越来越多地参与到正在发生的过程中，并将这些过程与自己的身体历史——她的具身叙事——相互作用。

我随机选择了“操纵权力的孩子”作为本章的例子。当你选择这个配置，你会收到以下的互动：

> 我的爱人，我计划了要跟你，共进晚餐，我的伴侣。可你却不跟我共度黄金时光，非要参加律师考试，这就证明你有多自私。你不断忽视我的感受，把自己放第一位。这就是为什么谁

都不想要你长时间呆在身边，我也不想。你难道宁愿要个把你当作性玩物的混蛋猛男吗？

在情感联系增强的过程中，角色直接向玩家说话。我们被拖入了一个自我认识的时刻，与过去的事件和行动联系起来。这个行为允许玩家通过转入游戏世界来主张和占有自己的叙事体验。当施虐者角色提出一系列常见于施虐叙述的典型说法时，这种情感联系就会进一步发展：

他们通常会用哪种辱骂攻击你？

编辑下列你希望再也不会听到的句子：

大家都说你很烦，很诧异为什么我跟你在一起。

啊啊啊啊啊啊！我没有大喊大叫！

谢天谢地，有我在这儿清理你的烂摊子。

如果你不能随叫随到，拿你来有什么用？

添加你自己的句子。

"编辑下列"的功能允许你输入自己的句子，例如，输入"你不知道我费了多大劲控制脾气，我尝试了，你就该感恩"的话，这个句子就成为游戏的一部分。我们回头来看奥特利的研究，他说"情绪取决于对此人的目标和信念所发生的事情的评价"（Oatley 1992：19）。叙事相互作用的行为使得女性可以与游戏世界更加一致，因为她自己的自我影响反应可以进入游戏过程。随着游戏世界中玩家具身地位的建立，游戏获得了额外的情感共鸣。

用过的短语成为游戏下一部分的靶子。以火山为主的贫瘠空间被衣着像典型的童话公主的女性角色代替。当她在荆棘周围移动时，每从上方都是靶子语句。利用基本的上下键和空格键开火，角色就会往荆棘上面喷火，荆棘就开始开花，荒芜的景观成了生长和转化的景观。

以公主的外观呈现女性形象引发了女性刻板印象的各种争论。对于许多西方人来说，围绕“公主”概念叙事的结构基础是一个美丽女人遇见“白马王子”，坠入爱河，被从某种威胁中拯救出来，从此就与他过着幸福的生活。一个绝好的游戏实例就是以成为完美的妻子和母亲为目的的《绝望主妇》或者《迪士尼的公主们》[①]，玩家会寻求“从此永远幸福”的结局，这是传统的少女落难叙事的核心。对男性形象的依赖是公主神话结构的标志，而且涉及女性性别的宏大叙事往往贯穿着被动。而在《投词机》讲述的反面故事中，一个主动的角色系统地转化了她周围的事件。转化（transforming）而非根除（eradicating）是关键。这不是一个典型的“赶尽杀绝”游戏；其目标不是破坏而是成长。女人形象不拿枪（非凡的阴茎象征），她掌握着的是一个喷壶，一个非侵略性的潜能象征。创造反面故事的目的不是为了根除宏大叙事，因为这不可能。相反，重点是复述故事，让被压迫者拥有高于从前已经建立的能动性和权力。在具身叙事内部给予能动性和赋权感使发展成为可能：“如果反面故事促使她把自己视为一个合格的道德行为者（moral agent），她可能就不太愿意接受别人对她的压迫性评价，这也使她能够更自由地行使自己的能动性”（Lindermann Nelson 2006：7）。斯凯利指出，“我们玩游戏的主要原因之一就是要获得在世界上产生影响的感觉，即使那个世界位于窗户的另一面，我们无法穿过”（2009：xiii）。游戏世界显然不真实；它不会阻止进一步的虐待或愈合原有的伤疤。能够发生的是玩家具身叙事内部的情感赋权感（a sense of affective empowerment）。正如

① *Disney Princesses* ——译者注

格雷格森和格罗达尔(2009：66)所说："如果我们认为自己缺乏影响周围事态的能力，那么，即使具备了敏锐的身体感知，仍然可能产生明显的非能动性感觉。"影响能力的缺乏显然在受虐待的人之中极为突出，但是在《投词机》末尾，地上布满了玫瑰花，玩家被告知她们赢了，"她们生还了"。尽管这款游戏的形式很初级，但是它可以带来成就感，荆棘变成了玫瑰。然后，该网站将这位女性导向一个安全的博客网站，在那里她可以与其他女性进行对话。

这个向博客网站的转移是情感过程的重要组成部分。游戏中展示的成功能动性的行为有希望转移到另外一个空间，女性在那里可以更积极、更个人化地表达自己的反面故事，从而开启恢复自己能动性之路。关于视频游戏的愉悦感方面，克里兹温斯卡指出："转化元素不仅仅是在身份游戏方面起作用，另外一种能够生成愉悦感的转化在于游戏技巧更为熟练，促成更大的能动感，并明显衬托意志力的力量。"(2007：117)对于那些玩《投词机》的玩家来说，转化元素就是游戏主要产生"愉悦"的元素。这个女人实实在在地有机会把她受虐的一些主要比喻转化为她生存和发展的叙事。将她的受虐叙述中更个人化的一面带着情感积极表达在博客中，这有望将她引向最终康复，并拒绝遭受进一步虐待。她的具身叙事将会用她的反面故事而非从前的宏大叙事为基础，后者对于遭受虐待的人而言，总体上具有限制性和破坏性。

结论

在本章的写作过程中，《投词机》为了升级已被移除。由于本章提交之日《投词机》尚未重新发布，所以我不能评论可能已发生的变化。但是，我希望视频游戏能够继续用作情感发展和自助的方法。

视频游戏不论在线还是与各种游戏平台相关，都是飞速发展的行业，对各种流行文化的影响在稳步增长。菲欧纳·威尔丁在她关于网络女性主义的著作中希望“在确认网络空间中女性面临的崭新可能性的同时，网络女性主义者必须对网络的乌托邦和神话建构进行批评”（Wilding 日期不详）。视频游戏研究可能需要倾听这种呼吁，并专注于女性在与游戏世界互动时使用的潜在越界和替代战略。《投词机》本身虽然很简单，但它为女性提供了一个可以参与的情感过程，从而展示了视频游戏的潜力，它的发展方式可以带来改变，这具有社会重要性。视频游戏已用于儿童教育，像《投词机》里表现的那样，玩家在游戏过程中经历的情感和积极过程，能够以崭新方式成功帮助个体。

参考文献

Arzipes (1999) Freedom to create: Women's agender for cyberspace. In Harcourt. (ed.) *Women @ Internet: Creating New Cultures in Cyberspace*. London, Zed Books: Preface.

Bell, D. (2001) *An Introduction to Cybercultures*, London, Routledge.

Bell, D. and B. M. Kennedy (2000) *They Cybercultures Reader*, London, Routledge.

Brennan, T. (2004) *The Transmission of Affect*, Ithaca, Cornell University Press.

Bresler, L. (2006) Embodied narrative inquiry: A methodology of connection. *Research Studies in Music Education*, 27(1): 21–43.

Brooke, B. (1999) *Feminist Perspectives on the Body*, London, Longman.

Bryce, J. and J. Rutter. (2002) Killing Like a Girl: Gendered Gaming and Girl Gamers Visibility. Retrieved 11 September, 2009, from http: //www.cric.ac.uk/cric/staff/Jason_Rutter/papers/cgdc.pdf.

Butler, J. (1990) *Gender Trouble*, London, Routledge.

Butler, J. (1993) *Bodies That Matter*, London, Routledge.

Carr, D., D. Buckingham, A. Burn and G. Schott. (eds) (2006) *Computer Games: Text, Narrative and Play*. Cambridge, Polity Press.

Cassell, J. and H. Jenkins (2000) *From Barbie to Mortal Combat: Gender and Computer Games*, Cambridge, MIT Press.

Chappell, K. (2006) Embodied Narratives. Retrieved 1 January, 2010, from http: //www.wellcome.ac.uk/stellent/groups/corporatesite/@msh_peda/documents/web_document/wtx050349.pdf.

Deleuze, G. and F. Guattari (1987) *A Thousand Plateaus: Capitalism and Schizophrenia*, London, Continuum.

Derrida, J. (1974) *Of Grammatology, Gayatri Chakravorty Spivak*, Baltimore, John Hopkins University Press.

Derrida, J. (2002) *Without Alibi*, Stanford, Stanford University Press.

Dovey, J. and H. W. Kennedy (2006) Games Cultures: Computer Games and New Media, New York, Open University Press.

Dunning, A. and P. Woodrow. (2001) The Einstein's Brain Project. Retrieved 11 September, 2008, from http: //www.ucalgary.ca/~einbrain/new/main.html.

Gee, J. P. (2003) *What Video Games Have to Teach Us About Learning and Literacy*, Basingstoke, Palgrave Macmillan.

Girard, N. (2006) Explaining Disconnect between Women, Video Games. *CNET* Retrieved 5 November, 2008, from http: //news.cnet.com/2100-1043_3-6082459.html.

Gramola, D. (2000) Pain and subjectivity in virtual reality. In D. Bell and B. M. Kennedy. (eds) *They Cybercultures Reader*. London, Routledge: 598–608.

Gregersen, A. and T. Grodal (2009) Embodiment and interface. In B. Perron and M. J. P. Wolf. (eds) *The Video Game Theory Reader 2*. New York, Routledge: 65–84.

Harcourt (1999) *Women @ Internet: Creating New Cultures in Cyberspace*, London, Zed Books.

Harraway, D. (1991) *Simians, Cyborgs and Women: The Reinvention of Nature*, New York, Routledge.

Hayles, Katherine (1999) *How We Became Posthuman: Virtual Bodies in Cybernetics, Literature and Informatics*, Chicago, IL: University of Chicago Press.

Kennedy, H. (2007) Female Quake players and the politics of identity.In B. Atkins and T. Krzywinska. (eds) *Videogame, Player, Text*. Manchester: Manchester University Press: 120–138.

Krzywinska, T. (2007) Being a determining agen in (the) world of warcraft: Text/play/identity. In B. Atkins and T. Krzywinska. (eds) *Videogame, Player, Text*. Manchester, Manchester University Press: 121–32.

Lahti, M. (2003) As we become machines: Corporealized pleasures in video games. In M. J. P. Wolf and B. Perron. (eds) *The Video Games Theory Reader*. London, Routledge.

Lawless, E. L. (2001) *Women Escaping Violence: Empowerment through Narrative*, Columbia, University of Missouri Press.

Lindemann Nelson, H. (2001) *Damaged Identities Narrative Repair*, Ithaca, Cornell University Press.

Lupton, D. (2000) The embodied computer/user. In M. Featherstone and R. Burrows. (eds) *Cyberspace, Cyberbodies and Cyberpunk*. London, Sage Publishing: 97–112.

McLintock, A. (1995) *Imperial Leather: Race, Gender and Sexuality in the Colonial Context*, London, Routledge.

Merleau-Ponty, M. (1962) *Phenomenology of Perception*, London, Routledge.

Mitchell, W. (1995). In F. Lentrichhi and T. McLaughlin. (eds) *Critical Terms for Literary Study*. Chicago, University of Chicago Press: 11–22.

Oatley, K. (1992) *Best Laid Schemes: The Psychology of Emotions*, Cambridge, Cambridge University Press.

Perron, B. and M. J. P. Wolf. (eds) (2009) *The Video Game Theory Reader 2*. London, Routledge.

Price, J. and M. Shildrick (1999) *Feminist Theory and the Body: A Reader*, London, Routledge.

Robinson, S. (1991) *Engendering the Subject: Gender and Self Representation in Contemporary Women's Fiction*, Albany, State University of New York Press.

Semin, G. and E. Smith (2008) *Embodied Grounding: Social Cognitive, Affective and Nuroscientific Approaches*, Cambridge, Cambridge University Press.

Skelly, T. (2009) Foreword. In B. Perron and M. J. P. Wolf. (eds) *The Video Game Theory Reader 2*. New York, Routledge: vii–xix.

Stone, R. A. (2000) Will the Real Body Please Stand Up? Boundary Stories About

Virtual Cultures. In D. Bell and B. M. Kennedy. (eds) *They Cybercultures Reader*. London, Routledge: 504–528.
Taylor, T. L. (2003) Multiple pleasures. *Convergence: The International Journal of Research into New Media Technologies*, 9(1): 21–46.
Ticineto Clough, P. (2000) *Auto Affection: Unconscious Thought in the Age of Teletechnology*, Minnesota, University of Minnesota Press.
Weiss, G. (1999) *Body Images: Embodiment as Intercorporeality*, London, Routledge.
White, M. (2006) *The Body and the Screen: Theories of Internet Spectatorship*, Cambridge, MIT Press.
Wilding, F. (no date) Where Is the Feminism in Cyberfeminism? Retrieved 24 September, 2010, from http: //www.lilithgallery.com/feminist/cyberfeminism.html.
Williams, R. and G. A. Bendelow (1998) *The Lived Body: Sociological Themes, Embodied Issues*, London, Routledge.

第四部分　结论

第十七章　这不只是游戏：游戏研究与互联网的当代挑战

加里·克劳福德　维多利亚·K.戈斯林　本·莱特

最后一章提出汇集本书时引起我们注意的若干关键问题。这样做的同时，我们也反思了佩龙与沃尔夫（2009）在第二部视频游戏理论读本引言中提出的视频游戏理论所面临的七大挑战，因为它可能是成书时该领域最近的一次评估。这些挑战涉及术语与准确性、历史、方法论、技术、交互性、玩游戏和多学科综合方法。这些问题都将在本章中提到，但不一定相互排斥。

首先，我们考虑术语与准确性问题，具体提出应该注意明确如何定义在线游戏。之后，我们建议应该以不同的方式灵活解读各种游戏，而采取这种方法，需要玩游戏的历史之外的历史。对于在线游戏，我们会建议应该考虑对这些文化产品涉及互联网及其相关人工制品（与互联网同时以及其前身）方面进行某种历史语境化的可能性。然后，我们接着讨论方法论问题，批评那种游戏研究途径和方法需要有别于其他人工制品的想法，特别考虑到游戏研究的跨学科要求。我们提出，至少互联网研究领域进行的工作对于在线游戏可能有所裨益。之后是关于技术和非人因素的部分，我们主张（重新）考虑游戏研究中被视为技术的东西的重要性。作为这个论点的一部分，我们建议不仅要考虑我们所称的技术意味着什么，还要考虑其他可能在游戏研究中起作用的非人因素。倒数第二点讨论涉及互动性比喻，我们再次讨论游戏的排他性以及是否需要游戏专用的互动理论。这里，我们指出，为理解游戏中的互动性，可以借鉴其他领域如科学技术研究、受众研究和人机交互研究潜在的富有成效的研究成果。还是在这一节，我们考虑了融合的问题以及它如何混淆视听，缺乏正当理由就将游戏标为另类。这有助于进一步支持我们把游戏作为别的东西加以评论。

术语与准确性

佩龙和沃尔夫（2009）首先指出，该领域研究在整套术语形成共识方面进展缓慢。他们要求我们思考我们谈的是什么——视频游戏（videogames；video games）、电脑游戏、数字游戏等等。他们进一步指向该领域名称，指出虽然游戏研究（game studies）含义广泛，足以包含桌面游戏（boardgames）等等，但往往并非如此。然后，他们提倡该领域公认的术语应该具有准确性，以提高清晰度并推动领域向前发展。他们提供的一组特定实例涉及研究的游戏名称如何正确使用大写和名称构造。

编辑本书过程中，我们已经发现了术语和准确性问题。作为编辑，我们已经就使用哪个术语进行了几次对话——在线游戏或在线视频游戏等等。游戏研究显然倾向于青睐视频游戏，但对我们来说，在某些方面，这往往会赋予屏幕某种特权——而我们知道游戏生活远远超出屏幕上发生的一切。因此，我们选择了在线游戏（online gaming）这个术语来认可这一点。即使那样，我们也不得不考虑，讨论在线游戏的时候，我们到底在谈什么？为了充分理解这一点，我们必须讨论“在线”的含义。

“在线”这个术语有多种意思。很明显，通俗用语中，我们指以某种方式接触互联网，更准确地说是万维网。但是更普遍意义上，我们可能会把在线看作是连接到计算机或某种准备就绪的状态。此处的重点在于，我们谈论的是一种通常由互联网介导的游戏状态，但也可由其他形式的连接（如移动电话网络或临时无线连接）介导。尽管本书的论文一般都基于互联网，但我们促使自己不要把网络游戏仅看作大型多人在线角色扮演游戏（MMORPG），尤其是《魔兽世界》。虽然 MMORPG，尤其是《魔兽世界》，显然是在线游戏体验的主要组成部分，我们的撰稿人也反映了这一点，但是其他互联网介导的游戏和娱乐空间正趋于流行。重要的是，我们明白，在线游戏与其他形式的游戏一样，远远不只在线发生的事情。而且，正如本书作者所指出，重要的是要认识到并强调虚拟世界与物质世界的相互联系。但是，我们并不打算对什么才算在线游戏进行“唯一”归类。因为尽管理想的分类系统可能具有一致的、相互排斥、完整的一套类别，但这不大可能成真。我们知道分类系统从来就不完美，它们富有争议，且如鲍克和斯塔（1999）所言，可以赞扬一个观点而压制其他。因此，难题在于要清楚我们的分类过程和注入其中的政治思想。

我们有正当理由质疑将 MMORPG 和在线游戏混为一谈。原因有几点。首先，这以不恰当的方式让游戏粘上了政治色彩。如果某些游戏不符合 MMORPG 所规定的标准，那就不算“真正的游戏”。这不仅排除了不符合模式的游戏，也排除了《第二人生》和《模拟人生》等游戏的玩家（如第一章所讨论的那样）。我们尤其希望证明，这样的分类过程贯穿了根深蒂固的男性气质话语——真正的游戏实际上是男孩和男人玩的游戏，其他游戏是“女孩和娘娘腔”玩的。其次，这会导致分析出错，可能会令我们错过某个或者某类游戏特有的东西以及游戏安排各个方面的更普遍趋势。但是,这不是件容易完成的任务。例如,在这本书中,埃丝特·麦卡鲁姆-斯图尔特讨论了在《魔兽世界》中边干苦差磨炼边聊天的社交碾压问题。弗兰斯·玛依拉也讨论了《竞速看图猜标签》,玩家用它可以在该多人版游戏中聊天交流。这里存在两种游戏情景,可以说,其共同趋势是玩游戏和更广义的社交同时进行。但是,我们不能忽视每个游戏环境的详情。例如,《魔兽世界》牵涉到使用化身,而 *Flickr* 则没有。因此,虽然可能存在跨游戏的普遍趋势,但是可能因为游戏细节而被遮蔽,一时不明显。而且,这里的例子所显示的细节与更普遍的趋势可能并不相互排斥。不过,尽管困难重重,解决这些问题还是很重要。

游戏与游戏历史

佩龙与沃尔夫(2009) 提出的另一个挑战与历史有关。他们认为,家庭游戏和在线游戏领域的大多数学术研究都集中在近五年开发的游戏上,这表明进一步工作需要关注老游戏以及特许经营/系列游戏等随着时间而发展的方式。这就意味着不仅仅关注游戏的最新版本,就好像这些游戏没有前身一样,而是考虑到它们及其相关(如硬件)发展和历史,这样做会带来很大收获。我们完全同意这一点。本书若干篇论文研究了游戏玩法的演化。例如道格拉斯·布朗指出了《魔兽世界》和《无尽的任务》之间的发展传承,尼尔·兰德尔也以类似方式讨论了传承,但思考了传统桌面游戏以及它们向在线环境转移之间的联系。令人鼓舞的是,其他人也在从事这些类型的研究。例如格里菲思和莱特(2008) 对《哈伯饭店》[①]的研究将环境中的欺骗伦理进行了理论说明,将其置于先前的游戏技术(如《精灵宝可梦》卡

① *Habbo Hotel* ——译者注

牌和《豆豆娃》[①]的背景下，如库克(2001)展示，这些技术与造成伤害相关，也更广义地与儿童休闲活动联系在一起(Avedon & Sutton-Smith 1971; Fine 1987)。

然而，有人可能会争辩说，对某些"新"游戏来说，不存在先驱。无疑，所谓社交/休闲游戏的崛起已经导致若干著作公开赞誉这些新游戏是一场革命——想想加斯帕·尤尔的《休闲革命：重塑电子游戏及其玩家》。在该书引言中，他指出，"在短暂的视频游戏历史中，休闲游戏是某种革命——对视频游戏的文化再造，对谁可以成为视频游戏玩家的重新思考想象"(2010: 5—7)。然而，尽管尤尔的书名隐含着革命和非连续性，但他也清楚地谈到了连续性，例如关于中断游戏又再次开始的游戏玩家。例如，他暗示了以学习玩《吃豆人》和《吉他英雄》[②]这样的游戏需要投入的努力为基础的传承。我们并不一定同意他的所有论点，但这里的努力是要建立历史传承。其他质疑所谓的社交/休闲游戏的先行研究也探讨了历史传承。例如，弗莱彻等围绕 *SingStar* 进行的民族志研究，分析了该游戏从索尼 PlayStation 2 平台起源到 PlayStation 3 及其以后的发展(2008)，也将其视为像《大富翁》这样的桌面游戏一样的一种社交机制(mechanism for socialization)(Fletcher & Light 2008)。不过，也许最有益的是，他们讨论了 *SingStar* 及其与音乐的关系(Light & Fletcher 2009)。他们提出，我们需要认识到游戏在与其他媒体关系中的地位，暗示迄今为止对音乐和游戏的讨论通常只涉及改进玩家"游戏内"体验。相反，他们直接参考卡拉 OK，将 *SingStar* 构思为一种多层次的互文形式进行剖析，不仅将其作为游戏，而且作为促进社交的黏合剂、认同作用的机制、表演与名声和社交修饰的工具，以及通向音乐品味的

① *Beanie Babies* ——译者注
② *Guitar Hero* ——译者注

入口和音乐品味影响者。这样的分析要求我们考虑游戏历史的多重视角。目前我们主张，游戏历史含有“从乒乓球街机游戏[①]到第三代家用游戏机 PS3”的一种思想方法。虽然这样的分析异常宝贵，游戏研究的确应该继续扎根于玩游戏的历史，但是，鉴于我们在这里所做的评论，还有由于像凯特·泰勒在本书中所讨论的《投词机》那样的严肃游戏的出现，我们认为这种方法不能将我们带得更远。具体而言，我们觉得在线游戏会得益于将其在互联网历史语境下的语境化和理论化，并且，事实上使情况进一步复杂化的是，这个历史语境还要包括与互联网作为文化产品相关联的潜在历史。

方法论与使用条件

佩龙和沃尔夫指出方法论是游戏研究面临的挑战。比如，他们报告说，研究方法会根据研究的目的而有所不同，不同的游戏将提供不同的游戏体验，玩家会有不同的游戏体验，我们要问：如果我们不考虑一款游戏的某一具体特点，我们的分析可能会受到什么样的影响。我们并不反对任何这些观点，因为方法论对任何研究领域都是挑战。然而，我们认为，如果游戏研究似乎被定位为需要“把方法弄对”，那么我们就有必要在这里开展进一步研究。在我们看来，佩龙与沃尔夫的讨论是以特别优待游戏和游戏行为的方式来构建的，我们认为这并不总是最有帮助的方法。例如，他们宣称“在行使分析或解释技能之前，一个人必须先利用自己的能力去玩游戏(或者认识某个有能力的人)”(2009：11)。阿尔塞斯(2003：3) 也强调了这一观点：

> 对于任何类型的游戏，有三种获取游戏知识的主要方式。首先，只要可以获得，我们可以研究游戏的设计、规则和机制，例

---

① *PONG* ——译者注

如通过与游戏开发者交谈。其次，我们可以观察别人的玩法，或者阅读他们的报道和评论，希望其知识具有代表性，其游戏技能合格。第三，我们可以自己玩游戏。虽然这些方法都有根据，但第三种显然最佳，尤其是结合或补充另两种方法的情况下。如果我们没有亲身体验过这个游戏，即使我们研究游戏机制、尽力猜测其运作，我们也很容易产生严重的误解。

显然，游戏研究应该认真对待游戏和游戏玩法。但是，我们得问还有什么需要认真对待？早些时候，我们建议需要根据不同的解读来构建不同的游戏历史。如果遵循这种方法，可能就不必将游戏或玩游戏的行为作为主要焦点，事实上，这种做法可能根本不可取。例如在本书中，阿芙拉·克尔的论点质疑游戏行业创新过程民主化的对等性，这并不需要她去玩游戏。她把游戏当作产品来看待，并研究其发展轨迹，这种方法与科学技术研究领域的学者近30年来一直采用的相同。这些学者研究了人工制品的历史发展——著名的自行车(Pinch & Bijker 1987)和荧光照明(Bijker 1994)以及像女性主义和互联网这样的当代社会技术安排(Adam 2005)。例如，亚当(2005)讨论了互联网的网络盯梢问题——她并没有因为自己没去盯梢而遭到批评。认为“完全”理解某事的最佳方式就是实际去做，这种立场带有实证主义特点，正如奈茨(1997)评述，要求详尽而完整的解释是一种极为男性化的结构、一个应该遭抵制的要求。

进一步说，游戏研究必须同意可接受的方法——这种话语的基础是将游戏与其他事物分开的愿望。游戏很明显在某些方面不同，而且这种话语显然在一定程度上源于挑战将游戏视为“类似电影”的尝试。尽管如果我们愿意把游戏理解为不同的东西，可以获得进一步认识，但是，游戏确实像别的东西。例如，佩龙与沃尔夫(2009)指出，不同的游戏提供不同的体验，游戏玩家会以不同方式体验游戏。

在最近的一次研讨会上，尼库能等(2008)研讨了极端色情文学和互联网问题。她早些时候讨论了不同类别的色情内容及其它们如何为不同的人提供不同的体验。然后，她以一个特定的色情预告片为例，说明经 YouTube 用户的再次借用，该预告片被赋予了病毒般的特性。从本质上讲，极端色情电影预告片成为用户生成视频的实验对象，描绘了不同的人对它的回应——不相信、恐惧和厌恶是常见反应。所以这里的重点是我们有一套特殊的社会技术安排，它们以不同的形式出现，为不同的用户提供不同的体验——就像游戏一样。如果我们承认游戏可以是不同的事物，并且是不同结构的组成部分，那么正如佩龙与沃尔夫(2009)在其附录中对游戏的跨学科挑战的讨论表明，我们最好考虑与此关联的方法学规范，而不是试图重新打旧仗。具体而言，涉及本书关注的问题存在大量与互联网研究有关的公认方法，应该先思考这些，再决定网络游戏研究是否需要不同的规则。

技术与非人因素

佩龙与沃尔夫的另一考虑因素是有必要了解技术及其发展，以更好地理解为什么游戏就是现在这样。此处，他们参考了算法、处理速度、存储容量和访问速度等方面的内容，涉及它们对游戏设计和游戏体验的影响。值得注意的是，他们讨论了如何使用特定的硬件配置来使游戏能够以其最初形式准确地表现出来。从这点出发，他们认为，“技术背景”是理解和研究游戏所必需的。此外，他们认为，尽管技术特征可能与某些分析不相关，但研究人员如果不首先了解这些特点，将无法确定这一点。剖析我们所看作游戏的社会技术安排的东西，而不仅仅是技术，可以有很多收获。例如，保罗和菲尔波特在本书中工作出色，把《魔兽世界》公会的兴起和衰落中服务器和玩家的角色交织在一起，同样的，林鹤玲和孙春在也考虑到服务器问题以研讨“非官方”的 MMORPG 游戏的动力。然而，我们还有更多内容可以添加到这种话语中。

虽然被称为技术的东西很重要，但我们必须小心，不要过度优待技术，就像我们在方法论部分讨论过的那样。具体而言，虽然剖析各种社会技术安排很重要，但我们必须清楚，要想了解整个情况是不可能的。持其他想法差不多就是设计谬误——以为要满足用户需求，我们就必须让不断扩展的涉及各种用户的具体背景和目的的知识成为技术设计的组成部分(Stewart & Williams 2005)。斯图尔特和威廉姆斯提出，这种思维的问题在于，它过度优待事先设计，不现实而且简单化，可能无法有效增强设计或使用，忽略了干预的机会。我们知道，游戏并不是作为完整的解决方案提供的，并非预先就足够详细，游戏是在使用中产生的。在被称为技术的社会形态的工作体系中，这种在使用中持续发展的理念众所周知(Fleck 1994; Rohracher 2005; Stewart & Williams 2005)。因此，我们不应该指望所有研究人员将游戏解剖至游戏运行的算法层面。确实，这可能意味着某些东西没有分析，不过，缺失不可避免——我们必须接受这一点。根据手头的任务和广泛的方法论文献，到底什么方法适用其研究，要由研究人员决定。由此，他们之后可以对自己的工作严格仔细地进行可信的描述，而其他人可以自行决定这描述到底有多少价值。

就像我们讨论过需要思考在线游戏的含义一样，思考技术的含义同样重要。佩龙与沃尔夫(2009)的构思极其依赖于计算，但是我们明白，所谓的技术远不止于此——思想、房屋、微波和方法都可以用这种方式看待。即使在游戏环境中，我们也需要以更广泛的方式来看待技术。佩龙与沃尔夫非常正确地指出外围设备在介导游戏活动中的潜在作用，这有助于扩大思考内容的可能性，但是我们需要走得更远。本书中，阿斯特丽德·恩斯林分析了语言技术以及它会如何影响游戏体验，弗兰斯·玛依拉在基于游戏讨论 *Flickr* 时吸收了摄影术；此外还有另外两个章节，道格拉斯·布朗和阿芙拉·克尔暗示了市场力量。除了本书这些研究之外，其他研究指出了不同事物在塑造游戏体验中的作用。例如克劳福德(2006)谈到小酒馆作为足球经理游戏媒介的作用，弗莱彻和莱特的 *SingStar* 民族志(2008；2008；2009)涉及了消遣性毒品、酒类、食品、原声吉他、移动电话，甚至不同家庭；纽曼(2008)讨论了动漫真人秀中的服装。这样的例子表明我们不应该只考虑可能被视为技术的东西，而是鼓励我们思考所有对游戏体验有所贡献的非人的因素。

交互性与融合

佩龙与沃尔夫(2009)提出了游戏研究的交互性修辞，承认其可疑而又无处不在的性质。他们认为需要一个全面的交互理论来研究游戏互动是如何设计的，游戏选项和选择是如何构建的。但是，他们也质疑，是否存在着能经得起未来创新检验的有关交互性的普遍性申明和主张。在我们看来，似乎没有任何单一互动理论能够帮助我们了解游戏体验，无论是线上游戏还是别的。例如，在本书中，基思·马西可以说研究了涉及《无尽的任务》中可能出现的性别和种族认同努力的交互主题，弗恩·德拉米尔探讨了残障人士在《第二人生》中生成社会资本的潜力，安德斯·德拉辰研究的交互涉及不同游戏形式的玩家沟通的形式。交互性可以且往往确实对不同的人意味着不同的事情，可以指人-人交互，人-机交互，或者远远超出这些。

要更好服务于游戏研究，与其尝试发明新的交互理论，不如通过研讨围绕着直接借用不同组合安排(sets of arrangements)的丰富理论来更好地开展游戏研究，当然，每种安排都有其优点和缺点。例如，本书中，阿芙拉·克尔利用科学技术研究来理解玩家参与游戏创新的潜力，看起来这方面研究在考虑交互话语的情况下可以更广泛地为游戏研究做出许多贡献。当代科学技术研究领域的研究人员拒绝对技术的建构和借用进行技术性和社会性的决定论描述，并侧重于社会与技术的相互建构性和边界的可协商性[综述见(Pinch & Bijker 1987; Bijker & Law 1994; Williams & Edge 1996; McKenzie & Wajcman 1999; Sørensen 2002)]。从这个角度来看,技术应用没有可预见的、广泛适用的结果。实际上,技术被构想为按设计塑造,其使用取决于使用过程中牵涉或不牵涉谁。因此,虽然技术可能会改变形势,但技术本身可能会发生变化,导致对视为该技术及其匹配的社会安排产生有意或无意的影响。

当然还有一个方面涉及媒体受众。一些论述视频游戏的作者(Kline *et al*. 2003; Jenkins 2006a, 2006b)强调了游戏玩家与其他媒体受众的相似之处,并指出了具有潜在益处的一种方法,就是明确视频游戏玩家在这样或那样媒体受众的历史中的具体位置。然而,在视频游戏文献中,很少有人系统、全面地阐述受众文献所经历的有益的争论和发展,以及它们如何既反映又帮助影响许多当代游戏研究的争论。这意味着许多反对视频游戏采用媒体研究方法的人很轻易且常常轻率地否认其他媒体受众在消费中具有主动性、与视频游戏玩家有可比性。例如,弗拉斯卡(2003: 227)大声疾呼"无论文学理论家多么急切地提醒我们读者的积极作用,那列火车都会撞上安娜·卡列尼娜,俄狄浦斯都会杀死父亲并和母亲睡觉"。当然,所有的文本,比如书和电影,都提供某些结构参数,多数读者多数时候都会认同和坚持。不过,视频游戏同样如此。对于读完托尔斯泰的《安娜·卡列尼娜》的大多数(如果不是所有)读者来说,这本书的主要人物将会死亡。然而,同样,到达《超级马里奥兄弟》[1]末尾的玩家都将会拯救公主。此处没有选项可以改变主意或采取另外的行动;与大多数视频游戏一样,结尾镜头是安排好的、固定的,与书一样(Crawford 2011)。

---

[1] *Super Mario Bros* ——译者注

我们从事交互性分析工作可以借鉴的最后一例是人机交互研究(HCI)。这个领域提供了围绕用户界面提出问题的丰富理论。这个界面由软件和硬件组成——前者可能包括如何在屏幕上显示字符和对象,后者是外围设备如何协调用户体验。各种各样的游戏都有这些相关的问题,因此,在以人机交互研究为重点的限度内——甚至从广义角度来看——要对与此领域相关的交互性进行细致入微的理解,没有理由不把这些界面问题作为起点。例如,《拼字游戏》作为桌面游戏具有如何显示字符和对象的结构——作为屏幕的桌面就是这样的一个例子,它还具有协调玩家体验的外围设备,例如,取出游戏棋子的口袋。任天堂 Wii 的《舞会》[①]系列游戏同样配置了一个包含字符和物体的屏幕,外加外围设备(如 Wii 手柄和跳舞毯)。

这个争论的核心似乎又是游戏在多大程度上不同于其他东西,因而以不同方式对游戏和游戏研究进行理论化有多重要。对于那些希望区别对待游戏的人来说,一个重要的问题是媒介融合。无疑,游戏总的来说显示出不同于我们可能想要与之比较的东西。然而,游戏活动越来越与其他东西融合在一起——我们只需要将索尼 PS3 视为控制台、音乐播放器、视频播放器和互联网接入点。佩龙与沃尔夫(2009)也热切指出这一点。更具体地说,对于在线游戏来说,这种融合或许进一步问题化了我们将游戏活动、游戏与其他活动和事物区分开来的能力。正如格里菲思和莱特(2008: 456)针对《哈伯饭店》的总结:

> 《哈伯》最初是作为一款游戏开始的,但后来发展到包含网络社交功能。而且,这两类技术已经发展到吸收另一种技术的特点。因此,网络社交包含游戏活动,游戏活动包含网络社交。

---

① *Dance Party* ——译者注

本书中弗兰斯·玛依拉的研究也充分说明了这个"问题"。玛依拉讨论了语境游戏,凭借这样的游戏方法,将基于或形成于社交关系和信息交换中的娱乐式行为用来维持和扩展这种关系网络。他主张,在其他活动中及活动之间将娱乐式行为进行融合,至关重要的是那些没有主要定义为 MMORPG 的在线网站。因此,他演示了如何通过所讨论的网站提供的其他活动来加强游戏玩法——例如,玩《黑手党战争》时,可以更新 *Facebook* 状态。融合的这些"问题"不仅仅局限于使用所谓基于 Web 2.0 的社交媒体。从另一个角度来看,阿芙拉·克尔指出暗中搜集现成的用户或玩家行为数据具有的潜力,这些数据可以很容易地收集和分析。进一步来说,我们不仅可以把这些数据看作是通过"游戏中"的体验收集的数据,只需要看看粉丝的维基、论坛和 *Facebook* 小组,就能在此见到融合带来的潜力——无论是用户生成的还是别的。*SingStar* 开发团队在 *Facebook* 上举办的 SingStar VIP 吧就是一个非常好的例子——这是开发者在通过玩家游戏内生成的数据收集信息之外,用来收集用户数据的重要机制。如果我们从另外一个角度考虑融合,那么访问 humplex.com 就可以发现指向各种各样融合色情概念的 flash 游戏链接。让游戏谱系清晰的是,围绕《合金装备》①的索利德·斯内克、《生化危机 5》②的克里斯·雷德菲尔德和《最终幻想 X》的瓦卡等角色,已经制作了一系列自慰游戏。这个例子不仅使我们考虑交互性和借用,而且,就身份方面还涉及了融合。索利德·斯内克被表现为战士和性对象,一个游戏玩家可以被许多其他人视为许多其他东西而不是玩家,这取决于其他人如何选择、能够以何种方式、在何处与索利德·斯内克互动。

由于涉及交互性和融合性的这些广泛的问题,因此提出了在线游戏——如果不是更广义的游戏的话——研究的进一步问题。上面

① *Metal Gear Solid* ——译者注

② *Resident Evil 5* ——译者注

的例子强调了需要对不同游戏情况进行更多比较研究。对于在线游戏,考虑到至少此处讨论的背景下交互性和融合的不同体验具备的多重潜力,我们也认为有必要进行多方面研究。在这种情况下,西莉亚·皮尔斯的成果作为一个汇聚、迁徙、分化和多场域的故事做出了重要贡献。

结论

本书展示了按照在线游戏自身特点对它进行研究的价值,采用细致入微的语境化方法,并且不把在线游戏视为只能从游戏角度来理解的新一类文化产品。探讨“在线”意味着什么极为重要,因为无疑通过宽带互联网接入的进步,至少在发达国家已经帮助某些人增加了更多在线游戏的访问权限。而且,最近基于 Web 2.0 的网站用户增加,帮助了星佳这样的公司和《黑手党战争》这样的产品创造市场,也便利了诸如《宝石迷阵》这样的老游戏转移到这个平台。

如果我们将游戏研究定位于关注广义的游戏体验,而不仅仅是当我们参与游戏本身时发生的体验,那么在线元素也特别重要,且重要性日益增加。历史上,我们知道很多游戏都有在线粉丝网站和论坛。然而,我们认为,占据这些地方的主要是那些可能被视为所谓典型的玩家——可以说是一种特别的呆子。与此相关的曾经而且将继续是特定的男性和社会排斥的话语,在这种话语中,声望和地位依据的是你对一个游戏了解多少,而不是你多喜欢参与这个游戏。不过,与此同时,我们目睹了新人和回归游戏玩家通过诸如《歌星》《吉他英雄》《劲舞革命》[①]《Wii 运动》[②]《宝石迷阵》和《开口唱》[③]等游戏越来越多地加入到游戏领域。这些游戏在 *Facebook* 上都有粉丝网站,而

---

① *Dance Dance Revolution* ——译者注

② *Wii Sports* ——译者注

③ *Lips* ——译者注

且，由于网站实名制的总体趋势，我们可以通过这种方式深入了解参与这些游戏的人员的多样性以及遍布这些网站的话语的多样性。在许多方面，这些情况与网上其他地方的现存游戏论坛类似——例如，都存在竞争话语、与游戏开发者的争论以及在线约战。然而，考虑到这些网站与人们生活其他方面的明确和不可分割的联系，它们又显得不同。这绝对是值得进一步关注的领域。如果我们说，在*Facebook*上，人们一般（但不一定）声称是什么人就是什么人，那么你的经理可以看见你13:50在《吸血鬼战争》[①]中刚刚咬了人，这也可以吗？由MyJobGroup(2010)在英国发布的新闻通稿表明，这可能不行，因为这样的活动让英国经济蒙受损失，似乎一年高达140亿英镑。

更多注意游戏与其他游戏体验的交集非常重要，这超出了所有本章前面提到的关于融合、游戏定义和交互话语的观点。与《吸血鬼战争》的案例密切相连的概念是通常在工作和娱乐之间建立了严格的界限。此外，这提醒我们思考特定在线游戏情景出现的背景。举个不同的例子，《神秘博士》[②]自1963年以来一直作为电视节目在办，在2010年8月写作本书时，其出品方英国广播公司刚刚推出了新的冒险游戏，作为该节目360度制作战略的一部分。因此，并不总是先有游戏，可能会先有一种特定体验，引发游戏活动的产生——这一点又将我们带回论述过的观点：需要以不同方式，历史地将游戏语境化。

我们的最后一点是，在线游戏更加明确了游戏研究具有政治性。鉴于知识的分享和产生具有政治维度，探讨这些过程非常重要。例

① *Vampire Wars* ——译者注
② *Dr Who* ——译者注

如，尽管我们知道知识有着不同类型，具有暂时性且自然存在（Blackler，1995；Fleck，1997；Marshall & Brady，2001；Sutton，2001；Mannheim，2004），但不知何故，与获得《凯蒂猫：友情总动员》[①]最高分所需的知识相比，人们经常会赋予在MMORPG中"升级"的能力更大的合法性。因此，我们认为需要就与在线游戏和更一般的游戏有关的知识构建进行更深入的研究。具体而言，早期的科学技术研究项目致力于科学创造的过程，游戏研究有充分理由研讨如何以及为什么要创造特定形式的知识。

我们感到很荣幸的是，本书收录的学者围绕与年龄、性别、种族、民族和残障有关的社会包容性话题进行了论述。然而，我们认为这项工作仍属于少数，甚至这些研究本身也常常将性别、种族和残障等社会标志作为变量，被当成工具对待。例如，詹森和德卡斯特尔（2008：24）在他们关于性别和游戏的论文中指出，有必要"忘掉所学的刻板印象的假设，挑战迄今为止推动性别研究的隐性刻板概念（比如'竞争'）"。

因此，我们认为需要进一步了解社会包容和游戏体验，以增加游戏研究的深度。此外，我们还希望看到围绕酷儿[②]游戏玩家与性别和游戏的进一步研究——这又是一个代表不足的领域，在这方面像桑顿（2009）一样研究的人极少。而且，以英国为例，据报道有30%的人口上不了网或者没有上网意愿（Dutton *et al*. 2009）。此外，低收入和基础教育程度的人被指为最不可能使用互联网。我们不确定英国在这点上是否独一无二，我们需要的是提出关于类型（或等效的分类过程）和游戏模式的问题。此外，研究需要扩展至欧洲和北美这个

---

① *Hello Kitty Roller Rescue* ——译者注

② queer：指同性恋、双性恋、跨性别（者），一般译为"酷儿"。queer studies（酷儿研究）和queer theory（酷儿理论）已经成为重要的学术研究领域。——译者注

唯一焦点以外。虽然我们听说过中国和越南的“金农”，研究也频繁提到他们，但很难找到对加纳游戏的研究。

也许从这一点来说，需要凸显游戏政治。虽然成瘾和攻击性的话语应该受到挑战，但这并不意味着应该随时随地对游戏大唱赞歌。此外，我们必须小心，不要把游戏定位为每个人日常生活绝对、普遍、必然的核心。视频游戏很重要，但并非对每个人都如此，也不应该如此。比如说，我们不能直接将加纳在线游戏的任何潜在缺失视为数字排斥。当然，那些有可能又有愿望的人可以从玩数字游戏中收获多多，但这并不是挣钱、娱乐、学习和社交等等活动的唯一方式。

参考文献

Aarseth, E. (2003) Playing Research: Methodological Approaches to Game Analysis. *Proceedings of the Digital Arts and Culture Conference*. Melbourne, Australia.

Adam, A. (2005) *Gender, Ethics and Information Technology*, Basingstoke, Palgrave Macmillan.

Avedon, E. M. and B. Sutton-Smith (1971) *The Study of Games*, New York, John Wiley.

Bijker, W. E. (1994) The social construction of fluorescent lighting, or how and artefact was invented in its diffusion Stage. In W. E. Bijker and J. Law. (eds) *Shaping Technology/Building Society: Studies in Sociotechnical Change*. Cambridge, MIT Press: 75–104.

Bijker, W. E. and J. Law (1994) *Shaping Technology/Building Society: Studies in Sociotechnical Change*, Cambridge, MIT Press.

Blackler, F. (1995) Knowledge, knowledge work and organizations: An overview and interpretation. *Organization Studies*, 16(6): 1021–1046.

Bowker, G. C. and S. L. Star (1999) *Sorting Things Out: Classification and Its Consequences*, San Diego, MIT Press.

Cook, D. T. (2001) Exchange value as pedagogy in children's leisure: moral panics in children's culture at century's end. *Leisure Sciences*, 23(2): 81–98.

Crawford, G. (2006) The cult of champ man: the culture and pleasures of championship manager/football manager games. *Information Communication and Society*, 9(4): 496–514.

Crawford, G. and J. Rutter (2007) Playing the game: Performance in digital game audiences. In J. Gray, C. Sandvoss and C. L. Harrington. (eds) *Fandom: Identities and Communities in a Mediated World*. New York, New York University Press: 271–81.

Crawford, G. (2011) *Video Gamers*, London: Routledge.

Dutton, W. H., E. J. Helsper and M. M. Gerber (2009) *The Internet in Britain 2009*. Oxford, Oxford Internet Institute, University of Oxford.

Fine, G. A. (1987) *With the Boys*, Chicago, University of Chicago Press.

Fleck, J. (1994) Learning by trying: the implementation of configurational technology. *Research Policy*, 23(6): 637–52.

Fleck, J. (1997) Contingent knowledge and technology development. *Technology Analysis and Strategic Management*, 9(4): 383–97.

Fletcher, G. and B. Light (2008) Tech's, Drugs and Rock and Roll: Technological Complicity in Domestication of Gaming. *Paper Presented at 4S-EASST 2008*. Rotterdam, the Netherlands.

Fletcher, G., B. Light and E. Ferneley (2008) Access All Areas? The Evolution of Singstart from the Ps2 to Ps3 Platform. *Paper Presented at IR 9.0, the Conference of the Association of Internet Researchers*. Copenhagen, Denmark.

Frasca, G. (2003) Simulation versus narrative: Introduction to ludology. In M. J. P. Wolf and B. Perron. (eds) *The Video Game Theory Reader*. London, Routledge: 221–35.

Griffiths, M. and B. Light (2008) Social networking and digital gaming media convergence: classification and its consequences for appropriation *Information Systems Frontiers*, 10(4): 447–459.

Jenkins, H. (2006a) *Convergence Culture: Where Old and New Media Collide*, New York, New York University Press.

Jenkins, H. (2006b) *Fans, Bloggers and Gamers: Exploring Participatory Culture*, New York, New York University Press.

Jenson, J. and S. De Castell (2008) Theorizing gender and digital gameplay: Oversights, accidents and surprises. *Eludamos. Journal for Computer Game Culture*, 2(1): 15–25.

Juul, J. (2010) *A Casual Revolution: Reinventing Video Games*, Cambridge, The MIT Press.

Kline, S., N. Dyver-Witherford and G. De Peuter (2003) *Digital Play: The Interaction of Technology, Culture, and Marketing*, London, McGill-Queen's University Press.

Knights, D. (1997) Organisation theory in the age of deconstruction: dualism, gender and postmodernism revisited. *Organisation Studies*, 18(1): 1–19.

Light, B. and G. Fletcher (2009) Playing to Sing? Ethnographies of Music as Gaming. *Paper Presented at The British Sociological Association Annual Conference*, Cardiff, UK.

Mackenzie, D. and J. Wajcman. (eds) (1999) *The Social Shaping of Technology*. Maidenhead, Open University Press.

Mannheim, K. (2004) The sociology of knowledge and ideology. In C. Lemert. (ed.) *Social Theory: The Multicultural and Classic Readings*. Oxford, Westview Press: 213–16.

Marshall, N. and T. Brady (2001) Knowledge management and the politics of knowledge: Illustrations from complex products and systems. *European Journal of Information Systems*, 10(2): 99–112.

MyJobGroup.co.uk. (2010) Social Media Costing UK Economy up to £14billion in Lost Work Time. Retrieved 4 August, 2010, from http: //myjobgroup.co.uk/media-centre/press-releases/social-media-costing-uk-economy-up-to.shtml.

Newman, J. (2008) *Playing with Videogames*, London, Routledge.

Nikunen, K., S. Paasonen and L. Saarenmaa (2008) *Pornification: Sex and Sexuality in Media Culture*, Oxford: Berg.

Perron, B. and M. J. P. Wolf (eds) (2009) *The Video Game Theory Reader 2*. London, Routledge.

Pinch, T. and W. E. Bijker (1987) The social construction of facts and artifacts: Or how the sociology of science and the sociology of technology might benefit each other. In W. E. Bijker, T. P. Hughes and T. Pinch. (eds) *The Social Construction of Technological Systems*. London, The MIT Press: 17–50.

Rohracher, H. (2005) From passive consumers to active participants: The diverse roles of users in innovation processes. In H. Rohracher. (ed.) *User Involvement in Innovation Processes: Strategies and Limitations Form a Socio-Technical Perspective*. Wien, Profil: 9–35.

Sørensen, K. H. (2002) Social shaping on the move? On the policy relevance of the social shaping of technology perspective. In K. H. Sørensen and R. Williams. (eds) *Shaping Technology, Guiding Policy: Concepts, Spaces and Tools*. Cheltenham, Edward Elgar: 19–35.

Stewart, J. and R. Williams (2005) The wrong trousers? Beyond the design fallacy: Social learning and the user. In H. Rohracher. (ed.) *User Involvement in Innovation Processes: Strategies and Limitations from a Socio-Technical Perspective*. Wien, Profil: 39–71.

Sunden, J. (2009) Play as Transgression: An Ethnographic Approach to Queer Game Cultures. *Proceedings of DiGRA: Breaking New Ground: Innovation in Games, Play, Practice and Theory*, Uxbridge.

Sutton, D. C. (2001) What is knowledge and can it be managed? *European Journal of Information Systems*, 10(2): 80–88.

Williams, R. and D. Edge (1996) The social shaping of technology. In W. H. Dutton. (ed.) *Information and Communication Technologies: Visions and Realities*. Oxford, Oxford University Press: 53–67.

《城市研究系列》总目

☑ 已出版，☐ 待出版

- ☑ 马克思主义与城市
- ☑ 保卫空间
- ☑ 城市空间的社会生产
- ☑ 城市：非正当性支配
- ☑ 现代性和大都市
- ☑ 驱逐：全球经济中的野蛮性与复杂性
- ☑ 浮现的世界：21 世纪的城市与区域
- ☑ 空间问题：文化拓扑学和社会空间化
- ☑ 文化崩溃：创意阶层的衰落
- ☑ 城市的视角
- ☑ 世界城市网络：一项全球层面的城市分析
- ☑ 社会理论与城市问题
- ☑ 全球城市政治：国家的非正规化
- ☑ 城市理论与城市经验：遇见城市
- ☑ 未来是什么？
- ☑ 贫困资本：小额金融与促进发展
- ☑ 在线游戏的社会与文化意义
- ☐ 阁楼生活方式：城市变化中的文化与资本
- ☐ 城市发展的基本趋势
- ☐ 大都市与精神生活